자살,
차악의 선택

자살, 차악의 선택

자살의 성찰성과 소통 지향성

지은이 / 박형민
펴낸이 / 강동권
펴낸곳 / (주)이학사

1판 1쇄 발행 / 2010년 5월 31일
1판 2쇄 발행 / 2010년 11월 20일

등록 / 1996년 2월 2일 (등록번호 제 03-948호)
주소 / 서울시 종로구 안국동 17-1 우110-240
전화 / 02-720-4572 · 팩스 / 02-720-4573
이메일 / ehaksa@korea.com

ISBN 978-89-6147-132-9 93330

* 책값은 뒤표지에 표시되어 있습니다.

이 도서의 국립중앙도서관 출판시도서목록(CIP)은 e-CIP 홈페이지
(http://www.nl.go.kr/cip.php)에서 이용하실 수 있습니다.
(CIP제어번호: CIP2010001732)

자살, 차악의 선택

자살의 성찰성과 소통 지향성

박형민 지음

이학사

일러두기

1. 본문과 부록에서 인용 소개한 유서는 자살자가 쓴 그대로 표기하는 것을 원칙으로 했다. 따라서 띄어쓰기를 포함하여 맞춤법에 어긋난 문장이나 단어도 수정하지 않고, 한자나 영어를 혼용한 경우도 한자나 영어를 그대로 살려 최대한 유서 원문을 반영하도록 노력했다. 그러나 가독성에 현저한 문제가 있을 경우나 내용 설명이 필요한 곳은 이 책 지은이가 〔 〕로 보완을 했다. (단 지은이가 유서의 일부 구절을 본문의 설명에서 ' '로 소개하는 경우는 유서의 취지나 내용은 살리되 문구나 표현은 본문의 설명과 맞춤법에 맞게 수정하기도 했다.) 그리고 본문에서 인용한 유서는 특별한 언급이 없는 한 부분 인용이며, 본문의 설명과 밀접한 관련이 없는 내용은 〔중략〕 처리했다. 또한 유서가 여러 문단으로 되어 있는 것은 오랜 시간에 걸쳐서 메모를 하거나 유서를 쓴 경우, 각각 다른 쪽에 쓴 경우, 수신인을 달리하는 경우 등이다(부록의 유서 전문에서는 점선으로 구분하였다).
2. 인용된 유서에서 고딕체(영문의 경우는 이탤릭체)는 이 책 지은이가 강조한 부분이다. 동일인의 유서가 반복되어 인용되는 경우에도 고딕체로 강조점을 달리하였다.
3. 인용된 유서에서 '○○'으로 표기한 부분은 개인의 신상이 드러나지 않도록 하기 위하여 이 책 지은이가 의도적으로 익명화한 것이며, '**'으로 표기한 부분은 유서의 보존 상태가 좋지 않거나 글씨가 명확하지 않아 정확한 내용을 확인할 수 없는 경우이다. 〔 〕를 제외한 ( ) 등 모든 부호는 유서 작성자가 한 것이다.
4. 자살자의 유서는 다양한 메시지를 담고 있기 때문에 동일한 자살자의 자살 사례가 다양한 분석이나 유형화를 위해 여러 곳에서 인용되기도 한다. 따라서 본문의 설명에서는 독자들이 다양한 사례를 참조할 수 있도록 제3, 4장에서 동일한 자살 사례가 두 번 이상 설명될 경우에는 자살자의 인적 사항 뒤에 괄호를 치고 해당 설명 쪽수를 밝혔다(단 4장의 유형화의 심층 분석 사례에서는 해당하는 소제목 뒤에 쪽수를 표시하였다). 예: 2004년에 사망한 44세 남성(276, 291쪽 참조) → 이 자살자를 설명하는 내용이 276쪽과 291쪽에도 나오니 그곳도 참조하라는 것임.
5. 부호

『 』: 도서명

「 」: 논문명, 자료(집)명, 보고서명, 법규, 부록

〈 〉: 표, 그림

서문

1

한국 사회에서 최근 자살자가 크게 증가하면서 자살에 관한 사회적인 관심이 많아지고 있다. 언론 매체의 자살 기사는 많은 사람의 주목을 받고 있으며, 사회 각계에서 자살이 커다란 사회문제라고 주장하는 사람들이 늘어나고 있는 것이다. 그러나 많은 경우 언론은 자살을 두려움과 호기심으로 가득 찬 시각으로 다분히 선정적으로 다루고 있을 뿐이다. 학계에서도 자살에 관한 수많은 논의가 진행되고 있기는 하지만, 구체적이고 실증적인 자료에 근거하기보다는 철학적이고 사변적인 논의인 경우가 많으며, 자살을 선험적으로 '사회문제'로 규정하고 이를 제거하는 방안을 찾는 데에 초점을 맞추고 있는 연구가 대부분이다. 많은 사람에게 있어서 자살은 실패한 사람들이 행하는 부도덕한 행위이거나, 자신의 행위에 책임을 질 수 없는 정신 질환자의 우발적 행위이기 때문이다.

따라서 자살과 관련된 사회과학적 연구는 자살 위험 척도를 개발하고 자살에 취약하다고 여겨지는 고위험군을 진단하여, 자살을 예방하기 위한 실천적 방안을 제시하는 것을 일차적인 목적으로 하는 경우가 일반적이다. 다시 말하면 이들의 관심은 '자살'이라는 사회현상을 드러내는 것이 아니라, 자연스럽지 않은 죽음인 자살을 '예방'하는 것이다. 이러한 입장 중에서 가장 극단적인 입장은 대부분의 자살을 정신 질환의 결과로 보거나, 나아가 자살이라는 행위를 정신 질환의 징후로 보는 것이라 할 것이다. 이에 따르면 자살은 단지 비정상abnormal일 뿐 우리가 이해해야 하는 행위가 아니다. 따라서 자살은 국가 또는 사회로 표상되는 절대 이성이 그저 관리하고 처리해야 하는 그 무엇에 불과한 것이다.

그러나 실제로 많은 자살 사례를 살펴볼 때, 자살을 행한 사람들은 외부와 무관하게 홀로 죽음을 결심한 것이 아니라, 우리와 함께 살아가다가 그 과정에서 자살이라는 선택을 한 것으로 보인다. 즉 자살자들에게 있어서 죽음은 삶의 잔여 범주가 아니라, 삶의 가장 중요한 과정을 이루는 삶의 일부일 수 있는 것이다. 또한 이들의 죽음은 다른 사람을 향해 의도를 가진 적극적인 행위일 수 있으며, 자신의 과거의 삶과 미래의 죽음에 대한 결과를 고려하는 성찰의 과정을 거친 능동적인 행위일 수도 있는 것이다. 우리는 이와 같은 성찰의 과정과 소통에 대한 의지를 자살자들의 유서를 통해 발견할 수 있었다. 자살자들은 실패 때문에 삶을 포기해버리는 무책임한 사람들이 아니었으며, 그들의 행위를 우리가 이해할 수 없는 정신병자도 아니었던 것이다.

이러한 자살에 대한 시각은 자살자들을 영웅시하거나 자살을 미화하는 것이 아니다. 그리고 자살에 대한 책임을 우리 사회가 함께 져야 한다는 선언적인 이야기를 하고자 하는 것도 아니다. 단지 지금까지 공개적으로 다루어지지 않았던 자살자들의 이야기들을 끄집어내어,

그들이 자신의 죽음을 통해 말하고자 하는 바를 함께 공유하자는 것이다. 이것은 바로 이미 죽음을 선택한 사람들과 같은 상황 속에서 또 다시 죽음을 고민하는 사람들을 이해하는 단초가 될 수 있을 것이다. 고달픈 삶에 억눌려 죽음을 고민하는 사람들을 향해 계속 살아가라고 말하기 위해서는, 그들이 우리와 함께 살 수 있는 최소한의 조건을 마련해주어야 할 것이라고 믿으며, 그 첫걸음이 그들에 대한 공감적 이해라 생각한다. 그리고 그들이 죽음이 아닌 다른 선택을 할 수 있도록 보다 나은 선택지를 제시해줄 수 있어야 할 것이다.

자살을 결심한 사람들은 스스로를 죽이는 선택이 결코 최선最善의 방법이라 생각하지 않는다. 또한 이래도 좋고 저래도 좋은 차선次善의 방법도 아니다. 그들에게 있어서 자살은, 현재의 고달픈 삶이 최악最惡으로 여겨지기 때문에 그것을 극복하기 위한, 또는 그러한 자신의 상황을 공유하기 위한 '차악次惡의 선택'이다. 이처럼 자살을 '차악'이라는 수식어를 사용하여 설명하는 것은 자살이 자신의 삶의 과정과 죽음의 결과를 고려한 성찰의 과정을 거친 것이라는 점을 드러내기 위해서이다. 그리고 그것을 '선택'이라고 명명하는 것은 자살이라는 행위가 자살자들의 의도와 의지를 표현하는 적극적이고 능동적인 행위임을 강조하는 것이다.

2

이 책은 한국 사회의 '자살' 문제를 일반 독자들과 함께하기 위해 2008년에 발표한 나의 박사 학위논문을 수정 보완하여 펴내는 것이다. 나는 자살이라는 주제로 학위논문을 작성하기로 마음먹었으나, 이 주제를 연구해가면서 비로소 많은 어려움이 있음을 깨닫게 되었다.

자살 연구의 가장 큰 어려움은 자살이라는 행위는 경험적 연구를 수행하기 어려운 주제라는 점이었다. 조사 대상이 이미 죽어버린 사람들이어서 이에 대한 실증적 자료를 확보하는 것이 곤란하기 때문이었다. 따라서 연구의 초반에는 '자살 미수자에 대한 연구', '자살 유가족에 대한 연구', 통계청 등에서 작성한 '공식 통계 연구' 등을 고려하였으나, 이 같은 방향은 자살에 대한 간접적인 접근이라는 점에서 주저하지 않을 수 없었다. 그리고 자살에 대해 도덕적으로 금기시하는 분위기 역시 자살을 사회과학적으로 연구하기 힘들게 하는 부분이었다. 유족들은 자신의 가족이 자살자라는 사실을 공개적으로 드러내기 어려운 상황이었으며, 자살을 사건으로서 처리하는 공식 기관에서도 자살 관련 자료를 공개하는 것을 꺼리고 있었던 것이다. 이러한 이유들로 인해 자살 관련 사회학적 연구가 생각만큼 많지 않았으며, 특히 국내에서는 거의 연구가 이루어지지 않은 것으로 보인다.

이같이 고민하면서 닥치는 대로 자료를 수집하는 과정에서 '유서'의 존재는 자살자들의 목소리를 직접 들을 수 있는 해결점이 되었다. 유서에 대한 분석은 대상자들의 사회과정 중에 개입하지 않는 비개입적 연구이기 때문에, 자살이라는 민감한 주제에 적합한 연구 방법이었다. 특히 자살의 성찰성과 소통 지향성에 주목하게 된 계기는 우연히 한 노인의 유서를 읽으면서부터였다. 그 노인은 죽음 당시 오랜 지병을 앓고 있었는데, 자신의 자녀들에게 부양의 부담을 지우지 않기 위해 스스로 죽음을 결심하였다. 유서를 읽으면서 충격을 받았던 부분은 자신의 자살을 구체적으로 설명하는 부분이 아니라, 짧은 몇 줄의 당부 내용이었다. 그 노인은 자신의 죽음을 손자에게 특정 일 이후에 알리라고 당부하였는데, 그 이유는 손자의 기말고사가 그날 끝나기 때문이었다. 이 부분은 비록 짧은 몇 줄에 불과했지만 자살이 단순히 삶의 포기가 아니라 삶의 중요한 과정일 수 있다는 생각을 할 수 있게 해주었다. 이러한 인식의 전환 이후 많은 유서에서 자살자들의 다양한 의도들을 발견할 수 있었고, 여러 자료를 구성하여 하나의 이야기로 풀어낼 수 있었다.

그러나 연구를 진행하는 동안에 "구슬이 서 말이라도 꿰어야 보배." 라는 속담을 사무치게 공감할 수 있었다. 많은 사람의 도움으로 1,300여 건의 자살 사례와 400여 건이 넘는 유서를 수집할 수 있게 되어 귀중한 구슬들을 손에 쥘 수 있었으나, 그것을 보배로 꿰어내기에는 나의 역량이 너무나도 부족했던 것이다. 이 책에서 귀중한 구슬들을 완전히 만족스럽게 꿰지는 못했지만, 아직 거칠게 엮인 구슬만으로도 세상에 나올만한 가치가 있다고 감히 생각해본다.

책을 내면서 먼저 나의 지도 교수이신 박명규 선생님께 감사하지 않을 수 없다. 자료의 숲에서 헤어 나오지 못하고 있을 때, 탁월한 방향을 제시해주시고 힘이 되는 격려를 아끼지 않으신 것에 대한 감사는 어떠한 말로도 표현할 수 없을 것이다. 또한 논문 심사 과정에서 부족한 글을 꼼꼼히 읽어주시고 애정 담긴 비판으로 글을 다듬을 수 있도록 도와주신 한상진 선생님, 정진성 선생님, 김준호 선생님, 박순진 선생님께 진심으로 감사드린다.

아울러 나에게 배려와 격려를 아끼지 않은 한국형사정책연구원의 동료들, 나의 작업에 관심을 가지고 조언함으로써 힘이 되어준 사회학과 대학원의 선배님들과 동학들, 자료를 수집하는 데 음으로 양으로 도움을 주신 많은 분께도 또한 감사를 드린다.

그리고 가족들의 인내와 기다림이 없었다면 이 책은 완성되지 못했을 것이다. 나를 위해 자신의 바쁜 일을 뒤로하며 기다려준 아내 근혜와 아빠의 빈자리를 잘 참아준 딸 시원에게 늘 감사하고 또한 미안하다. 말없이 아들의 학문의 길을 지켜봐주시면서 늘 기도하시는 아버지와 어머니, 나의 건강을 걱정하시며 격려해주시던 장인어른과 장모님께도 감사하지 않을 수 없다.

마지막으로 나의 부족한 글에 관심을 가지고 책으로 엮어주신 이학사에게도 감사의 마음을 표한다. 이학사의 강동권 대표님과 김지연 님은 매번 어긴 탈고 약속에도 불구하고 나에게 최선의 배려를 해주셨다.

2010년 3월

박형민

차례

제1장

현대사회에서의 자살

1. 삶에 대한 성찰적인 프로젝트의 일환으로서의 자살

현대사회에서의 '죽음'이라는 말은 일종의 금기taboo와 같이 우리의 일상생활에서 쉽게 이야기하기 힘든 단어이다. 모든 사람은 결국에는 죽는다는 자명한 사실에도 불구하고, 아니 어쩌면 바로 그러한 사실 때문에 현대사회에서 죽음은 말하기 두려운 것일지도 모른다. 그래서 많은 사람에게 죽음은 피해야 하는 것이며 되도록 연기되어야 하는 것으로 인식되고 있다. 또한 죽음은 그저 머릿속에 떠올리는 것만으로도 우리를 불쾌하게 만드는 것처럼 보인다. 공동묘지와 같이 죽은 자들을 기념하는 곳은 왠지 무서운 장소가 되고, 납골당이나 화장터가 주거지 인근에 설치되면 왠지 우리의 삶의 질이 떨어지는 것으로 여기게 되는 것이다. 이처럼 우리는 죽음의 흔적이 일상에 침투하는 것을 철저히 거부하고 있다.

따라서 사람들은 최대한 죽음을 사회생활의 배후로 밀어내고, 의사의 치료, 식이요법, 약물치료 등의 다양한 방법을 통하여 최대한 연기시키고자 한다(엘리아스, 1996). 대신에 죽음에 대응하여 삶에 유의미한 질서를 부여하고자 하며, 삶을 의미로 가득 찬 것이라고 치장하고자 한다(버거, 1990). 사람들은 이처럼 자연사나 병사와 같이 예상할 수 있는 죽음에 대해서는 최대한 연기시키고자 하는 동시에, 사고사나 살인과 같은 예상할 수 없는 갑작스러운 죽음에 대해서는 예방하고 제거시키기 위한 노력을 기울인다. 죽음으로부터 멀어지고 싶어 하는 현대인들에게는 이와 같이 예기치 않게 찾아오는 죽음이 무엇보다도 두렵기 때문이다(벡, 1998). 따라서 사람을 고의로 살해하는 사람에게는 가장 무거운 징벌을 가함으로써 살인으로 인한 죽음을 최대한 억제하고자 하며(형법 제250조), 실수로 죽음을 야기한 행위 역시 범죄로 여기고 이에 따른 처벌이 뒤따른다(형법 제267조).

이와 같은 상황에서 '자살'이라는 행위는 사람들에게는 쉽게 이해되지 않는 사건이다. 죽음이 '피해야 하는 것', '두려운 것', '은폐되는 것', '불안한 것'임에도 불구하고, 자살은 오히려 죽음을 지향하는 적극적인 행위이기 때문이다. 따라서 자살로 인한 죽음은 자연스럽지 않은 죽음이다. 그렇기 때문에 자기 자신을 스스로 죽이는 '자살'이라는 행위에 대하여 사람들은 두려움과 호기심으로 바라보고 있으며, 자살하는 사람이 크게 증가했다는 사실은 심각한 사회문제로 여겨지고 있다.

그럼에도 불구하고 한국 사회에서 자살은 드문 사건이 아니며, 지난 수십 년간 크게 증가하는 모습을 보이고 있기도 하다. 2008년 9월에 발표된 통계청의 『사망 및 사망 원인 통계 결과』 자료에 따르면 자살은 2007년의 전체 사망 원인 중 4번째로 많은 빈도를 나타내고 있다. 이 자료에 따르면 인구 10만 명당 2007년의 자살자 수는 24.8명으로, 이는 1988년의 9.2명에 비하여 약 2.7배 증가한 것이며, 10년 전인 1997년의 13.0명에 비해서도 약 1.9배 증가한 것이다. 그리고 이 수치는 OECD 국가 중 가장 높은 수준이다.

그런데 도덕적으로 금기시되어 있는 자살이 이처럼 최근 한국 사회에서 증가하는 이유는 무엇인가? 사람들은 "도대체 왜 스스로를 죽이는가?"

이 같은 질문에 대하여 뒤르케임Emile Durkheim과 그를 계승하는 자살 연구자들은 개인이 삶의 의미와 정체성을 상실했을 때 스스로를 죽인다고 설명한다.[1] 이 같은 결론은 현재의 자살에 관한 담론이 자살에 대하여 이야기하는 바와 어느 정도 일치한다. 뒤르케임 등의 연구자들은 이러한 실패를 아노미anomie라고 이름 붙였는데, 아노미를 '규제가 필요한 상황에서 욕망이 규제를 받지 못하므로 발생하는 무규율 상태'(뒤르케임, 1995)로 정의하든, '목적과 수단의 괴리'(Merton, 1938)로 정의하든, 또는 '역할 갈등'(Gibbs and Martin, 1964)이나 '좌절'(Henry and Short, 1954)로 정의하든, 그것은 결국 자신의 삶의 자리에서 그 의미를 부여하는 것에 실패했다는 것을 나타내고 있다. 이들의 입장에서는 합법적인 기회 구조에서도 실패하고 불법적인 기회 구조에서도 실패하는 '이중 실패double failure'의 모습(Cloward, 1959)이 바로 자살자의 위치이다. 따라서 자살에 대한 많은 연구는 자살자들의 실패의 목록을 찾아내어 어떠한 실패가 자살에 이르게 하는 주요한 변수인지를 발견하고자 하는 것으로 이해할 수 있다.

자살에 관한 통계자료를 살펴보면, 실제로 사람들은 자신들이 겪는 실패 때문에 스스로를 죽이는 것으로 보인다. 경제 상황과 같은 사회

1) 물론 뒤르케임이 모든 자살이 아노미 때문이라고 설명하지는 않았다. 뒤르케임은 아노미적 자살을 포함한 네 가지 유형의 자살을 묘사하고 있으며 각각의 유형은 사회의 통합과 규제의 정도에 따라 나타나는 양상이 다르다. 그러나 뒤르케임이 자살의 네 가지 유형 중 가장 중요하게 여긴 것은 '아노미적 자살'이었다(뒤르케임, 1995).

의 변동과 자살률 간에는 커다란 통계적 유의성이 있으며, 자살을 한 사람들은 몇몇 예외를 제외하면 심각한 문제 상황에 처해 있었던 것이 사실이다.

그러나 개인들의 문제 상황이 마치 자극에 대한 반응과 같이 개인의 자살을 직접적으로 유발하는 것은 아니며, 자살은 실패한 삶에 대한 전적인 포기 역시 아니다. 자살, 즉 자신을 스스로 죽이는 행위는 과거의 조건과 미래의 결과를 고려한 성찰적인 행위일 수 있으며, 다른 사람을 향한 의미로 가득 찬 소통을 지향하는 행위일 수도 있는 것이다. "나 자신의 죽음에 대한 이미지는 나 자신, 나 자신의 삶에 대한 이미지, 그리고 그 삶의 본질과 밀접하게 연관되어 있다."(엘리아스, 1996)는 엘리아스의 생각이 타당하다면, 죽음을 삶과 괴리된 삶의 잔여 범주로 파악하기보다는, 죽음을 삶의 일부로 파악해야 할 것이다. 특히 적극적으로 죽음을 지향하는 자살이라는 행위는 더욱 그러하다. 즉 삶이 '성찰적으로 구성되는 프로젝트'(기든스, 1997)이기에, 스스로 삶을 끝내는 것 역시 그 프로젝트의 일환으로 보아야 한다는 것이다.

성찰성이라는 개념은 일반적으로 '삶'에 대한 지적 작용으로 여겨져왔다. 기든스Giddens에 따르면 성찰성이란 자신의 과거의 삶을 돌아보고 미래의 삶을 그림으로써 남아 있는 삶의 이야기를 구성하는 것을 의미한다. 따라서 성찰성은 끊임없는 자기관찰에 근거하여 앞으로 '무엇을 할 것인가', '어떤 사람이 될 것인가'를 고민하고, 자신이 자신의 삶의 주인이 되기 위하여 숙고하는 과정이다. 이 같은 숙고의 과정은 '먹을 것인지 말 것인지', 그리고 '무엇을 먹을 것인지' 등과 같은 일상생활에서의 '선택'을 가능하게 한다(기든스, 1997).

이 같은 성찰성은 죽음에 대해서도 마찬가지로 적용될 수 있다. '자신이 죽어야 할지 말아야 할지', 그리고 '왜, 어떻게 죽을지', '죽음을 통해 무엇을 할 수 있을지' 등과 같이 자살을 선택하기까지 자살자들은 자신의 과거의 삶과 죽음의 결과에 대해 숙고하고 있는 것이다(벡, 1998).

이와 같은 관점은 자살에 대한 연구가 개인들을 죽음으로 몰고 간 실패의 목록을 찾아내는 것을 넘어서서, 각각의 맥락에서 자살이 의미하는 바와 그러한 자살의 의미가 주어진 상황에서 적용되는 양상을 살펴보아야 한다는 것을 의미한다(Taylor, 1982). 우리가 얼핏 보기에 자살자들은 실패하여 삶을 포기한 것으로 보일지도 모른다. 그러나 스스로를 죽이는 것은 여러 가지 선택 가능한 전략 중 하나를 성찰적으로 선택한 것이며, 자살은 단지 실패가 초래한 필연적 행위가 아니라, 그 실패에 대한 하나의 반응a reaction이라고 파악하는 것이 더욱 타당할 것이다. 그러므로 자살이라는 행위는 단순히 어떤 원인이나 동기의 결과가 아니라, 사람들이 무언가 다른 목적을 획득하기 위한 의미 또는 전략일 수도 있을 것이다(Baechler, 1979). 이 책은 이러한 시각을 가지고 자살이라는 행위에 접근하고자 한다. 즉 자살을 삶을 '포기'한 사람들의 이야기로 다루는 것이 아니라, 삶에 대한 기획의 일부로서 자발적으로 죽음을 '선택'한 사람들의 이야기로 인식하고자 하며, 자발적인 죽음을 통해서 '무엇인가를 말하고자' 했던 사람들의 이야기임을 보이고자 하는 것이다.

따라서 이 책은 자살을 여러 가지 상황적·환경적 요인으로부터 일방적으로 영향을 받아 스스로 목숨을 끊은 사람들의 행동으로 파악하는 시각, 혹은 실패한 자신의 삶을 비관하여 스스로 삶을 포기하는 파괴적인 행위로 파악하는 시각을 넘어서고자 한다. 즉 자살은 사회적, 환경적 요인의 힘이 작용한 종속변수도, 실패에 대한 유일한 반응도 아닌 것이다. 물론 스스로 목숨을 끊으려고 결심한 사람들의 대부분은 어떠한 방식으로든 실패를 경험한 사람들이며, 그 실패를 야기한 여러 가지 환경적인 요인으로부터 영향을 받은 것이 사실이다. 그러나 그들은 자살이라는 행위를 행하기에 앞서 자신의 문제와 실패에 대한 성찰을 통해 스스로가 어떠한 상황에 있는지를 해석하고, 그와 같은 해석 속에서 전략적으로 자살이라는 죽음을 선택하는 것이다. 자살이라는 행위 역시 환경적 요인에 따른 정해진 대로의 반응이 아니라, 행위자가 의식적으로 선택하고 구성했다는 것이다(Mead, 1938). 그리고 이 행위는 개인 안에 침잠된 단절된 행위가 아니라 다른 사람을 향한 의미 있는 행위이며 소통을 지향하는 행위이다. 결국 자살을 선택한 사람들에게 있어서는 죽음 역시 삶의 일부이며, 그렇기 때문에 스스로 삶을 끝내는 것 역시 성찰적으로 구성되는 삶의 프로젝트의 일환이라 볼 수 있는 것이다(기든스, 1997).

그러나 자살을 삶에 대한 성찰적인 프로젝트의 일환으로 바라보자는 제안이 자살이라는 행위에 대한 예찬을 의미하는 것은 결코 아니다. 자살자들 스스로 생각하고 있는 자신들의 문제와 실패는 그들의 왜곡된 인지로 인해 실재의 현실보다 과장되어 이해되었을 수도 있으며, 그들이 기획한 죽음의 전략이 객관적으로 최선의 선택인 경우가 아닐 수도 있는 것이다. 더구나 그들이 죽음을 통해 이루고자 하는 의도 역시 그들의 바람대로 이루어진다는 보장이 없는 것이다. 어쩌면 많은 사람이 통념적으로 생각하고 있듯이 자살을 선택하기보다는 그 결심으로 삶을 선택하는 것이 그들이 바라는 것을 더 확실히 이룰 수 있는 타당한 방법인 경우가 더 많을 수도 있을 것이다.

그럼에도 불구하고 자살자들이 자살을 선택하는 과정을 살펴보는 것은 지금까지 은폐하기에 급급하여 말해지지 않았던 자살자의 목소리에 귀를 기울이고자 하는 시도라 할 수 있을 것이다. 따라서 이 책은 자살자들 자신의 입장에서 그들이 겪은 실패의 경험과 그들이 느낀 좌절의 양상을 되짚어보고자 한다. 스스로 목숨을 끊은 사람들은 우리 사회에서 누구보다도 삶의 아픔을 뼈저리게 느낀 사람들이며,

다른 사람들은 물론이고 자기 스스로에게조차 소외되었던 사람들이기에, 그들의 목소리를 복원하는 것은 우리 사회에서 가장 소외된 사람들의 아픔을 이해하는 하나의 방식이라 할 수 있는 것이다.

우리가 자살이라는 행위를 이해하기 위해서는 그 행위의 원인과 경로와 결과에 대한 설명이 필요하며, 이를 위해 자살이라는 행위에 대해 해석적 이해를 시도해야 할 것이다(Weber, 1964; 터너, 1982에서 재인용). 자살 역시 다른 행위와 마찬가지로 개인이 주관적인 의미를 부여하게 되면, 그것은 '사회적 행위'가 되며, 그 행위는 자신뿐 아니라 다른 사람의 행동을 고려하고 그것에 의해서 그 경로가 지향되게 된다(Weber, 1947; 터너, 1982에서 재인용).

이 같은 자살의 측면을 발견하기 위해 우리는 '유서'에 주목할 필요가 있다. 자살자가 죽음에 앞서 유서를 남겼다는 사실은 그것이 아무리 짧고 간략한 내용으로 이루어져 있다 하더라도 그의 죽음이 소통적 의지를 가지고 있다는 근거가 될 것이다.

그 첫째 이유는 자살자가 유서를 남겼다는 사실은 그가 자신의 죽음에 대해 최소한의 성찰의 과정을 거쳤다는 것을 보여주기 때문이다. 단순히 자신의 죽음이 자살임을 알리는 단 한 줄의 유서를 작성했다고 하더라도, 자살자가 유서를 작성하는 그 순간은 자신의 죽음을 객관화시켜 성찰하는 과정의 시간이라 볼 수 있는 것이다.

둘째 이유는 자살자가 작성한 유서는 그가 남아 있는 사람들에게 남기고 싶은 여러 메시지 중 선택된 메시지이기 때문이다. 자살자가 유서를 작성한 기간은 몇 년에 걸친 오랜 시간일 수도 있고, 죽기 직전의 아주 짧은 시간일 수도 있다. 그러나 자살자의 유서는 그 작성 기간과는 상관없이 자살자가 주어진 시간 동안 자신의 삶과 죽음, 문제 상황, 또는 자신의 심리적 상황 등을 성찰한 결과를 문자의 형태로 표현한 것이다.

셋째 이유는 자살자의 유서는 자살자가 남아 있는 사람들에게 자신의 의도를 전달하고자 하는 소통의 의지를 보여주기 때문이다. 유서의 수신자는 가족이나 연인 등 구체적인 대상일 수도 있고, 혹은 불특정인일 수도 있다. 그러나 그 어떤 경우이건 간에 유서는 누군가에게 전달되기를 의도하고 작성된 것이다.

우리는 일반적인 사회적 행위에 대해서는 그 행위가 이루어진 맥락과 의미를 사후에 직간접적으로 포착할 수 있는 반면, 자살에 대해서는 그렇지 못하다. 자살의 경우 그 행위의 성공은 행위자의 죽음을 의미하기 때문에, 자살이라는 행위가 이루어진 이후에 그에 대한 행위자 스스로의 해석을 듣는 것은 불가능한 것이다. 결국 유서는 자살이라는 행위가 실행되기 이전에 작성된 것이기는 하지만, 자살자가 자신의 행위에 부여한 주관적 의미를 파악할 수 있는 어쩌면 유일한 자료라 할 수 있다.

물론 유서 등의 단서가 발견되지 않았다 하더라도 특정 자살이 성찰의 과정이나 소통의 의지가 없다고 간주할 수는 없다. 또한 자살자가 유서를 작성하였으나 그것이 발견되지 않아 우리가 확인할 수 없을 가능성 역시 배제할 수는 없다.[2] 그러나 유서를 남기지 않은 많은 자살의 경우에는 자살자 자신이 자신의 죽음에 대해 깊은 성찰의 과

2) 물론 성찰성이나 소통의 의지를 전혀 발견할 수 없는 우발적이고 충동적인 자살이 존재하는 것도 부인할 수 없다. 이렇게 우발적이고 충동적으로 자살을 선택한 사람들은 죽음의 과정과 이후의 결과에 별 관심을 보지 않으며, 단지 당시의 격정에 의해 자살이라는 행위를 우연히 선택한 것으로 보이기도 한다. 이러한 자살에 대해서도 적극적으로 해석하면 자신의 격정이나 충동을 표현하려는 의지나 표현적 욕구의 발현이라 볼 수도 있을 것이나, 모든 자살자가 성찰성과 소통 의지를 가지고 있다고 보기에는 다소 무리가 따르는 것이 사실이다. 이러한 자살행위의 사례는 박형민(2004: 150~153)을 참조하라.

정을 거치고 자신의 죽음에 대하여 수없이 풍부한 의미를 부여하고 있다 하더라도, 우리에게 그것이 전달될 수 있는 가능성이 사라진다.

이러한 입장에서 이 책은 다음과 같은 질문을 통해 자살을 선택한 행위자들의 심리적인 맥락과 그들에게 있어서의 자살의 의미를 드러내 보이고자 한다.

첫째, 자살을 앞둔 사람들은 자신의 상황에 대해서 어떻게 해석하고 있는가? 그리고 자살을 앞둔 사람들은 자기 자신의 정체성과 자신의 삶에 대해서 어떻게 평가하고 있는가?

앞에서 살펴본 바와 같이 우리 사회에서 죽음이 부정적인 가치를 지닌 것으로 인식되고 있음에도 불구하고 자살자들은 자발적으로 죽음을 선택한 사람들이다. 따라서 자살자들이 선택한 자살이라는 행위를 이해하기 위해서는 먼저 자살자 스스로가 자신의 상황을 어떻게 규정하고 있는지에 대한 고찰이 필요하다. 자신들의 상황에 대한 자살자들의 해석은 그들이 죽음을 선택하게 된 주관적 배경을 설명하기 때문이다. 또한 자살자들의 자살 당시의 정체성과 그들 자신의 삶에 대한 평가 역시 그들이 자살이라는 부정적 행위를 선택하게 되는 이유의 또 다른 한 축을 설명한다. 물론 그들이 자신의 삶을 평가하는 중요한 준거는 그들이 어떤 식으로든 실패를 경험했다는 사실이다. 따라서 그들은 자신이 처한 상황 속에서 자신의 모습을 발견하고자 하며 자신의 삶에 대한 평가를 통해 자신의 삶과 죽음을 성찰하는 것이다.

둘째, 자살을 선택한 사람들은 자신의 죽음을 통해서 무엇을 말하고자 하는가?

자살자들은 자신의 상황에 대한 해석과 자기 자신에 대한 평가 속에서 자신의 욕구를 발견하게 되고 그 욕구를 충족시키기 위한 방안으로 여러 가지 삶의 방안을 기획하게 되는데, 자살을 선택한 사람들은 자살이라는 행위를 그러한 여러 가지 전략 중 가장 유용한 방안으로 채택한 것이라 할 수 있다. 따라서 그들에게 있어서 자살은 삶과 유리된 이질적인 어떤 것이 아니라 자신의 삶의 중요한 과정 중의 하나이며, 스스로 삶을 끝내는 행위를 통해 살아서는 충족시킬 수 없다고 생각하는 자신의 욕구를 충족시키고자 하는 것이다.

주지하는 바와 같이 뒤르케임은 현대사회에서 사람들의 행위에 대한 사회적 힘을 설명하기 위하여 아노미적 자살의 중요성을 강조하였다. 그리고 뒤르케임 이후 많은 자살 연구자는 뒤르케임이 강조한 아노미라는 상황을 발생시키는 다양한 사회적 변수를 발견하고, 그것으로 자살이라는 사회적 현상을 설명하려는 노력을 기울여왔다고 평가할 수 있을 것이다. 그러나 객관적인 사회적 변수의 탐구에 집중함으로써 자살을 선택하는 개인의 주관적 의미에 대해서는 상대적으로 관심을 기울이지 않았다고 볼 수 있다.

이에 이 책은 많은 자살 연구자가 '아노미'라 지칭하는 현상에 대한 실제적인 내용들을 풍부하게 재구성하고, 이러한 아노미라는 상황을 주관적으로 해석하고 그것을 통해 자신의 행동을 의미 있게 선택하는 행위자의 모습을 드러내고자 한다. 이러한 시도는 자살이라는 행위를 설명하기 위한 가장 중요한 변수의 하나인 '의미'와 '의도'를 강조하려는 것이라 할 수 있으며, 지금까지 은폐되어 있고 드러내기를 꺼려했던 자살이라는 행위의 주관적인 의미를 드러내고자 하는 것이다.

나아가 이 책은 사람들이 자살을 선택하는 맥락을 살펴봄으로써 죽음을 통한 자아의 표현이라는 양식을 발견하고, 그 표현의 조건과 배경, 그리고 자살이라는 죽음 방식에 대한 표상과 그것의 의미를 드러내고자 한다. 이것은 삶의 중요한 과정의 하나인 죽음에 대한 의미와 더불어 현대사회에서 삶 자체의 의미를 드러낼 수 있는 핵심적인 단서가 될 수 있을 것이다.

또한 이것은 이론적으로 구조에 대한 행위자의 지위를 설정하는 작업의 일환이 될 수 있다. 자살자들은 구조와 상황에 의해 많은 영향을 받는 것이 사실이지만, 단지 구조에 의해 일방적으로 영향을 받아 어쩔 수 없이 행동할 수밖에 없는 수동적인 존재가 아니다. 이 책에서 자살자들은 자신의 상황을 성찰하고 주어진 조건을 해석하며, 그 속에서 의지를 가지고 자신의 행위를 능동적으로 선택하는 모습을 보인다.

그리고 이 책은 실천적으로도 중요한 함의를 가진다고 할 수 있다. 많은 사람이 생각하는 바와 같이 자살이 매우 심각한 사회적 문제라면 자살자들이 자살을 선택하는 맥락을 이해하는 것은 그 문제에 대처하기 위한 유용한 시각을 제공해줄 수 있기 때문이다. 자살을 예방해야 한다는 실천적인 목적을 가지고 쓰여진 연구들 중에는, 단지 자살이 사회적인 문제이며 도덕적인 결함이기 때문에 금지되어야 한다는 선언적인 입장 표명에 그치는 경우가 많은 것이 사실이다. 그러나 이 책은 자살자들이 죽음을 선택하는 실패의 내용과 그것에 대한 해석들을 되짚어봄으로써 그들이 자살을 선택하게 되는 맥락에 개입할 수 있는 중요한 준거를 마련해줄 수 있다. 이는 자살에 대해 보다 효과적으로 대처할 수 있는 유용한 도구가 될 수 있을 것이다.

2. 자살: 즉각적인 죽음을 예상할 수 있는 적극적 행위

뒤르케임은 그의 『자살』(1897) 서론에서 “희생자 자신이 일어나게 될 결과를 알고 행사하는 적극적 혹은 소극적 행위에서 비롯되는 직접적 혹은 간접적 결과로 일어나는 모든 죽음”을 자살이라 정의하고, 자살이라는 범주에 육체적인 힘을 사용하는 적극적이고 난폭한 행동(즉 칼이나 총기에 의한 자기 파괴), 먹기를 거절하는 것, 순교자의 영광을 바라면서 사형 집행관의 손에 죽음을 당하는 것, 자기의 부대를 살리기 위해 희생하는 것, 자식을 구하기 위해서 희생하는 것 등을 포함한다. 그는 "이러한 죽음들은 너무나 많은 본질적 유사성을 가지고 있으므로 하나의 유類에 귀속되어야 하며, 그 유類 속의 종種으로서 구분되어야 한다."고 주장한다. 그리고 이것〔類〕을 이기적 자살, 이타적 자살, 운명적 자살, 아노미적 자살 등의 하위 범주〔種〕로 구분하여 설명하는 방식을 취한다(뒤르케임, 1995).

그의 이러한 자살 정의에 따르면 오늘날 윤리적, 법적 논쟁을 야기하고 있는 안락사나 의사 조력 자살 역시 자살의 범주에 포함될 수 있을 것이며, 자신의 건강을 치명적으로 해치는 폭음이나 약물(마약류) 복용 등과 같이 이른바 '장기 분할 자살'이라고 불리는 행동 역시 자살로 분류될 수 있을 것이다.

그러나 뒤르케임의 이러한 자살 정의는 그가 분석에 사용하였던 공식 통계자료와 불일치한다는 점에서 심각한 문제점을 가지고 있다고 할 것이다. 뒤르케임이 이타적 자살이라고 구분하는 행위의 많은 사례, 예를 들면 자기의 부대를 살리기 위해 자신을 희생한 군인의 죽음이나, 순교자의 영광을 바라면서 사형을 기꺼이 받아들이는 것과 같은 행위는 뒤르케임 당시나 오늘날이나 공식 통계에서 자살이라는 범주에 포함되지 않을 가능성이 크다. 즉 전자의 죽음은 '전사戰死' 혹은 '의사義死'라고 분류될 것이며, 후자의 죽음은 단지 '사형死刑'으로 인한 죽음으로 분류될 것이다. 그리고 공식 통계는 안락사나 의사 조력 자살, 또는 장기 분할 자살 역시 '자살'이 아닌 다른 죽음(예를 들면 '병사病死', '중독사中毒死' 등)으로 기록하고 있다. 따라서 뒤르케임의 자살 정의가 비록 이론적으로나 논리적으로 타당한 정의라 할지라도 분석에 사용되는 실제 자료의 범주와 일치하지 않는다면 그 이론적 타당성은 의심받을 수밖에 없을 것이다.

그러므로 이 책에서는 '자살'을 뒤르케임과 같이 모든 자발적 죽음으로 정의하지 않고 단지 **'자신의 행위로 인해 즉각적인 죽음을 예상할 수 있는 적극적 행위'**로 정의하고자 한다. 이 같은 자살 정의는 현재 이용 가능한 자료들에서 다루고 있는 자살의 범주와 대체로 일치한다. 이 정의에 따르면 '즉각적인 죽음을 예상'하지 못한다는 측면에서 순교 등과 같은 죽음을 유발하는 행동이나, 폭음이나 약물복용과 같은 이른바 '장기 분할 자살'이 제외되며, '적극적인 행위'가 아니라는 측면에서 안락사나 의사 조력 자살과 같은 행위가 제외된다. 반면 농약 복용이나 수면제 과다 복용 등은 포함되며, 정치적 혹은 종교적 이유로 스스로 목숨을 끊는 분신·투신과 같은 행위도 포함될 수 있다.[3]

3. 공식 통계자료, 수사 기록 그리고 유서

1) 공식 통계자료

자살에 관한 통계를 제공하는 대표적인 국가기관은 통계청과 경찰청이라 할 수 있는데, 통계청의 경우 매년 『사망 및 사망 원인 통계 결과』의 발표를 통해서 자살의 전체 빈도, 연령별, 성별 분포를 제공한다. 또한 통계청 홈페이지에서는 전체 빈도, 연령별, 성별, 직업별, 학력별 빈도를 제공하며, 2000년 이후의 자료에 한하여 사회경제적 통계의 교차분석이 가능하도록 자료를 제공하기도 한다. 경찰청의 경우 『범죄분석』의 변사 사건 현황 자료를 통해서 연령별, 성별, 직업별, 학력별, 원인별, 방법별 빈도를 제공한다. 우리는 이와 같은 공식 통

3) 그러나 이 책을 위해 수집된 자료에서는 정치적, 종교적 이유로 인한 분신, 투신 등은 발견되지 않았다.

계자료를 통해서 제공되는 여러 가지 변수의 특성을 관찰함으로써 자살행위를 이해할 수 있는 배경적 지식을 획득할 수 있다.

공식 통계의 장점은 무엇보다도 이용하기가 쉽다는 점에 있다. 각종 공식 통계들은 국가의 공신력 있는 기관에 의하여 수집되고 정리된 자료들로서, 이미 일차적으로 정리된 상태로 쉽게 이용할 수 있도록 제공된다. 그리고 대부분의 공식 통계자료들은 이미 출판물의 형태로 일반에게 공개되고 있으며, 인터넷으로도 검색이 가능한 형태로 제공되기 때문에 별도의 자료 수집 과정이 없어도 유용한 자료를 손쉽게 이용할 수 있다. 따라서 연구자들은 일차적으로 가장 이용이 편리한 공식 통계자료를 통해 자살이라는 현상을 설명하고자 하며, 현실적으로 다른 자료에 접근이 곤란한 경우 공식 통계가 유일한 자료원이다(박형민, 2007a).

공식 통계의 두 번째 장점은 공식 통계에서 포괄하는 사례의 수가 다른 어떤 자료보다 많다는 데에 있다. 공식 통계는 전 국민을 모집단으로 하여 통계를 작성하는 기관에서 포착한 모든 사례가 망라되어 있기 때문에 거의 전수에 가까운 사례 수를 가지고 있다.

그리고 공식 통계는 일단 조사가 시작되고 나면 거의 매년 통계자료가 집계되어 발표되고 있는 데다가, 그 집계의 틀도 거의 일정하게 유지되고 있기 때문에 통시적인 비교 연구가 가능하다는 장점이 있다. 즉 일단 한번 조사된 틀은 거의 변하지 않고 같은 항목이 반복되어 집계되고 있는 것이다.

이처럼 공시적으로는 전수에 가까운 사례가 제시되면서, 통시적으로는 비교 연구가 가능하다는 장점으로 인해 자살 현상을 연구하는 데에 있어 공식 통계는 매우 유용하게 사용될 수 있다.

그러나 공식 통계는 그 한계 또한 명확한데, 가장 먼저 공식 통계자료는 연구의 목적으로 집계된 통계가 아니라, 통계를 작성한 기관의 필요에 맞게 조직된 것으로서 개별 연구자의 문제의식을 만족시키는 데에는 부족함이 있는 것이 사실이다. 즉 연구자가 중요시 여기는 주요 변수가 공식 통계에는 제외되어 있거나 불완전한 경우가 있는 것이다.

또한 공식 통계자료는 원자료 형식으로 제공되는 것이 아니라 일차적으로 가공된 형태의 출판물 등의 형식으로 제공되기 때문에 분석에 있어서 단순 빈도 이외에 연결시킬 수 있는 변수가 많지 않다는 한계가 있다. 따라서 상대적으로 많은 사례 수를 가지고 있음에도 불구하고 변수 간의 통계적인 상관관계를 관찰할 수 없는 것이다.

그리고 공식 통계의 가장 커다란 맹점은, 통계를 수집하는 국가기관에 포착되지 않은 자살 현상에 대해서는 파악하는 것이 불가능하다는 것이다. 이러한 한계는 통계청의 자살 통계와 경찰청의 자살 통계의 수치가 크게 차이 난다는 점을 통해 단적으로 드러난다.

이와 같은 공식 통계의 한계에도 불구하고, 거의 전수를 포괄하고 있다는 점과 매년 동일한 통계치가 제시되고 있다는 장점을 포기하기는 쉽지 않다. 따라서 우리는 공식 통계가 자살 현상을 있는 그대로 보여주지는 않는다는 한계를 인정하면서, 공식 통계를 자살 발생의 전체적인 흐름과 추세를 파악하는 것에만 제한적이고 비판적으로 이용해야 할 것이다.

통계청과 경찰청이 발표한 자살 발생 통계를 비교하는 것을 통해, 이 같은 공식 통계의 한계를 보다 명확하게 확인할 수 있다. 통계청과 경찰청에서 집계한 자살의 발생 빈도를 살펴보면 다음의 〈그림 1〉과 같이 크게 차이가 있음을 발견할 수 있는데, 경찰청에서 집계한 자살자 수가 통계청에서 집계한 자살자 수에 비하여 매년 수천 건 이상 많은 것으로 나타난다. 즉 1998년 외환위기 당시 자살자의 수가 급증한 것은 경찰청 통계와 통계청 통계에서 동일하게 나타나나, 통계청의 경우 1998년의 자살자를 8,569명으로 집계한 반면, 경찰청에서는 1998년에 이미 10,000명을 넘어선 12,458명으로 집계하며, 이후 한 번도 10,000명 이하로 내려간 적이 없는 것으로 나타나는 것이다. 이 격차를 보다 구체적으로 살펴보면, 1995년의 경우 경찰청에서 발표한 자살자의 수는 7,709명으로, 통계청에서 발표한 4,840명에 비하여 59.3% 가량 높게 나타나며, 1999년에는 65.6%(경찰청 11,713명, 통계청 7,075명), 2000년에는 82.6%(경찰청 11,794명, 통계청 6,460명), 2001년에는 77.1%(경찰청 12,277명, 통계청 6,933명) 가량 높은 것으로 나타난다(부록의 〈표 1〉 참조).

〈그림 1〉 경찰청과 통계청의 자살 통계 비교(자살자 수)

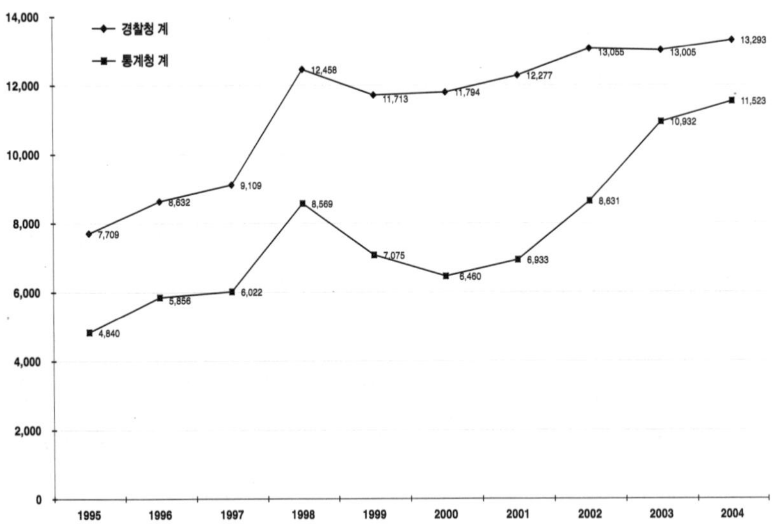

– 출처: 경찰청, 『범죄분석』, 각 연도; 통계청 홈페이지 및 『사망 및 사망 원인 통계 결과』, 각 연도

공신력 있는 두 기관의 자살 통계가 이처럼 크게 차이가 나는 이유는 두 기관의 자료 출처가 되는 통계 원자료가 서로 상이하기 때문이다.

먼저 통계청의 경우 매년 사망 원인 통계를 통해 전국의 사망자의 사망 원인에 관한 수치를 제공한다. 통계청에서 집계하는 사망 원인 통계는 통계법과 호적법에 따라 유족이 읍·면·동 사무소나 시·구청에 신고한 사망신고서의 통계 항목을 집계한 것으로서(통계청, 2007), 자살로 사망한 경우 앞에서 언급한 자살에 관한 문화적인 금기로 인해 유족들이 사망 원인 항목을 정확하게 기록하지 않아 한계가 있을 수 있다. 즉 사망 원인 항목에 '자살' 대신 병사 등으로 거짓 기록하기 때문에 자살자의 수가 축소 보고될 위험이 있는 것이다.

통계청의 사망 원인 통계가 사망신고서라는 유족의 기술에 일차적으로 의존하는 데에 비해, 경찰청의 자살 통계는 일선 경찰관의 변사사건 조사 결과를 기반으로 하여 작성된다. 어딘가에서 변사체가 발견되면 경찰은 명확한 사망의 원인이 밝혀질 때까지 사건을 조사하게 되는데, 이 조사의 목적은 누군가의 죽음이 범죄로 인한 것인지 그렇지 않은지를 밝혀내려는 것이다. 조사의 결과 고의 또는 과실로 인한 타살 혐의가 있으면 검찰에 송치하여 범죄의 실체를 밝히는 수사가 이루어지며, 타살의 혐의가 없을 경우 내사 종결하여 더 이상 수사를 진행하지 않는다. 그러므로 경찰의 수사 기록은 '자살'에 관심이 있는 것이 아니라 '범죄'에 관심이 있으며, 누군가의 죽음이 자살에 의한 것이라고 밝혀지면 더 이상 조사가 이루어지지 않는 것이다.[4)]

4) 이러한 통계청과 경찰청의 통계 불일치에 대해서는 이미 그 문제점이 여러 차례 지적된 바 있고, 2004년 발표된 보건복지부의 「자살예방대책 5개년 계획」에서는 양 기관과 협조 체계를 구축하여 자살에 관한 공식 통계의 불일치를 해소하려는 노력이 시도되고 있다.

그러므로 자살의 추세와 특성을 살펴보기 위해서는 통계청의 자료보다는 경찰청의 자료가 상대적으로 타당성을 가지고 있다고 할 수 있다. 경찰청의 자살 통계가 자살자나 유족이 아닌 제3의 관찰자로서 국가기관의 판단에 의하여 집계되어, 통계청의 자살 통계에 비해 상대적으로 객관적인 자살자 수가 집계된다고 생각할 수 있기 때문이다. 따라서 이제부터는 경찰청의 자살 집계를 중심으로 자살의 발생 추이와 그 특성을 살펴볼 것이다.

2) 자살 사건에 대한 수사 기록

자살이 문화적으로 금기시되어 있는 상황에서 자살을 연구할 수 있는 자료에 접근하기는 현실적으로 쉽지 않은 것이 사실이다. 이와 같은 자료의 빈곤 속에서 자살에 대한 경찰 수사 기록은 자살을 연구하기 위한 가장 유용한 자료 중 하나라 할 수 있을 것이다. 경찰의 수사 기록에 대한 조사는 실재의 사회과정 속에 연구자가 개입하지 않는 비개입적 조사의 한 유형으로서, 자살이라는 민감한 주제에 적합한 연구 방법이기 때문이다.

경찰청의 공식 통계에 대한 소개에서 언급한 바와 같이 모든 변사체는 사망의 원인이 밝혀질 때까지 경찰의 수사를 거친다. 이 수사의 과정에서 생성되는 모든 증거 자료는 일선 경찰이 수집하고, 내사 종결 시 이 자료들은 「변사종결철」에 축적된다. 자살 사건에 대한 수사 기록은 경찰청훈령 제57호로 1991년 7월 31일 제정된 「범죄수사규칙」에 따라 그 내용이 작성되며, 거기에는 경찰관의 입장에서 수집된 자살행위와 자살자에 관한 정보가 집적되어 있다.

이처럼 누군가의 죽음이 발생하면 경찰은 그 죽음이 누구에 의한 죽음인지에 대한 수사를 시작하여 그것이 범죄가 개입된 죽음인지 그렇지 않은 죽음인지에 대한 판단이 가능할 때까지 수사를 지속하여 그 과정을 기록하고 보관하게 된다. 만일 그 죽음이 자살에 의한 것으로 판명이 되면 그 즉시 수사를 종결하지만, 그러한 판단이 가능하기 위해서는 다양한 진술의 청취, 증거 자료의 수집, 법적인 판단 등의 과정을 거친다. 만일 변사자의 죽음에서 살인이나 타인의 과실 등 범죄의 혐의가 발견되면 그 기록은 검찰로 송치되어 본격적인 범죄 수사의 단계로 넘어가지만, 그 죽음이 범죄로 인한 것이 아니라면 내사 종결되어 처음 그 수사를 담당했던 경찰서의 기록보관소에 15년간 보관되게 된다. 보존 기한이 15년으로 설정된 것은 현재 살인 범죄의 공소시효가 15년인 것과 연관이 있는 것으로 보인다.

이 책에서 사용한 자살 사건의 수사 기록은 3개 경찰서의 관할에서 발생한 1997년부터 2006년까지 10년간의 수사 기록의 거의 전수에 해당하는 자료로서 총 1,321건이다. 단 기록보관소에서 기록을 찾을 수 없는 일부 자료는 제외되었다. 표집 대상 경찰서 선정 시, 수사 기록에 대한 접근성이 어렵다는 점을 고려하여 일선 담당자로부터 협조를 쉽게 받을 수 있는 경찰서를 우선적으로 선정하였으나, 보다 포괄적인 사례의 수집을 위해 서울, 수도권, 비수도권(지방)으로 분산하여 선정하였다. 수사 기록에 대한 조사는 각 경찰서를 방문하여 수사 기록을 직접 열람하고, 구조화된 조사표에 그 내용을 기입하는 방식으로 진행되었는데, 기록에서 추출 가능한 변수를 최대한 추출하는 한편, 수사 기록의 질적인 활용 가능성을 염두에 두고 가급적 두껍게 기술하는 것을 원칙으로 하였다.

자살에 대한 경찰 수사 기록은 '자살자가 어떤 사람인가'에 대하여 추정할 수 있는 다양한 변수를 포함하고 있기에, 공식 통계에서 제공하는 변수들보다 풍부한 정보를 제공해준다. 그리고 「범죄수사규칙」에 명시되어 있는 항목 이외에 자살 유가족이나 참고인 등의 진술이 반드시 포함되어 있기 때문에 살아남아 있는 사람들이 자살자의 죽음을 바라보는 시각이 드러난다. 또한 기록 조사는 원자료raw data를 생산하는 작업이기에 각각의 변수 간의 교차분석이나 회귀분석 등 공식 통계를 그대로 이용하는 것보다 훨씬 다양하고 심층적인 분석을 수행할 수 있다.

그러나 경찰의 수사 기록은 부검이나 물리적 증거 등의 법의학적 자료를 포함하고 있기는 하지만, 자살의 심리적 원인이나 자살자의 기본적인 신상에 대해서는 유족의 진술과 유서에 의존하고 있기 때문에 이것을 염두에 두고 분석을 수행해야 할 것이다.

이 책에서 조사된 사건 기록의 수는 기관별로는 A경찰서 334건, B경찰서 575건, C경찰서 412건이며, 발생 연도별로는 1997년 91건, 1998년 155건, 1999년 123건, 2000년 97건, 2001년 109건, 2002년 128건, 2003년 141건, 2004년 153건, 2005년 169건, 2006년 155건의 분포를 나타내고 있다(상세 내역은 〈표 1〉 참조).

그러나 이 자료를 이해하는 데에 주의할 점은 수사 기록에 대한 표집이 확률적 표본 설계를 따른 무작위 표집에 의한 것이 아니라는 점이다. 위의 세 기관은 '서울', '수도권', '비수도권'이라는 의도를 가진 표본이고, 각 기관의 수사 기록의 거의 전수가 조사 대상이 되었다는 점은 평가할만한 것이긴 하다. 하지만 각 기관의 선정은 조사의 수월성을 고려한 편의표집의 성격이 강하기 때문에, 여기에 정리된 통계값을 이해하는 것은 전체적인 윤곽을 파악하는 데에 제한적으로 받아들여져야만 하며, 한국 사회의 전체 자살을 대표한다고 주장하기에는 무리가 있다는 것이다.

〈표 1〉 조사된 사례의 조사 기관 및 사건 발생 연도

		빈도(건)	비율(%)
조사 기관	A경찰서(수도권)	334	25.3
	B경찰서(서울)	575	43.5
	C경찰서(비수도권)	412	31.2
	계	1,321	100.0
사건 연도	1997	91	6.9
	1998	155	11.7
	1999	123	9.3
	2000	97	7.3
	2001	109	8.3
	2002	128	9.7
	2003	141	10.7
	2004	153	11.6
	2005	169	12.8
	2006	155	11.7
	계	1,321	100.0

3) 유서

이 책에서 사용된 가장 중요한 자료는 자살자들이 죽기 전에 남긴 유서라 할 수 있다. 유서는 앞에서 소개한 자살 사건의 수사 기록에 포함되어 있는 것으로서, 자살자들이 유서를 남겼을 경우 경찰의 수사 기록에 그것의 원본 또는 사본이 첨부되어 있다. 유서는 수사를 담당하는 경찰관의 입장에서는 그 죽음이 자살임을 입증하는 증거가 되며, 연구자의 입장에서는 자살자의 주관적인 상황과 죽음의 의도를 파악할 수 있는 유용한 자료가 된다. 이 책에서는 3개 경찰서의 관할에서 발생한 1997년부터 2006년까지 10년간의 수사 기록에 첨부되어

있는 405건의 유서를 분석 대상으로 하였는데, 수사 기록 조사 시 유서의 내용은 원본 그대로 필사하거나 컴퓨터에 입력하는 방법으로 수집하여 심층적인 내용 분석에 사용할 수 있도록 하였다.

유서를 분석하는 것은 다음과 같은 장점이 있다.

첫째, 자살자가 유서를 남겼다는 사실은 그의 죽음이 자살이라는 것을 확증하는 중요한 증거가 된다. 따라서 유서가 있는 자살의 경우 적어도 자살로 가장한 타살일 수 있는 가능성은 현저하게 줄어든다고 할 수 있다.

둘째, 유서에 대한 분석은 전형적인 불개입적인 내용 분석이다. 즉 이 책에서 분석한 유서들은 이미 작성이 완료되고 자살자가 사망한 사례들이기에, 연구자가 기록의 작성 과정에 개입할 여지가 없으며, 따라서 자료에 대한 연구자의 편의bias가 작용하지 않는다.

그러므로 유서에 대한 분석은 이 책에서 개념화한 '소통적 자살'을 연구하는 데에 유용할 뿐 아니라, 자살 일반을 연구하는 데에 있어서도 가장 중요한 연구 방법이라 할 수 있다.

그러나 유서라는 자료를 분석 대상으로 삼을 때에 다음과 같은 점을 유의하여 살펴보아야 할 것이다.

먼저 유서의 형식과 내용은 사례에 따라 다양하게 나타나기 때문에 그것을 일률적인 틀을 가지고 분석할 수 없다는 것이다. 먼저 형식적 다양성을 살펴보면, 따로 준비한 편지지에 정서로 기록한 유서에서부터 주변의 달력에 흘려 쓰거나 휴대전화의 문자메시지로 남긴 유서 등 매체의 다양성이 있으며, 단순히 자신이 자살로 사망함을 알리는 단 한 줄의 유서에서부터 20여 쪽에 이르는 장문의 유서 등 분량의 다양성이 있다. 내용적으로도 자신의 가족 한 사람 한 사람을 수신인으로 하는 유서에서부터 세상의 불특정 다수를 향한 유서 등 수신인의 다양성이 있으며, 차분하게 자신의 죽음을 객관적으로 설명한 유서에서부터 분노나 격정을 과격하게 포함한 유서 등 감정적 다양성이 있고, 자신의 죽음의 이유와 죽음을 결심한 과정을 상세히 설명하고 있는 유서에서부터 자신보다는 남아 있는 유족들에게만 관심이 있는 유서 등 관점의 다양성도 있다.

다음으로는 유서가 자살자의 주관적 의미를 그대로 나타내고 있는지 그 '타당성'에 대해서도 문제 제기를 할 수 있다. 실제로 유서들을 살펴보게 되면 자신의 죽음에 대해 객관적인 사실을 근거로 그것을 설명하는 유서들도 있지만, 오히려 자신의 죽음을 냉소하거나 미화함으로써 자살을 이해하는 것을 더욱 모호하게 하는 유서들도 있는 것이다.

그리고 유서를 중요한 분석 대상으로 할 때의 또 다른 한계는 유서를 남기지 않은 다른 자살들은 배제된다는 사실이다. 수사 기록에 나타난 자살 사건 중 유서를 남겼던 사례는 전체 자살 중 약 1/3 정도에 해당하는데, 유서만을 분석한다면 유서를 남기지 않은 나머지 2/3의 사례들은 분석에서 제외할 수밖에 없는 것이다.

그러므로 유서를 분석할 때 구조화된 틀에 맞추어 코딩하는 등의 양적인 접근으로는 위와 같은 문제들을 해결할 수 없다는 한계가 있다. 유서에 대한 양적인 분석을 수행할 때, 유서의 형식과 내용의 다양성으로 인해 구조화된 코딩 방법을 확정하기 어려울 뿐 아니라, 많은 변수에 대해 과다한 결측 값의 존재를 인정하여야 하기 때문이다. 또한 유서가 쓰여진 맥락에 대한 이해 없이 언표되어 있는 문장이나 단어만을 코딩하게 된다면 실제의 의미가 왜곡된 자료가 생산될 가능성이 있다. 더불어 유서를 남기지 않아 분석할 수 없는 다수의 자살 사례가 배제된다는 점에서 표본의 대표성에도 문제가 발생한다. 이러한 문제점들을 고려해볼 때 소통적 자살의 빈도나 비율을 양적으로 확인하고자 하는 것은 오류의 가능성을 항상 내포하고 있다고 할 것이다.

이러한 문제점은 유서에 대한 질적인 접근을 통해서만 극복이 가능하다고 할 수 있는데, 질적인 접근에서는 유서의 형식이나 내용적 다양성 자체를 중요한 분석 대상으로 삼을 수 있다. 또한 유서에서 모호하거나 왜곡되게 표현된 부분이 있다 할지라도, 그것을 맥락 속에서 파악한다면 오히려 자살자의 주관적 의미를 더욱 명확하게 보여주는 단초가 될 수도 있다. 그리고 확률적 표본추출에 의한 통계적 일반화를 지향하는 양적 분석에 비하여, 범주의 다양성과 새로운 사실을 지향하는 질적 분석은 표본의 대표성의 문제를 완화시킬 수도 있다.

이러한 의미에서 이후에 전개될 분석은 양적으로 파악할 수 있는 부분을 적극적으로 활용하되 주된 분석은 자살자의 주관적 의미를 이해하고자 하는 질적인 방법을 주로 사용하여 소통적 자살의 특성과 소통적 자살이 내포하고 있는 자살자들의 다양한 의도들을 살펴볼 것이다.

4. 자살 현상에 대한 해석적 이해

이 책에서는 먼저 경찰청 자살 통계를 재구성하여 연도별 자살 발생 추이를 살펴볼 것이며, 이것을 경제성장률, 범죄율 등 다른 사회지표와 비교하여 사회의 구조적인 요인이 자살에 미치는 영향을 살펴볼 것이다. 이를 위해서 경찰청이 발간한 『범죄분석』의 변사자 발생표의 자살 항목에 나타나 있는 자살자의 성, 연령, 학력, 직업, 자살 동기, 자살 방법 등에 대한 각 연도의 공식 통계를 재구성하였다.

또한 자살 사건의 수사 기록을 양화시켜 자살자의 사회경제적 특성과 자살자들이 겪고 있었던 문제 상황의 내용을 기술할 것이며, 소통적 자살의 일반적인 특성을 살펴볼 것이다. 자살자의 수사 기록은 앞에서 기술한 바와 같이 수사 기록을 직접 열람하고, 해당 내용을 구조화된 조사표에 기입하는 방식으로 코딩한 후 SPSS 통계 패키지에 코딩 내용을 입력하여 분석을 실시하였다. 처음 기획된 조사표에서는 자살자의 인적 사항, 자살 사건 관련 사항, 유서 관련 사항, 유족 및 참고인 진술 등의 항목으로 나누어 상대적으로 많은 변수를 추출하였으나, 실제 분석 과정에서는 결측 값이 많은 변수들과 상대적으로 설명력이 떨어지는 변수들을 제외하고, 자살자의 자살 의도를 파악하는 데 맥락적인 정보를 제공해줄 수 있는 변수들을 중심으로 분석을 실시하였다.

그러나 이와 같은 양적인 분석으로는 자살의 일반적인 현황에 대해서는 잘 요약할 수 있는 반면 개별적인 자살 현상의 깊이 있는 모습에 대해서는 살펴볼 수 없다는 한계가 있다. 자살이라는 행위를 선택하는 데에 있어 자살에 대한 행위자의 주관적 의미가 중요하다고 할 때, 숫자로 요약된 양적인 분석으로는 자살의 의미를 유의미하게 포착할 수 없기 때문이다.

따라서 이 책에서는 자살에 대한 양적인 자료는 자살 현상에 대해 대략적인 윤곽을 살피고, 자살자들이 처한 객관적인 문제 상황을 기술하여 자살행위를 고려하게 되는 배경적인 지식을 제공하는 데에만 제한적으로 사용할 것이며, 자살을 둘러싼 다양한 사회경제적 맥락과 자살을 선택하는 행위자의 주관적이고 심리적인 의도를 파악하기 위해서는 유서와 수사 기록에 대한 질적인 내용 분석을 수행할 것이다. 이와 같은 질적 연구의 목적은 얼마나 많은 특정 종류의 사람들이 어떤 특징을 공유하는지를 발견하는 것이 아니라, 우리 사회가 내포하고 있는 자살의 의미에 대한 다양한 범주를 추출하고 행위의 의미를 해석하는 것이다. 즉 질적 연구는 자살이라는 행동을 단순히 관찰하여 조사하는 것이 아니라, 자살의 의미를 채굴하는 것이다(McCracken, 2005). 그러므로 이 같은 과정을 거쳐 도출된 범주들은 선험적으로 구성된 범주가 아니라, 자료들을 전체적으로 검토한 후 발견된 것이라 할 수 있으며, 귀납적 분석의 결과라 할 수 있다.

이 같은 질적인 분석 과정에는 두 가지 방법이 병행하여 수행되었는데, 첫째로는 유서 속에서 자살자들이 자신의 삶과 상황을 해석하고 있는 부분과 자신의 자살의 의도를 밝히는 부분을 추출한 후 그것을 범주화하여 제시하는 방법을 사용하였다. 이 같은 방법을 통해 지금까지 주목하지 않았던 자살이라는 행위의 다양한 의미를 포착하고, 그것을 이해할 수 있는 범주를 발견하고자 한다. 이때 추출된 부분들이 의미하는 바를 보다 잘 보여주기 위해 그 추출된 부분이 속해 있는 자살의 맥락을 가능한 한 살리도록 노력하였다. 그런데 이 작업에서 도출된 범주들은 '배타성'과 '포괄성' 모두를 충족시키지 못할 수밖에 없다는 점을 주의해야 한다. 행위자의 의도는 때로는 명확히 구분되기 힘든 상태로 드러나기도 하며, 때로는 여러 가지 의도가 복합적으로 내포되어 있기도 하기 때문에 범주 간의 배타성이 유지되기 힘들다는 조건을 가지고 있으며, 연구자가 분석 대상이 된 자살자의 모든 의도를 포착할 수 없다는 이유에서 포괄성 역시 충족될 수 없는 것이다.

다음으로는 앞에서 추출한 범주들의 특성을 잘 보여주고 있다고 여겨지는 사례를 선택하여 그것의 유서와 유족 및 참고인의 진술 내용을 심층적으로 분석하는 사례 연구의 방법을 사용하였다. 자살에 대한 의미를 포착하고 그것을 범주화하는 작업은 자살자가 처해진 사회적, 심리적 맥락을 최대한 살리려는 의도하에서 수행되었음은 이미 밝힌 바 있다. 그럼에도 불구하고 그 같은 작업은 유서의 일부분을 추출하여 제시하는 방법을 사용하였기 때문에 경우에 따라서는 자살자가 생각하는 자살의 전체 의미를 드러내는 데에는 여러 가지 한계가 있을 수밖에 없다. 하나의 자살행위 속에 포함되는 의미는 단일하지 않은 경우도 다수 존재하며, 때로는 그것이 다소 모순적으로 보일 때도 있는 것이다. 따라서 몇 가지 사례를 심층적으로 분석하여 일련의 자살행위를 통합적으로 파악하였을 때 자살행위의 맥락을 더욱 잘 드러낼 수 있었으며, 자살자가 죽음을 통해 기획하였던 자살의 의미를 효과적으로 이해할 수 있었다.

베버(Weber, 1947)가 밝힌 바와 같이 모든 인간의 행동은 행위하는 개인이 주관적 의미를 부여할 때 '사회적 행위'가 된다. 그런데 행위자들의 의미는 단순히 관찰만으로는 드러나지 않으며, 필연적으로 해석의 과정이 개입된다. 따라서 유서와 수사 기록에 대한 질적인 접근은 일차적으로 자살자들 자신의 상황을 규정하고 행위에 의미를 부여하는 과정 속에서 그들이 겪은 경험을 복원하는 탐색과 발견의 작업이며, 이것은 자살이라는 행위에 대한 해석적 이해의 과정인 것이다(Weber, 1964).

이때 현재 이용 가능한 자료들을 통해 자살자들의 삶이 실제로 어떠했으며, 그들이 처한 객관적인 상황이 어떠했는지를 파악하는 것은 매우 제한적일 수밖에 없었다. 물론 경찰의 수사 과정 속에서 자살자의 채무 금액이나, 실직 시기, 질병의 종류와 심각성, 이혼 여부 등이 드러나 있기는 하지만, 이것을 분석에 적극적으로 활용하기에는 무리가 따랐던 것이다. 따라서 자살자들이 처해 있었던 객관적인 상황에 대한 지식을 배경으로 하되, 주된 분석은 자살자 자신의 입장에서 스스로의 상황과 행위를 바라본 것, 즉 유서에서 표명된 내용을 받아들이고 이해하고자 하는 해석학적인 입장에서 수행하였다.

제2장

자살 발생의 사회적 배경

본 장에서는 사회적이고 구조적인 힘이 자살이라는 개인의 행위에 미치는 영향에 대해 논의하고자 한다. 이를 위해 먼저 사회학적 자살 연구의 흐름을 살펴봄으로써 사회적 구조와 자살 간의 이론적 측면을 살펴볼 것이다. 그리고 자살에 대한 수사 기록의 양적 분석을 통해, 자살이 한국 사회에서 어떻게 나타나는지에 대한 실제적 측면을 살펴볼 것이다.

뒤르케임에게서 시작된 사회학적 자살 연구의 주된 흐름은 사회구조에 의해, 혹은 사회구조 속에서 발생한 개인의 실패가 자살을 유발한다는 논의로 요약될 수 있을 것이다. 이러한 과정을 설명하는 핵심적인 개념은 '아노미'이다. 그런데 이 '아노미' 개념은 개인에게 영향을 미치는 구조적 힘을 설명하지만, 한편으로는 개인들이 자신의 상황을 '실패의 상황'으로 인식해야만 한다는 측면을 암시하고 있다. 즉 아노미 개념은 사람들의 행위가 사회구조에 의해 일정 부분 강요되기는 하지만, 결국 사람들이 행위를 선택하는 것은 개인들의 성찰의 결과라는 것을 내포한다. 또한 이론적 측면에서 중요하게 검토하고자 하는 점은 뒤르케임적인 자살이론에 대한 비판들로서, 자살의 소통 지향성을 강조하는 입장들이다.

그러고 나서 우리는 한국 사회에서 겪게 되는 개인들의 실패와 좌절의 내용들을 살펴보게 될 것이다. 이는 자신의 상황을 '아노미'로 인식하게 하는 우리 사회의 실패들에 관한 조망이며, 성찰성의 근거가 되는 사회와 개인들의 상황에 대한 기술이다.

1절 사회학자들이 바라본 자살

1. 사회학적 자살 연구의 주요 흐름

뒤르케임(1858~1917)은 '죽음'이라는 형이상학적 주제를 일찌감치 사회학의 영역으로 끌어들여 "사회학적으로" 연구할 것을 주장하였다. 그는 『자살』 서문에서 사회학은 자체의 대상을 가져야 한다고 제안하고 있는데, 그는 "우리가 사용하고 있는 사회학적 방법은 사회적 사실이 사물로서, 즉 개인에 외재하는 실체로서 연구되어야 한다는 기본 원리에 전적으로 의거하고 있다."고 주장하며 "사회적 사실social fact"이 이러한 사회학의 연구 대상임을 강력히 역설하였던 것이다(뒤르케임, 1995).

이러한 문제의식하에서 그가 '자살'이라는 현상에 주목한 것은 자살 자체에 대한 관심이었다기보다는, 자살이 자신의 사회학적 방법론을 가장 잘 드러내는 수단으로 기능할 수 있었기 때문이다(Plaut, 1999). 즉 그가 보기에 '자살'이라는 개인의 행위가 그가 제안한 '사회적 사실'을 명확하게 드러내는 좋은 소재였던 것이다. 뒤르케임은 "모든 국민은 제각기 사망률보다도 더욱 안정된 자살률을 가지고 있고, 자살률의 상승이 각 사회에 특징적인 자살촉진계수와 일치하고 있다는 점, 하루와 한 달 그리고 한 해 중의 여러 시기에 따라 변화하는 자살률이 바로 사회생활의 리듬을 반영하고 있다는 점 …… 결혼, 이혼, 가족, 종교, 군대 등은 숫자로도 표현할 수 있는 명확한 법칙에 따라 자살에 영향을 미치고 있다는 점" 등의 특징에 따라 한 사회의 자살률은 '사회적 사실'임을 드러내고자 했던 것이다(뒤르케임, 1995). 그러므로 뒤르케임의 자살이론은 단지 자살이라는 현상에만 국한되어 적용되는 것이 아니라, 거의 모든 범죄 및 일탈이론과 밀접한 연관을 맺고 있으며, 나아가 사회의 질서와 도덕의 문제까지도 다루고 있다고 할 것이다. 이처럼 자살이라는 소재를 통하여 사회의 변동을 바라보고자 하는 것이 뒤르케임의 이론적인 목적이었고, 뒤르케임 스스로가 표현한 바와 같이 『자살』은 단지 자살이라는 현상에 한정되어 적용할 수 있는 연구가 아니라, 유럽 사회가 겪고 있는 일반적인 부적응의 원인과 그것을 치유할 치료 방안을 제시하고자 한 기획이었다.

이 같은 작업의 결과 도출된 '아노미anomie'라는 개념은 이후 일탈과 자살을 연구하려는 연구자들에게 중요한 통찰을 제공해주었다. 비록 이 개념이 다양한 비판을 받기는 했지만 그 속에서도 많은 연구자가 아노미를 실증적으로 관찰하기 위하여 다양한 시도를 해왔던 것이다.

이후 많은 연구자가 뒤르케임의 자살이론을 일탈 또는 범죄 일반에 적용하기 시작하였고, '생래적 범죄자 개념'을 사용하거나 범죄(혹은 자살)의 유전적 요인을 지적하는 '생물학적 이론'이나, 개인의 인성이나 성격을 준거로 하여 범죄를 설명하려는 '심리학적 이론' 등과 같이 비사회학적 이론들을 제외한다면, 거의 모든 사회학적 일탈이론 또는 자살이론은 뒤르케임의 영향력 아래에 있다고 해도 과언이 아닐 것이다. 그리고 이것은 자살을 사회학의 확고한 영역으로 만들어낸 뒤르케임의 힘이다.

이러한 뒤르케임의 업적에 대하여 많은 자살 연구자가 뒤르케임을 "패러다임 혁신자"(Kuhn, 1962), "자살 연구의 아버지founding father", "교과서이자 준거점" 등으로 지칭하고 있다(Douglas, 1967; Taylor, 1982; Plaut, 1999). 심지어 레스터(Lester, 1990b)나 앳킨슨(Atkinson, 1978)과 같은 연구자들은 자살 연구에서의 뒤르케임의 특별한 지위를 다소 냉소적으로 표현하면서 그의 『자살』을 "정경bible" 혹은 교의tenet라고 논평하고 있기도 하다. 이러한 냉소는 뒤르케임 이후의 범죄 및 자살 연구자들이 뒤르케임의 강력한 영향력 아래에서 그의 아이디어를 그저 재생산하고 있을 뿐이라는 질책으로 이해할 수 있을 것이다. 뒤에서 살펴보겠지만, 뒤르케임 이후의 범죄 및 자살 연구는 그를 넘어서서 새로운 영역을 향해 나아가고 있다기보다는 그가 남긴 유산을 소비하는 데 급급하다는 평가마저도 가능하다고 하겠다.

그러므로 많은 자살이론은 새로운 설명력을 지니는 개념을 발견하기보다는 뒤르케임이 개척한 길을 그대로 따라가는 것으로 보인다. 즉 뒤르케임의 '아노미', '사회통합', '사회 규제' 등의 개념은 그 이후의 일탈이론과 자살이론에 반영되어 여러 모양으로 등장하고 있으나, 결국에는 뒤르케임의 핵심적인 생각idea의 다양한 판본version이라는 평가를 내릴 수 있는 것이다.

우선 뒤르케임의 아노미이론은 그것을 미국 사회에 적용하고자 시도한 머튼(Merton, 1938)에 의해 적극적으로 수용되어 범죄와 일탈을 야기하게 되는 압력과 긴장을 구체화하였고, '지위'라는 개념을 사용하여 "사회통합"을 측정하고자 하는 지위통합이론(Gibbs and Martin, 1964)이나, 아노미에 의하여 야기된 좌절이 자신을 향한 공격성으로 표출되어 자살에 이르게 된다는 아노미적 자살이론(Henry and Short, 1954) 등으로 발전하게 된다. 뒤르케임의 이론적 전통은 이후 시카고

학파에서 발전한 사회해체론(생태학적 범죄이론)을 적극적으로 수용하여 일탈과 자살 현상을 설명하고자 하였고(Shaw and McKay, 1942; Schmid, 1928; Sainsbury, 1955; Maris, 1969), 상징적 상호작용론의 의사소통적 관점을 통해 사회학습이론(Sutherland, 1937)으로 전개되기도 하였다. 그리고 머튼의 아노미론과 사회해체론에서 발견된 하위 계층 문화에 대한 통찰은 하위문화이론(Cohen, 1955; Cloward, 1959; Miller, 1958; Halbwachs, 1930)을 발전시켰고, 이후 뒤르케임을 근본적으로 넘어서고자 시도하는 새로운 접근들(Douglas, 1967; Atkinson, 1978)이 등장하였다.

2. 사회구조와 자살의 관계

1) '사회적 사실'로서의 자살

사회학적 자살이론은 뒤르케임에게서 시작하고 있다고 해도 과언이 아니다. 그는 자살이론을 통해서 분업화된 산업사회에서 사회의 통합과 규제가 자살에 미치는 영향을 분석하고자 했던 것이다. 뒤르케임의 자살 연구의 가장 탁월한 업적은 자살이 단지 개인적인 문제가 아니라 '사회적 힘'이 작용하는 '사회적 사실'이라는 점을 발견한 것이며, 사회의 변화에 따라 발생하는 아노미라는 심리적 상태가 자살을 발생시키는 가장 중요한 동인이 된다는 점을 드러낸 것이다. 즉 그의 이론은 개인이 겪게 되는 여러 가지 문제 상황 자체가 자살을 발생시키는 것이 아니라, 문제 상황이 만들어내는 아노미라는 심리적 단계를 거쳐 자살이라는 행위를 유발하게 된다는 점을 내포하고 있다. 뒤르케임의 아노미 개념은 실증적으로 검증되지 않은 모호한 개념이라는 비판을 받고 있기는 하지만(Douglas, 1967; Lester, 1990b), 이후 자살을 연구하는 많은 연구자에게 중요한 시사점을 주고 있으며, 이를 토대로 하여 다양한 개념을 생산할 수 있도록 하고 있다.

뒤르케임은 『자살』에서 그가 『사회에서의 노동 분업』(1893), 『사회학 방법의 규칙』(1895) 등에서 먼저 제시한 방법론적 규칙에 따라, 자살이라는 현상을 '사회적 사실'로서 다루고자 하였다. 즉 『자살』에서 그의 연구 관심은 오로지 사회적 사실에만 있었기 때문에 그는 개인의 자살이 아닌 한 사회 내의 자살의 총체적 경향을 연구하고자 하였던 것이다. 이러한 방법을 통해서 그는 자살을 '개인적 성향'이 아닌 '사회적 사실'로 간주할 수 있었으며, '사회적 사실'을 '사물'과도 같이 개인에 외재하는 실체로 연구할 수 있었다(뒤르케임, 1995). 그러므로 그의 연구에서는 자살의 '통계적 비율'이 '사회적 사실'의 지표로 사용된다.

뒤르케임은 프랑스를 비롯한 유럽 각국의 공식 통계자료를 논거로 자살을 설명하는 다양한 개인적 원인, 혹은 비사회적 원인으로서의 정신병, 알코올리즘, 인종, 기후 등의 요인이 자살을 설명하는 데에 문제가 있다는 점을 지적하는 것으로 그의 주장을 시작한다. 뒤르케임은 자살을 설명한 기존의 요인들(정신병리, 인종, 유전, 기후 및 모방 등)이 자살률의 변이를 제대로 설명하지 못한다고 비판한 후, 자살을 사회학적으로 설명하는 것이 타당하다고 역설한다.

그의 주장의 핵심은 자살은 기본적으로 사회 분업의 확대와 함께 개인에 대한 사회의 도덕적 규제가 약화됨으로써 증가한다는 것이다. 뒤르케임은 분업화된 사회에서 사회 성원이 서로 밀접하고 친밀한 관계를 갖지 못하거나 공통으로 받아들일 수 있는 규칙을 만들지 못하면 사회 내의 각 부분이 서로 협조가 잘 되지 않거나 사회연대가 약화된다고 보았으며, 이 같은 사회적 연대의 약화가 자살과 같은 병리적 행위의 원인이라고 설명한다(뒤르케임, 1995).

뒤르케임은 사회통합의 측면과 사회 규제의 측면에 따라 자살을 네 가지 유형으로 구분하였는데, 먼저 사회통합의 측면에서 사회통합이 강하면 '이타적 자살altruistic suicide'이 발생하고, 사회통합이 약하면 '이기적 자살egoistic suicide'이 발생한다고 주장했다. 그리고 사회 규제의 측면에서 사회 규제가 강하면 '운명적 자살fatalistic suicide'이, 사회 규제가 약하면 '아노미적 자살anomic suicide'이 발생한다고 주장했다. 뒤르케임의 설명에 따르면 '이타적 자살'은 존재의 근거가 인생의 외부에 존재하기 때문에 일어나며, 반대로 '이기적 자살'은 인간이 존재의 근거를 삶에서 찾지 못함으로써 일어난다. 그리고 '아노미적 자살'은 인간의 활동이 충분히 규제되지 못함으로써 받게 되는 고통에 기인한다.[1)]

이러한 개념적 도식의 특징은 '정상성'에 대한 뒤르케임의 기본적인 생각을 반영하고 있는데, 그것은 통합의 측면에서나 규제의 측면에서나 어느 한쪽의 극단은 정상성에서 벗어난 병리적 현상이라는 것이다. 이 같은 그의 입장은 "모든 과잉은 모든 불충분이 그렇듯이 사악한 것이다."(뒤르케임, 1999)라는 언급에서 잘 나타나고 있다. 뒤르케임은 과소한 개인주의와 과도한 개인주의 모두가 자살을 이끌고 있다고 생각했으며, 규제의 부족과 과잉 역시 마찬가지라고 생각했다. 그러므로 뒤르케임에게 있어서 정상과 병리는 질적으로 다른 것이 아니라 한 사회에서 일정한 평균 수준의 범위 안에 있느냐의 여부에 따라 결정되는 상대적인 개념이었다.

위의 네 가지 유형의 자살 중 뒤르케임이 가장 중요하게 여긴 것은 '아노미적 자살'이었다. "아노미는 현대사회에 있어서는 정규적이고 특수한 자살의 요인이며, 그에 의해서 일정한 수의 연간 자살률이 결

1) 뒤르케임은 '운명적 자살'에 관해서는 별다른 언급을 하지 않는다.

정된다. 따라서 그것은 다른 형태와 구분되는 새로운 자살의 유형이다. 이 유형의 자살은 개인이 사회와 연결되는 형태에서가 아니라 사회가 개인을 규제하는 방식에 의해서 다른 유형의 자살과 구분된다." (뒤르케임, 1995) 즉 '아노미'란 '규제가 필요한 상황에서 욕망이 규제를 받지 못하기 때문에 발생하는 일종의 무규율 상태'로 정의되는데 (뒤르케임, 1995), 뒤르케임에게 있어서 규제가 필요한 상황이란 '급격한 사회변동'을 의미한다. 특히 경제적 격동기에 자살률이 크게 증가하는데, 이는 불경기와 호경기 모두에 적용된다. 불경기일 때는 실업이 증가하고 임금이 하락하여 삶의 목표와 이를 달성하는 데 필요한 수단이 괴리되는 현상이 발생하는데, 이는 개인에게 스트레스를 증가시키며, 그 결과 자살에 이르게 만든다는 것이다. 한편 호경기일 때는 목표에 대한 성취도가 상승하고 열망 수준이 커지는데, 이것도 목표와 수단 간의 괴리를 가져오고, 개인에게 스트레스를 증가시키며, 그 결과 자살이 증가한다. 뒤르케임은 이에 대한 증거로 19세기 말 서유럽의 경제적 변동과 자살률의 관계를 통계자료를 통해 보이고자 하였다(뒤르케임, 1995).

그런데 뒤르케임 스스로도 이기적 자살과 아노미적 자살에 대해서 구분할 필요를 느꼈는데, 이 양자는 "다 같이 개인에게 있어서의 사회의 불충분한 존재에 기인한다."고 설명한다. 즉 이기적 자살과 아노미적 자살 양자는 사회에 필요한 특정 요소의 결핍으로 인해 발생한다는 것이다. 그러나 "그러한 사회 부재의 성격은 양자의 경우에 서로 다르다." "이기적 자살에 있어서는 진정한 집합적 활동의 결함으로 인해서 개인이 목적과 의미를 상실하는 경우"이며, "아노미적 자살은 개인적 열망에 대한 사회적 영향이 결핍됨으로써 개인을 제동 없이 방치함으로써 일어난다." "그러므로 양자는 관계있지만 구분된다."(뒤르케임, 1995) 즉 이기적 자살은 사회통합의 약화가 개인의 '삶의 의미'

를 상실하게 만들어 개인을 자살에 이르게 하는 경우이며, 아노미적 자살은 사회 규제의 약화가 도덕적 규범의 붕괴를 초래함으로써 행동의 규준을 상실하게 만들어 개인을 자살에 이르게 하는 경우를 말한다. 다시 말하면 이기적 자살이 고립적인 삶이 야기하는 현실감의 상실과 몽상에서 비롯된다면, 아노미적 자살은 상승하는 욕망과 그것의 좌절 사이에 위치하는 것이다(김종엽, 1996).

2) 지위 구조와 자살

지위변동이론The Status Change Theories은 개인의 지위의 변화가 자살을 유발한다는 것으로 뒤르케임 이후 사회학적으로 오랜 가정 중의 하나이며, 많은 경우 받아들여지고 있기는 하지만 경험적 연구는 여전히 부족한 상태이다. 지위변동이론의 대표적인 저작은 깁스와 포터필즈(Gibbs and Porterfields, 1960)의 '직업 위신과 사회적 이동성'에 관한 연구일 것이다. 그들은 자살의 정적static 조건이 아니라, 자살의 역동dynamics을 고찰하고자 한다고 주장하였는데, 이를 뒷받침하기 위해 그들은 1946년부터 1951년 사이의 뉴질랜드의 955건의 검시관 기록을 조사하였다.

그들은 자살에 대한 연구를 '정적인static 분석'과 '동적인dynamic 분석'으로 구분한다. 먼저 정적인 분석은 계급의 높고 낮음에 따라 자살률이 어떠한 양상을 보이는지를 설명하고자 하며, 동적인 분석은 지위의 변동에 따라 자살률이 어떻게 차이가 나는지를 설명하고자 한다. 그들은 동적인 분석을 위하여 자살자의 출생 시 가족의 지위와, 사망 시 개인의 지위를 비교하는 방법을 사용했다. 여기에서 가족과 개인의 지위는 "직업 위신occupational prestige"으로 파악한다.

상향 이동의 경우에는 개인에게 긴장tension을 일으켜서 사회적 관계의 결핍을 야기하고, 하향 이동의 경우에는 사회적 기대에 부응하지 못하는 좌절을 겪게 하여 역시 사회적 관계의 결핍을 야기한다. 이러한 사회적 관계의 결핍은 개인의 생물학적인 요소와 결합하여 자살의 가능성을 증가시킨다. 이처럼 그들의 결론은 모든 지위 이동은 자살에 영향을 주지만, 특히 하향 이동의 경우 자살을 유발하는 경향이 더 크다는 것이었다.

이후 깁스는 마틴Martin과 함께 뒤르케임의 '사회통합'의 개념을 실증적으로 측정함으로써 뒤르케임의 작업을 검증하고자 하였다. 깁스와 마틴(Gibbs and Martin, 1964)은 뒤르케임의 '사회통합' 개념이 모호함을 지적하고, 뒤르케임의 이론이 지지되기 위해서는 그의 개념들이 실증적으로 검증되어야 한다고 주장했던 것이다. 그들의 주장에 따르면, 뒤르케임은 그의 저작에서 '사회통합'을 정의하지 않았으며, 따라서 자살률과 연관되어 있는 '사회통합'이라는 개념을 측정할 수 있는 척도를 가지지 못하였다. 그들은 이처럼 경험적 준거가 없는 뒤르케임의 주장은 힘을 가질 수 없으며, 따라서 뒤르케임의 이론은 불완전한 것이라고 주장한다.

깁스와 마틴(Gibbs and Martin, 1964)은 이렇게 불완전한 뒤르케임의 이론을 완성시키기 위해서는 관찰 가능한 개념을 도입하여 경험적인 검증을 할 필요가 있으며, 그렇게 함으로써 뒤르케임의 이론이 힘을 가질 수 있을 것이라고 생각했다. 그래서 그들은 '역할 갈등'이라는 개념을 가지고 '사회통합'을 관찰하고자 했다. 뒤르케임의 사회통합이라는 개념을 사회적 관계의 안정성과 지속성이라고 규정하고, 사회적 관계의 안정성과 지속성을 관찰하기 위해서는 '역할 갈등'을 관찰해야 한다고 생각한 것이다.

그러나 역할 갈등 역시 직접적으로 측정하기 힘든 개념이기 때문에, 그들은 연령, 성, 직업, 혼인 상태 등과 같은 '지위'라는 개념을 사용하여 간접적으로 역할 갈등을 측정하고자 하였다. 즉 깁스와 마틴은 개인이 점유하고 있는 지위들이 얼마나 통합되어 있는지를 알아봄으로써 역할 갈등을 관찰할 수 있다고 생각했고, 이것은 나아가 사회적 안정성과 지속성의 정도를 표현한다고 본 것이다. 이러한 사회의 안정성과 지속성의 정도는 또한 사회의 통합 정도를 의미하는 것이었다.

사회의 개인들은 여러 가지 지위를 점유하고 있는데, 이 지위들에 부여되어 있는 역할들은 충돌하지 않을 수도, 충돌할 수도 있다. 만일 지위에 부여되어 있는 역할들이 충돌하지 않는다면 그 지위는 통합되어 있다고 말할 수 있으나, 지위에 부여되어 있는 역할들이 서로 충돌한다면 지위가 통합되어 있지 않다는 것을 의미한다. 이렇게 역할들이 서로 충돌하는 상황은 사람들로 하여금 무언가 문제가 있다고 느끼게 만드는데, 그러한 상황에서 사람들은 어느 역할을 포기하여 그러한 갈등을 회피하고자 할 것이다. 그런데 사회제도는 사람들이 특정 지위에서 떠나는 것을 쉽게 허용하지 않는 경우가 많은데, 모순되고 상충된 지위를 떠나 상충하는 역할들 사이에서 갈등을 해소하지 못할 때, 사람들은 자살을 수단으로 하여 삶을 떠남으로써 갈등을 회피하게 된다는 것이다. 그러므로 한 개인에게 있어서 지위의 통합 정도가 낮을수록 그러한 개인들은 자살을 할 가능성이 커지게 된다는 것이다.

깁스와 마틴(Gibbs and Martin, 1964)은 이 같은 논리를 설명하기 위하여 엄청난 수의 순위 질서 관계를 만들어낸 후, 이들의 통합 정도를 측정하고자 하였다. 그들은 미국 30개 주 인구의 직업, 연령, 성, 인종(피부색)에 대한 지위 통합 척도를 계산하여, 이러한 지위 통합 척도와 자살률의 상관관계를 검증하고 이들이 서로 관계가 있음을 보여주고자 하였던 것이다.

3) 사회 환경과 자살

자살에 대한 사회해체론적 접근은 인간이 거주하는 환경적 요인이 인간의 행동에 영향을 미친다는 생태학적인 전제를 가지고 있는 입장으로서, 미국의 시카고학파의 이론을 적극 수용하여 다양한 형태의 일탈에 대하여 설명하고자 하였다.

슈미트(Schmid, 1928)는 도시의 이동성과 익명성이 야기하는 사회적 고립과 정서적 긴장으로부터 자살이 유발된다고 주장한 조르보 Zorbaugh의 영향을 받아, 도시의 지리적 위치와 자살률의 관계를 보여주고자 하였다.

슈미트는 자살률이 도시의 중심 지역에서 가장 높고, 외곽을 향해 나갈수록 감소한다는 공식 통계상의 발견을 근거로 하여, 자살률의 패턴이 지역적인 특성을 보이는 것을 도시의 생태학적 구조의 영향을 받은 지리적 위치의 효과라고 주장한다. 즉 도시의 중심 지역은 거주자들의 구성이 혼합적이고 인구의 교체가 빈번하다는 공간적 특성을 가지고 있는데, 이러한 특징은 행위를 규정하는 규범과 가치에 대한 일관적coherent 체제의 형성을 지연시킨다는 것이다. 이는 나아가 사람들에게 지원과 소속감을 제공하는 안정적인 사회적 관계를 형성하는 것을 방해하여, 개인들의 행동은 더 이상 공동체에 의하여 간섭받지 않게 되는 결과를 낳는다.

이러한 상황을 슈미트는 '사회해체'라고 규정했는데, 사회해체의 가장 중요한 지표는 '이동성mobility', '사회적 익명성', '사회적 관계의 접촉률'이라는 변수들이다. 슈미트에 의하면 사회해체는 자살을 포함한 대부분의 일탈 행동을 야기한다. 이 같은 슈미트의 접근은 뒤르케임의 '아노미' 개념을 발전시킨 것으로 지역적 환경이라는 변수를 통해 개인의 행동을 설명하고자 시도한 것이다.

세인즈베리(Sainsbury, 1955) 역시 자신의 저작을 '생태학적ecological'이라고 규정하며, 사람들이 거주하는 환경에 개인의 행동이 의존한다는 것을 보이고자 하였다. 그의 주된 주장은 특정 지역 내에서의 '이동성의 총량'과 '고립의 정도'가 자살률과 연관되고 있다는 것으로서 슈미트의 주장을 반복하고 있다.

마리스(Maris, 1969) 역시 슈미트의 이론을 계승하고 있는데, 그는 시카고에서 '거주민의 이동성', '특정 지역에서의 인구 분포' 등의 다양한 변수를 도입하여 자살률을 설명하고자 하였다. 그의 주장에 따르면 특정 지역 거주민의 이동성의 총량이 많을수록, 그리고 특정 지역에서 고등교육 수혜자와 화이트칼라 계층 거주민의 비율이 높을수록 자살률이 늘어난다고 한다. 이러한 변수들의 관계를 설명하기 위해서 마리스는 '아노미' 개념을 적극적으로 도입하고 있는데, 마리스의 '아노미'는 개인의 행동을 도덕적으로 규제하는 것을 방해하는 상황을 지칭한다. 즉 마리스는 뒤르케임을 인용하면서, 사회적 이동성이 큰 집단과 사회적 위계의 상층을 차지하는 집단은 상대적으로 사회로부터 압력이 적기 때문에 하층 집단의 사람들보다 행동을 도덕적으로 덜 규제받게 되고, 이것이 아노미의 상황을 유발하여 자살에 더 쉽게 노출된다고 설명하는 것이다.

한편 웬즈(Wenz, 1974)는 '아노미'를 '의미 없음no meaning'과 '목표 상실void of goal'의 감정이라고 정의하고 사회조직 내 활동에 대한 참여도를 통하여 아노미의 징후를 발견하고자 한다. 그의 주장에 따르면 사회조직 내 활동에 낮은 참여도를 보이는 것은 그 사회가 통합되어 있지 않다는 것을 의미하는데, 사회적 통합력의 약화는 사회적 고립감을 증가시켜 자살률을 증가시킨다는 것이다. 그 밖에 플래트(Platt, 1985)의 경우, 슬럼 등 전이 지역과 같은 특정 지역에 거주하는 사람들은 다른 지역에 거주하는 사람들에 비하여 자기 파괴의 경향이 강하다고 전제하고, 그들은 다양한 일탈적 행위에 대하여 더욱 허용적인 가치 평가를 하기 때문에 더 빈번히 자살을 저지른다고 주장한다.

특정 집단의 삶의 방식이 개인의 자살에 대한 태도와 자살 성향에 근본적인 영향을 미친다고 주장하는 알박스Halbwachs의 작업 역시 뒤르케임의 저작을 갱신update하고자 하는 목적을 가지고 있었다(Halbwachs, 1930). 알박스의 주장에 따르면 특정 집단의 삶의 방식은 그 안에 소속되어 있는 개인들의 사회적 삶에 차이를 발생시키고, 이는 개인의 상황, 감성, 동기 등을 규정한다. 그리고 결국 이러한 상황과 감성은 그 집단에 소속되어 있는 개인들의 자살 성향에 영향을 끼치는 것이다. 이러한 도식 아래에서 가장 중요한 범주는 그 집단이 도시에 속하는가 농촌에 속하는가라는 지리적 요인과 사회의 분화의 정도이다. 즉 어떤 지역의 사회적 분화의 정도가 그 지역의 자살률을 설명하는 가장 중요한 변수인데, 그것을 규정하는 것이 도시/농촌이라는 지역적 요인(생태적 요인)이라는 것이다(Halbwachs, 1930).

즉 알박스는 자살률이 민족성nationality, 종교, 교육 수준, 직업, 사회경제적 지위, 가족 관계, 그리고 농촌 또는 도시의 거주민 등의 요소들과 높은 상관관계가 있다고 주장하는데, 이중 가장 중요한 것이 도시와 농촌의 거주민들의 '삶의 방식'이며, 도시와 농촌의 삶의 방식 사이에는 근본적인 차이가 있다고 생각한 것이다. 따라서 알박스는 가족 관계, 종교, 직업 유형, 교육 수준, 사회경제적 지위 등에서의 차이는 도시와 농촌의 삶의 방식의 근본적인 차이의 한 측면을 보여줄 뿐이라고 주장했다. 그리고 이와 같은 삶의 방식은 지리학적 분포로 설명할 수 있는데, 알박스는 프랑스의 자살률이 높은 인구밀도를 나타내는 지역(도시, 강과 계곡)에서 낮은 인구밀도를 나타내는 지역(농촌, 산악 지역)으로 이동할수록 감소한다는 것을 보여주고자 했다(Halbwachs, 1930). 그의 결론은 사회적 분화의 정도(또는 사회적 복잡성)가 더 커지는 것은 사회적 갈등이라는 특정한 상황을 유발하는데, 사회적 갈등은 사회의 불평등과 개인의 좌절을 야기하게 되고, 결국 이것은 자살을 증가시키는 원인이 된다는 것이다.

3. 자살행위에 있어서의 성찰성

1) 성찰의 결과로서의 아노미

앞에서 살펴본 바와 같이 뒤르케임의 자살이론은 사회의 구조에 따라 개인이 영향을 받아 자살률에 차이를 보인다는 것이다. 이는 사회의 영향력을 크게 강조한 것으로 '사회적 사실'이라는 그의 개념을 드러내기 위해 자살이라는 소재를 선택한 것이다. 한편 머튼(Merton, 1938)의 아노미 개념은 뒤르케임의 기본적인 생각을 계승하고 있으면서도, 개인의 행위가 구조에 의해 일방적으로 결정되는 것이 아니라 구조 속에서 반응하는 개인의 성찰의 과정을 포함하고 있다는 것을 강하게 암시한다.

머튼(Merton, 1938)은 뒤르케임의 접근 방법을 현대 산업사회, 특히 미국의 상황에 가장 잘 적용한 학자로 평가받는 인물이다. 그는 '무엇이 사회에서 일탈과 그 빈도 및 그 유형을 일으키는가?'라는 질문을 제기하면서 일탈을 사회 구성원들의 아노미 상황에 대한 하나의 '적응'으로 간주하며, 아노미는 문화와 구조 간의 통합이 결여된 결과라고 본다(터너, 1982).

그는 사회통합이 잘 이루어진 사회란 사회구조(승인된 사회적 수단)와 문화(승인된 목표) 사이에 균형이 유지되는 사회라 규정하고, 아노미를 가치 있는 문화적 목표와 그 목표에 이르는 적법한 사회적 수단 사이에 괴리가 존재할 때 나타나는 사회적 모순의 한 형태로 재정의하였다. 머튼에게 있어서 문화적 목표란 경제적 성공을, 제도적 수단이란 합법적 성공 경로, 즉 교육과 취업을 의미한다(Merton, 1938).

머튼에 따르면 미국 사회에서는 모든 사람이 높은 성취와 성공에 대한 열망을 가지도록 사회화되어 있는데, 이는 사회적으로 승인된 수단보다 더욱 강조된다. 높은 성취와 성공은 경제적 성공에 의하여 결정되는데, 문제는 누구나 그 성공을 이룰 수 없다는 것이다. 이러한 성공은 적법한 교육, 직업 및 경제적 노력 등 올바른 방법에 의해 성취되어야 하지만, 미국인들은 방법의 정당성보다 성공 자체를 우선시하기 때문에, 법을 위반하더라도 성공을 가져다주는 것이라면 이를 취하는 경향이 강하다는 것이다. 바로 이것이 미국의 높은 범죄율을 설명한다(Merton, 1938).

즉 성공해야 한다는 점은 모든 계층에 공통적인 것으로서, 모든 사회계층이 거치게 되는 교육체계에 스며들어 있으나, 소수집단이나 하위 계층은 그와 같은 적법한 기회를 가질 수 없는 것이 현실이며 이것은 개인에게 좌절과 긴장을 야기한다. 머튼은 이러한 상황을 '아노미'라 명명하였으며, 이때 소수집단이나 하위 계층은 경제적 성공에 효과적이기만 하다면 불법한 수단이라도 취하도록 압박을 받는다는 것이다(Merton, 1938).

머튼은 이러한 압박에 대응하는 적응 유형mode of adaptation을 문화적 목표와 제도화된 수단의 획득 여부에 따라 '순응conformity', '혁신innovation', '반항rebellion', '은둔retreatism', '의례ritualism'로 구분하여 설명한다(Merton, 1938). 이 유형 중 '혁신'은 하층민들이 가장 많이 선택하는 비순응적 방법인데, 하층민들이 높은 범죄율을 보이는 것은 아노미적 긴장 상태를 유발시키는 그들의 지위 때문이라는 것이다. 이 유형은 문화적 목표는 수용하지만 그것을 성취하기 위한 문화적, 합법적 수단을 가지지 못한 집단의 반응 형태로서, 목표 성취에 대한 강력한 동기에 비해 합법적 수단에 대한 접근이 제한되는 데 대한 직접적인 반응으로 나타난 것이다(Merton, 1938).[2]

이 같은 머튼의 '적응' 개념은 구조 영향력 아래에 있는 개인들이 자신의 태도와 행위를 선택하려는 행위자로서 나타나는 모습을 보여준다. 즉 승인된 사회적 수단을 가지고 있지 않은 아노미 상태에 있는 개인은 이러한 상황을 극복하기 위하여 다양한 대안을 고려하며, 비록 제한된 조건하에서이기는 하지만 개인의 행위는 여러 가지 대안 중 선택한 능동적인 행위로 볼 수 있다는 것이다.

여기에서 '자살'이라는 일탈 행위 역시 다양하게 해석될 여지가 있다. 일반적으로 자살은 '은둔'의 한 형식으로 이해되어 개인의 목표를 성취할 수 없고, 그것을 시도할 힘조차 없는 사람들이 선택하는 어쩔 수 없는 도피로 이해되는 경향이 있다. 그러나 자살이 단순히 삶으로부터의 도피가 아니라, 자신의 죽음을 통해 무엇인가 이루고자 하는 의도가 있는 행위라고 한다면, 그것은 목표를 이루기 위해 비합법적이고 부당한 수단을 사용하고자 하는 '혁신'의 한 유형이라 볼 수도 있을 것이다. 또한 자신의 삶의 가치를 재설정하고 죽음을 통해 새로

2) 1. 순응: 가장 일반적인 대처 양식. 그 상황을 단순히 수용하고, 일반적으로 허용되는 한정된 전통적인 방법을 통해 성공하도록 노력한다.
2. 혁신: 가장 일반화된 일탈적 대응. 기존의 성공이라는 목표에 집착하되, 부당한 수단을 통해서라도 성공하고자 하며, 대부분의 범죄와 비행, 특히 절도와 같은 이욕적 범죄는 이 대처 양식에 따른 것이다.
3. 반항: 수단과 목표 모두를 거부하고, 체계의 무력적 전복과 같이 완전히 새로운 것으로 대치하려는 것이다.
4. 은둔: 도피적 방법. 사회적으로 낙오되어, 목표뿐 아니라 목표 달성의 시도조차 포기한 경우로서, 알코올중독, 약물남용, 부랑, 중한 정신 질환 등을 들 수 있다.
5. 의례: 출세를 위한 투쟁을 포기하고 규범을 엄격하고 철저히 지킴으로써 청빈을 유지한다.

운 삶을 추구하는 자살이 있다면, 그것은 수단과 목표를 거부하는 '반항'의 한 유형으로 볼 수도 있는 것이다.

2) 정당화의 실패

뒤르케임과 머튼 전통의 연장선에서, 파웰(Powell, 1958)은 '자아의 사회적 정당화가 인간의 근원적인 목표'라는 가정에서 출발하여 개인들은 자기 자신을 정당화하지 못할 때 자살에 이르게 된다는 주장을 펼친다.

파웰(Powell, 1958)의 주장에 따르면, 사회제도는 개인에게 사회적 지위에 맞는 역할을 부여하게 된다. 그러나 개인이 사회제도에 의해서 부여된 적절한 역할을 수행하지 못할 때 자신을 정당화하지 못하는 상황을 야기하고, 정당화되지 못한 자아는 자살의 위험성에 노출될 가능성이 크다는 것이다. 사회제도에 의해 부여된 역할을 수행하지 못하는 상황이 바로 아노미의 상태이며, 이는 문화적 규범에 의하여 자기 자신을 적절히 정당화하지 못하는 것을 의미한다. 결국 사람들은 자기 자신을 정당화하지 못할 때 자신을 죽인다는 것이다.

비록 파웰의 이론은 자아의 정당화를 직업적, 경제적 성공이라는 측면으로만 파악하여, 직업 지위에 따른 사회적 범죄와 공식 자살률만을 가지고 설명을 시도했다는 한계가 있기는 하지만(Douglas, 1967), 자신의 상황에 대한 '정당화'라는 성찰의 과정을 설정하여 객관적인 문제 상황이 아노미라는 주관적 좌절에 이르는 경로를 설명하고자 한 것에 의의가 있다.

한편 브리드(Breed, 1963)의 연구는 경제적 위신(즉 사회적 지위)의 상실과 자살의 연관성을 보여주고 있는데, 이는 자신에 대한 정당화에 성공하지 못하는 것을 '지위 불일치'라는 개념으로 설명하고자 하는 것이다. 브리드의 경우 깁스와 포터필즈의 이론적인 입장을 받아들여 개인의 지위 변동이 자살을 유발한다는 주장을 기초로 한다. 그러나 브리드는 자살에 이르게 하는 것은 지위 변동 자체가 아니며, 그것으로 인한 '지위 불일치'가 문제라고 본다. 그 역시 자살은 원론적으로는 사회의 구조적 긴장의 산물이라는 점을 인정한다. 그러나 자살이라는 구체적인 행위는 '직접적으로' 개인의 긴장의 산물이며, 이러한 긴장은 '자아'와 '유의미한 타자'의 평가의 불일치에서 발생한다. 즉 개인의 역할 행동은 사회의 가치와 역할 구조에 따라 자기 자신과 유의미한 타자로부터 평가를 받게 되는데, 만일 그 평가가 부정적이라면 개인은 실패감과 같은 정신적 긴장을 겪게 되고, 이것이 실제 지위의 변동(지위의 상실)과 결합되면 자살의 가능성이 커진다는 것이다. 여기에서 지위의 상실의 기준은 자살자의 아버지의 직업이었다.

이 같은 브리드의 이론에서는 '유의미한 타자'가 중요한 개념으로 등장한다. 즉 지위 불일치를 '아노미'로 해석하는 데에는 다른 사람의 평가라는 사회적인 상호작용이 중요한 준거가 되며, 자신의 지위 변동이라는 객관적인 문제 상황은 타인을 염두에 둔 성찰의 결과 주관적인 실패로 인식되게 되는 것이다.

3) 실패에 대한 책임의 부여

헨리와 쇼트(Henry and Short, 1954)는 아노미이론의 모델 안에서 사회심리학적인 좌절-공격이론을 통합하고자incorporate 하였다. 헨리와 쇼트의 주장은 개인이 겪게 되는 '좌절'(특히 경제적 좌절)은 공격성으로 표출된다고 요약할 수 있는데, 여기에서 개인이 좌절에 이르게 되는 아노미적 과정은 머튼의 이론과 크게 다르지 않다. 그들 주장의 초점은 자살보다는 '공격성aggression'에 있다고 할 수 있는데, 그들은 자살이 살인과 마찬가지로 공격성과 직접적으로 관련이 있다고 주장했다. 헨리와 쇼트는 사람들의 계급적 위치에 따라서 공격성이 어떠한 방향으로 표출되는지를 설명하고자 한 것이다. 즉 노동계급은 자신들의 공격성을 외부로 표출하는 경향이 있는데 이것은 '살인'이라는 행위로 연결되며, 중산계급의 경우 공격성을 그들 자신에게 표출하는 경향이 있는데 이것은 '자살'이라는 행위로 연결된다는 것이다(Henry and Short, 1954; Atkinson, 1978).

헨리와 쇼트의 이론적 목적은 자살과 살인에 관한 공식 통계 내에서 심리학적인 변수들과 사회학적인 변수들을 결합하여 공격 행위의 다양성을 설명하고자 하는 것이었는데, 이것은 '좌절-공격이론'이라는 심리학적인 개념을 뒤르케임의 이론에 확장시킨 것이라 평가할 수 있다.

헨리와 쇼트의 첫 번째 가정은 심리적 좌절frustration이 증가하면 공격성이 증가하고, 반대로 좌절이 감소하면 공격성이 감소할 것이라는 것이다. 이 같은 가정과 함께 그들은 특정 사회집단(특히 계급 집단) 내에서의 공격성의 증가는 '살인'이나 '자살'과 같은 공격 행위의 증가로 이어질 것이라고 가정한다(Henry and Short, 1954).

그런데 사회집단 내에서 개인들이 공격성을 표출할 때에, 공격의 대상은 좌절에 대해 책임이 있다고 여겨지는 대상이다. 그들은 이것을 '좌절에 대한 책임 부여imputation of responsibility for his frustration'라 명명하는데, 이 같은 책임의 부여는 외부적일 수도, 내부적일 수도 있다. 그리고 이러한 책임의 방향성은 그들이 사회 내에서 특정 지위를 점유하고 있는 한 상대적으로 오래 지속된다(Henry and Short, 1954).

이 같은 일련의 가정들을 통하여, 헨리와 쇼트는 높은 비율의 살인과 자살이 좌절에 대한 책임 부여의 결과이며, 외향적 또는 내향적 공격성의 표출의 결과라는 것을 보여주고자 한다. 즉 개인들은 어떤 대상에 대하여 공격성을 표출하는데, 그 공격 대상은 좌절에 대해 책임이 있는 대상이라는 것이다. 바로 그러한 이유 때문에 사회 안에서의 특정 지위 집단은 살인을 선호하거나, 자살을 선호하게 된다는 것이다(Henry and Short, 1954).

책임 부여의 방향은 개인의 행동에 대한 외적인 제재external restraint의 정도에 의해서 결정되는데, 외적인 제재의 정도가 높으면 좌절의 책임을 타인에게 부여하고, 외적인 제재의 정도가 낮으면 좌절의 책임을 자기 자신에게 부여하게 된다. 이때 하층계급은 외적인 제재가 높기 때문에 자신의 좌절에 대하여 외부에 책임을 부여하게 되고, 중산계급과 상층계급은 상대적으로 외적인 제재가 낮기 때문에 자신의 좌절에 대하여 내부(자기 자신)에 책임을 부여하게 된다. 이 같은 책임의 부여 방향은 공격성의 표현과 같은 방향을 갖는다는 전제에 따라서, 하층계급의 개인들은 공격성을 외부로 표현하여 살인을 선호하는 경향이 있고, 중산계급과 상층계급의 개인들은 공격성을 내부로 표현하여 자살을 선호하는 경향이 있다는 결론에 이른다(Henry and Short, 1954).

한편 골드(Gold, 1958)는 헨리와 쇼트의 '공격성의 방향에 따른 자살 또는 살인의 선택'이라는 기본적인 가정을 유지하면서 자신의 주장을 전개한다. 단지 헨리와 쇼트가 외적인 제재에 의한 공격성의 표출 방향을 설명했다면, 골드는 공격성에 대한 사회화가 공격성의 방향을 결정한다고 주장하는 점에서 차이가 드러날 뿐이다.

골드는 헨리와 쇼트의 '외적 제재'라는 개념을 비판하면서, 헨리와 쇼트가 사용한 '외적 제재'라는 개념은 단지 '권력이 없다고 느끼는 것 the feeling of powerlessness'과 마찬가지라고 규정한다. 골드는 헨리와 쇼트가 '권력이 없다고 느끼는 것'으로서의 외적 제재와, '자신이 원하는 것을 다른 사람이 저지하고 있다고 느끼는 것the feeling of being prevented from doing what one wants to do by alters'으로서의 외적 제재를 혼동하고 있다고 비판히는 것이다. 따라서 골드는 헨리와 쇼트의 외적 제재라는 개념은 '경제적 성취', '재산', '권위', '권력' 등의 용어로 다시 조작되어야 한다고 주장한다(Gold, 1958).

골드에 따르면, 사회의 구조에 따라 계급 구조가 결정되는데, 각각의 계급 집단은 공격성을 표현하는 방법을 사회화시키는 과정에서 차이를 보이고 있다는 것이다. 즉 하층계급의 개인들은 공격성을 표현할 때 내부를 향하기보다는 외부를 향하도록 사회화되고, 상층계급의 개인들은 공격성을 표현할 때 내부를 향하도록 사회화된다는 것이다. 결국 골드의 결론은 헨리와 쇼트와 동일하게 나타나는데, 공격성의 표출 방향에 따라 하층계급의 개인들은 자살보다는 살인을 선호하고, 상층계급은 살인보다는 자살을 선호하게 된다는 것이다(Gold, 1958).

골드는 계급의 사회화를 야기하는 설명 변수로서 '언어적 능력verbal ability'을 도입하는데, 이러한 언어적 능력은 학교에서 성취된다. 학교에서 언어적인 능력을 성취한 사람들은 성인이 되어 중산계급 또는 상층계급이 될 가능성이 큰 한편, 이들의 언어 활용 능력은 아이들의 훈육 과정에도 영향을 미치게 된다. 이 같은 훈육 방식은 각 계급에 있어서 공격성의 표출에 대한 사회화를 결정하게 되고, 나아가 좌절의 상황에서 살인이라는 행위를 선택하는가, 자살이라는 행위를 선택하는가를 결정하게 된다는 것이다(Gold, 1958).

4. 자살행위의 소통 지향성

자기 자신에 대한 정당화의 과정이나 실패에 대한 책임의 부여 과정에서는 '타인'이라는 변수가 중요하게 고려되는 요소였다. 이것은 자살행위의 선택에 있어서는 다른 사람을 염두에 두는 의미 작용이 중요하다는 것을 보여주는 것이며, 따라서 자살이라는 행위도 역시 다른 행위와 마찬가지로 타인을 지향하는 행위라는 점을 보여준다. 이 같은 타자에 대한 관념은 자살행위의 소통 지향성을 보여주는 것으로서 특히 유서 등을 통해 자신의 죽음의 이유를 다른 사람에게 설명하고 자신의 의도를 관철시키고자 하는 자살행위에서 두드러지게 나타난다.

자살행위의 소통 지향성을 강조하는 이론적인 입장들은 뒤르케임적인 자살이론에 대해 비판을 가하면서 등장한다. 이들은 사회적 사실은 자연과학적 사실과는 다른 특징을 가지고 있기 때문에 그 행위의 의미를 해석하고 이해해야 한다는 베버Weber의 견해와, 행위는 타자와 연관되고 타자에게 지향된 의미를 동반한다는 미드Mead의 견해를 적극적으로 수용한다. 그러므로 뒤르케임적인 자살 연구가 뒤르케임의 모델을 따라 아노미, 사회해체, 지위 변동 등을 검증하는 것을 목표로 삼는다면, 여기에서 소개할 이론적인 입장은 뒤르케임의 자살이론을 비판적으로 검토하여 뒤르케임이 가지고 있는 이론적인 난점을 해결하고, 자살의 풍부한 의미를 발견하고자 하는 시도들이라 할 수 있을 것이다.

이들은 뒤르케임 등의 이론가들이 사용한 개념과 자료에 대해 문제를 제기하면서 자신의 주장을 펼치고 있는데, 먼저 앳킨슨(Atkinson, 1978)은 검시관과 관료에 의하여 작성된 문서를 검토하여, 특정 유형의 죽음이 자살로 정의되는 과정을 드러내고자 하였다. 앳킨슨은 경찰관이 서구 사회에서 일반적인 문화적 가정과 일치하는 증거를 찾을 수 있을 때, 죽음이 자살로 기록될 것이라는 것을 보여준다. 문화적 가정과 일치하는 증거란 죽음의 방법(예: 목맴, 음독), 죽음의 현장에서의 의미 있는 증거, 유서, 그리고 사망자의 인생사로부터의 특정한 증거(예: 의기소침, 사회적 문제, 고독) 등으로서, 이것들이 자살의 단서로 작용하여 특정한 죽음이 자살로 구분되는 것이다.

앳킨슨은 공식 통계를 통해서 발견할 수 있는 것은 자살의 원인이나 단서가 아니라, 오히려 특정한 죽음이 자살로 이름 붙여지는label 공식적인 규준뿐이라고 주장한다. 그런데 이 같은 이름 붙이기labeling는 단지 공식 통계에서만 발생하는 것은 아니다. 자살 연구자가 어떠한 이론적, 실천적 전제를 가지고 있든 간에, 어떤 개념을 통해서 자료를 수집하는 작업은 그것을 구분하는 사람의 가치에 따른 이름 붙이기를 넘어설 수 없다는 것이다(Pawson, 1988). 결국 앳킨슨의 주장에 따르면 검시관이나 의료 기관에서 자료를 구분하여 공식 통계를 생성하는 것과, 인터뷰나 서베이를 통해서 얻은 원자료를 연구자 자신이 코딩coding하는 것은 본질적으로 다른 작업이 아닌 것이다. 그러므로 실증주의적 연구에서 가정하는 관찰 가능한 세계에 대한 객관적이고 직접적인 접근은 실제로는 불가능한 과제이며, 연구자들이 할 수 있는 것은 자살 행동의 의미를 살펴보고 그것을 사회적 맥락 안에서 이해하는 것이라고 한다(Taylor, 1982).

앳킨슨에 앞서 더글러스(Douglas, 1967)는 뒤르케임의 실증주의positivism에 대한 대안으로 해석주의interpretivism를 주장하였다. 더글러스는 뒤르케임의 가장 큰 문제가 뒤르케임이 사용한 자료의 문제라고 지적하는 것으로부터 그의 주장을 시작하는데, 더글러스의 주장에 따르면 뒤르케임이 분석의 근거로 사용한 공식 통계는 사회적 사실을 그대로 반영하는 것이 아니라 단지 공식 통계를 작성하는 기관의 관료적 정의와 인식을 반영할 뿐이라는 것이다. 즉 공식 통계를 작성하는 기관에서는 자살에 대하여 뒤르케임과는 다른 정의를 가지고 현상을 분류하기 때문에 그러한 입장에서 수집된 자료를 사회적 사실로 인정하고 분석하는 것은 명백한 오류라는 것이다. 그리고 각각의 문화와 하위문화는 자살에 관하여 매우 다양하고 상이한 신념을 가지고 있다는 것이다.

이러한 난점을 극복하기 위한 더글러스의 해결책은 사회적 사실로서의 자살 행동의 배치distribution를 연구하기보다는, 각각의 문화에서 자살이 의미하는 바와 그러한 자살의 의미가 주어진 상황에서 적용되는 양상을 살펴보아야 한다는 것이다. 이러한 작업의 주요 함의는 자살률이나 자살이 명백한 사회적 사실일 필요가 없다는 것이다. 오히려 자살은 협상, 판단, 의사 결정의 사회적 과정의 결과이며, 사회적 정의definition의 산물로 파악되어야 한다. 그러므로 더글러스는 자살을 연구하고자 하는 사람들의 목표는 자살이라는 행위의 의미를 포착하는 것이어야 한다고 주장한다(Taylor, 1990).

베슐러(Baechler, 1979) 역시 더글러스의 접근을 따라, 자살 행동의 맥락적 의미를 살펴보고자 하였다. 베슐러에 따르면 자살 행동은 단순히 어떤 원인이나 동기의 결과가 아니라, 사람들이 무언가 다른 목적을 획득하기 위한 의미 또는 전략이다. 그는 자살이 자살자에게는 자신이 처한 사회적 환경에서의 실존적인 딜레마를 해결하기 위한 이성적인 해결책이라고 주장하는데, 특히 점증하는 위기와 참을 수 없는 상황에 대한 문제 해결의 전략으로 기능한다는 것이다(Hastings, et al., 2000). 그러므로 베슐러(Baechler, 1979)의 연구 목표는 사람들이 주어진 상황을 이용하는 자살의 전략을 발견하는 것이었으며, 그 결과 자살을 전략의 내용에 따라 회피적escapist 유형, 공격적aggressive 유형, 희생적oblative 유형, 유희적ludic 유형으로 구분하였다.

결국 이들의 입장에서 중요하게 분석되어야 할 것은 자살이라는 행위 속에 내포되어 있는 '의미'와 타인의 반응을 기대하는 행위의 '전략'인 것이다. 이것은 자살을 통해 전달하고자 하는 메시지의 내용과 타자 지향성의 형식의 분석이 필요하다는 것을 보여준다고 할 수 있으며, 이러한 분석 요소들은 자살행위의 소통 지향성을 나타낸다.

2절 사회구조와 자살

1. 사회변동과 자살

1) 경제변동과 자살

사회구조와 자살 발생 간의 관계를 살펴보기 위해 먼저 우리 사회의 자살 발생 추이를 개관해보자.

경찰청 통계를 통해 지난 20여 년간의 자살 발생 빈도를 살펴보면, 1987년부터 1991년까지는 자살자의 수가 다소 감소하다가, 1992년부터 점차 증가하는 추세를 보이고 있음을 알 수 있다. 그런데 1992년부터 1997년까지의 증가 폭이 다소 완만하다고 판단할 수 있는 반면, 1998년의 증가 폭은 과거 어느 해보다 높다는 점을 발견할 수 있다. 이후 1999년에 다소 감소하기는 하지만, 이는 전년도의 증가 폭이 워낙 높았다는 점을 고려한다면 1998년 이후 증가량의 연장선상에 있다고 할 수 있으며, 2000년 이후에는 매년 10,000건 이상의 자살자 수를 유지하며 다시 증가하는 추세를 보인다. 이를 요약하면 우리 사회의 자살 발생 추이는 1998년의 자살 발생 급증과 그 이후의 상승 지속이라고 이야기할 수 있을 것이다(〈그림 2〉 및 부록의 〈표 2〉 참조).

자살 발생이 가장 크게 증가한 1998년은 1997년 말에 발생한 IMF 관리 체제라는 극심한 경제 위기가 극대화된 해이다. 따라서 이 시기 자살의 급증은 경제 위기와 자살 발생 간에는 긴밀한 관계가 있다는 사실을 보여준다고 할 수 있을 것이다.

〈그림 2〉 자살자의 전체 분포 및 성별 분포

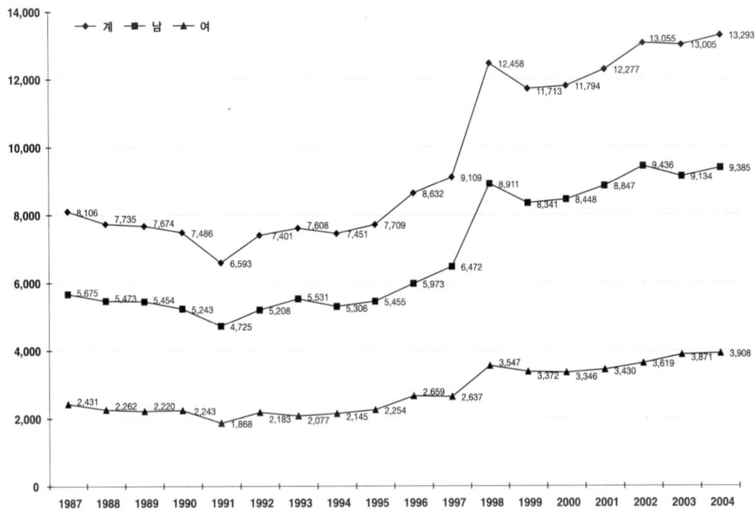

- 출처: 경찰청, 『범죄분석』, 각 연도

1997년 경제 위기 이후 한국의 노동시장은 노동시장 유연성의 강화라는 결과를 낳게 되는데, 1998년 노동법 개정으로 인해 정리 해고가 용이해졌으며, 임금체계에 있어서도 성과를 연동시키는 연봉제가 확대 적용되는 계기가 되었다. 이렇게 정리 해고가 용이해짐으로써 노동시장은 그 구조가 근본적으로 변했고, 결과적으로 정규직 고용보다는 임시직, 계약직, 시간제 고용 등의 비정규직 근로자를 양산하여 노동시장의 양극화가 심화되었다. 경제 위기 이후 피고용자 절반 이상이 고용 불안과 임금 하락을 경험했으며, 기업 구조 조정으로 인한 정리 해고가 합법화되면서 정규직을 비정규직으로 대체하는 인력 관리 정책이 대기업들에 의해서 적극적으로 활용되었다(신광영, 2006; 정초시, 2006; 금재호·조준모, 2001). 이것은 노령 인구, 여성, 청년 등 사회 취약 계층의 빈곤을 심화시키는 것을 의미하는 것이다. 2002년 이후 경제 상황이 다소 호전되어 경제적 위기를 일정 정도 극복한 것으로 평가되는 시기에도 취업 근로자의 소득 불평등 정도는 꾸준히 증가하여 상대적 빈곤은 경제 위기 이후 더욱 심화되어가는 과정에 있다(양재진, 2005).

이 같은 논의를 진전시키기 위해 자살의 발생과 경제적 거시 지표의 변동을 함께 살펴보도록 하자.

한국의 자살 발생을 경제변동의 상황 속에서 이해하기 위해 먼저 대표적인 경제지표인 국내총생산을 살펴보면 1987년에 115조 원을 생산한 이후, 1990년 186조, 1993년 290조, 1996년 448조, 1998년 484조, 2001년 622조, 2004년 779조 원 등으로 1998년 외환위기 시기를 제외하고는 지속적으로 국내총생산이 증가하고 있음을 발견할 수 있다. 국내총생산의 변화와 자살률의 변화를 함께 살펴보면, 국내총생산이 지속적인 증가 추세를 보이고 있는 기간 동안에는 자살률의 변화의 폭이 상대적으로 크지 않아 자살률이 비교적 안정되어 있는 모습을 발견할 수 있는 반면, 국내총생산이 감소하였던 1998년의 경우 자살률이 급격히 증가하였음을 볼 수 있다(〈그림 3〉 및 부록의 〈표 3〉 참조).

이러한 경제 상황과 자살과의 관계는 경제성장률과 자살률의 관계를 비교하면 더욱 잘 드러난다. 대체로 경제성장률이 상대적으로 높았던 1991, 1995, 1999년 등의 기간에는 자살률이 감소하거나 감소 추세에 있었으며, 경제성장률이 상대적으로 낮았던 1992, 2001, 2003년 등의 기간에는 자살률이 증가하거나 증가하는 추세를 나타내는 것으로 보인다. 특히 IMF 외환위기는 한국 사회에서 극심한 경제 침체를 의미하는 것으로 1998년 경제성장률이 -6.9%를 나타낼 때 자살률이 크게 증가한 후, 1999년 이후에는 그 증가 상태가 상대적으로 유지되

〈그림 3〉 자살자 수와 국내총생산의 비교

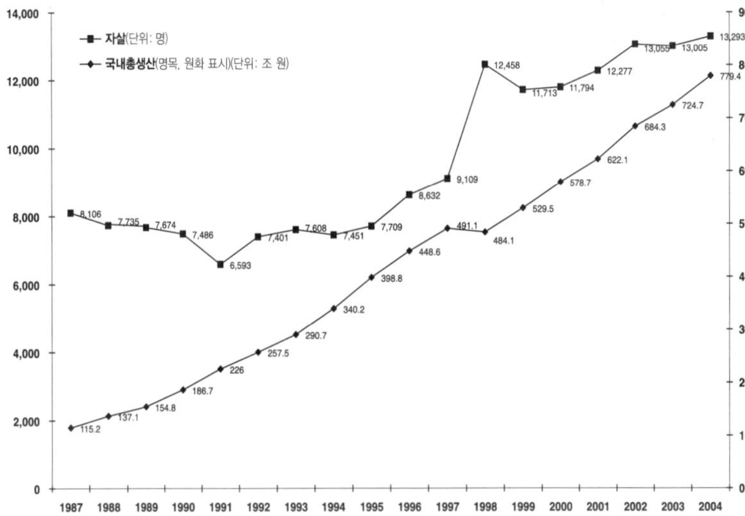

- 출처: 경찰청, 『범죄분석』, 각 연도; 통계청 홈페이지

고 있는 모습을 발견할 수 있다(〈그림 4〉 및 부록의 〈표 3〉 참조).

이처럼 1997년 이후 많은 사람이 경제적인 어려움을 겪게 되었음에도 불구하고 한국의 사회복지 제도는 경제적 위기를 극복하는 데에 전혀 기여하지 못했다는 평가를 내릴 수 있다(이철우, 2003). 비록 국민의 정부 이후 실업 대책에 대한 예산이 확대되기는 했으나 여전히 예산이 턱없이 부족하며(박천익, 2002), 경제 위기 이후 실질적, 상대적 빈곤이 심화되는 상황에서 한국의 취약한 사회 안전망은 사람들의 고통을 감소시키지 못하고 있는 것이다(이철우, 2003).

한 심리학적 연구에 따르면 경제 불황 이후 사람들은 재정적인 어려움으로 인한 스트레스를 가장 많이 받는 것으로 나타났으며, 특히

〈그림 4〉 자살률과 경제성장률의 비교

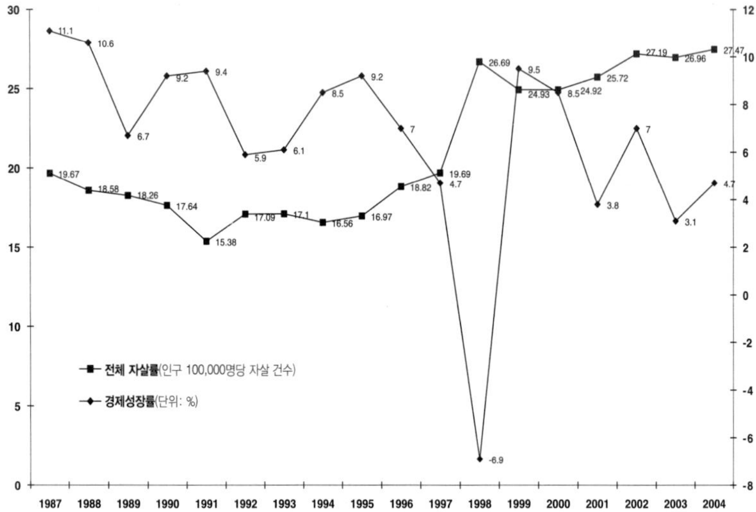

– 출처: 경찰청, 『범죄분석』, 각 연도; 통계청 홈페이지

불확실한 미래, 직장 생활, 가정생활, 사회 풍토와 관련된 스트레스가 심화되었던 것으로 나타났다. 그리고 사람들은 이 같은 스트레스의 상황에서 새로운 각오와 다짐을 하기도 하지만, 동시에 삶의 회의와 무능력감 등 절망의 감정과, 위기감이나 답답함과 같은 불안의 감정을 많이 느끼기도 하였던 것이다. 그럼에도 불구하고 스트레스의 상황에서 자신에게 도움을 준 사람은 거의 없다고 생각하는 경우가 절반에 가까운 비율을 나타내고 있었다(박영신 · 김의철, 1999). 게다가 가계를 부양하는 가장들의 스트레스는 가족들의 스트레스도 증가시킨다는 점에서 한 사람의 스트레스는 단지 개인의 문제에 국한되는 것이 아니라 가정과 사회에 커다란 영향을 미칠 수 있는 것이다(정기선, 2000).

나중에 좀 더 자세히 살펴보겠지만, 경제적인 어려움은 그 자체로도 커다란 문제 상황일 수 있지만, 가족 간의 갈등과 같은 또 다른 심각한 문제 상황을 야기할 수도 있으며, 질병과 같은 다른 문제 상황이 발생했을 경우 이를 더욱 참기 힘든 것으로 여기게끔 한다.

2) 범죄 발생과 자살

다음으로 사회구조와 자살의 발생의 관계를 살필 수 있는 거시 지표는 범죄의 발생 양상이다. 범죄의 발생 양상은 한 사회의 사회적 안정성을 설명하는 변수로서, 자살과 마찬가지로 우리 사회의 가장 중요한 일탈 현상을 나타내는 것이라 할 수 있다. 물론 범죄의 발생 역시 자살의 발생과 마찬가지로 경제 상황의 영향을 많이 받기 때문에 하나의 종속 변수로 여길 수도 있기는 하지만, 경제 상황이라는 객관적 조건이 범죄나 자살과 같은 일탈 행동으로 발현되는 양상을 살펴보고 이를 상호 비교해보는 것은 중요한 의미를 지니고 있다고 할 수 있다.

〈그림 5〉를 통해서 살펴볼 수 있는 바와 같이, 자살의 발생 빈도와 전체 범죄의 발생 빈도는 많은 유사성이 있다. 1987년부터 1991년까지는 전체 범죄가 꾸준히 증가함에도 불구하고 자살은 감소하는 추세를 보이고 있었으나, 그 이후에는 범죄의 증가 곡선과 자살의 증가 곡선이 유사한 모습을 보여주고 있다. 즉 1991년부터 1998년까지, 그리고 2000년부터 2004년까지의 기간 동안 범죄와 자살은 함께 꾸준히 증가하고 있었으며, 1999년 전체 범죄의 발생 빈도가 감소하였을 때 자살의 발생도 함께 감소하고 있는 것이다.

단 자살의 경우 전체 범죄보다 경제적 변동에 더 민감하게 연동하여 변화하는 모습을 주목해야 할 것이다. 1998년 경제적 위기가 발생했을 때 자살의 증가 폭이 전체 범죄의 증가 폭에 비하여 상대적으로 높았

〈그림 5〉 자살 발생 건수와 전체 범죄 발생 건수의 비교

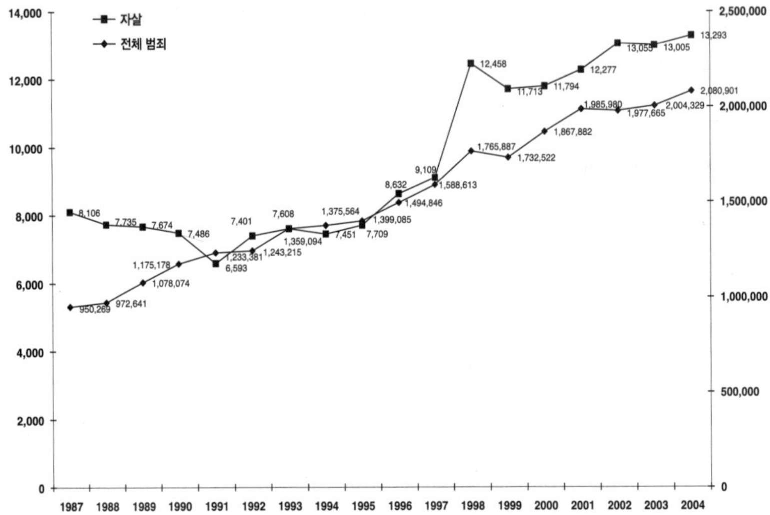

- 출처: 경찰청, 『범죄분석』, 각 연도; 대검찰청, 『범죄분석』, 각 연도

다는 것을 알 수 있으며, 상대적으로 경제적 상황이 좋아지는 1991년과 1999년에는 자살이 감소한 반면에 전체 범죄는 감소하지 않거나 감소하더라도 소폭에 그쳤다는 것을 알 수 있다(부록의 〈표 4〉 참조).

다음으로는 자살을 살인 범죄와 비교해보았다. 살인 범죄는 자살과 마찬가지로 사람의 생명을 박탈하는 행위로서, 자살이 자신의 생명을 스스로 박탈하는 것이라면 살인은 타인의 생명을 강제로 박탈하는 것이다.

〈그림 6〉에서와 같이 자살과 살인을 비교하면, 자살의 발생 추세와 살인의 발생 추세가 놀랄만한 유사성을 보여준다는 것을 알 수 있다. 몇몇 해의 예외를 제외한다면 자살이 증가한 해에는 살인 역시 증가

〈그림 6〉 자살 발생 건수와 살인 발생 건수의 비교

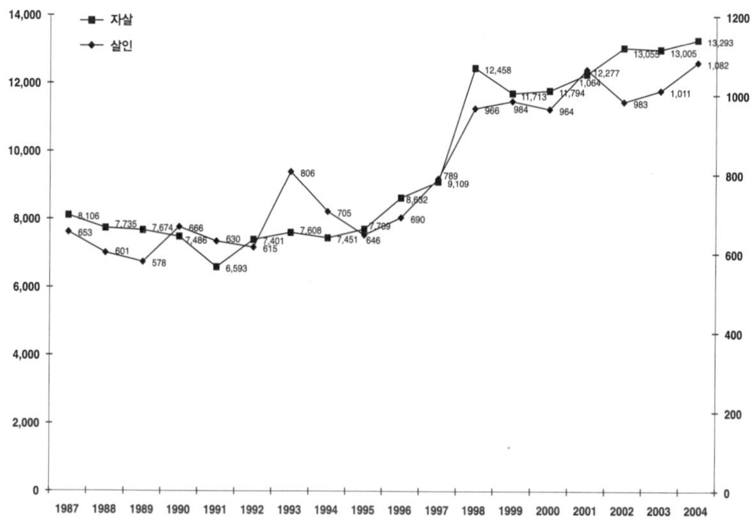

- 출처: 경찰청, 『범죄분석』, 각 연도; 대검찰청, 『범죄분석』, 각 연도

하고, 자살이 감소한 해에는 살인 역시 감소하고 있는 모습을 보인다. 또한 1998년의 급격한 증가 양상과, 그 이후 증가한 상황이 상대적으로 유지되는 양상도 자살과 살인에 동시에 나타난다. 이처럼 자살과 살인의 발생 추세가 유사한 형태로 나타난다는 것은, 자살이라는 행위와 살인이라는 행위가 사회구조의 변동과 밀접한 관계를 지니고 있다는 점을 드러내는 것이라 할 수 있다(부록의 〈표 4〉 참조).

그러나 자살의 발생 추세와 살인의 발생 추세가 거의 유사한 형태를 보이는 것이 자살과 살인이 동일한 계기의 서로 다른 일면일 뿐임을 의미한다고 말하는 것은 다소 성급하고 단순한 논의일 것이다. 자살과 살인은 전체 발생 분포의 유사성에도 불구하고, 구체적인 행위자의 연령 분포에서는 어느 정도 상이성을 지니고 있는 것이다. 이에 대해서는 자살자의 연령별 분포를 논의하면서 좀 더 자세히 다루도록 하겠다.

2. 사회경제적 특성과 자살

1) 자살자의 연령 분포

자살자들의 사회경제적 특성 중 연령 분포를 살펴보도록 하자. 〈그림 7〉을 보면, 1998년 이전에는 거의 모든 연령대에서 자살이 전반적인 증가 추세에 있으나, 그 이후에는 연령대별로 상이한 모습을 보인다(부록의 〈표 5〉 참조).

먼저 10대 미만의 경우는 전체에서 차지하는 비율도 높지 않고 증감률에도 큰 변동이 없음을 알 수 있고, 10대의 경우는 1997년까지 발생 빈도가 다소 증가하지만, 1998년부터는 지속적으로 감소하고 있음을 알 수 있다. 또한 전체 자살자 비율 중 10대의 자살자의 비율도 1997년부터 지속적으로 감소하는 추세를 보이는데, 특히 1998년 외환위기 시기에 성인 인구 집단에서는 자살자 수가 크게 증가한 반면에 10대 인구 집단에서는 자살자 수가 감소한다.

20대의 경우는 1998년까지는 꾸준히 증가하는 추세를 보였으나, 1999년 이후로는 꾸준히 감소한다. 전체 자살자 중 20대가 차지하는 비율도 1994년부터 1997년까지는 30대와 40대에 이어 세 번째로 높았으나, 1998년 이후에는 전체에서 차지하는 비율도 계속 감소했고, 2000년 이후에는 성인 집단 중 가장 낮은 비율을 보인다.

30대의 경우는 1994년부터 1997년까지는 어느 정도 증가하기는 했지만 그 증감률이 그렇게 두드러지지는 않았다. 그러나 1998년에 크

〈그림 7〉 자살자의 연령별 분포

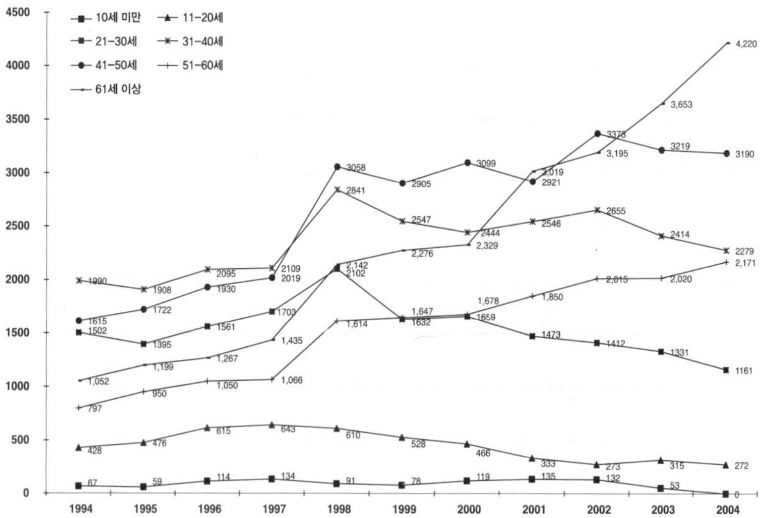

- 출처: 경찰청, 『범죄분석』, 각 연도

게 증가한 이후, 다소 증감이 있기는 했지만 점차 감소하는 추세를 보인다. 그런데 1998년에 크게 증가하기는 했지만 40대의 증가율에는 미치지 못하여, 1997년까지는 전체 자살에서 차지하는 비율이 가장 높은 인구 집단이었으나, 1998년 이후에는 전체에서 차지하는 비율이 점차 감소했고, 1998년부터 2000년까지는 40대에 이어 자살자가 두 번째로 많은 인구 집단이 되었고, 2001년 이후에는 60대 이상보다 전체에서 차지하는 비율이 낮아진 것을 알 수 있다.

40대의 경우는 1994년부터 1997년까지는 다소 완만한 증가 추세를 보이다가, 1998년 크게 증가한 이후, 현재까지 증가된 상황이 지속되고 있는 모습을 보인다. 전체 자살자 중 40대가 차지하는 비율을 살펴보면, 1997년까지는 30대에 이어 두 번째로 자살자가 많은 인구 집단이었으나, 1998년 크게 증가한 이후 1998년부터 2000년까지는 자살자가 가장 많은 인구 집단이었으며, 현재는 60대 이상에 이어 두 번째로 자살자가 많은 인구 집단으로 남아 있다. 그리고 50대의 경우는 1997년까지는 다소 증가하는 추세를 보이다가, 1998년에 크게 증가했고, 이후 증가율은 높지 않지만 자살자의 수가 꾸준히 증가하고 있는 모습을 보인다.

한편 60대 이상의 경우는 자료가 존재하는 1994년 이후 꾸준히 증가하는 모습을 보인다. 특히 60대 이상의 자살은 다른 연령대와 마찬가지로 1998년에도 증가하기는 했으나, 이것은 외환위기라는 경제적 상황에 따른 증가라기보다는 지속적인 증가 추세의 연장선에 있다고 할 수 있다. 또한 다른 연령대의 경우 2000년 이후 상대적인 안정기를 나타내는 것에 비하여, 60대 이상에서는 2000년 이후 자살이 오히려 더 크게 증가하는 모습을 보인다. 전체 자살에서 차지하는 비율도 1997년 이전에는 20대보다도 낮았으나, 1998년 20대를 넘어선 후 2001년부터는 가장 자살자가 많은 인구 집단이 되었다.

여기에서 가장 주목할만한 점은 자살자의 증가가 60대 이상의 노년 인구 집단에서 두드러지며 60대 이상의 노년 자살이 2003년 이후 모든 연령대 중 가장 높은 비율을 차지한다는 점과, 30~40대의 자살이 경제적인 상황에 가장 크게 영향을 받는다는 점이다

이를 살인 범죄자의 연령 분포와 비교해보면, 살인의 경우 특히 증가 양상이 두드러지는 연령집단은 발견되지 않았으며, 가장 높은 비율을 차지하고 있는 연령집단은 30대였다. 그리고 40대, 20대 등의 순이었다. 한편 20대는 자살과 살인 발생 추세에서도 상이점을 발견할 수 있는데, 자살의 경우 1998년에 모든 경제활동 인구에서 증가한 반면, 살인의 경우 20대에서는 1997년 이후 감소 추세를 보인다(박형민, 2003).

2) 자살자의 학력별 분포

자살자의 학력별 분포를 살펴보면, 먼저 불취학의 경우 1994년에는 전체 자살자 중 가장 높은 비율을 차지했으나, 1995년에 크게 감소한 이후 1996년부터 2002년까지 다시 꾸준히 증가하는 모습을 보인다. 그러나 중학교, 고등학교 학력에 비하여 1998년에 크게 증가하지는 않았으며, 2003년 이후에는 다시 감소하는 모습을 보인다(〈그림 8〉 및 부록의 〈표 6〉 참조).

초등학교 학력의 경우도 불취학과 마찬가지로 1995년에 크게 감소한 이후, 1996년부터 1998년까지는 크게 증가하는 모습을 보인다. 그리고 1999년 이후에는 상대적으로 증감 폭이 크지 않은 채 증감을 거듭한다.

중학교 학력의 경우는 1994년부터 1997년까지 다소 증가하기는 했지만 상대적으로 증가 폭이 크지는 않았다. 그러나 1998년 외환위기 시기에 크게 증가했고, 1999년 이후에는 다시 증감 폭이 크게 변하지 않으면서 지속적으로 감소하는 추세를 보인다.

고등학교 학력의 경우는 증가 폭이 가장 큰 인구 집단이라고 할 수 있는데, 1994년부터 매년 크게 증가하는 모습을 보인다. 그러나 1998년의 증가 폭은 다른 어떤 해보다 컸으며, 1998년 이후에는 크게 증감을 거듭하면서 1998년에 증가한 수가 어느 정도 유지되고 있는 것을 알 수 있다.

대학교 학력의 경우는 1995년 이후 꾸준히 증가하는 모습을 보인다. 그러나 그 증가율은 상대적으로 낮다고 할 수 있는데, 1998년의 경우에도 증가하기는 했지만 중학교나 고등학교 학력에 비해 크게 증가한 것은 아니었다. 오히려 대학교 학력에서는 2001년 이후에 증가율이 더 높다는 것을 알 수 있다.

〈그림 8〉 자살자의 학력별 분포

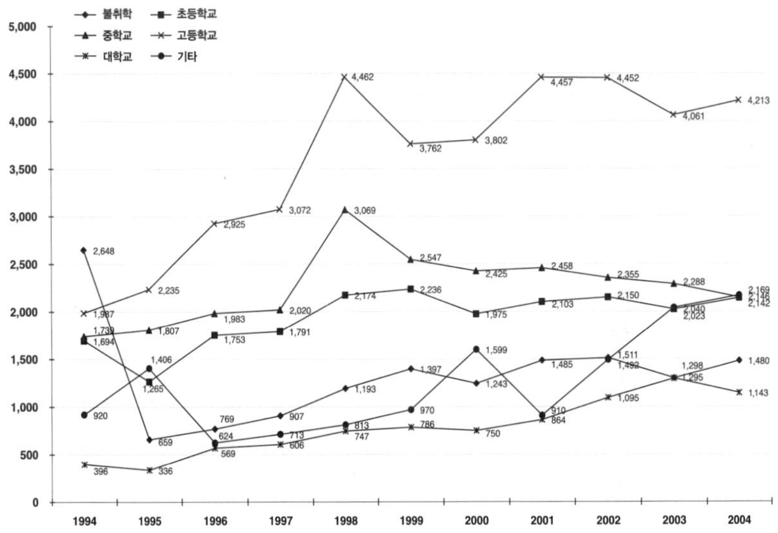

- 출처: 경찰청, 『범죄분석』, 각 연도

전체 자살자의 증가가 가장 많은 해가 1998년이었다는 점을 상기해 보면, 이 시기의 자살자의 증가가 중학교와 고등학교 학력의 인구 집단에 집중되어 있다는 것을 알 수 있는데, 이것은 중학교와 고등학교 학력의 인구 집단의 자살이 경기 변동에 크게 영향을 받는다는 것을 의미한다고 볼 수 있다.

3) 자살자의 직업별 분포

자살자의 직업별 분포를 살펴보았을 때, 가장 높은 비율을 차지하고 있는 직업군은 '무직자'들이다. 무직의 경우 1994년부터 1997년까

〈그림 9〉 자살자의 직업별 분포 1

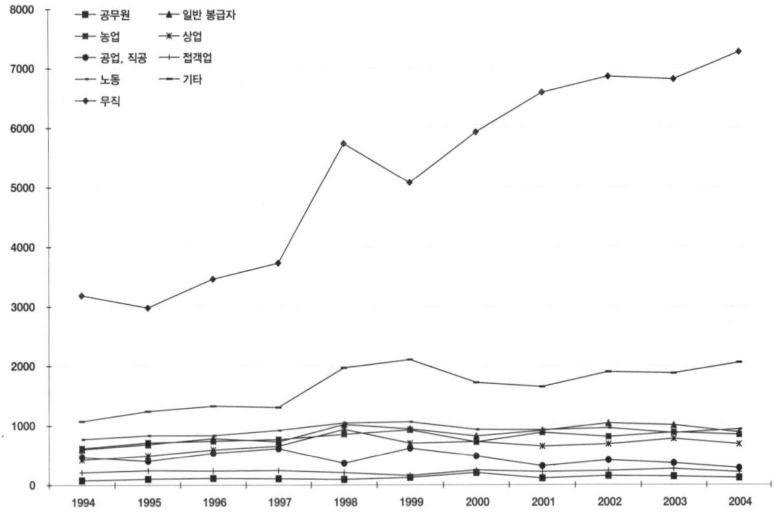

– 출처: 경찰청, 『범죄분석』, 각 연도

지 점차 증가하는 추세이기는 했으나 그 증가율이 상대적으로 크지 않았던 반면에, 1998년에는 매우 크게 증가했다. 그리고 1999년에 다시 감소한 이후, 2000년부터 2002년까지 다시 크게 증가하는 추세를 보이다가, 2003년 이후에는 증가한 상태를 유지하는 것으로 보인다. 그러나 이 무직 인구의 통계에는 그들의 이전 직업이 무엇이었는지, 그리고 그들이 언제부터 직업이 없었는지는 나타나지 않는다. 따라서 그들이 꽤 오랫동안 무직 상태를 유지했을 수도 있으나 다른 직업을 가지고 있다가 자살 당시 실직 등으로 인해 무직으로 분류되었을 가능성도 염두에 두어야 할 것이다(〈그림 9〉 및 부록의 〈표 7〉 참조).

무직과 기타를 제외하면 노동에 종사하는 인구 집단의 자살자의 수

〈그림 10〉 자살자의 직업별 분포 2(기타 및 무직 제외)

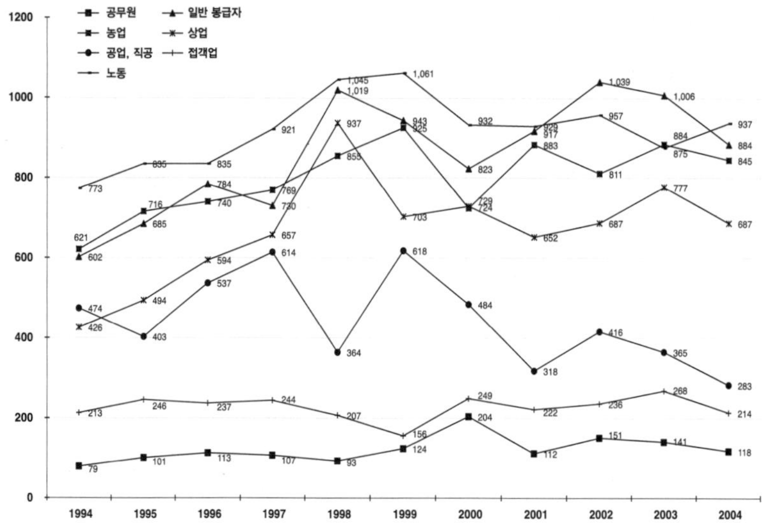

- 출처: 경찰청, 『범죄분석』, 각 연도

가 2001년까지는 가장 많은 것으로 나타났다. 여기에서 '노동'으로 구분된 직군은 단순 노무직이나 일용직 등으로 보이는데, 노동에 종사하는 사람들의 경우 1994년부터 1996년까지는 완만한 증가 추세를 보이다가, 1997년부터 1999년까지 크게 증가했다. 그리고 2000년에 크게 감소했고, 2001년 이후에는 증감을 거듭하면서 큰 변화가 없는 것으로 보인다(〈그림 10〉 및 부록의 〈표 7〉 참조).

농업 인구의 경우 1994년부터 1999년까지는 꾸준히 증가하다가 2000년에 크게 감소한 이후, 2001년부터는 증감을 크게 거듭하고 있다.

일반 봉급자의 경우 1994년부터 1996년까지는 크게 증가하다가 1997년에 다소 감소했다. 그러나 1998년에 매우 크게 증가했다. 일반 봉급자의 경우 상업 인구와 더불어 1998년에 급증한 것이다. 그후 1999년부터 2000년까지는 감소하다가, 2001년과 2002년에는 다시 증가했고, 2003년에는 다소 감소하다가, 2004년에는 크게 감소했다.

상업 인구의 경우 1994년 당시에는 상대적으로 자살자 수가 많지 않았으나, 1995년 이후 1998년까지 크게 증가하는 모습을 보인다. 상업 인구의 경우 증가율이 1997년까지도 다른 직업집단에 비해 높았지만, 특히 1998년에 급증했음을 알 수 있다. 그후 1999년에 다시 크게 감소했다가, 2000년 이후에는 증감을 거듭하고 있다.

직공 등의 공업 인구의 경우를 살펴보면 전체적으로는 지난 10여 년간 크게 증가하거나 감소하지 않았으나, 매년 증감의 폭이 매우 크다는 것을 알 수 있다. 즉 1994년에 비해 1995년에 다소 감소한 후, 1996년과 1997년에는 크게 증가했다. 그런데 전체적으로 자살자의 수가 급증하는 1998년에 공업 인구의 경우 오히려 자살자 수가 크게 감소했고, 1999년에 다시 크게 증가한 이후, 2000년 이후에는 전반적인 감소 추세를 보인다. 여기에서 1998년에 자살자 수가 급감한 것은 다른 자료들과 정황들을 참조해볼 때, 공업 인구 중에서 자살자 수가 감소한 것이라기보다는 경제 상황이 좋지 않음에 따라 공업 인구 자체가 감소한 것이라고 추정하는 것이 더 타당해 보인다.

접객업에 종사하는 인구의 자살 현황을 보면, 1994년부터 1997년까지는 자살자 수가 상대적으로 크게 변화하지 않았으며, 1998년과 1999년에는 오히려 감소한다. 그리고 2000년에 크게 증가한 이후, 2001년부터는 증가한 상태를 계속 유지하고 있는 양상을 보인다.

한편 공무원의 경우 2000년에 크게 증가한 것을 제외하면, 상대적으로 자살자의 수가 일정하게 유지되고 있다는 것을 알 수 있다.

3절 자살자의 문제 상황

본 절에서는 경찰의 수사 기록에 나타난 자살자의 여러 가지 문제 상황을 살펴보도록 하겠다. 이러한 문제 상황들은 사회구조적인 영향과 개인적 특성이 함께 작용하여 자살자 개인들에게 위기를 느끼게 하는 요소들로서, 여기에서는 경제적 문제, 신체적 문제, 심리적 문제, 가족·애정 문제, 사회관계 문제로 구분하여 살펴보고자 한다.

1. 경제적 문제

수사 기록에 나타난 진술 조서 등을 살펴보았을 때, 전체 자살자 중 30.3%에게 자살 당시 경제적 문제가 있었던 것으로 나타났다. 경제적 문제의 내용은 사업에 실패한 경우가 26.3%, 빚을 지게 된 경우가 22.8%, 실직으로 곤란하게 된 경우가 11.3%, 새로이 문제가 생긴 것이 아니라 오래전부터 생활고에 시달린 경우도 11.3% 등이었다. 그리고 취업이나 진학에 실패한 경우가 8.0%, 도박이나 주식 투자 실패 등으로 인해 재산을 탕진하게 된 경우가 6.5%, 사기를 당하거나 보증을 섰다가 경제적인 어려움을 당한 경우가 6.3%, 병원비나 학비 등이 부족하여 어려움을 느끼고 있었던 경우가 5.3% 등이었다(부록의 〈표 8〉 참조).

자살자가 자살 당시 겪었던 경제적 문제들을 성별로 살펴보면, 경제적인 어려움을 겪었던 사람의 77.5%가 남성, 22.5%가 여성이었다. 구체적인 경제적 문제의 종류에 대해서는 성별로 유의미한 차이가 보이지 않았다.

자살자의 경제적 문제를 연령별로 살펴보면, 경제적인 어려움을 겪었던 사람의 28.0%가 40대였으며, 30대는 23.8%, 50대는 18.3%, 20대는 14.8% 등이었다. 이들이 겪은 경제적인 어려움을 종류별로 살펴보면, 사업 실패는 특히 40대에게 문제였고, 실직은 30대에게 더 문제였다. 빚의 경우는 30대와 50대에게 상대적으로 더 큰 문제였으며, 취업이나 진학 실패는 특히 20대에게 큰 문제였다. 그리고 생활고는 20대에게 상대적으로 더 문제가 되었다(부록의 〈표 9〉 참조).

2. 신체적 문제

신체적인 문제는 전체 자살자의 20.3%에게 나타났는데, 이중 지병으로 인해 고통을 받은 경우가 66.4%로 가장 높은 비율을 차지하고 있었고, 새롭게 병에 걸려 고통을 받은 경우가 13.1%, 심한 고통이 특히 문제가 된 경우가 8.6%, 장애를 가지고 있던 경우가 6.0%, 자살 당시 시한부 선고를 받은 경우가 5.2% 등이었다(부록의 〈표 10〉 참조).

신체적인 문제의 구체적 내용을 성별로 살펴보면, 발병이 문제가 된 사람 중 82.9%가 남성으로 여성에 비해 상대적으로 높은 비율을 보이고 있었고, 지병이 문제가 된 사람들의 비율은 전체 비율과 별로 다르지 않았다. 시한부 선고와 심한 고통이 자살자에게 문제가 된 경우는 여성의 비율이 남성보다 상대적으로 높았다.

자살자의 신체적 문제의 유무를 연령별로 살펴보면, 신체적인 어려움을 겪었던 사람의 27.6%가 60대였으며, 50대는 19.0%, 70대는 18.3% 등이었다. 40대 이하의 연령대에서는 신체적인 문제가 자살자에게 어려움을 준 비율이 상대적으로 낮았다.

자살자의 신체적인 문제의 구체적 내용을 연령별로 살펴보면, 발병의 경우는 빈도가 높지는 않으나 20대에게 상대적으로 많은 문제가 되었고, 지병의 경우는 80세 이상에게 상대적으로 많은 문제가 되었다. 그리고 장애는 40대와 50대에게 더 큰 문제였으며, 시한부 선고가 문제가 된 경우는 60대에게, 심한 고통이 문제가 된 경우는 60대와 70대에게 상대적으로 많았다(부록의 〈표 11〉 참조).

한편 수사 기록상에서 자살자가 신체적인 질병을 가지고 있거나 가졌던 경험이 있는 경우는 전체 자살자 중 23.3%의 비율을 보이고 있었다. 이중 가장 높은 비율을 차지하고 있는 것이 신경통, 디스크, 관절염 등의 외과 질환으로 전체 자살자의 7.2%가 외과 질환을 가지고 있거나 가졌던 경험이 있었고, 당뇨 등의 내분비 질환을 앓고 있거나 앓았던 경험이 있는 경우가 4.3%, 고혈압, 심근경색 등 순환기 질환의 경우가 3.5%, 뇌졸중, 중풍, 뇌출혈 등 뇌혈관 질환의 경우가 3.0% 등이었다(부록의 〈표 12〉 참조). 이러한 신체적 질병은 70대와 60대, 그리고 80세 이상 등 상대적으로 높은 연령의 인구 집단에서 많이 나타났는데, 70대에서는 특히 순환기 질환과 뇌혈관 질환, 내분비 질환이, 60대에서는 암과 내분비 질환이 상대적으로 높았다. 그리고 80세 이상에서는 외과 질환을 비롯한 거의 모든 신체적 질환에 취약했다(부록의 〈표 13〉 참조).

3. 심리적 문제

수사 기록상에서 자살자의 심리적인 문제는 전체의 30.4%에게 나타났는데, 이중 우울증이 있었던 경우가 39.4%로 가장 높은 비율을 보이고 있었고, 정신분열증 등의 정신 질환을 앓고 있었던 경우가 24.4%, 치매에 걸렸던 경우가 6.0%, 알코올중독이나 약물중독인 경우가 5.2% 등이었다. 이와 같은 정신과적 질병 이외에 삶의 의욕을 상실하여 견디기 힘들었던 경우가 5.0%, 심리적 외로움으로 고통을 받았던 경우가 4.7%, 시험이나 군 복무 등의 압박감에 시달렸던 경우가 4.2% 등이었다(부록의 〈표 14〉 참조).

자살자가 자살 당시 겪었던 심리적 문제들을 성별로 살펴보면, 심리적인 어려움을 겪었던 사람의 63.6%가 남성, 36.4%가 여성이었는데, 전체 자살자의 비율과 비교해볼 때 여성들이 심리적인 문제가 있었던 경우가 상대적으로 높은 비율을 보이고 있었다.

심리적 문제의 구체적인 내용을 성별로 살펴보면, 우울증이 문제가 되었던 사람들 중 49.4%가 남성, 50.6%가 여성이었는데, 이는 우울증의 경우 여성들에게 상대적으로 많은 문제가 되었다는 것을 나타낸다. 치매가 문제가 되었던 경우도 37.5%가 남성, 62.5%가 여성으로 나타나, 치매 역시 여성들에게 상대적으로 더 많은 문제가 되었다. 반면 알코올중독이 문제가 되었던 경우는 남성이 95.2%, 여성이 4.8%로 남성이 압도적으로 높은 비율을 나타내며, 정신 질환이 문제가 되었던 경우도 남성이 69.4%, 여성이 30.6%로 남성에게 상대적으로 많은 문제가 된 것으로 나타났다. 그리고 외로움이 문제가 되었던 경우와 압박감이 문제가 되었던 경우, 그리고 의욕 상실이 문제가 되었던 경우도 남성들에게 더 많이 나타났으며, 결혼을 하지 못한 것이 심리적 어려움을 주었던 경우는 모든 사례가 남성이었다.

자살자의 심리적 문제 유무를 연령별로 살펴보면, 심리적인 어려움을 겪었던 사람의 22.8%가 30대로 다른 연령대에 비하여 심리적인 문제가 많았으며, 또한 40대(18.8%)와 20대(17.0%)도 상대적으로 심리적인 문제가 많았던 연령대로 나타났다.

자살자의 심리적인 문제의 구체적 내용을 연령별로 살펴보면, 우울증이 문제가 되었던 사람들의 28.7%가 30대로 다른 연령대에 비하여 상대적으로 높은 비율을 나타내고 있었으며, 50대도 16.6%로 상대적으로 높은 비율을 보이고 있었다. 정신 질환이 문제가 되었던 사람들의 경우 27.6%가 20대로 다른 연령대에 비하여 상대적으로 높은 비율을 나타내고 있었으며, 40대도 24.5%로 상대적으로 높은 비율을 보이고 있었다. 그리고 알코올중독이나 약물중독의 경우는 40대와 50대에게 상대적으로 많은 문제가 되었으며, 치매의 경우는 60대 이상에게만 문제가 되었다. 그리고 외로움의 경우도 노년층인 70대와 80대 이상에게 상대적으로 더 큰 문제로 나타났다. 반면 신체나 학력 콤플렉스는 19세 이하와 20대에게, 압박감은 20대와 19세 이하에게 상대적으로 많은 문제가 된 것으로 나타났다(부록의 〈표 15〉 참조).

한편 자살자들 중 우울증, 정신분열증 등 구체적인 정신과 병력을 가지고 있는 사람은 23.1%로 나타나, 전체 자살자 중 약 1/4이 정신과 질환을 가지고 있었다. 그러나 이 결과는 의료 전문가의 진단에 의한 것도 있지만, 많은 경우 가족이나 친지의 진술에 의존한 것이기 때문에 과대 또는 과소 측정되었을 가능성이 있다는 것을 염두에 두어야 할 것이다.

정신과 병력 중 가장 높은 비율을 차지하는 것은 우울증이었으며, 전체 자살자의 12.6%가 우울증 질환을 가지고 있었다. 그리고 전체 자살자의 3.3%는 정신분열의 증상을 가지고 있었으며, 알코올중독과 치매를 앓고 있었던 사람이 각각 전체 자살자의 1.6%를 차지하고 있었다(부록의 〈표 16〉 참조).

이를 성별로 나누어 살펴보면 남성보다는 여성이 정신과 병력을 많이 가지고 있었던 것으로 나타났다. 여성의 경우는 전체 여성 자살자의 32.0%가 정신과 병력을 가지고 있었던 반면, 남성의 경우는 전체 남성 자살자의 19.3%가 정신과 병력을 가지고 있었다. 특히 우울증을 앓고 있었던 사례를 살펴보면, 여성은 전체의 20.8%, 남성은 전체의 9.2%로 여성이 남성보다 2배 이상 높은 비율을 나타내고 있었다. 그리고 치매와 정신분열의 경우도 여성이 남성보다 월등히 높은 비율을 차지하고 있었다. 단 알코올중독의 경우는 남성이 2.2%, 여성이 0.3%로 남성이 압도적으로 높은 비율을 나타내고 있었다(부록의 〈표 16〉 참조).

정신과 병력을 연령별로 살펴보면 30대가 정신과 병력을 많이 가지고 있는 것으로 나타났으며, 다음으로는 20대, 70대, 80대 이상 등의 순이었다.

30대의 경우를 살펴보면, 전체 30대 자살자 중에서 28.5%가 정신과 병력을 가지고 있었는데, 특히 우울증 증세가 있거나 있었던 경험이 있는 경우가 전체 30대 자살자 중 17.4%, 정신분열 증세가 있거나 있었던 경험이 있는 경우도 전체 30대 자살자 중 5.4%를 차지하고 있었다. 70대의 경우에는 전체 70대 자살자 중 26.1%가 정신과 병력을 가지고 있거나 가졌던 경험이 있었으며, 70대의 경우도 우울증 증세가 있었던 경우가 18.9%로 다른 연령집단에 비하여 상대적으로 비율이 높았다. 80대 이상의 경우에도 25.0%가 정신과 병력을 가지고 있거나 가졌던 경험이 있는 것으로 나타났는데, 80대 이상의 연령집단에서 겪은 정신과 병력의 대부분은 치매(18.1%)였다(부록의 〈표 17〉 참조).

4. 가족 · 애정 문제

수사 기록을 살펴보았을 때, 가족 · 애정 문제는 전체 자살자의 33.9%에게 문제가 되었다. 이중 가족이나 애인(내연 관계 포함)과 갈등을 겪고 있었던 경우가 33.5%로 가장 높은 비율을 나타냈으며, 이혼이 문제가 되었던 경우가 14.1%, 애인이나 내연남(또는 내연녀)으로부터 실연을 당한 경우가 12.1%, 가족이나 의미 있는 사람과의 사별로 고통을 받았던 경우가 11.6% 등이었다. 그리고 자녀의 이혼이나 발병 등 다른 가족 성원에게 문제가 발생한 것이 자살자를 고통스럽게 한 경우가 7.6%, 자신 또는 배우자의 외도가 문제가 되었던 경우가 6.9%, 가족들에게 미안함을 느끼고 있었던 경우가 4.5%, 가족들과 떨어져 살아야 하는 가족해체의 문제가 있었던 경우가 3.1%, 그리고 가족 성원 누군가에게 불만을 느끼고 있었던 경우가 2.7% 등이었다(부록의 〈표 18〉 참조).

자살자가 자살 당시 겪었던 가족·애정 문제들을 성별로 살펴보면, 가족·애정 관계에서 어려움을 겪었던 사람의 66.7%가 남성, 33.7%가 여성이었다.

가족·애정 관계에서의 문제의 구체적 내용을 성별로 살펴보면, 사별이 문제가 되었던 사람들의 82.7%가 남성, 17.3%가 여성으로, 사별의 경우는 남성들에게 더 큰 문제가 된 것으로 나타났다. 이혼이 문제가 되었던 경우도 남성이 76.2%, 여성이 23.8%, 실연이 문제가 되었던 경우도 남성이 70.4%, 여성이 29.6%로, 남성의 비율이 상대적으로 더 높았다. 반면 갈등이 문제가 되었던 사람들의 62.7%가 남성, 37.3%가 여성으로, 갈등은 상대적으로 여성에게 더 많은 문제가 된 것으로 나타났다. 외도가 문제가 되었던 경우도 남성이 61.3%, 여성이 38.7%, 가족에게 문제가 발생한 것이 문제가 되었던 경우도 남성과 여성이 각각 50.0%, 가족에게 미안한 감정이 문제가 되었던 경우도 남성이 55.0%, 여성이 45.0%로, 이들 문제는 상대적으로 여성들에게 더 많은 문제가 된 것으로 나타났다.

자살자의 가족·애정 관계 문제 유무를 연령별로 살펴보면, 가족·애정 관계의 어려움을 겪었던 사람의 20.3%가 40대였으며, 30대가 19.9%, 20대가 18.1% 등으로, 20대에서 40대의 연령대에서 가족·애정 관계의 문제를 느끼는 경우가 많은 것으로 나타났다.

자살자의 가족·애정 관계 문제의 구체적 내용을 연령별로 살펴보면, 사별이 문제가 되었던 사람들의 각 17.3%가 50대와 70대로 이들 연령대에서 상대적으로 사별이 큰 문제가 된 것으로 나타났다. 특히 자살자의 가족·애정 관계 문제의 전체 분포를 고려할 때 70대에게 사별이 더 큰 문제였다. 이혼이 문제가 되었던 경우는 40대가 44.4%를 차지하여 다른 연령대에 비하여 상대적으로 높은 비율을 보이고 있으며, 실연의 경우는 19세 이하와 20대에게 상대적으로 더 많은 문제가 되었던 것으로 나타났다. 한편 갈등과 외도의 경우는 40대에게 상대적으로 많은 문제가 되었으며, 가족에게 문제가 발생한 것이 어려움을 주었던 경우는 60대, 70대, 80대 이상의 연령대에서 상대적으로 많은 문제가 되었다(부록의 〈표 19〉 참조).

5. 사회관계 문제

사회관계의 문제는 전체 자살자의 5.6%에게 나타났는데, 이중 자신이 속해 있던 집단에 적응하지 못했던 경우가 43.2%로 가장 많았으며, 자신이 범죄나 비행을 저지른 것이 문제가 된 경우가 28.4%였다. 그 밖에 다른 사람들로부터 폭행을 당한 경우가 6.8%, 가족이나 애인 이외의 다른 사람들과 갈등이 있었던 경우가 5.4%, 죄책감에 시달렸던 경우가 4.7% 등의 비율이었다(부록의 〈표 20〉 참조).

자살자가 자살 당시 겪었던 사회관계 문제들을 성별로 살펴보면, 사회관계에서 어려움을 겪었던 사람의 71.6%가 남성, 28.4%가 여성으로 나타났다. 사회관계에서의 문제의 구체적인 내용을 성별로 살펴보면, 자신의 범죄나 비행이 문제가 되었던 경우와 폭행 피해를 당한 경우는 남성에게 특히 문제가 되었으며, 갈등, 따돌림, 죄책감 등은 여성에게 더 큰 문제가 되었다.

자살자의 사회관계 문제를 연령별로 살펴보면, 사회관계에서 어려움을 겪었던 사람의 31.1%가 20대였으며, 21.6%가 30대, 17.6%가 19세 이하였다. 그러나 자살자의 사회관계 문제의 구체적 내용에 대한 연령별 차이는 통계적으로 유의미하지 않았다(부록의 〈표 21〉 참조).

4절 한국 사회변동과 자살 발생 추이의 변화

앞에서 살펴본 것처럼 우리나라의 자살은 상대적으로 안정적인 발생 추이를 보이다가 1998년에 크게 증가했고, 이후 증가한 상태가 지속되고 있다고 요약할 수 있다. 특히 40대와 30대에서 1998년에 자살이 크게 증가했다. 10대에서 1998년 이후 오히려 자살자 수가 감소하고 60대 이상에서 1998년과 상관없이 자살자 수가 지속적으로 증가하는 것에 비하여, 이들 30~40대의 자살 발생 빈도는 경제적인 상황에 크게 영향을 받는 것으로 나타난 것이다. 그리고 학력별로는 고등학교 학력이, 직업별로는 상업 인구와 일반 봉급자들이 1998년에 자살자 수가 급증했다.

이처럼 자살의 발생은 경제적 상황의 변동과 커다란 연관성을 가지고 있다고 할 수 있는데, 이것은 자살률을 국내총생산 및 경제성장률과 같은 경제지표와 비교해보면 더욱 극명하게 드러난다. 즉 경제적인 상황이 좋을 때에는 상대적으로 자살률이 감소하고, 경제적인 상황이 좋지 않을 때에는 상대적으로 자살률이 증가하고 있는 것이다. 또한 사회구조가 자살에 미치는 영향은 범죄율과 같은 사회지표와 비교해도 쉽게 드러난다. 단 자살이 전체 범죄보다 경제적인 변동에 더욱 민감하게 연동하여 변화하고 있으며, 자살의 발생 추세와 살인의 발생 추세는 놀랄만한 유사성을 보여준다. 결국 1997년 이후의 한국 사회는 상대적으로 높은 실업률과 실업의 장기화, 그리고 이를 둘러싼 노사 관계 악화라는 경제적인 상황과, 이에 따른 국민의 삶의 질 저하, 구성원들의 정체성의 혼란과 사회 갈등 심화라는 사회적 상황으로 요약할 수 있을 것이며(박길성, 2003), 이것이 자살이 급증하는 사회적인 배경이라고 할 수 있을 것이다.

또한 자살자들 개인의 구체적 삶을 들여다보면, 전체 자살자 중

30.3%에게는 자살 당시 경제적 문제가 있었으며, 20.3%에게는 신체적인 문제가, 30.4%에게는 심리적인 문제가, 33.9%에게는 가족·애정 문제가 있었다. 경제적인 문제는 특히 40대 인구 집단에게 심각한 문제 상황으로 여겨지고 있었는데, 이는 공식 통계의 자살 발생 분포를 통해서도 나타난다. 신체적인 문제는 60대 이상의 노인 인구 집단에게 심각한 문제 상황이었으며, 심리적인 문제는 여성들과 30대 인구 집단에게 상대적으로 많이 나타나고 있었다. 한편 가족·애정 문제 중 사별과 이혼은 남성에게, 갈등과 외도는 여성에게 상대적으로 더 많은 문제가 되었으며, 20~40대 인구 집단의 경우 다른 인구 집단에 비하여 가족·애정 문제를 더 많이 가지고 있었다.

이와 같은 사실은 자살의 발생과 사회구조의 변화는 밀접한 상관관계가 있다는 것을 말해주며, 대부분의 사회학자들이 자살을 바라보는 시각은 사회구조에서 발생한 개인들의 문제 상황이 자살을 설명하는 주요한 변수임을 드러내준다. 즉 뒤르케임이 사회적 사실로서의 자살 현상에 주목한 이후, 많은 연구자가 지위 구조의 변동이나 역할 갈등에 따른 개인의 긴장, 사회 환경의 변화에 따른 규제의 약화, 문제 상황이 야기한 자신의 삶의 정당화의 실패, 실패에 따른 내적 책임 부여 등으로 '아노미'를 규정하며 자살을 설명해왔으며, 본 장에서 다루고 있는 자살의 이론과 우리 사회의 실제 모습은 이와 같은 설명을 지지하는 것처럼 보인다.

그런데 이러한 논의들이 많은 설명력을 가지고 있기는 하지만, 그것들이 이를 설명하기 위해 사용한 자료가 공식 통계 등과 같은 양적인 자료라는 점을 주의해서 살펴보아야 할 것이다. 양적인 자료는 개별적인 사회현상을 숫자의 형식으로 요약하고 추상하여 나타내는 것으로 복잡한 사회현상을 단순화시켜 전체적인 윤곽이나 추세를 파악할 수 있게 해주며, 쉽게 이해할 수 없는 다양한 현상을 상대적으로 쉽게 이해할 수 있는 모습으로 그려준다는 장점이 있다. 그러나 이러한 추상화와 단순화는 '구체성의 상실'이라는 대가를 치르고서야 가능하다. 즉 양적인 자료는 우리에게 많은 것을 이야기해주기는 하지만, 대부분의 사회현상은 단순히 숫자로 요약하여 표현하기 힘든 다양성과 풍부함을 지니고 있기 때문에, 양적인 자료만을 사용했을 때는 중요한 사회현상의 다양성과 역동을 제대로 표현하기 힘든 경우가 많이 있다는 것이다.

따라서 뒤르케임과 그를 따르는 연구자들의 탁월한 업적과 상대적으로 명쾌한 설명력에도 불구하고 그들이 사용한 자료의 특성으로 인해, 자살이라는 사회현상을 분석하는 데에 있어서도 그들이 발견하지 못하는 부분이 있을 수밖에 없는 것이다. 특히 자살이라는 행위를 행하는 사람들의 '의지'나 '의도' 등과 같은 행위의 주관적인 의미는 양적인 자료만으로는 쉽게 포착하기 힘든 것이 사실이다.

이 같은 한계를 극복할 수 있는 이론적 자원은 뒤르케임적인 자살이론을 비판하며 자살행위의 소통 지향성을 강조하는 입장에서 찾아볼 수 있을 것이다. 이러한 입장은 자살이 발생하는 맥락과 의미의 다양성에 주목할 것을 제안하며, 자살을 연구하는 것은 자살이라는 행위의 의미를 포착하는 것이라고 주장하는 것이다.

이제 우리는 많은 사회학적 자살 연구자들이 상대적으로 간과해왔던 자살의 의미를 발견하고자 한다. 이러한 작업은 특히 '유서'라는 형식으로 표현된 자살자들의 진술을 분석함으로써 이루어질 것이다. 이를 통하여 우리는 자살자들이 구조와 상황에 의해 조건 지어진 문제 상황에 일방적으로 영향을 받아 행동하는 수동적인 존재가 아니라, 자신의 상황을 성찰하고 주어진 조건을 해석하며 자신의 죽음을 통해 타인과 소통하고자 하는 능동적인 행위자의 모습을 가지고 있다는 사실을 발견할 수 있을 것이다.

제3장

자살행위의 소통적 성격: 성찰성, 메시지, 타자 지향성

1절 자살에 이르기까지의 과정

우리는 앞에서 지난 20년간의 자살 발생 추이를 통해 1997년 IMF 관리 체제 이후 자살률이 급증했음을 확인했고, 자살자들이 처해 있는 문제 상황의 양상을 살펴보았다. 이상의 논의만을 살펴보았을 때, 기존의 자살이론에서 다루고 있는 다양한 좌절의 내용은 실제 우리 사회에서 일어나는 자살의 모습과 통계적 유의미성이 있으며, 최근 저작들이 주목하고 있는 인구통계학적인 변수들도 자살에 대해 많은 것을 설명하고 있다는 것 역시 부정하기 힘들다.

그러나 실제 자살 사례들을 검토해보면 여러 가지 문제 상황 자체가 직접적으로 자살을 야기한다기보다는, 자살자들이 겪었던 문제 상황 속에서 자살에 이르는 과정에는 중요한 사회학적 변수가 매개하고 있음을 발견할 수 있다. 경제 위기나 신체적 고통 등과 같은 문제 상황이 자살자들의 객관적 상황이라면, 이것이 좌절로 이르게 되는 데는 문제 상황에 대한 자살자들의 '성찰'이라는 과정이 중요한 매개가 되며, 이 같은 성찰의 결과 문제 상황은 자살자들에게 내면화된 주관적 상황이 된다. 또한 이 같은 주관적 상황이 자살이라는 실제 행위로 이어질 때에도, 자신이 처한 상황 속에서 자신의 행위를 의도적으로 선택하여 소통의 욕구를 충족하려는 '의미 부여'가 중요한 매개 변수의 자리를 차지한다.

따라서 본 장에서는 사회구조와 여러 가지 상황으로부터 야기된 '실패'가 아노미라는 '좌절'을 경험하게 하고 그 결과 '자살'에 이르게 된다는 뒤르케임적 자살 연구의 기본적인 관점을 받아들이면서, 각 개인이 실패와 좌절을 인식하는 성찰의 과정과 그것이 실제 자살에 이르게 될 때 자살자에게 중요하게 여겨지는 자살에 대한 의미 부여의 과정을 살펴보고자 한다.

각 개인으로 하여금 좌절을 느끼게 하는 문제 상황은 경제적 실패나 관계의 실패와 같이 구조로부터 야기될 수도 있지만, 신체적 질병이나 심리적 문제와 같이 개인의 특성에 의해 야기될 수도 있다. 이 같은 여러 가지 문제 상황은 자살자들이 처하게 된 객관적 상황이라 볼 수 있다. 그러나 문제 상황 자체가 직접적으로 자살행위를 일으키는 것이 아니라, 문제에서 자살에 이르는 과정에는 중요한 사회학적 변수들이 매개하여 작용하고 있는 것이다. 각 개인이 ① 문제 상황에 처하게 되면 그들은 그들이 처한 상황에 대하여 ② 주관적인 성찰과 해석의 과정을 거치게 된다. 이러한 성찰과 해석의 결과 ③ 각 개인은 자신의 실패를 내면화하여 주관적으로 실패를 인식하게 되고, 그들은 ④ 주어진 상황 속에서 여러 가지 선택 가능한 대안들을 평가하고 자신의 죽음에 대한 의미 부여의 과정을 거쳐서 ⑤ 자살이라는 행위를 시도하게 되는 것이다. 그리고 이 모든 과정에는 자살자의 환경적, 심리적, 유전적 요인들이 작용하고 있다. 이 과정을 도식화하여 나타내면 다음의 〈그림 11〉과 같다.

〈그림 11〉 자살의 과정

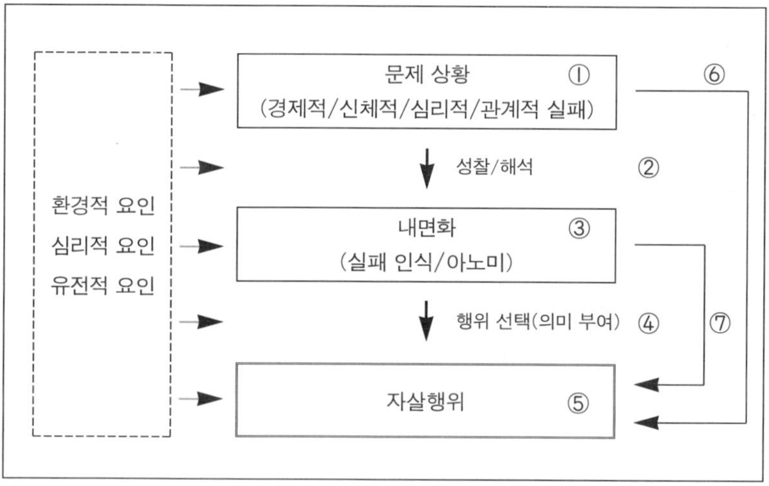

물론 ⑥의 경로와 같이 문제 상황에 대한 성찰을 거치지 않은 우발적이고 충동적인 자살도 존재할 수 있으며, ⑦의 경로와 같이 문제 상황에 대한 성찰의 과정은 있으나 그것이 자신의 내부로 침잠하여 다른 사람을 고려하지 않으며 자신의 행위에 대한 의미 부여가 없는 고립된 자살도 존재할 수 있다. 그러나 이 책에서는 문제 상황에 대한 성찰과 자신의 행위에 대한 의미 부여의 과정이 있는 ①~⑤의 경로를 거치는 자살행위를 분석하고자 하며, 이 같은 특성을 가진 자살을 '소통적 자살'로 개념화하고자 한다. 여기에서 경제 위기나 신체적 고통 등과 같은 문제 상황을 자신의 실패로 인식하는 '성찰성'과 자신이 처한 상황 속에서 다른 사람을 향한 의도를 가진 '의미 있는 행위action'로서 자살을 선택하는 '소통 지향성'은 '소통적 자살'의 중요한 구성 요소이다. 이때 자살자의 이론적 지위는 구조에 의해서 일방적

으로 영향을 받은 피해자나 반응자가 아닌 '행위자agent'이다.

이러한 관점에 따르면 자살행위와 연관 있는 구조적인 변동 요인과 이에 따른 개인적인 문제 상황의 내용을 살펴볼 수 있다. 비록 문제 상황 자체가 직접적으로 자살을 유발하는 것은 아니지만, 문제 상황은 자살을 고려하게 하는 주요한 계기가 되며, 많은 연구에서 나타나는 바와 같이 자살행위와 통계적 유의성을 가지고 있기 때문에 자살행위의 의미를 이해하는 데 배경적인 지식을 제공해준다.

또한 문제 상황이 성찰과 해석을 통해 개인에게 실패로 인식되는 과정을 살펴봄으로써 스스로를 정당화하지 못하는 개인의 모습을 발견할 수 있는데, 여기서는 자신의 실패가 어디에서 기인하는지에 대한 책임 부여가 중요한 분석 요소가 된다. 그리고 실패를 내면화한 이후 자살이라는 행위(행위란 타인을 지향하는 의미를 가진 행위를 말한다)를 선택하는 과정을 살펴보게 될 것인데, 여기에서는 '다른 사람에게 어떠한 메시지를 전달할 것인가'라는 메시지의 내용과 '다른 사람에게 어떠한 반응을 구할 것인가'라는 소통의 형식이 중요한 분석 요소가 된다.

다시 말하면 자살이라는 행위는 실패한 자신의 삶을 비관하여 스스로 삶을 포기하는 단순 반응이 아니라, 행위자가 의식적으로 선택하고 구성한 의미 있는 행위라는 것이다. 자살자들은 자신의 상황에 대해 해석하고, 그것의 내용을 다른 사람들에게 전달함으로써 자신의 죽음을 통해 다른 사람에게 어떠한 방식으로든 영향력을 행사하려는 의도를 가지고 있는 것이다. 따라서 자살은 단지 자신의 삶을 끝내는 것으로 그치는 것이 아니라, 살아남아 있는 사람들과의 일종의 의사소통이며, 스스로 삶을 끝내는 행위를 통해 살아서는 충족시킬 수 없다고 생각하는 자신의 욕구를 충족시키고자 하는 의도의 표현이라 할 수 있는 것이다.

이러한 의도는 자살자들의 유서를 통해 발견할 수 있다. 자살자들이 남긴 유서는 '성찰성', '메시지', '타자 지향성' 등이 핵심 요소이다. 본 장에서 우리는 유서의 이러한 구성 요소를 분석하여 '소통적 자살'이라는 개념을 도출하고자 한다. 그리고 이러한 자살의 특징과 유서 속에서 각각의 요소들이 드러나는 양상을 살펴보고자 한다.

2절 '소통적 자살'의 개념화

1. 유서를 남긴 자살자들의 특징

이제 우리는 자살자들이 자신의 의도를 드러낸 유서의 분석을 통해 자살의 소통적 성격을 부각시키고자 하며, 조작적operational으로 유서를 남긴 자살을 '소통적 자살'이라 규정하고 그 특성을 살펴볼 것이다. 여기서 반드시 언급해야 하는 점은, 유서를 남긴 자살이 소통적 자살을 모두 포괄하는 것은 아니며, 따라서 유서를 남긴 자살자의 특성이 소통적 자살을 시도한 자살자들의 특성을 그대로 보여주는 것은 아니라는 점이다. 그럼에도 불구하고 유서를 남겼다는 사실은 소통적 자살의 구성 요소를 이미 갖춘 자살이라고 할 수 있을 것이며, 따라서 유서를 남긴 자살의 특성은 '소통적 자살'의 특성을 상당 부분 설명해 줄 수 있다고 가정할 수 있다.

유서를 남긴 자살자들의 사회경제적 특징을 종합해보면 연령이 낮을수록 유서를 남기는 비율이 상대적으로 높았으며, 직업별로는 사무/영업직, 판매/서비스직, 행정/관리직, 공무원 등 비교적 안정적인 고용 상태를 유지하고 있는 직업군과 학생 집단이 유서를 남기는 비율이 상대적으로 높았다. 유서를 남긴 자살자들의 분포를 통해 소통적 자살의 특성을 추정해보면, 소통적 자살은 다른 사람들과의 관계적 욕구가 강한 저연령대의 자살자들에게서 더 많이 발생하며, 상대적으로 의사소통 능력을 훈련받기에 용이하거나 의사소통 능력을 필요로 하는 직업 집단에서 더 많이 발생한다고 볼 수 있다(부록의 〈표 22〉 및 〈표 23〉 참조).

그리고 유서를 남긴 자살자들의 자살 방법이나 자살 도구의 입수 방법은 이러한 소통적 자살의 성찰적인 특성을 더욱 잘 드러내고 있다고 할 수 있는데, 유서를 남긴 자살자들이 그렇지 않은 자살자들에 비해 도구를 사용한 자살 방법을 상대적으로 많이 선택했으며, 자살 도구 역시 미리 준비한 것을 사용했다는 점에서 이러한 특성을 추정할 수 있다(부록의 〈표 24〉 참조).

또한 유서를 남긴 자살자들의 소통 의지는 자신의 문제가 경제적 문제와 같은 외부적 요인에 의한 문제이거나, 가족·애정 문제나 사회관계적 문제와 같이 타인과 연관된 문제일 경우 더욱 두드러지게 드러나는 경향이 있었다. 반면 자신의 내면의 문제인 심리적 문제를 가지고 있는 경우에는 유서를 남겨서 자신의 객관적, 주관적 상황을 알리고자 하는 경향이 낮았다(부록의 〈표 25〉 참조).

2. 소통적 자살의 구성 요소

1) 성찰성

소통적 자살의 첫 번째 구성 요소는 자살이 자신의 삶과 죽음을 객관화시켜 숙고하는 성찰의 과정을 거쳤다는 것이다. 따라서 소통적 자살은 즉흥적이거나 우발적인 죽음이라기보다는, 스스로 죽음에 대한 심리적, 실제적 준비 기간을 거친 준비된 죽음이다. 물론 이 준비 기간은 상대적으로 길지 않을 수도 있으나, 어떤 경우에는 몇 달 혹은 몇 년에 걸친 오랜 기간 동안 죽음에 대해 숙고하며 준비하기도 한다.

이때 성찰의 내용은 자신의 죽음과 자살에 대한 형이상학적 고민의 과정이 포함되지만, 가장 중요한 것은 자신이 겪는 문제 상황에 대한 인식과, 자신과 삶에 대한 스스로의 평가일 것이다. 특히 자신의 실패가 누구의 책임인지에 대한 평가는 이후 행위의 선택에 중요한 준거가 된다. 그러므로 소통적 자살에서 성찰성은 자살자들이 자신의 문제 상황을 내면화하여 죽음을 선택하게 되는 주관적 상황을 형성하는 것이다.

2) 메시지

소통적 자살의 두 번째 구성 요소는 성찰의 과정을 거친 메시지가 존재한다는 것이며, 그 메시지를 누군가에게 전달하려는 의도가 있다는 것이다. 그 메시지는 자신의 행위의 이유를 설명하기도 하며, 자기 행위의 의도를 밝히기도 한다. 그리고 때로는 자신이 이루지 못한 욕구와 다른 사람에 대한 애정 또는 증오의 감정을 드러내기도 한다. 그러나 성찰의 과정을 거친 메시지를 단지 자신의 죽음이 스스로의 선택이라는 것만을 알리는 것으로 국한시키기도 한다.

이 같은 메시지는 언어적으로 표현되기도 하지만, 때로는 죽음의 행위 자체가 의도의 표현이 되기도 한다. 즉 죽음의 시간과 공간을 의미 있는 시간과 공간으로 택하여 자신이 전하고자 하는 메시지를 표현하기도 하는 것이다. 그러므로 메시지의 선택은 자신의 상황에 대한 해석과 자기 자신에 대한 평가 속에서 자살자들이 자신의 죽음을 통해 이루고자 하는 욕구의 표현이다.

이때 선택된 메시지는 자신이 처해 있는 문제 상황에 대해 상대적으로 적극적인 해결 의지를 보이는 문제 지향적 형태로 드러나기도

하고, 문제에 대한 해결보다는 자신이 처해 있는 문제 상황을 단순히 설명하거나 정서적인 이해를 구하는 정서적 형태로 드러나기도 한다. 정서적 메시지는 자신의 상황과 선택에 대한 이해와 수용을 바라는 긍정적인 태도를 보일 때도 있으나, 자신의 문제가 타인의 책임이라고 판단하는 경우에는 책임이 있다고 생각되는 대상을 향해 비난이나 저주를 표현하는 부정적인 태도를 보일 때도 있다.

3) 타자 지향성

소통적 자살의 세 번째 구성 요소는 성찰의 과정을 거친 메시지를 전달하고자 하는 대상이 있다는 것이다. 이것은 소통적 자살의 가장 중요한 요소라고 할 수 있는데, 자살이라는 행위가 다른 사람을 염두에 둔 행위라는 점을 드러내준다. 즉 자살은, 자살자가 자신의 죽음을 통해 다른 사람에게 어떤 식으로든 영향력을 행사하려는 시도라는 것이며, 자살이라는 행위는 타인을 지향하는 사회적 행위라는 것이다.

이때 타인에 대한 지향은 자신의 메시지에 대한 다른 사람의 반응을 적극적으로 구하는지, 혹은 일방적으로 자신의 메시지를 전달하는 것에 만족하는지에 따라 상호적 소통 방식과 일방적 소통 방식으로 구분할 수 있다.

3절 성찰성

1. 죽음의 결심 과정

소통적 자살에서 성찰성이 드러나는 가장 대표적인 양상은 자살이 즉흥적이거나 우연한 것이 아니라 자신의 죽음에 대한 오랜 성찰의 과정을 거쳤다는 점을 드러내는 것이다. 이것은 자살자가 자신의 죽음을 오랜 기간 동안 준비해왔음을 밝히는 것을 통해 드러나기도 하며, 죽음의 시간과 장소를 의미 있는 시간과 장소로 선택함으로써 드러나기도 한다. 또한 자살자가 자신이 죽음을 선택하기까지의 고민의 과정을 유서에 밝히는 경우도 있다.

1) 죽음을 위한 준비

다른 사람에게 메시지를 전달하고자 하는 의도를 가진 자살자들은 자신의 죽음이 즉흥적인 것이 아니라 오랜 마음의 준비 기간을 거쳤다는 것을 드러내는 경우가 있었다.

2005년에 사망한 14세 여성(245, 286쪽 참조)의 자살의 경우 표면적으로는 성적 비관으로 인한 우발적인 자살로 보일 수 있는 사례이다. 그러나 그녀는 자신의 죽음이 '반항심으로 저지른 충동적인 자살'이 결코 아니라 '오래전부터 계획해온 일'이라고 설명하며, 죽음에 대한 생각을 '100번도 넘게' 해봤다고 이야기한다.

> **죽고싶다는 생각은 100번도 넘게 해봤습니다**
> 죽으면 끝날까
> 죽으면 편해질까..
> 이대로 죽기엔 15년밖에 못 산 내 인생이 너무 아깝지만
> 계속 이렇게 사는 것보단 나을 것 같다
> 이대로라면.... 남은 8년이 정말 자신이 없다
> 〔중략〕
> 만약에 이 죽음에 성공하면 뭐라고 하실거예요

반항심에 저지른 충동적 자살?
아니요..
아주 오래전부터 계획해온 일입니다
죽음을 결심하는 사람들은
삶에 아무런 낙이 없다면서요
...지금 저도 그렇습니다
살아갈 가치를 못느끼고 있습니다
〔14세. 여. 중학생. 2005년 1월 6일 추락사〕

2004년에 사망한 60세 여성(159, 320쪽 참조)도 자신의 죽음이 '오랜 생각' 끝에 내린 결정이라는 것을 강조하며 자식들이 자신의 결정을 이해해주기를 부탁한다. 그녀는 류마티스 관절염과 고혈압으로 고통받고 있었는데, 유서에서 계속해서 고통 받으며 '자식들한테 큰 짐'이 되며 죄인같이 살아가느니 차라리 죽는 것이 더 나은 선택이라고 표현하며, 죽음 이전에 자신의 주변을 정리한 후 유족들에게 뒷일을 부탁하며 목숨을 끊었다.

이대로 오래 살아서 자식들한테 큰 짐이나 되어 죽는 날까지 고생할까 생각하니 무섭고 숨이 막힌다
살기가 너무 고통스러워 오랜 생각 중에 이제 모든 것을 정리하려고 결심을 하고 방도 내놓았다. 이런 내 마음을 백번 이해하여 주기 바란다 그 동안 너희들이 잘 보살펴 준 것을 정말 고맙게 생각한다
〔60세. 여. 무직. 2004년 10월 23일 의사縊死〕

2006년에 사망한 74세 남성은 평소 천식과 중풍으로 고통을 받고 있었다는데, 유서에서 '모자르고 부덕했다'고 자신의 삶을 평가하며,

'생을 마감하려고 결심한 지 오래다'며 죽음을 오래전부터 고민해왔음을 밝힌다. 그는 자살하기 전 자신의 장례비를 통장에 준비해두었다.

> 2000.4.29
>
> 생을 마감할려고 결심한지 오래다 마음이 착잡하기 한이 없다
>
> 부모님게 불효막심하였고 내가 모자라는 점이 많았고 부덕한 탓으로 자식교육을 잘못시켰다
>
> 장례비는 통장에 8백만원이 있으니 대전국립묘지로 보내다오
>
> 〔74세. 남. 무직. 2006년 4월 29일 의사〕

2000년에 사망한 28세 남성은 자신이 경찰 임용 시험에서 매번 탈락한 것을 비관해왔으며, 자신의 죽음에 대해 '전부터 아주 오래전부터' 고민하고 있었음을 유서를 통해 밝힌다. 그는 '언젠가 떠나야 하는 인생'을 '조금 빨리 떠나고 싶다'며 자신의 죽음을 알리고 있는데, 자신의 인생이 무의미했다고 평가한다.

> 2000년 7월 3일 Am 8:50분
>
> ○야 인생을 보람있게 행복하게 내 몫까지 잘 살아다오
>
> 그리고 미안하다
>
> 전부터 아주 오래 전부터 왠지 떠나고 싶다
>
> 언젠가는 먼 곳으로 떠나야하는 인생 난 조금 빨리 떠나고 싶다
>
> 나를 많이 미워하렴
>
> 어머니께 형제들에게 나 많이 미워하라고 전해주렴
>
> 나는 무엇을 해도 무의미하다고 하는 체념을 이미 오래 전부터 마음 속에 〔이하 해독 불능〕
>
> 〔28세. 남. 무직. 2000년 7월 30일 음독사〕

2001년에 사망한 58세 남성(195쪽 참조)은 직업 없이 혼자 생활하다가 자살했는데, 유서에는 죽음의 준비 과정이 직접적으로 드러나 있지는 않았지만, 죽음 이전에 선산을 찾는 등 자신의 주변을 정리하고, 유서를 자살 며칠 전에 준비하는 등 수사 기록상에는 자살을 미리 준비해왔다는 것이 나타난다. 그는 유서에서 지난 세월의 고단함과 허무함을 표현하며, 자신의 죽음을 준비한 후 삶을 마치는 것이 당연하다고 여긴다.

> 지난 세월이 너무도 긴 악몽 이엇다
> 병들어 이렇게 허무하게 살아야 하나
> 〔중략〕
> 나는 며칠후 삶을 포기 해야 한다
> 병들고 지친몸 역겨운 삶을 하루 하루 지탱하기가 너무나 힘들고 서러울 뿐
> 〔58세. 남. 무직. 2001년 8월 23일 음독사〕

오랜 기간 동안 죽음을 준비한 자살자들의 경우, 다음 사례와 같이 자살이 자신의 선택임을 강조하는 경우도 종종 보인다. 1998년에 사망한 73세 남성(322쪽 참조)은 유서에 자신이 오래 살면 온 가족이 다 우울증에 걸릴 것 같아 먼저 죽는다고 기술하며, 자신의 자살은 어디까지나 자신의 선택임을 강조한다. 그는 불면증과 우울증으로 고생하는 자신의 상황을 인식하고 어려운 자식들의 '경제적인 부담'을 염려하여 스스로 목숨을 끊는 선택을 한 것이다. 그는 죽음의 장소를 선택함에 있어서 노인당을 고려해보았으나, 그곳에서 죽게 되면 동사무소 직원이나 노인정 직원 등에게 불이익이 올 수도 있다는 생각 때문에 자식의 집을 자살의 장소로 선택하였다.

술 담배 커피도 마실 줄 모리고 하루 장기 윷 바둑 노래도 할 줄 모리는 친구도 업는 나로서는 이 길박기〔길밖에〕 택할 수가 업섯소

나으 운명이오

〔중략〕

나으 죽음은 나으 선택 이온이〔이오니〕 어느 누구도 관여하지 마새요

나으 자손들애개 막겨 주새고 나으 유언대로만 하면 댐이다

조용한 노인당에서 죽을야고 하엿은나

노인당에서 죽고나면 존경하는 동직원이나 불상한 노인당 갈이 인이 다치가바〔관리인이 다칠까봐〕

자식 집이 가서 죽사온이 어느 누구도 문책하지 마새요

이것은 나으 운명 나으 선택임이다

〔73세. 남. 무직. 1998년 11월 26일 의사〕

이처럼 죽음의 준비에는 죽음의 시간과 공간을 의지적으로 선택하려는 노력도 포함된다. 이러한 선택은 자신의 죽음이 다른 사람에게 끼치는 피해를 최소화시키려는 방식으로 표현되기도 하며, 때로는 자신의 죽음을 통한 메시지를 다른 사람에게 깊이 각인시키려는 방식으로 표현되기도 한다.

2003년에 사망한 27세 남성(175, 202, 331쪽 참조)은 자살 이전에 자신의 죽음의 장소를 선택하고 마음의 준비를 마친 후 '비로소 떠날 수 있을 것'이라고 유족에게 자신의 심정을 밝힌다. 그에게 있어 죽음의 장소는 자신이 '사라져 없어지는 장소'였으며, 그는 '행복했던 순간이 한순간도 없었'기에 '마음을 정하고 떠나는' 것이 홀가분하다고 표현한다.

아무튼 이제 다 되었다 생각해요 미련이 더 남기 전에 떠나야 할 것 같아

요. 마지막 장소가 정했고 내가 사라져 없어질 장소도 정했고, 마지막 글도 준비가 되었고, 마음의 준비도 어느 정도 되었으니 이제 떠나기만 하면 될 것 같아요

〔중략〕

아빠 대충이나마 마음의 정리를 했어요 지금에서야 비로써 나 역시 떠날 수 있을 것 같아요, 나는 아직 이 세상에 남겨놓은 게 없으니 다시 홀가분하게 떠날 수 있을 것 같아요

〔중략〕

내 부탁이지 마지막 소원은 단 한가지이니 반드시 들어주세요...
무엇이냐 하면 나는 죽으면 발견 즉시 화장해주세요

〔중략〕

난 죽어서까지 이 세상에 단 하루도 있고 싶지 않아요 3일장 하게되면 그만큼 있어야 하는 시간이 길어져서 떠나고 싶어도 떠날 수 없잖아요

〔27세. 남. 회사원. 2003년 3월 23일 의사〕

다음의 사례들에서는 남아 있는 사람들에게 자신의 죽음을 오래 기억하게 하기 위해 죽음의 장소를 선택한 것을 발견할 수 있다.

1996년에 사망한 48세 남성(249쪽 참조)은 자신이 내연녀에게 오래 기억되기를 기대하면서 자신이 사준 것이나 마찬가지인 그녀의 집에서 자살을 시도하였으며, 2002년에 사망한 42세 남성(365쪽 참조)은 내연녀가 운영하는 가게에서 목숨을 끊음으로써 자신의 죽음을 그녀가 목격하여 자신이 오래 기억되기를 바란다.

그동안 10년동안 돈벌이 ○○이 한태 쏙아빨리고 큰애 장가도 내가 도아주었고 집도 전세 전전 하면서 *** **** 지금사는 집도 내가 사준거나 마찬 가지오 그래서 저집에 가서 죽으려고 ** 그리 아시오

〔48세. 남. 미장공. 1996년 12월 27일 출혈사〕

김○○씨 못죽으면 병신이라고 하셨죠

부디 병신이 아니니까 죽읍니다

부디 행복하게 사십시오

〔중략〕

김○○씨 ○○이 얼굴보고 앞으로 남자들 속 썩이지 말고 열심히 사세요

차마 가게에서 죽는걸 몰랐죠 당신한태 얼굴 보라고 가게에서 가는겁니다

〔42세. 남. 노동. 2002년 8월 1일 음독사〕

다음의 사례들에서는 죽음의 시간을 결정하는 모습을 볼 수 있다.

2004년에 사망한 61세 남성(158, 224쪽 참조)은 2년 동안 자신의 죽음에 대해 고민해왔음을 밝히는데, 그의 유서에는 자녀와 배우자의 일정 등 여러 가지를 고려하여 가장 적절한 때를 자살 시간으로 선택했음이 드러난다. 그가 선택한 가장 적절한 시간은 배우자가 교회에 가서 집에 가족이 아무도 없는 때였으며, 유서에 더 많은 말을 남기고 싶었지만 가족이 돌아올 시간이 촉박해오자 '시간이 없다'며 죽음을 서둘렀음을 알 수 있다.

○○ ○이 ○○ 보아라

내가 이 방법 택해서 마음에 준비를 하는데 2년 세월이 걸렸다

〔중략〕

○○아 바쁜 너한테 시간을 뺏지 않으려고 몇일 미루어 볼까 했는데 지난 토요일부터 오늘로 정해든 것이니 엄마가 교회 가는 시간이기 때문 부디들 잘 살어

〔중략〕

꼭 이라 할 말이 더 있는데 시간이 없구나

〔61세. 남. 무직. 2004년 6월 9일 의사〕

2003년에 사망한 54세 남성(145쪽 참조)의 경우에도 자녀의 일정을 고려하여 자신의 죽음을 연기하여 적당한 시간을 선택했음을 밝힌다. 그의 유서에 따르면 애초에는 10월 초에 죽으려고 했지만, 자녀의 교육 일정 때문에 죽음을 연기하여 결국 11월에 자살을 시도했던 것이다.

원래 10월 초에 죽기로 작정하였으나 ○○이 교육이 한달이나 되어서 오늘 죽기로 햇다

〔중략〕

이제 1년 남았는데 끝은 못보고 갑니다

〔54세. 남. 무직. 2003년 11월 8일 추락사〕

그리고 2003년에 사망한 59세 여성(141, 312쪽 참조)은 무속인이었는데, 그녀는 자신이 모시는 신이 정해준 날에 죽음을 선택했음을 밝힌다. 이러한 결정은 그녀의 신앙에 동의하지 않는 사람들의 눈에는 비이성적인 것처럼 보일 수 있으나, 무속인인 자신의 입장에서는 가장 적절한 때를 선택하여 자신의 죽음을 맞이한 것이다.

엄마 없어도 셋다 잘 살아 걱정하지마 울지 말고 눈이 침침해진다 절대 울지마

할아버지〔자살자인 무속인이 모시는 신〕가 음력 7月 25日날 가라고 해

〔중략〕

그래도 내가 지금 못가면 꼬부랑할머니가 되어서 추해 할것 같애

할아버지가 가지고〔가라고〕 할때 가야기 때문에 내가 길을 떠나는 거야

〔중략〕

근데 이제는 갈라고 해요

정신이 말짱할 때 가야겠어요

정신이 없으면 갈수가 없을 것 같아요

내가 많이 살면은 늙어서 구박 받을 까바 정신이 있을 때 정리를 할라고 해요

〔중략〕

나는 할아버지가 날짜를 정해주셔서 가야돼

7月25日 밤

○○이 아빠도 잘 될것이다

〔59세. 여. 무속인. 2003년 8월 23일 의사〕

2) 죽음에 대한 고민의 과정

죽음에 대한 준비 과정을 살펴보면서 많은 자살자가 즉흥적으로 죽음을 선택한 것이 아니라, 나름대로 오랜 숙고의 시간을 거쳐 죽음을 선택했다는 것을 알 수 있었다. 이 숙고의 과정 속에서 죽음은 모순적인 이미지로 표현된다. 즉 그들에게 죽음은 자신의 어려움을 극복하는 수단이면서도 선택하기 두려운 어떤 것이라는 것이다.

2000년에 사망한 25세 여성(152, 178, 292쪽 참조)의 유서들은 그녀가 문제 상황이 발생한 이후 2개월이라는 오랜 시간 동안 삶과 죽음 사이에서 고민해왔음을 알려주며, 시간의 흐름에 따라 죽음에 대한 고민이 전개되는 과정을 발견할 수 있다. 그녀는 실제 자살을 시도하기 약 두 달 전인 7월 25일부터 '날 사람들이 알아주길 바라는 마음으로 펜을 들었다'고 하며 유서를 쓰기 시작하고, 자살의 도구를 준비하는 등 자신의 죽음을 준비하고 있었다. 그녀는 여러 가지 죽음의 방법을 고민하다가 '자신이 아는 확실한 방법'을 선택했다고 밝히는데, 그녀의 직업이 간호사라는 점이 자살 방법을 결정하는 데 결정적인 영향을 끼친 것으로 보인다. 그녀는 죽음을 결심한 이후에도 살고 싶은 욕망

과 죽으려는 욕망 사이에서 끊임없이 고민하고 있었으며, 죽음 직전의 순간까지도 살고 싶다는 마음을 놓지 않고 있었다. 그녀는 죽음을 통해 고통으로부터 벗어날 수 있을 것이라고 기대하면서도 남자 친구와 행복하게 살 수 있게 엄마에게 빌었으며, 죽음이 너무 무서워 그것을 피할 수 있는 방법을 알고 싶어 했다. 그리고 자살을 시도하려는 순간에도 여전히 삶에 대한 미련을 놓지 않고 있었다.

2000년 7월 25일

난 이곳에 나의 자서전을 담기로 했다

죽음을 생각하기도 하고 더 나은 삶을 감당하는 날 아는 사람들이 알아주길 바라는 맘으로 펜을 들었다

〔중략〕

2000년 7월 30일

무섭다 너무나는 자꾸 공포가 밀려온다

이 두려움이 날 괴롭힌다 날 불안하게 하고 공포에 떨게 한다

아무도 만나고 싶지 않고 이 세상에서 사라졌으면 좋겠다

난 앞으로 어떻게 살아야하지?

이 상황을 어떻게 처리해야 하지?

〔중략〕

최악의 상황에는 죽음을 결심했다 죽기위한 방법에는 수면제도 있고 기타 여러가지 방법이 있겠지만 내가 아는 한 가장 확실한 방법을 선택했다 그건... KCL을 Direct로 맞는 것이다 이 모든 것을 할 수 있는지 모르겠지만 일단 prepare로 해놨다 옷장 서랍에 넣어두었다

9月23日

너무나 두렵다

이 공포가 오늘은 가시나 했더니 월요일로 미루어졌다

머리가 계속 아프다

모든 일이 되지 않는다

난... 몇 번이고 생각하고 또 생각한다

언제쯤이면 이 고통에서 벗어날 수 * 이것도 정해진 내인생에 *

2000년 9月 24日

〔중략〕

엄마.. 내가 잘못 살았어? 이렇게 사는게 아닌거야?

그래서 엄마가 이렇게 나에게 벌을 내린거야?

엄마...

나.. 너무 힘들어.. 정말로 힘들고 무서워...

너무 무서워..

나 어떻해야 돼...

제발 좀 가르쳐줘...

나 그래도 열심히 살려고 노력했어

그런데 세상이 왜 날 가만히 두지 않아...

〔중략〕

9月 26日

〔중략〕

나 좀 살려줘

엄마 나 오늘이 인생 끝인가보다

그렇게 생각하니까 좀 걱정이 된다

내 팔자가 원래 이런가 보지

죽음의 나 … 죽어야 돼

아무도 전화도 안해

나 너무 무서워

○〔남자 친구 이름〕…널 너무 사랑하는데 널 놓치고 싶지 않은데

하늘이 날 가만히 두지 않아

유서〔9월 26일 작성한 것으로 추정〕

〔중략〕

그냥 제명이 여기까지 안되나보다 하고 생각해 주십시오

〔중략〕

만약 제 선택이… 한 남자를 선택한 댓가가 이정도라면

그 댓가를 달게 받겠습니다

몇 번이고 생각하고 몇 번이고 빌었어요

그런데 저에게는 좌절뿐이었어요

〔중략〕

앞으로 더 신나고 해도 좋은 일이 없을 거 같아…

아는게 죄라고 이렇게 떠나갑니다

〔25세. 여. 간호사. 2000년 9월 26일 음독사〕

1996년에 사망한 26세 여성(208쪽 참조)의 유서도 죽음에 대한 인식의 모순과 갈등이 드러난다. 그녀는 유부남과 사귀다가 헤어진 것에 대한 슬픔으로 죽음을 고민하게 되었다. 그녀는 11월 18일의 일기에서는 '자신을 지키고' '그 사람을 편히 놓아주고 싶다'는 표현을 통해서 관계를 정리하고 새롭게 살아가고자 하는 마음을 표현하나, 12월 8일에는 결국 죽으려고 결심을 하고, 죽음이 행복이 될 거라고 이야기한다. 그러면서도 그가 자신에게 돌아오기를 바라고, 그가 돌아오면 그

의 마음을 아프지 않게 할 것이라고 미련을 버리지 못한다. 그러나 그녀는 결국 12월 12일에는 사랑하는 남자에게서 폭행을 당하는 자신의 삶에 대해 회의하고, 약 2주 후인 12월 29일에 아세톤을 마시고 자살을 하였다.

1996. 11. 18

나 자신을 지키고 싶다

〔중략〕

그 사람을 편히 놓아주고 싶어요

1996. 12 .8

누가 말해지 죽는것보다 사는 것이 몇배 힘들다고.. 나 자신도 그래서 죽음을 택했는지

맞다. 내가 사는 것이 두려웠던 것이다

결국은 나에게 죽음이 행복이고 그것이 내가 원하는 것이다

〔중략〕

그의 모든 게 저에게 돌아올 수 있도록 간절히 간절히 두손모아 빕니다 제 생활도 열심히 잘 하겠습니다

절대로 엄숙하게 마리아님께 그의 마음 아프지 않게 하겠습니다

1996. 12. 12

〔중략〕

두들겨 맞고 때리고 등신되는게 이게 사는것인가?

〔26세. 여. 학원생. 1996년 12월 29일 음독사〕

1997년에 사망한 25세 여성 역시 유부남과 사귀다가 헤어진 이후

자신의 슬픔을 일기장에 적어두었다. 그녀는 5월 14일에는 삶을 회의하며 자신의 죽음을 '정해진 것'이라 표현하지만, 다음 날에는 조금만 더 기다리며 삶의 희망을 발견하려는 심리적인 노력을 하고 있음을 알 수 있다. 그러나 그녀는 여러 가지 선택 사항 중 죽음을 선택하였고, 6월 1일 자살하였다.

> 97. 5 14 水 이슬비
> 정해진 죽움 앞에
> 〔중략〕
> 나에 가치에 대한 비웃음이 비시시 흘렀고 삶에 미련을 두고 있는 내 자신이 싫었고 한심했지
> 잘들 있어라 하고 어서 어서 가야지
>
> 5. 15
> 〔중략〕
> 내 인생의 살아있음을 조금만 더 기다리자 아주 조금만
> 안녕 세상아
> 〔25세. 여. 유치원 교사. 1997년 6월 1일 익사〕

2003년에 사망한 26세 남성(132, 151, 268쪽 참조)의 글들은 수사 기록상에 날짜가 명확히 드러나지 않아 언제 기록된 것인지 확실하게 알 수는 없으나 그중 하나의 글에는 '01. 11. 16. 금요일'이라는 날짜가 남아 있는 것으로 보아 실제 사망하기 최소한 1년 11개월 전부터 죽으려는 시도를 했고, 적어도 그 기간 동안에는 죽음에 대한 고민을 지속적으로 해온 것으로 보인다. 그에게 있어 죽음은 '매일' 생각하는 필연인 동시에 '최악의 선택'이었던 것이다. 그는 이른바 '자살 사이

트'에 지속적으로 글을 적으면서 죽음에 대한 욕망과 두려움을 표현하기도 했다.

> 하루 하루 살아간다는 것이 너무 힘이 드네여
> 매일 매일을 죽음이란 단어만을 품고 세상을 살아가고 있습니다
> 오늘이면 죽을 수 있을까?
> 내일이 오지 않았으면 하는 생각에 늘 죽음을 생각하죠
> [중략]
> 얼마 전에 자살을 하려고 아파트 옥상에 올라간 적이 있습니다
> 뛰어 내리면 죽을 수 있을 것 같더군여
> 그런데 몸이 움직여 지지 않았어여
> 한 발자국만 앞으로 내딛으면 되는데....
> 정말 세상 사는게 힘들고 고통스러운데
> 되는 일은 하나도 없는데 ....
> [중략]
>
> 막상 죽으려고 하니 두려움도 생기넹 떨리고 ...
> 옛 생각도 나구요
>
> [중략]
> 언제나 밝고 명랑하게 웃으면서 하루하루를 살아왔지만 이젠 지쳤다
> 더 이상의 미래가 보이지 않는다
> 미래가 없는 삶...
> 형에게서 미래를 준비하라는 말을 들었다
> 하지만 이젠 늦어버렸다
> 그래서 인제 더욱 기억에 남는 말들...

죽으면 정말 영원한 안식을 얻을 수 있을까?

오랫동안 고민하고 방황해 왔습니다

최악의 선택

그것은 죽음입니다

집에서 나온지 3일이 지났습니다

가족들 얼굴이 보고싶어요

그렇게 원했던 죽음인데 너무 두려워요 외롭기도 하구요

〔중략〕

내 뜻대로 되는 건 하나도 없어서

이 길을 선택했는데 이 것도 힘들군

죽는다는 것이 어쩌면 사는 것보다 더 힘든 것일지도 모르겠다

내가 너무 단순하게 생각한 것일까?

그냥 높은 건물에서 떨어지면 되는게 아닌가?

왜 그 길이 이렇게 힘들지?

〔중략〕

더 이상 도망다닐 곳도 없다

이제는 정말...

삶도 죽음도 ...

모든 것이 귀찮다

〔중략〕

시안화 칼륨을 먹었다

몸이 뜨거워 온다

점점 떨려온다

크크크

이제야 죽는 건가

가족들이 나를 찾고 있겠지

힘이 빠진다

〔26세. 남. 무직. 2003년 8월 28일 음독사〕

2004년에 사망한 31세 여성의 경우 우울증과 조울증으로 고통 받고 있었는데, 그녀는 자살을 결심하기 이전에 몇몇 메모를 남겼다. 이 메모들은 그녀가 자신의 심리적인 문제를 비관하며 삶을 포기하려고만 한 것이 아니라, 자신의 상황을 어떻게든지 극복하여 살아가기 위해 마음을 다지고 애썼다는 것을 드러내주고 있다. 이 메모들을 통해 그녀가 나름의 행동 규칙—'매일 나가고', '불안하더라도 걱정하지 말고 운명을 당당히' 맞서기 등—을 스스로 정하여 실천하고자 노력했던 모습을 발견할 수 있었으며, 이것은 살고 싶은 의지와 죽으려는 의지가 그녀의 내면에서 끊임없이 충돌하고 있었음을 보여주는 것이다. 그러나 결국 '미안하다'는 유서를 남기고 스스로 목숨을 끊었다(앞의 두 문단은 메모이다).

(4/13) 송○○ 행동규칙

1. 매일 나간다

2. TV는 ×

3. 저녁에 씻고 자기

4. 두렵고 불안하더라도 걱정하지 말기 운명을 당당히

끝장을 본다

처음이 있으면 끝이 있다

또보고 또보고 정성을 들이자

뒷정리를 잘하자

마음을 모아라

깨라 벽을 꼭 깬다

긍정적으로 생각하자 〔이하 해독 불능〕

오빠

그동안 참 고마웠어

언제나 사랑하고 미안하고 감사하고 못난동생 잊고 살아, 건강해

언니

그동안 참 고마웠어

언제나 사랑하고 미안하고 감사하고 못난동생 잊고 살아, 건강해

○○아

너에게는 쓸말이 없구나 부끄럽다

다 잊혀지겠지 하며 나를 달랜다

미안해

〔31세. 여. 무직. 2004년 6월 20일 의사〕

2001년에 사망한 32세 남성(134, 187쪽 참조)은 죽음에 대한 생각을 평소에 메모해두었는데, 그의 메모에는 죽음을 두려워하면서도 계속적으로 죽음을 욕망하는 그의 심정이 표현되어 있었다. 그의 '제발 마지막으로'라는 표현은 자살을 여러 번 시도했음을 암시한다고 보인다.

11月 12日

죽는다는게 확실하니까 두려운거다

공포 그 자체다 이보다 더 아픔도 감수하지 않았던가....

〔중략〕

인간의 이리 질길까

공포 확실하니까 그래서 무서운 거야

〔중략〕

죽음 죽음 죽음 죽음 죽음 죽음 죽음 죽음 죽음

죽는다는건 나의 필연이다

나의 업이다 나의 결단력이다

나 자신을 실험할 것이다

기필코 성공할 것이다

아픔. 살아 있어도 아픔이다.

〔중략〕

뇌졸증으로 쓰러지면 죽지도 못한다.

뇌졸증으로 쓰러지면 죽지도 못한다

움직이도 못한다. 남의 도움 없인 움직이지 못한다.

이것이 나의 마지막 행복이며

마지막 나의 **이다. 마지막 남은 나의 마지막 행복이다.

삶. 인생. 고난. 행복. 죽음

다음엔 영원한 극락

난 왜 이렇게 약한가 이것밖에 안되는가

〔중략〕

제발 마지막으로

제발 마지막으로

나의 생은 여기로 끝을 맺기로

벌써 끝내야 하는 생은 질기고 질기다

〔32세, 남, 무직, 2001년 11월 7일 중독사〕

유족과 참고인의 진술 조서에 의하면 2003년에 사망한 24세 남성은 오래전부터 가족과 여자 친구에게 자살을 이야기해왔다고 하는데, 그가 평소 노트에 적어온 글에서는 오래전부터 삶과 죽음에 대해 갈등해왔음을 발견할 수 있다. 그의 글 역시 명확한 날짜가 드러나지 않은 것이 많기는 하지만 그중 하나의 글이 2002년 3월에 작성된 것으로 드러나, 자살하기 최소한 10개월 이전부터 죽음을 망설이며 고민해왔음을 알 수 있다. 그의 글 여기저기에는 희망의 끈을 놓지 않으려는 욕망이 드러나 있기는 하지만, '점점 더 수렁에 빠지는' 느낌을 떨치지 못하고 있었으며, 자신과 관련해 '쓰레기', '쓰레기답게 할 것' 등이라고 표현하며 자포자기하는 심정을 나타내기도 했다.

02.3.2

아직도 난 시작하는 걸 망설이고 있다 결단을 내렸음에도 왜 이토록 망설이고 있는지 모르겠다

내 스스로 도피하고 싶은 마음에 그러는 듯하지만 벌써 너무 많은 시간을 써버린 지금이다 보장된 인생을 위해서 시작하는 것은 아니다

무언가를 보여주고 싶을 뿐

자랑스런 아들이 되고 싶고 결코 말만 많은 허풍쟁이가 아니라는 것을 보여주고 싶다

〔중략〕

무엇인가 계속해서 밀어내고 있다
날 세상밖으로 튕겨나가게 만들고 있다
어떻게 지금까지 버티어 왔는지
2년정도 질질 끌고 온 나의 삶
왜 그러했을까
난 그 누구에게도 의지하지 않을 것이다
질질 끌려 다니지 않겠다

점점 수렁으로 빠져드는 이 기분을 떨쳐버리지 못하고 있다
어디서부터 잘못된 것일까
처음과는 달리 의욕이 사라진 탓인가
학점 때문에 내가 이러는 걸까
아님 여자 문제로
왜 그랬을까

어떻게 하여야 하는가
되도록 슬픔을 안겨주고 싶지 않은데
나란 녀석을 쓰레기라 하던가
망설임이 생기기도 한다
하나하나 얼굴을 떠올리면 어찌 내가 하겠는가
뻔뻔하고 쓰레기답게 하자

우여곡절 끝에 드디어 떠나게 되었다
알 수 없는 망설임 끝에 떠나게 되었다
돌아가기엔 너무 많이 와 버려 이번 여행에 끝을 보아야 한다
사랑하는 그녀 곁에 있고 싶다

그러나 지금 난 가장 멀리 떠나려 한다

언제부터 였을까

다시 돌아갈 수 있을까 아무렇지 않게 그렇게 제자리로 갈 수 있을까 분명 내가 돌아오길 바라는 아들 품으로 갈 수 있을까

왜 난 그들 곁을 떠나려 하는지 나의 또 다른 내가 그리하도록 떠밀고 떠민다 가슴 벅차 오르는 사랑 날 얼마나 행복한 녀석인가

〔24세. 대학생. 남. 2003년 1월 26일 의사〕

2001년에 사망한 27세 남성(167, 189, 341쪽 참조)의 경우 유서를 여러 날에 걸쳐 작성하지는 않았지만 상대적으로 긴 분량의 유서를 남겼으며, 그의 유서에서도 죽음과 삶 사이에서 갈등하며 고민하는 모습이 드러나 있었다. 그는 '어머니와 착한 동생'에 대한 미련이 크기 때문에 다시 삶의 자리로 돌아가고 싶은 생각이 강하게 들면서도 아버지에 대한 원망과 적응에 대한 두려움으로 '미치도록' 갈등하고 있었던 것이다. 그의 갈등의 모습은 '아직도 난 칼을 사지 않았다' '오늘 사자 일단 사야겠다' '복권과 함께'라는 표현에 단적으로 드러나고 있는데, 자신의 삶을 끝낼 수 있는 도구인 '칼'과 미래를 기대하는 '복권'을 동시에 사야겠다는 모순된 욕구를 표현하고 있는 것이다. '이래도 고달프고 저래도 고달프다'는 그의 갈등은 결국에는 스스로 목숨을 끊는 것으로 마무리되었다.

가족들 얼굴을 볼수가 없어

배가 아프고 요즘 계속 설사만 한다

사후 세계는 어떨까

그곳도 이곳처럼 지지고 볶고 살까?

〔중략〕

어머니가 많이 우셨단다 어떻게 다시 돌아갈 수 있을까

한편으로 가고 싶은 충동도 느낀다

하지만 어떻게 다시 갈수 있나

아버지와 똑같다는 말을 듣게 될 것이다

〔중략〕

아직 죽기는 섭섭한가보다

이런 내가 밉다 정말 밉다

아 ! 슬프다 이 병신같은 정신땜에 슬프다 무지

난 왜이리 못난걸까

〔중략〕

뭐하기로 해서 끝을 본적이 없다

첨엔 잘 나가다가 끝엔 병신 아주 병신이 된다

추한 모습 제일 추한 모습을 보인다

〔중략〕

참 바보다 바보

〔중략〕

그냥 죽으면 될 줄 알았는데

정말 죽으면 될 것 같은데

지금 내가 죽지 못한 이유가 뭘까?

막상 살려하니까 다리에 힘이 없고 온몸이 나른하기만 하다

〔중략〕

죽으면 모든게 잊혀질까?

그럴까?

그렇다해도 가슴한구석엔 이만한 것이 남아 있을텐데..

어머니 착한 내 동생

〔중략〕

살아도 사는게 아니다

미치겠다

모든걸 내가 짊어져야 한다는 걸 알면서도

다시 뛰어들 용기가 나질 않아

〔중략〕

산다? 그럼 당장 직장은 어떻게-? 또 가서 잘 할 아니 적응할 자신이 있나?

하~ 이러지도 저러지도 못하고--

〔중략〕

어떻게 사냐구

돌아가서 아무일 없는 듯 살고 싶어도 이걸 어떡해~

〔중략〕

아직도 난 칼을 사지 않았다

오늘 사자 일단 사야겠다

복권과 함께

〔중략〕

하- 뭐가 그리 섭섭한게냐 뭐가 그리 아쉬워 못죽는게냐 거참-

궁지에 몰릴 때까지 볼려 최고로 비참한 꼴을 보고 싶은거야 지금 - ?

하- 하- 하-

두렵다 살아도 죽기도 넌 비겁하고 병신같지만 사실이다

하-

뭐 하나 실천하는게 나에게 이렇게 어려운 일인줄 몰랐다

〔중략〕

옛날 엄마가 나 도시락 싸주던 옛날로 돌아가고 싶다

정말루- 하-

〔중략〕

아 ~ 정착 찾을땐 아무도 없구나

아무도 하-

조금 사는 쪽으로 마음을 기울였더니 되는 일 없이 힘만 드는구나

〔중략〕

아- 이래도 고달퍼 저래도 고달퍼

숨쉬고 사는게 정말 힘든 일이구나

〔중략〕

죽을 곳을 찾지 못해서도 상당히 고달프구나

하-

〔27세. 남. 무직. 2001년 9월 12일 의사〕

2005년에 사망한 28세 남성(131, 165, 180, 199, 335쪽 참조)의 유서에도 역시 자살자들이 죽음을 앞두고 겪는 고민의 과정이 드러나 있었다. 그는 우울증으로 오랫동안 고통 받고 있었기에 자신의 상태를 '숨만 쉬고 있을 뿐 정신은 오래전에 죽은' 것으로 여기고 있었다. 이러한 상황 판단하에 죽음을 여러 번 결심하였지만, '죽는 것'은 여전히 힘들고, 두렵고, 외로운 것이었다. 그러나 결국 그는 더 '망가지기' 전에 자기의 '마지막 자존심을 지켜주고 싶다'는 표현으로 그의 자살을 설명한다.

가족들에게

뭐라고 할말이 없어 뭔가 말을 해야하는데

가슴속에 여러말들로 가득찼는데

글로 적을 수가 없네

〔중략〕

수업도 듣지 못하고 외우지도 못해

사실.. 나 오래전부터 이런 상태였어

매순간이 끔찍해

〔중략〕

몇 번이나 결심을 해도 역시 죽는건 힘든가봐

좀 무서워 너무 외롭구

〔중략〕

나 숨만 쉬고 있을 뿐 정신은 오래 전에 죽은 것 같아

아픈지 10년이네...

휴 .. 너무 괴로운 시간이야

〔중략〕

행복해지고 싶었는데...

엄마가 보고 싶어

이젠 돈도 없고 ..방도 너무 추워..누군가에게 의지하고 싶은데

아무도 날 받아주지 않을거야

〔중략〕

힘들어 너무 힘들어

망가지는 날 지키기가 힘들어

망가져가는 모습을 보고 있기 괴로워

내게 남은 마지막 자존심을 지켜주고 싶어

〔28세. 남. 대학생. 2005년 3월 18일 의사〕

2001년에 사망한 39세 여성(176, 277쪽 참조)도 죽음을 두려워하여 주저하는 자신의 모습을 연민하며 자신의 상황을 설명한다. 그녀는 사귀던 애인이 다시 가정으로 돌아가게 된 상황 때문에 '이 세상에 미련을 가질 이유가 없어' 마지막으로 할 수 있는 일이 죽음이라 생각하고 있었지만, 그녀에게도 죽음은 여기저기 전화해서 연기시키고 싶은 두려운 것이었다.

죽을려고 해도 죽지 못하는 나의 인생이 불쌍했지

〔중략〕

이제야 이 세상에 미련을 가질 이유가 없더라

마지막으로 내가 할 수 잇는 일을 생각했어

내 동생 ○이에게 편안 함을 주고 조용히 떠나기로 결심했지

〔중략〕

미워 할려고 해도 미워 할 수도 없는 그 사람이

죽기 직전에 전화를 했어

마치 진짜 죽음은 알았다는 듯이...

갑자기 내 자신이 불쌍하더군

거지 차림으로 차 안에 쭈그리고 앉아 있는 내 모습이 너무 불쌍했어

〔중략〕

오늘따라 소주가 쓰더라구 근데도 난 또 미쳤지

생각은 오직 죽어 버리자...난 죽어야 해...

모든 것이 싫어 졌다.... 그러니 죽어서 모든 것을 잊자

그래 ....난 죽어야 해

〔중략〕

스님 무서워요

하지만 갑니다 끝까지 최선을 못해 죄송하군요

제 영혼을 위해서 기도해 주세요

면사포 한번 못 써보고 가는 처녀 귀신 영혼

〔39세. 여. 무직. 2001년 12월 21일 의사〕

2. 죽음과 자살에 대한 평가

1) 죽음에 대한 인식

여기에서는 죽음을 앞둔 사람들, 좀 더 정확하게는 스스로 죽음을 선택하여 목숨을 끊으려고 결심한 사람들이 죽음에 대하여 어떠한 생각을 가지고 있었는지를 살펴볼 것이다. 조사 대상이 된 많은 자살자가 죽음을 앞두고 두려움과 외로움을 느끼고 있었다. 그들은 다른 사람들과 마찬가지로 죽음을 가능한 한 연기시키고 삶을 연장하고 싶은 욕구를 가지고 있었던 것이다.

다음은 1999년에 사망한 25세 남성의 유서에서 인용한 것으로, 이 유서에는 세상에 대한 미련과 살고 싶은 욕구가 표현되어 있다. 그는 삶을 '좋은 것'이라고 규정하지만 이제 죽음을 앞두고 있는 상황에서 죽음을 '허무한 것'이라고 여기며, 좋은 삶을 누리지 못하는 자신을 '어리석은 인간'이라고 표현한다.

> 내가 이 좋은 세상에 왜 이렇게 허무하게 가야 되나?
> 한때는 꿈도 참 컸었는데
> 나는 그렇게 어리석은 인간이 아닌데
> 나는 그렇게 어리석은 인간이 아닌데
> 이건 너무 허무하잖아
> 이건 너무 허무해
> 내가 이 좋은 세상에 왜 이렇게 가야 되나? 왜?
> 〔25세. 남. 무직. 1999년 4월 23일 음독사〕

1999년에 사망한 48세 남성(354쪽 참조)의 유서에서도 죽음을 앞둔 상황의 심정이 표현되어 있는데, 죽음과 삶 사이에서 갈등하는 모순된 욕망이 드러난다. 그는 여러 친척에게 빚을 지고 나서 그것을 해결하지 못하자 스스로 목숨을 끊었다.

> 웨 살고 싶은 마음이 없겠나 너희들 웃는 모습 보고식내지만 웃지못하는
> 너희 아빠 힘들게 살았건마 결과가 죽음뿐이구
> 〔중략〕
> 사랑하는 내 마누라
> 내 자식들 어찌 살아갈꼬
> 살고 싶다면 그치만 아빠만 힘들어다
> ○○아
> 아빠 이렇게 죽어야 하냐
> ○○엄마 사랑했어
> 〔중략〕
> 살고싶어라
> 〔48세. 남. 수산업. 1999년 9월 10일 음독사〕

2005년에 사망한 28세 남성(127, 165, 180, 199, 335쪽 참조)은 죽음을 무섭고 힘든 과정이라고 표현하며, 특히 죽는 순간의 외로움을 보여준다. 또한 1998년에 사망한 41세 남성(140, 154, 215, 301쪽 참조) 역시 죽음을 결심했으나 그것이 두렵고 무섭기 때문에 스스로 정한 자살 시간을 넘겼다고 표현하고 있다.

> 죽을 때 너무 아프지 않을까?
> 아픈건 싫은데
> 더 머물 순 없어

〔중략〕

몇 번이나 결심을 해도 역시 죽는건 힘든가봐

좀 무서워 너무 외롭구

〔28세. 남. 대학생. 2005년 3월 18일 의사〕

두렵다 무섭다!

하지만 갈 시간을 2시로 정하다보니 벌써18분 정도지났다

〔41세. 남. 무직. 1998년 12월 1일 의사〕

이러한 죽음에 대한 두려움과 죽음의 순간에 느끼게 되는 외로움은 자살 사이트가 생겨나는 배경을 설명한다. 2003년에 사망한 26세 남성(116, 151, 268쪽 참조)은 죽음이 무섭고 걱정스러워서 자살 사이트를 이용하여 함께 죽을 사람을 찾는 모습을 보여준다. 그는 지속적으로 죽고 싶다는 생각을 해왔으나 죽음이 두려웠다. 따라서 쉽게 죽을 수 있는 방법을 자살 사이트의 회원들에게 문의했으며, 누군가와 죽음을 함께하고 싶은 욕구를 표현하였다. 그러나 그는 동반 자살자를 구하지 못하고 홀로 음독하는 방법으로 목숨을 끊었다.

죽음을 원하면서도 어떻게 죽어야 하는지...

죽음이 두려워 죽지 못해 하루하루를 살아갑니다

편하고 손쉽게 죽을 수 있는 방법이 있을까요?

〔중략〕

정말 세상 사는게 힘들고 고통스러운데

되는 일은 하나도 없는데 ....

어떻게 손 쉽게 죽을 수 있는 방법 없을까요?

좋은 방법 있으면 꼭 알려주시길 바래여

저기 혹시 님들

죄송한데요

혹시 오늘 자살하시려구 하시는 분 계시면 연락좀 부탁드려요

청산가리를 구해 놓구도 혼자 죽을려구 하니 조금 무섭기도 하구 걱정도 되네요

〔중략〕

관심있으신 분들 꼭 좀 연락 부탁드려요 글구 이왕이면 핸드폰번호로 남겨주세요

지금 피씨방에 있거든요

세상 살아가기 힘들어 하시는 분

어제 실패 했었거든요

오늘 다시 할라니까 관심 있으신 분들 연락처 남겨주세요

이메일 말구요

시안화 칼륨을 손수건에 묻힌 후 그것을 코와 입이 있는 곳에 덮으면 죽을 수 있다고 하던데.. 정말 조용히 죽을 수 있을까?

아픔이 없는 고통이 없는 곳에 갈 수 있을까?

〔중략〕

최악의 선택

그것은 죽음입니다

〔중략〕

그렇게 원했던 죽음인데 너무 두려워요 외롭기도 하구요

〔26세. 남. 무직. 2003년 8월 28일 음독사〕

한편 죽음이 너무 두려운 것이기 때문에 오히려 그 압박감으로 인해 빠른 죽음을 선택한 사례들도 있었다. 1999년에 사망한 66세 여성은 자살 약 2주 전에 지하철역에서 넘어져 머리를 다쳤는데, 병원에서 6개월 후에 피가 뭉치면서 위험할 수도 있다는 말을 6개월밖에 살지 못한다고 생각하여 '6개월밖에 못 사는데 살면 뭐하느냐'고 걱정을 하며 저녁마다 그것을 이야기했다고 한다. 그녀는 이처럼 죽음에 대한 과민 반응으로 손녀에게 유서를 남기고 스스로 목숨을 끊었다.

그러나 가장 많이 발견되는 죽음에 대한 태도는 죽음이 무서운 것이고 피하고 싶은 것이기는 하지만, 자신의 상황에서 최선의 선택이 자살이라고 생각하는 것이라 할 수 있다. 따라서 그들은 다른 사람들보다 조금 먼저 죽는 것이라고 스스로 위안하기도 하고, 때로는 스스로 죽음을 선택할 수 있는 것이 오히려 '행복'이라고 표현하기도 한다.

2001년에 사망한 32세 남성(120, 187쪽 참조)은 이러한 심정이 표현된 유서를 남기고 목숨을 끊었다. 그는 유서에서 죽음을 두려워하며 죽음 앞에서 철저히 외로워하는 심정을 드러내지만, 죽음마저도 스스로 선택하지 못하는 상황이 오는 것이 더 슬프기 때문에 자살이라도 선택할 수 있는 가능성을 '마지막 행복'이라고 표현한다.

> 죽는다는게 확실하니까 두려운거다
>
> 공포 그 자체다 이보다 더아픔도 감수하지 않았던가....
>
> 〔중략〕
>
> 나라는 존재는 무언가?
>
> 정말 모르거든....
>
> 공포 확실하니까 그래서 무서운 거야
>
> 〔중략〕
>
> 너무 외롭다. 너무너무 외롭다

처절한 나의 심정 누가알까

진정 알 수 있을까 너무너무 외롭다

뇌졸중으로 쓰러지면 죽지도 못한다.

뇌졸중으로 쓰러지면 죽지도 못한다

움직이도 못한다. 남의 도움 없인 움직이지 못한다.

이것이 나의 마지막 행복이며

마지막 나의 **이다. 마지막 남은 나의 마지막 행복이다.

〔32세. 남. 무직. 2001년 11월 7일 중독사〕

2) 자살에 대한 평가

죽음이 부정적인 것이기 때문에 스스로 목숨을 끊는 자살 역시 부정적인 것이다. 조사 대상이 되었던 유서들 중에는 자살에 대해 긍정적인 가치를 부여한 사례는 발견되지 않았다.

자살은 도덕적으로 나쁜 행동이기 때문에, 남아 있는 가족들을 마음 아프게 하는 몹쓸 행동, 비겁한 행동, 바보 같은 행동, 이기적인 행동인 것이다. 그뿐만 아니라 자살은 가족들을 죄인으로 만들기도 하고, 경제적인 불이익을 가져다주기도 하는 등 실제적인 피해를 줄 수 있다고 생각되기도 한다. 따라서 자살은 당당히 드러내기 힘든 죽음이기 때문에 은폐되어야 하는 것으로 여겨지는 경우도 있었으며, 자신의 선택이 비난받는 행동이라는 것을 안타까워하며 자살에 대한 사회적인 인식이 변화되기를 소망하기도 한다.

1998년에 사망한 50세 여성(277, 344쪽 참조)은 자살로 죽는 것은 떳떳하지 못한 것으로 다른 사람의 눈치를 보아야 하는 것으로 생각한다. 내연남이 만나주지 않는 것을 비관한 그녀는 자살을 결심하고 농약을 사려 하지만, 농약을 파는 사람이 자살할 사람으로 의심을 할까

봐 농약과 함께 씨앗도 같이 살 수밖에 없었다고 이야기한다.

나 너무 외로워 약을 사기위해 씨앗을 샀어 의심을 할까봐

〔50세. 여. 종업원. 1998년 7월 20일 음독사〕

이렇게 다른 사람에게 미안하고 눈치를 보아야 하는 이유는, 앞에서도 말했듯이 자살은 몹쓸 짓이고, 비겁한 방법이고, 이기적이고, 바보 같기 때문이다.

엄마 아버지께

지금까지 저는 몹쓸 딸입니다

지난 세월 돌이켜 보니 효도한번 못하고 부모님 속만 무척이나 썩인 딸

자식하나 없는 셈 치세요

이 글을 쓰고 있으면서도 불효 한다는 것

이런 행동이 몹쓸 짓이란것도 압니다

〔35세. 여. 무직. 1997년 11월 9일 의사〕

○○아

너하고 ○○이에게 몹쓸 짓하게 돼서 미안하다

〔35세. 남. 회사원. 1998년 7월 8일 의사〕

모두에게 미안하단 말

용서해 달라는 말 하지 않을게

그럴 자격도 없는 사람이니까

비겁한 방법을 선택하고 마지막까지 힘든일 부탁해서 미안하다

〔34세. 여. 회사원. 2006년 1월 26일 의사〕

너무 이기적이게 내 생각만 하고 가서 정말 죄송합니다.

〔19세. 여. 회사원. 2005년 10월 10일 추락사〕

바보같은 저의 결정을 용서하십시오

〔46세. 여. 무직. 2006년 4월 30일 의사〕

그러므로 다음의 사례들에서 볼 수 있는 바와 같이, 자살로 죽는 것보다는 차라리 집에 들어오지 않는 것이 더 나으며, 자살 같은 방법을 사용하는 것은 가족들과 다른 사람들에게 미안하고 죄송한 일이다.

2001년에 사망한 47세 여성의 경우 10년간 정신 질환 치료를 받다가 승려가 된다고 나가 투신자살한 사례이며, 1998년에 사망한 21세 남성의 경우 소아마비로 인한 장애를 가지고 살아가다가 농약을 마시고 자살한 사례이다

어머니!
저 오늘 집에 안 들어올거예요
승려가 되고 싶어요
자살보다는 낫겠죠

〔47세. 여. 무직. 2001년 2월 23일 추락사〕

이젠 잠들려 한다
나를 위해 희생하고 나를 도와준 모든 사람에게 감사하며 이렇게 죽는것에 죄송합니다

〔21세. 남. 미상. 1998년 10월 22일 음독사〕

또한 자살은 도덕적으로 나쁜 것이기 때문에 당당히 드러낼 수 없

는 죽음이며 숨겨야 할 죽음으로 인식되기도 한다. 1998년에 사망한 38세 남성(311쪽 참조)의 경우에는 자살에 대해 '이런 죽음'으로 지칭하며 이런 죽음은 알릴 것이 못 된다고 생각하고 있었으며, 1998년에 사망한 37세 남성(153, 381쪽 참조) 역시 자신의 죽음에 대해서 알리지 말고 바로 화장하라고 부탁한다.

> 내 죽음의 사체들 ****
> 너의 할머님 옆에 묻어주라
> 이런 죽엄은 멀리 성도들게도 알리진 마라
> 〔38세. 남. 어업. 1998년 11월 23일 동사〕

> 내 죽음에 대하여 누구한테도 알리지 말아라
> 〔중략〕
> ○○엄마 삼일장 치르지말고 바로 화장시키게 ○○아빠
> 〔37세. 남. 호텔 경영. 1998년 5월 20일 의사〕

특히 가족이나 의미 있는 사람들에게 자살을 적극적으로 은폐할 것을 요구하는 경우를 많이 발견할 수 있다. 2005년에 사망한 77세 남성은 자신이 죽으면 화장해서 아무 산에나 뿌려주고 '큰집'에는 알리지 말 것을 부탁하며, 1998년에 사망한 19세 여성(310쪽 참조)은 특히 '부모님'에게 자신의 자살을 은폐할 것을 부탁한다. 그리고 2001년에 사망한 40세 남성은 '자식들'에게 자신의 죽음을 알리지 말고 사체를 기증해달라고 부탁한다. 또한 2002년에 사망한 44세 남성은 '아이들'에게는 학교 졸업할 때까지 자살로 죽었다는 것을 비밀로 해줄 것을 부탁하며, 자신의 장례를 처리할 수 있는 믿을 수 있는 친구 한 명에게만 자신의 죽음에 대해 이야기하라고 당부한다.

여보 고생만 시켜 미안하오

아이들도 미안하고 마 죽으면 화장해서 아무 산에다 뿌려주고 보호청에

사망신고하고 큰 집에 알리지 마라

〔77세. 남. 무직. 2005년 6월 4일 의사〕

나를 이뻐해 준 사람들에게

기대를 저버려서 정말 죄송합니다

○○이 일 얘기하지 말아주세요 부탁드려요

저희 부모님 저 때문에 힘드신대 제발 그냥 갔다고 해주세요

〔19세. 여. 대학생. 1998년 4월 17일 추락사〕

부탁합니다

자식들께는 내 죽음을 절대로 알리지 마시오

〔중략〕

신체를 기증합니다

〔40세. 남. 운전기사. 2001년 추락사〕

부탁하건데 내 죽음을 아이들 학교 졸업할때까지는 비밀로 해주기 바란다

그리고 시신은 불에태워 허사도 앞 바다에 뿌려주려므나

저승에서 너에 일 도우며 우리 조카들 잘돼길 지켜보마

〔중략〕

매형과 누님께 대신 죄송하다는 말씀 전해 드리고

○○ 친구에게만 나에 죽음을 이야기 해라

〔44세. 남. 무직. 2002년 7월 1일 의사〕

2003년에 사망한 68세 남성(157, 307쪽 참조)의 경우에서 볼 수 있는

바와 같이 결국 자신이 선택한 자살은 남아 있는 가족의 마음을 아프게 하는 일이 되어버리고 만다. 그는 담도암 판정을 받고 투병 생활을 하다가 가스 배관에 목을 매고 자살했는데, 평소에 가족들의 마음을 아프게 한 그가 '죽으면서까지' 가족들의 마음을 아프게 해서 미안하다고 말한다.

> 지금도 병으로 고생하는 나를 조금 하로라도 오래 살리기 위해 많은 노력을 하엿지요
>
> 그러나 그 고마운 공도 모르는 나를 용서하여 주시구려
>
> 〔중략〕
>
> *** 너희들 모두 미안 하구나
>
> 못난 이애비라 택한길이다
>
> 너희들 모두에게 마지막 죽이면서까지 마음 아프게 한것 같하 미안하다
>
> 〔68세. 남. 무직. 2003년 12월 29일 의사〕

그리고 자살은 가족에게 감정적인 상처를 남길 뿐만 아니라, 자신의 자살이 가족에게 불이익을 줄지도 모른다고 생각하기도 한다. 2006년에 사망한 52세 남성(193, 323쪽 참조)과 1998년에 사망한 41세 남성(131, 154, 215, 301쪽 참조)은 자신의 자살 때문에 형제나 자식이 겪을 수도 있는 불이익에 대해 인식하고 있었으며, 그것 때문에 염려하고 있음을 밝히는 진술을 남겼다.

> 형님 이 못난 놈을 용서해주세요
>
> 〔중략〕
>
> 내가 이러는 거 여러분들게 어떤 피해가 온다는 것도 압니다
>
> 〔중략〕

내가 이 못난 짓을 해야 여러분께서 고생을 덜 하실겁니다

〔52세. 남. 무직. 2006년 6월 25일 질식사〕

아빠 때문에 너에게 어떠한 불이익이 닥치드래도 남자답게 격파하고 나가라

너무 놀라지 말고 침착 하길바래

이렇게 간다고 너무 소문나면 ○○ ○○〔아들들 이름〕이 장래에도 지장 많을 듯 하니 조용조용 처리해 주길바래

〔41세. 남. 무직. 1998년 12월 1일 의사〕

따라서 가족들에게 올 수도 있는 불이익을 피하기 위하여 자신이 자살로 죽었다는 것을 사실대로 밝히기보다는 심장마비나 교통사고 등의 다른 원인으로 죽었다고 거짓으로 이야기하는 것이 더 좋을 것 같다는 생각을 하기도 한다. 2007년에 사망한 74세 남성(212, 321쪽 참조)은 자신의 자살이 '자식들을 욕되게 하는 것'이며, 자살을 '원불교 공부인으로서 절대 해서는 안 되는' 행위로 여긴다. 따라서 자신의 죽음이 외부적으로 '교통사고 후유증으로 인한 심장마비'로 처리되기를 바라고 있었다. 마찬가지로 2002년에 사망한 64세 남성(213, 314쪽 참조)은 자신의 죽음이 '고혈압과 독감으로 인한 심장마비'로, 2003년에 사망한 59세 여성(110, 312쪽 참조)은 '심장마비'로, 2004년에 사망한 44세 여성(222쪽 참조)은 '교통사고'로 처리되기를 원했다.

내가 왜 이 자식들을 욕되게 하면서 이 길을 택했는지에 대해 나는 내 나름대로 인생철학이 있다.

〔중략〕

더구나 나는 원불교 공부인으로서 절대 해서는 안되는 나쁜 교도가 되어 버렸구나. 하지만 5영생에 가서는 정말 착실한 대종사님의 제자가 되어 착실

하고 성실한 원불교 교도가 되겠다.

그러나 나의 죽음을 알릴 곳은 알리되 병명은 교통사고 후 후유증을 앓고 있던 중 갑작스런 심장마비로 세상을 떠났다고 해라. 진단서에도 심장병을 앓고 있다고 되어 있으니까

〔중략〕

하서방 한테는 아버지가 갑작스런 심장마비로 돌아 가셨다고 해라.

할 말은 많지만 이만 줄인다.

〔중략〕

※ 가급적 다른 사람들이 모르게 조용하게 처리하여 주세요. 부탁합니다.

〔74세. 남. 무직. 2007년 6월 6일 의사〕

○○엄마 놀래지마오

나는 높은 고혈압 환자로 "이번 독감에 걸려 협압으로 인한 심장마비 사망이요"

이 말을 친족 외에게 내가 죽은 방법을 떠드는 것은 집 팔때도 좋지안고 동내에도 망신요

〔64세. 남. 무직. 2002년 12월 13일 의사〕

엄마는 심장마비로 갔다그래

내가 가고싶은길 찾아 가는거야

○○아 알았지 울지마 이웃집에 놀려 가는거야 절때 눈물흘리면 안되 내가 못가

○○이 전화오면 당분간 산에갔다 그래 ○○아 정신차려

〔59세. 여. 무속인. 2003년 8월 23일 의사〕

이것들은 내가 교통사고 나서 죽었다고 해 주십시오 ○○ ○○야

무조건 교통사고 때문에 죽었다고 해다오

〔44세. 여. 의상실 종업원. 2004년 1월 24일 음독사〕

2005년에 사망한 68세 남성(160, 212, 318쪽 참조)의 경우에도 자신이 선택한 자살 때문에 가족들이 피해를 입을 것을 염려하는 심정이 잘 드러난다. 그는 가족을 너무 많이 사랑해서 자살을 택했음에도 불구하고, 자신의 자살이 가족을 죄인으로 만드는 것에 대한 부담감을 느끼고 있었던 것으로 보인다. 그러므로 그는 친척들에게는 '교통사고'로 죽은 것으로 처리해달라고 부탁하며 자살로 인해 남은 가족들이 비난을 받을 것을 염려하고 있었다.

우리 온가족 너무 많이 사랑했기에 이길을 택했는데

세상사람들은 남은 식구들을 피박하고 원망들*

〔중략〕

어짜피 갈사람 가는 궐리도 내 마음대로 못하나

남은 식구 들이잘못해주워서 자살한게 아니고 남은 우리 가족을 너무너무 사랑했기에 내한몸받처 시신기증을 하여 젊은사람에 이식하여 밝은삶을 살수 있게 도움을 주고 싶구나

〔중략〕

온가족을 죄인으로 만들고 싶진 안았는데 내가 너무 참을수가 없어 이길을 택했는데

친척들에게는 교통사고로 죽었다고 해주길 부탁한다

〔68세. 남. 무직. 2005년 5월 1일 의사〕

다음에 보게 될 사례 역시 자살로 인해 가족들이 비난을 받을 것을 염려하는 마음이 표현되어 있는데, 여기에서는 가족들에게 자살뿐 아

니라 살인이라는 행위에 대한 부담도 함께 지우고 있는 것을 염려한다. 2005년에 사망한 71세 남성(324쪽 참조)의 경우 부인을 살해한 후 자신도 함께 스스로 목숨을 끊었다. 그는 항상 부인이 죽으면 같이 죽을 거라 말해왔으며 더 늙으면 자식들에게 폐를 끼치는 것이라 생각하고 있었다고 한다. 자살 당시 부인의 지병이 악화되어 부인이 시한부 판정을 받았는데, 이러한 상황에서 그는 아내를 죽이고 자신은 스스로 목숨을 끊는 선택을 하게 된 것이다.

> 나에 希望은 형님이 兄弟들한테 연락을 하지 말고 處理를 하여 주시면 합니다 無理겠지요
>
> 진심으로 不第, 不孝에 여러 가지를 용소하여주십시오 끝내겠습니다
>
> 〔중략〕
>
> **걱정은 애들한테 타결〔타격〕을 줄까 그것이 걱정됩니다
>
> 〔71세. 남. 무직. 2005년 3월 22일 의사〕

때로는 자살이 가족이나 지인들의 마음을 아프게 할 뿐 아니라, 나아가 사회 전체에도 물의를 일으키는 사회적인 문제라고 인식하고 있기도 했다. 1997년에 사망한 75세 남성(349쪽 참조)은 자신의 자살로 인해 '사회에 물의를 일으켜 죄송하다'고 표현한다.

> 사회에 무리를 일으켜 죄송함니다
>
> 이 몸은 화장하고 장의사는 7○-○○○○
>
> 〔75세. 남. 무직. 1997년 1월 19일 의사〕

3. 자신의 상황에 대한 해석

1) 경제적 문제 상황에 대한 해석

여기에서는 경제적 위기가 자신에게 심각한 문제 상황이라고 인식하고 있는 사례들을 살펴볼 것이다. 수사 기록 자료를 통해 살펴본 바에 의하면 자살자의 약 30%가 경제적인 문제를 가지고 있었는데(부록의 〈표 8〉 참조), 이들에게 있어 경제적인 어려움은 오래전부터 있어왔던 문제일 수도 있으며, 사업 실패나 빚으로 인해 새롭게 발생한 문제일 수도 있다.

어떤 사람은 기본적인 생활을 영위하기 힘들 정도로 빈곤한 상황에 처해 있었으며, 사업의 실패나 새롭게 부담하게 된 부채의 문제로 고통 받기도 하였다. 그리고 때로는 자녀의 학비나 자신 또는 가족의 질병으로 인한 치료비를 부담하기 힘들었던 경우도 있었다. 이와 같은 경제적인 문제는 그 자체로도 커다란 어려움을 가져다주지만, 다른 문제 상황과 중첩되어 발생한다면 상황을 더욱 절망적으로 만든다.

(1) 빈곤

2004년에 사망한 62세 남성은 부인이 보험회사에 다니면서 2억 원 가량의 빚을 진 것에 대해 심리적 고통을 겪고 있었다. 최근에는 아파트, 가재도구 등이 압류되어 술만 마시면 죽겠다는 이야기를 해왔는데, 그는 유서에서 '돈이 없는 탓'에 자신이 죽는다고 밝힌다. 그리고 2003년에 사망한 54세 남성(110쪽 참조)은 500만 원만 있어도 자살을 하지 않을 것이라고 하소연하고 있는데, 가족들은 그가 평소 마음이 여려서 자살할 것이라고는 생각지도 못했다고 진술했다. 그는 1999년에 부인과 이혼한 후 특별한 직업 없이 돈을 낭비하여 생활비가 없던 상황이었다.

○○ ○○ ○○〔자녀들 이름으로 추정됨〕 미안하다

부탁 우리가 돈이 없는 탓으로 사별을 하지만 ** 그러니 이대로 화장 바란다

〔62세. 남. 축사 청소. 2004년 5월 4일 음독사〕

제 호주머니에 500만원만 있었어도 이 짓을 안합니다

돈이 웬수예요

〔54세. 남. 무직. 2003년 11월 8일 추락사〕

다음의 유서들에는 기본적인 생활도 영위할 수 없을 정도의 빈곤한 상황이 표현되어 있는데, 마땅히 누려야 한다고 생각하는 삶을 영위하지 못해 생긴 박탈감이 자살로 이어진 것으로 보이는 사례들이라 할 수 있다.

2005년에 사망한 30세 남성(181, 341, 357쪽 참조)은 식당을 일수 방식으로 인수하여 영업을 해왔는데 가게 관리비와 시설비 등을 지불할 수 없었고, 집에도 전기 요금과 도시가스비가 밀려 전기와 도시가스가 모두 끊어진 상황이었다. 그는 이러한 자신의 경제적 상황과 함께 어린 시절에도 겪은 경제적인 어려움들을 유서에서 표현하고 있었다.

종암동 조이두 가구싶구 별장장 우리 발리두 갔다왔구

중곡동대공원두 가구 같이 놀러간데가 별루없네

지금 ○○○하구 마지막 전화두 했구

집 전기, 가스도 끊겼구, 이사두 가야대구

돈은 없구 사랑하는 ○○〔처 이름〕이가 무지 힘들겠다

〔중략〕

너무 많이 많이 엄마도 내맘모르지

난 집에 조금만 돈이 있었어도 고등학교 졸업하고 대학갔을꺼야

〔30세. 남. 요식업. 2005년 3월 18일 의사〕

다음의 2001년에 사망한 35세 남성은 그와 딸의 생일에 자살했는데, 유서에는 구체적으로 표현되어 있지 않으나 수사 기록에는 딸의 생일에 아무것도 해줄 수 없는 그의 상황을 비관한 것으로 기술되어 있었다. 그의 처는 1999년 지병으로 사망하여 자식들은 큰집과 작은 집에 각각 1명씩 맡기고, 그는 오락실 종업원으로 일을 하고 있었다고 하는데, 그가 목숨을 끊은 날은 그와 딸의 생일이었다.

○○아 ○○야 정말 미안하다

아빠가 이럴 수 밖에 없는 걸 너희들은

알아주고 아빠가 죽더라도 너희 옆에 항상 너희 하고 있는거야

〔35세. 남. 오락실 종업원. 2001년 3월 10일 추락사〕

그리고 2005년에 사망한 19세 여성은 평소에 학비 문제로 고민을 해왔는데, 가족에게 더 이상 짐이 되지 않기 위해 스스로 목숨을 끊었다. 그녀는 평소에 학비를 제대로 대지 못할 만큼 가정 형편이 어려웠으며, 죽기 전에 남자 친구에게 외롭고 힘들어서 죽고 싶다는 말을 여러 번 했다고 한다. 그녀는 자신이 부모들에게 부담을 주는 존재이기 때문에 더 이상 짐이 되지 않도록 자살을 선택한다고 이야기한다.

엄마아빠께

엄마아빠! 죄송해요 먼저가서 죄송해요

너무 힘들어서 이 길밖에 없었어요

그래도 엄마 아빠는 제 생각하면서 잘 살아주세요 불효자식이란거 잘 아는데 더 이상 부담 없잖아요

다음 세상에선 좋은 딸로 태어날께요

사랑해요 죄송해요

키워주셔서 감사했습니다

p.s 아빠! 더 이상 짐 안되게 제가 선택한 방법이니까 너무 미워 마세요

〔19세. 여. 대학생. 2005년 3월 31일 의사〕

또한 2004년에 사망한 42세 남성은 자신의 가난이 알려지면 사랑하는 사람과의 관계가 깨어질 것을 염려하여 스스로 목숨을 끊었다. 그의 유서에는 사랑하는 사람이 생겼으나 자신이 가난하다는 것을 알리지 않고 만남을 지속해왔는데, 자신의 가난이 알려지게 되면 만남이 지속되지 않을 것을 염려하는 심정이 표현되어 있었다.

사랑하는 ○○씨에게

〔중략〕

그때부터 나는 거짓말 시작이었습니다

저 집은 반지하 사을세방 2깐 이없고 면허증은 4월 5일에 벌써 취소 되었고 난 자가용도 없어 5년 지난 상태었습니다

저는 이런 상태에서 ○○씨와 사귀게 됬었이요

〔중략〕

난 ○○가 조은데 난 가진 것이라고 빚이여

조인 사람 망치지 말고 내 병신이 먼저 가자

〔중략〕

또 만나면 정말로 너무너무 조았습니다

우린 차도 없고 …

○○는 아파트도 있는데 나는 빚쟁이야

〔중략〕

그러면서도 죽고 싶고 너무 실망만이해서 지금은 진짜도 죽고 싶은 마음 뿐입니다

〔42세. 남. 무직. 2004년 7월 11일 음독사〕

(2) 빚

빈곤한 상황을 해결하기 위해 저소득층이 취할 수 있는 행동은 빚을 얻는 것이라 할 수 있는데, 그것은 일시적인 해결책일 뿐 그 빚으로 인해 경제적인 문제는 더욱 큰 어려움으로 다가온다.

다음의 사례에 나타나는 1998년에 사망한 47세 남성(236쪽 참조)은 빚 독촉에 시달리고 있는 자신의 상황 때문에 먼저 간다고 표현하며, 1999년에 사망한 33세 여성(221, 241, 378쪽 참조)은 당시의 부채가 자신에게 너무 커다란 부담이기 때문에 죽는 것 이외에는 다른 방법이 떠오르지 않는다고 말한다.

하지만 돈 때문에 항상 당신을 고달프게 하였죠

〔중략〕

할말이 많지만 당신이 모든 것을 다 잘 헤아리라 믿소

〔중략〕

돈 때문에 한이 맺혔소

〔중략〕

빚독촉에 일수, 급전 등등에 너무 시달리어 먼저간다 , 빚에 빚에 …

〔47세. 남. 무직. 1998년 2월 22일 의사〕

이것은 정말이란다

나는 몸을 피하거나 도망은 싫어 이것이 내 성격이다
너도 알거다 주위에서 나의 평을 들어서 나는 그때 나한테 너무 큰 빚이야
지금와서 이자 원금이 9000만원 너무 힘들다 보니 이런 생각 왜에 아무 생각이 떠오르지 않는구나
〔33세. 여. 주부. 1999년 1월 21일 의사〕

다음은 한때 사회문제였던 이른바 '카드 빚'이 문제가 되었던 사례들이다. 경제적 문제에 봉착한 개인들은 당장의 문제를 해결하기 위해 현금 서비스 등을 이용하지만, 그것을 상환할 수 있는 경제적 능력이 없을 경우 더 큰 문제 상황에 직면할 수밖에 없는 것이다.

2002년에 부부가 동반 자살한 사례(304쪽 참조)를 보면, 그들 부부는 2001년에 빚을 얻어 이용원을 개업하여 운영하고 있었는데, 남편이 사고를 내어 교도소에 수감되고, 아내는 남편의 카드 빚을 갚으려다 빚이 더욱 늘어 최근에는 8,000만 원 이상의 부채를 지고 있었다. 결국 그들은 빚을 감당하지 못해 함께 목숨을 끊었다. 그리고 아파트 경리 사원으로 일하다가 늘어난 카드 빚으로 인해 2003년에 사망한 33세 여성(267쪽 참조)의 사례를 함께 소개한다.

모든 카드사에게 정말 미안합니다
돈이 없어서 갚지 못하고 카드로 돌려막으면서 갚으려고 했는데 그것마저도 잘 되지않고 시간도 없고 할수없이 이 길을 택했습니다
〔48세. 남. 이용사/ 48세. 여. 면도사. 2002년 7월 29일 의사(부부 동반 자살)〕

끝으로 누나 카드빚이 생각보다 많거든
카드빚 줄기는 커녕 점점 더 커지는 게 겁이나
〔33세. 여. 아파트 경리 사원. 2003년 6월 30일 의사〕

그리고 다음의 사례는 2003년에 사망한 26세 남성(116, 132, 268쪽 참조)이 자살 사이트에 올린 글의 일부이다. 여기에서 그는 빚에 쪼들려 하루하루를 보내면서 가족들에게 거짓말을 해야 하는 자신의 상황을 사람들에게 호소한다.

> 오늘 잠이 들었는데 내일 아침이 오지 않기를 바래 본 적이 있으신가요? 빚에 쪼달려 힘들게 하루하루를 보내면서 사랑하는 가족들에게 거짓말을 해보신적이 있나여? 살아있다는 것이 저주스럽고 시간시간을 고통 속에서 절망 속에서 보내야 하는 저의 심정... 너무 힘이 들어여..이젠 편히 쉬고 싶습니다.
>
> 〔26세. 남. 무직. 2003년 8월 28일 음독사〕

이러한 경제적인 위기와 다른 문제가 겹쳐지면 상황은 더욱더 절망적으로 여겨지게 된다.

다음의 2000년에 사망한 53세 남성(226, 271쪽 참조)의 사례는 경제적인 문제와 더불어 신체적인 문제가 겹쳐진 상황을 보여준다. 그는 사업의 실패로 부채가 많아지자 고통을 받고, 처와 자식에게 잘해주지 못한 것에 대한 죄의식을 가지고 있는데, 다리까지 다친 일로 인해 자신의 상황을 '하는 일마다 안 되는' 삶으로 묘사한다.

> 정말 당신한테 미안하오 죽는다고 해서 해결되는 것은 않의지만 하는 일마다 어쩌면 이렇게 안 될수가 있단 말이요
> 온금은 값았는데도 어려움 잘 알면서도 매일 **마다 *기고 살고 있으니 말이요
> 그런데다 다리까지 다쳐서 평생 불구로 살수도 있는 것 같소. 그래서 볓일을 하며 * ** 죽음을 택하게 된 것이요
>
> 〔53세. 남. 무직. 2000년 7월 25일 의사〕

2000년에 사망한 25세 여성(111, 178, 292쪽 참조)의 유서에서 표현되고 있는 고통의 첫 번째는 경제적인 문제이다. 그러나 그녀의 경제적인 문제는 남자 친구 때문에 발생한 것으로 그녀의 유서는 경제적인 문제와 관계적인 문제가 복합적으로 작용하고 있는 모습을 보여준다. 그녀는 대출까지 받아가며 남자 친구를 도와주었으나, 현재 남자 친구는 변명만 하며 책임을 지려 하지 않는다는 것이 그녀의 문제 상황이다.

> 내가 불안해하는 이유를 솔직히 이곳에 적겠다!
> 첫째로 카드대금이 천만원 이상 나와있다
> 그리고 대출 받은 것도 천만원이다
> 이 모든 것이 어디에 쓰였는지는 ○○〔남자친구 이름〕만 알뿐이다
> 난 ○○를 믿었고 ○○를 도와주었다
> 그런데 ○○는 **는 아니지만 자꾸만 돈을 갚는 것을 이유를 대며 늦춘다.
> 처음에는 내가 저지른 행동에 비난을 하고 고통에 견디지 못하여 힘들어하는데
>
> 〔25세. 여. 간호사. 2000년 9월 26일 음독사〕

(3) 사업 실패

경제적인 문제는 절대적인 빈곤으로 인해 발생하기도 하지만, 사업이나 투자에 실패하였을 때 역시 심각한 경제적인 문제를 맞기도 한다.

2003년에 사망한 43세 남성(195, 214, 259쪽 참조)의 경우는 사업 실패로 인해 경제적인 어려움을 겪게 된 사례이다. 그는 사업 부진으로 회사의 자금 사정이 어려워진 것을 혼자 고민하다가 스스로 목숨을 끊으면서, 자신의 실패가 모두를 죽인 결과를 낳았다고 표현한다. 자살자의 아내는 그가 사람들에게 자신의 어려움을 이야기하지 못하는

성격이었다고 회상하였는데, 그의 자살에 대해서는 '주위 사람들에게 빌린 돈을 갚지 못하고 경기가 좋지 않아 약속을 계속 어기게 되니까 자살한 것 같다'고 진술하였다.

> 강했지만 너무나 약한 놈
> 아~ 이젠 경기가 상향이야하고 자신감있게 밀고 벌린 사업 1년도 안되 다 허물어지고 남은 것은 빛과 문제들뿐
> 염창동 너무나 큰일이다 나만 믿고 이름주고 돈주고 또 세입자들
> 계약은 했으나 잔금은 첫으나 등기못주고 못 받는것 융자연장, 승계, 하자투성이
> 이걸어찌하나, 잠못이루고 모두 죽이게하고, 나 먼저 가련다
> 〔43세. 남. 사업. 2003년 2월 23일 추락사〕

그리고 사업을 추진하다 발생한 문제 때문에 후회를 하고 있는 사례들을 다음에 소개한다. 2002년에 사망한 45세 남성(206쪽 참조)의 경우는 실내 인테리어업에 종사하고 있었는데, 그는 손해 보는 공사를 수주받아 인부들 임금 문제와 공사 대금 문제로 괴로워하다가 양주와 맥주를 마신 후 부탄가스를 비닐봉지에 담아 그것을 뒤집어쓰고 자살했으며, 1998년에 사망한 37세 남성(138, 381쪽 참조)은 호텔 경영에 실패하여 많은 빚에 시달리다가 자살했다.

> ○○어린이집 공사를 안했어야 하는데 결국은 날 죽음까지 몰고가는구나
> 〔45세. 남. 실내 인테리어. 2002년 12월 30일 중독사〕

> ○○호텔을 무리하게 추진하다 이런 일이 발생 한데에 너무도 죄송합니다

진실을 밝혀야 내마음이 편할것 같아 몇자 올립니다

〔37세. 남. 호텔 경영. 1998년 5월 20일 의사〕

2) 신체적 문제 상황에 대한 해석

경제적인 문제는 물론이고 신체적인 문제도 자살을 선택하는 데 중요하게 참조된 자신의 상황이었다(부록의 〈표 10〉 참조). 이러한 문제는 자신이 장애를 가지고 있기 때문에 일상생활을 다른 사람들처럼 영위할 수 없거나, 자신에게 치료할 수 없는 질병이 찾아와 절망한 것일 수도 있다. 그러나 가장 빈번하게 표현되는 신체적인 문제는 참을 수 없는 고통을 가져오는 오래된 지병이라고 할 수 있다.

이와 같은 신체적인 문제 역시 다른 문제와 복합되면 더욱 고통스러운 상황으로 인식되며, 때로는 신체적인 문제가 경제적인 문제나 관계적인 문제를 유발하기도 한다.

(1) 장애

다음의 두 사례는 자신이 신체적인 장애를 가지고 있는 상황에 대해 절망하고 있는 모습이 드러난 유서의 일부분이다. 1998년에 사망한 41세 남성(131, 140, 215, 301쪽 참조)의 경우 소아마비로 오른쪽 다리에 장애가 있었으며, 2000년에 사망한 50세 남성(177, 190, 240, 367쪽 참조)의 경우도 뇌출혈로 인해 좌측 팔다리가 마비되어 지체 장애 3급 판정을 받은 장애인으로 장애 때문에 번번이 취업에 실패했다고 한다.

장애인이라는 굴레를 40세가 넘도록 극복하지 못하고 참으로 못난 인생을 살았구나

〔중략〕

두렵다 무섭다!

〔중략〕

너무 잘못 세상을 살았어요

하지만 장애인은 아파요

〔41세, 남, 무직, 1998년 12월 1일 의사〕

장애자라는 직인이 찍힌 지금 나는 희망도 없다 왜 장애자는 취직도 안되나?

〔중략〕

장애인은 사람도 아닌가? 왜들 외면하는가?

허무하다 이데로 떠난다고 생각하니 슬프다 사람은 항상 건강하게 사라는 법이 보장된 것도 아닌데....

〔중략〕

세상이 너무 원망스럽다 그보다 장애자라고 멸시하고 인격까지 무시하는 세상이 더욱 한심하다

장애자는 사람도 아닌가?

〔중략〕

집을 나온 동기가 바로 이런 이유였다

〔중략〕

장애자란? 장애자와 함께 살아야 한다는 것을 가슴깊이 느끼면서 나는 진즉부터 자실을 생각했단다

〔50세, 남, 무직, 2000년 10월 24일 음독사〕

(2) 발병

장애뿐 아니라 자신에게 치료할 수 없는 새로운 병이 발병하는 것은 심각한 문제 상황으로 인식된다.

다음의 사례에서 2002년에 사망한 28세 남성은 약 1년 전 간판 시공

작업을 하던 중 허리를 다쳐 자살 당시까지 통원 치료를 받고 있었는데, 동거녀의 진술에 따르면 허리를 다친 후 8개월가량 집에서 하는 일 없이 쉬는 것에 대해 비관을 했다고 한다. 그의 유서에는 다친 허리 때문에 세월만 죽이고 있는 자신에 대해 화가 나 있었으며, '몸뚱아리 하나로 먹고 사는 놈이 몸이 망가져' 괴로운 상황이 표현되어 있었다.

> 부모님 죄송합니다
> 어려서부터 많은 걱정 끼처 드리고
> 막내놈이 이런 짓을 보여드려서 용서하세요
> 저두 몸이 나아서 일도 하고 싶고 사람도 만나고 싶은데 너무 답답 합니다
> 하루 이틀도 아니고 이렇게 세월만 죽이고 있는게 너무 저도 속이 상하네요
> 이런 생활이 지속되다 보니 삶이 의욕도 없고 더 이상 부모님 비롯해서 형제에게 나에게로 피해를 주고 싶지 않습니다
> 누구에게 하소연 하고 싶은 마음도 없고 그러고 싶지가 않아요
> 마지막 불효로 생각 하시고 저를 용서하세요
> 저두 이곳 안양에 왔을때는 부모님에게 내 자신을 보여주고 싶었는데 몸뚱아리 하나도 벌어먹구 사는 놈이 몸이 망가져서 정말 괴롭습니다
> [28세. 남. 간판 시공. 2002년 6월 6일 의사]

(3) 지병

자살자들의 유서에서 가장 빈번히 드러나는 신체적 문제에 대한 묘사는 참을 수 없는 고통을 가져오는 오래된 병에 대한 것이다. 특히 고령의 노인들의 경우 다양한 신체적 질병에 시달리고 있었으며, 이들이 남긴 유서는 짧지만 강한 메시지를 전달한다.

다음에 인용된 유서들은 자신이 겪고 있는 신체적 고통을 호소하고 있는 부분으로서 2004년에 사망한 68세 여성의 경우에는 퇴행성 관

절염을 앓고 있었으며, 2003년에 사망한 75세 남성은 암 수술 후의 통증을 참을 수 없다고 배우자에게 호소했다. 그리고 2003년에 사망한 68세 남성(139, 307쪽 참조)의 경우에도 암 투병 생활을 하는 것이 너무 힘들고 괴롭다고 호소했으며, 1997년에 사망한 77세 남성의 경우는 노환과 더불어 오른쪽 팔을 쓸 수 없어 고통을 당하고 있었다.

> 언니 미안해요
> 도와 주세요
> 너무 아프고 견딜 수가 없서요
> 〔68세. 여. 무직. 2004년 6월 29일 의사〕

> 요보미안해요
> 참지 못해 나는가요 또병원가기실*〔가기 싫어〕 당신공도 모르고갑리*〔갑니다〕
> 〔75세. 남. 무직. 2003년 8월 31일 의사〕

> 그동안 중병으로 투병생활을 하는것도 너무 힘들어 하로하로 살아가는 것이 나에게는 너무 괴롭고 힘겨워 찾아가는 길이니 원망말고 힘내구려
> 〔68세. 남. 무직. 2003년 12월 29일 의사〕

> 나는 팔이 힘이업서 밥먹기도 힘든다
> 〔중략〕
> 나는 병신이 될 것같하가니 그리알고 …
> 〔77세. 남. 무직. 1997년 2월 8일 의사〕

그리고 많은 경우 다음의 사례와 같이 신체적 고통으로 시달려왔던

자신의 심정을 가족들이 이해해주고 자신의 죽음을 받아들일 것을 부탁한다. 2005년에 사망한 68세 남성은 자신의 자살이 잘못된 생각이라는 것을 알고 있지만 고통 때문에 도저히 살 수 없으니 이해해달라고 한다. 그는 신장암 수술을 받은 적이 있었다.

> 아버지 이 못난 놈 죄송합니다 먼저 가서
> 그리고 형제 자매 자식들에게도 무슨 말을 하겠는가
> 모두가 나의 잘못된 생각이 이렇게 되고 말았습니다
> 〔중략〕
> 여보 당신, 당신도 알다 십피 나는 네 신병 때문에 도저히 살 수가 없어서 이렇게 되었으니 그리 알고 나를 이해하여 주기 바라오
> 이 몸이 죽어 저 세상에서 남아 당신과 가족을 위해 잘 살것을 바라겠소
> 〔68세. 남. 무직. 2005년 5월 1일 의사(143, 160, 212, 318쪽의 자살자와는 다른 인물임)〕

다음에서 보게 될 또 하나의 사례에서도 신체적인 고통 때문에 자살을 선택한 자신을 비난하지 말고 슬퍼하지도 말 것을 부탁한다. 2004년에 사망한 61세 남성(109, 224쪽 참조)은, 폐결핵을 앓고 있었는데, 목수 일을 하다가 약 7년 전부터 병세가 악화되어 더 이상 치료약이 없다는 의사의 진단을 받은 후 3년 전부터 해마다 죽을 고비를 넘겨가며 목숨을 연명하고 있었다. 그에게 의사들이 요양소에서 치료받을 것을 권고한 것으로 보이는데, 그는 몸이 아파서 요양소에 가야 하는 상황에 대해서 '고려장'이라는 표현을 쓰면서 죽는 날만 기다리는 것으로 생각한다. 따라서 요양소에 가느니 차라리 자살이라는 방법을 선택한 것이다.

마음 정리가 너무 힘이 들고 너희 엄마손을 잡고 지난세월 고생많았고 고마워다고 하면서 죽으면 했는데 인생사 끝까지 꼬이면서 마감하는구나 너희가 모를 것 같아서 이야기인데 의사들이 요양소에 가라는 것은 사회와 격리 시켜놓은 방법으로 보내는 곳인데 내 입장에서 안가도 않되고 가면은 죽는 날만 기다리는 쉽게 말하면 인간고려장인데

이 방법이 좋은것 같고 요즈음 고통이 너무 심해서 이제는 어쩔수 없으니 비난은 마러라 또한 슬퍼하지도 마라

〔61세. 남. 무직. 2004년 6월 9일 의사〕

자신이 신체적 고통을 가지고 있는 것이 다른 가족에게 짐이 되는 것으로 판단하고 있는 경우도 많이 보이고 있다. 따라서 자신의 고통을 끝내는 것과 동시에 가족들에게도 큰 짐을 덜어주어야겠다는 생각에 자살을 결심하는 사례들이 적지 않음을 발견할 수 있다.

다음의 사례 역시 그러한 맥락으로 볼 수 있다. 2004년에 사망한 60세 여성(104, 320쪽 참조)은 류마티스 관절염과 고혈압으로 고통 받고 있었는데, 계속해서 고통 받으며 '자식들에게 짐'이 되어 죄인같이 살아가느니 차라리 죽는 것이 더 나은 선택이라고 생각한다.

엄마는 늘 마읍속으로 조인〔죄인〕같은 심정으로 살아왔단다

엄마는 지난 몇 개월동안 아픈몸을 겨우끌고 이병원 저병원으로 치료를 해바도 별 차도가 업구나. 요 사이 통증이 심해서 잠도 잘 수 없이 아푸구나. 앞으로는 이사도 내 생활을 꾸려나가는 것도 아무 것도 할 수 없을 것 갓다. 이대로 오래 살아서 자식들한테 큰짐이나 되어 죽는날까지 고생할까 생각하니 무섭고 숨이 막힌다

〔60세. 여. 무직. 2004년 10월 23일 의사〕

그리고 이처럼 자신과 가족의 고통을 덜어줄 수 있는 자살이라는 방법을 '개인의 인권'이라는 차원에서 인정해주어야 한다고 주장하며 안락사의 정당성을 주장하는 유서도 발견되었다. 2005년에 사망한 68세 남성(143, 212, 318쪽 참조)은 자살이 인권으로 받아들여져야 한다는 주장을 하며, 자살 또는 안락사에 대한 사회적인 인식이 달라졌으면 좋겠다고 말한다.

> 남은 자식들이나 당신을 너무사랑했기에 사람은 언제가도 한번 가는것 고통을 덜 받고 가는 길을 택했소 너무 원망말고 다음 저 세상에서 만납시다
> 〔중략〕
> 세상사람들은 남은 식구들을 피박하고 원망들* 법에서 자살도 개인인권으로 받아주시기 바람니다
> 마음대로 죽을수도 없단 말입니까 선처를 바람니다
> 〔중략〕
> 나는 병들어 꼭 가야할 사람을 또검사 생각만 해도 아찔하고 계속 검사 진찰 응급실 당신 눈물 한번만 실컷 흘리고 굳건히 병없이 고통받지 말고 저세상에서 만납시다
> 당신은 언제가 가고 오고 다만 고통을 참지 못하고 가는 나를 용서해주오
> 나는 당신을 너무 사랑했기에 당신의 눈물을 더 이상 볼수없어서 이길을 택할 수밖에
> 〔68세, 남, 무직, 2005년 5월 1일 의사〕

오랜 투병으로 인한 고통은 고령의 노인만의 문제는 아니다. 상대적으로 젊은 연령층의 인구 집단에서 오랜 고통에 시달리는 경우가 많은데, 이 경우 역시 고령의 인구 집단의 고통과 크게 다르지 않다.

2003년에 사망한 43세 남성은 간경화 때문에 고통 받고 있는 자신

의 상황에 대해 '죽는 게 편한 것 같다'고 판단하여 자살을 결심했으며, 4~5년간 척추분리증으로 고통 받다가 2004년 사망한 24세 여성(295쪽 참조)도 '정말 그만 아프고 싶다'며 고통을 끝내기 위해 죽음을 결심했음을 알린다. 2000년에 사망한 54세 남성(172쪽 참조)도 17년 전 교통사고로 머리를 다친 이후 성격이 난폭해지고 여러 가지 후유증에 시달렸던 것으로 보이는데, 자신의 신체적 상황이 점점 약해지자 '살아서 무엇하겠냐'고 판단하며 죽음을 결심했다. 또한 1998년 사망한 34세 여성은 전신성 홍반낭창(면역성계통의 류마티스성 질환)으로 의심되는 난치병을 앓고 있었는데 앞으로의 투병 생활을 견디기 힘들어 가족들을 위해서 죽음을 결심했다.

너무아프다

〔중략〕

죽는게편한거갓다

〔43세. 남. 무직. 2003년 11월 14일 의사〕

너무 많이 죄송해요

아빠 엄마 언니 ○○ ○○〔동생들 이름〕이 미안해요 근데 나 이제 그만 아플래요 정말 그만 아프고 싶어

〔중략〕

엄마 건강 항상 신경쓰고 다들 이런 말 하면서 떠나는 날 (절) 용서하세요 그만 아플래요

〔24세. 여. 물리치료사. 2004년 6월 12일 추락사〕

왼편이 저리면서 오는 마비증에 갈수록 심해오고 심장 바로 및까지 마비 증세는 또 오는구나

어지럽고 힘은 점점 없어 져가는데-- 눈은 날이 갈수록 나빠가는 구나
내가 살아서 무었 하겠나
〔54세. 남. 영업 사원. 2000년 11월 4일 의사〕

긴 세월 이 괴로운 마음으로 여러 가족들을 괴롭힐수 밖에 없는 상황
도저히 앞으로 투병을 하면서 보낼시간을 견딜수가 없습니다
〔34세. 여. ○○병원 방사선과 과장. 1998년 8월 7일 의사〕

3) 심리적 문제 상황에 대한 해석

여기에서는 우울증이나 정신 질환 등과 같은 정신과적 질병이나, 콤플렉스, 외로움 등과 같은 심리적인 문제로 인해 자살을 선택한 사례들을 살펴볼 것이다. 전체 자살자들 중 심리적인 문제를 가지고 있었던 사례도 약 30% 정도로 나타났는데(부록의 〈표 26〉 참조), 이중 가장 높은 빈도를 나타낸 것은 우울증과 정신 질환이었다.

(1) 우울증

우울이나 무기력과 같은 감정은 사별이나 이혼, 실직 등과 같이 구체적인 문제 상황으로 인해 발생할 수도 있지만, 주변 사람들은 이해할 수 없는 자살자 내면의 문제일 수도 있다.

1998년에 사망한 18세 여성(187쪽 참조)은 '앞으로 살 자신이 없어서', '그냥 살기 싫음'이 자살의 이유라고 설명한다. 이처럼 외부적인 요인과는 상관없이 자신의 삶을 견딜 수 없는 무기력이나 우울한 감정이 나타나기도 하는 것이다. 그녀의 어머니의 진술에 따르면 그녀가 자신에게 남자 친구 문제도 다 이야기할 정도로 대화가 많았으며, 평소에 고민 같은 것은 하지 않았다고 한다. 따라서 유족들은 그녀의

죽음에 대해 '전혀 이해할 수 없다'고 진술했다.

> 누구때문도 아니고 어떤거 때문에도 아니야
> 그냥 내가 살기가 싫어서야
> [중략]
> 그냥 앞으로 살 자신이 없어서야
> [18세. 여. 간호보조원. 1998년 5월 29일 의사]

2003년에 사망한 21세 남성의 경우에도 가족들은 그가 군 입대를 앞두고 있었던 것을 제외하면 자살할만한 특별한 이유가 없다고 진술했다. 그의 아버지는 경찰의 질문에 대해 원하는 학교를 다니지 못했기 때문에 사회에서 성공을 할 수 없을 것 같다는 압박감과 군대 생활에 대한 두려움이 많이 있었을 것이라고 그의 죽음을 설명하고자 하지만, 사실은 '가족들 모두 왜 그가 자살이라는 극단적인 생각을 했는지에 대해서는 잘 모른다'고 그의 죽음에 대해 의아해하고 있었다.

> 삶이 공허하고 현실에서 행복을 찾을수 없어 삶의 끈을 놓으려고 합니다
> 삶이라는 무거운 짐을 놓고 자유로워지고 싶습니다
> 더 이상 무의미한 삶을 이어가기는 자신이 없습니다
> [21세. 남. 대학생. 2003년 8월 2일 의사]

2004년에 사망한 34세 남성의 경우 유서에서 자신의 삶을 살아가기 싫다고 표현하지만, 그의 죽음 역시 가족들에게는 이해할 수 없는 죽음이었다. 그는 내성적이긴 했으나 활달했고 다른 사람들과 유대 관계도 좋고 별다른 지병도 없는 상태였기 때문에, 그가 형제들과 술을 마시면서 죽고 싶다는 이야기를 했을 때에도 형제들은 그것을 '우스

갯소리'로 생각했던 것이다.

살아가는 삶이 싫어서 아무생각 없는 곳으로 가고 싶어 갑니다

엄마 다음세에 태어나면 더욱 잘 할게요

모든 일을 용서해 주세요

〔34세. 남. 카센터 종업원. 2004년 3월 8일 의사〕

무기력과 우울은 앞에서 살펴본 사례들과 같이 가시적인 이유가 드러나지 않아 납득하기 힘든 경우도 있지만 구체적인 원인을 특정할 수 있는 사례도 발견된다.

1998년에 사망한 47세 여성의 경우 특별한 지병은 없었으나 남편이 죽고 자녀들을 시댁에서 키우기 위해 데려간 이후 우울증에 걸린 것처럼 소심해졌다고 하며, 2006년에 사망한 64세 남성의 경우 자살 직전 30년간 다니던 직장에서 퇴사한 이후 바로 우울증에 시달려 병원에서 입원 치료를 받고 있던 중 죽고 싶다는 말을 자주 해오다 가출하여 자살한 사례이다. 이 경우 각각 자녀를 빼앗겼다는 상실감과 퇴사가 무기력과 우울을 야기한 것으로 보인다.

죄송합니다

시어머님 친정부모님(어머니, 아버지)

죄송합니다

우리 아이들(○○, ○○〔아이들 이름〕)

잘부탁드립니다

전 잘 자신이 없습니다

용서하세요, 교회식구들 ****

〔47세. 여. 무직. 1998년 7월 31일 의사〕

용서하오 생을 마감합니다

삶의 애착도 없고 더 살고 싶지않아요 그저 영원히 쉬고 싶어요

용서를 빕니다

〔64세, 남, 무직, 2006년 1월 26일 의사〕

다음은 자신이 우울증을 앓고 있다는 것을 인식하고, 그것 때문에 자신이 온전한 삶을 살지 못하고 있다고 생각했던 사례들이다.

2004년에 사망한 21세 남성은 우울증 때문에 죽고 싶다는 생각을 많이 해왔다고 말하는데, 유족인 아버지의 진술에 따르면 그의 생모도 그가 어렸을 때(100일 무렵) 우울증으로 자살했다고 한다.

아빠 그동안 못난자식 키우느라 고생하신거 다압니다

아빠죄송해요

이렇게 못나게 살아서 이제까지 심각한 우울증으로 죽고싶다는 생각이 많이 들었어요

아버지 죄송합니다

〔21세, 남, 대학생, 2004년 8월 1일 음독사〕

2005년에 사망한 28세 남성(127, 131, 180, 199, 335쪽 참조)도 그가 겪고 있는 극심한 우울증의 고통을 이야기한다. 그는 20대 초반에 대학 입학에 실패한 후 우울증에 걸려 정신과 치료를 받았으며 이로 인해 병역을 면제받기도 했다.

20살

내게 두통이 시작된 그 때부터 내 삶은 결국 이렇게 끝맺도록 정해진게 아닌가 싶어

나도 행복해지고 싶었는데 아무리해도 행복하지 않네

〔중략〕

아픈지 10년이네...

휴 .. 너무 괴로운 시간이야

〔중략〕

힘들어 너무 힘들어

망가지는 날 지키기가 힘들어

〔28세. 남. 대학생. 2005년 3월 18일 의사〕

그리고 2001년에 사망한 24세 여성도 자신이 우울증을 앓고 있다는 사실을 인식하고 그것으로 고통 받고 있다고 기술한다. 그녀는 남자 친구와 관계가 좋지 않은 것을 자신의 우울증 때문이라고 생각하고 있었고, 자신의 그러한 모습을 수치스럽게 여기고 있었다.

나 ... 너무 견디기 힘들었어 넌 아닌데 넌 열심히 노력중인데 모든게 다 내 탓만 같구나

어디서부터 뭐가 어떻게 잘못되어서 여기까지 왔는지는 난 모르겠어

그냥 힘들어 널 영원히 행복하게 사랑하며 우린 잘 할 수 있을거라 했는데

아무리 애써봐도 내겐 고통뿐이었어

무엇보다 힘든 건 너를 믿지 못하는 내 자신과 나아질 기미가 없는 우울증....

널 괴롭히려고 했던건 아닌데 어떻게 하다보니 상황이 이렇게 되었구나

미안하다

정말 미안하다 모두에게 이런 모습 보여줘서 너무 수치스러워 견딜수가 없구나

〔중략〕

엄마 아빠 죄송해요

절 용서하세요 너무 창피하고 수치스러워요

〔24세. 여. 무직. 2001년 7월 5일 의사〕

또한 다음의 2006년에 사망한 32세 여성은 우울증 치료를 위해 먹는 약 때문에 아이를 낳을 수 없는 자신의 상황을 비관적으로 인식하고 있었다.

난 아이도 가질수 없고 신경성 약을 많이 먹어 머리도 멍청해졌단 말

〔중략〕

또 오빠한테 내가 해 줄 수 있는 거 해줘야만 하는 부담감 땜에 오빨 만날수가 없어

오빠 나 병자야 약을 먹고 살아야 하기 땜에 아기를 낳을 수 없고

〔중략〕

이미 난 아이도 키울수 없는 내 자신이 한심스러워

〔32세. 여. 무직. 2006년 3월 5일 음독사〕

(2) 정신 질환

정신 질환을 앓고 있는 경우도 당사자에게 많은 고통을 주고 있는데, 2001년에 사망한 27세 남성(124, 189, 341쪽 참조)은 자신이 죽어야 할 가장 커다란 이유가 자신이 정신병을 앓고 있고 그것을 고칠 수 없기 때문이라고 표현한다. 그는 유서에서 바로 정신병 때문에 자신은 아무리 발버둥 쳐도 제자리일 수밖에 없다고 자신의 상황을 해석하고, 자신을 실수로 이 세상에 던져진 존재라고 규정하며, 그것을 어쩔 수 없는 현실로 받아들여야 한다고 생각한다.

갈곳도 정해졌고 난 받아들여야 한다

아무리 발버둥쳐도 예일을 어쩔 수 없고 주거라 뛰어도 난 제자리다

이건 어쩔 수 없잖은가

슬프고 두렵지만 안타깝지만 어쩔 수 없다

그 누구도 사랑할 수 없구나

엄마한텐 너무 죄송스럽지만 난 실수로 이세상에 던져진거야

그런거야 그거야 이제 사람들이 무섭다

밖은 나가면 너무 어색하고 힘들다

힘이 들어 견딜수 없다

그래 난 정신병도 앓고 있고 그것도 고칠 수 없는 것도 알고 있다

죽어야 할 가장 0순위 이유~

〔27세. 남. 무직. 2001년 9월 12일 의사〕

2002년에 사망한 27세 남성(229쪽 참조)도 학생 때부터 앓은 정신 질환으로 인한 열등감과 심한 스트레스를 겪으면서 죽고 싶다는 말을 자주 해왔는데, 그는 이전에도 칼로 자해하는 방법으로 자살을 시도했다가 실패한 적이 있었다. 그는 유서에서 자신의 정신 질환을 극복할 수 없다고 인식했고, 그렇기 때문에 죽어야만 하는 존재로 자신을 규정하고 자살을 결심했다는 것을 드러냈다. 실제로 그는 이번 자살 시도에서는 과도와 면도칼로 목과 양팔을 자해하고 제초제를 먹은 후 3층 옥탑에서 뛰어내리는 등 강한 자살 의지를 보였다.

마지막으로

난 지금도 내가 죽어야 하는 이유를 온몸 가득히, 뼈속으로 깨닫고 있다

온 몸에 퍼져있는 피속에 이미 그 이유가 다 새겨져 있는 듯 하다

그것은 죽음의 피였다

〔중략〕

작은 씨앗의 상처는 나도 모르는 새 저주의 나무로 내 안에 뿌리내리고 말았다 난 그것을 극복하기에 턱없이 모자란 힘을 갖고 있었다

나의 가는 모든 곳마다, 내가 하려하는 그 모든 일마다, 이미 그것은 내 안에서 메이리치며 죽음을 강요하고 있었다

〔중략〕

난 절대로 살 수 없다

〔중략〕

또한 절대로 살아서도 안된다 그것은 거역할 수 없는 명령이며 내 인생의 당위성이다

〔중략〕

내 몸속에서 저주의 피가 살아 숨쉬며 내 머리를 쪼아먹고 있는 한, 난 어차피 살 수 없는 목숨이며 살아도 산 목숨이 아니다

〔중략〕

난 지금도 죽을 수 있는 내가 오직 떳떳하기만하다

언제 죽어도 죽을 수 밖에 없는 목숨 조금 일찍치우련다

〔27세. 남. 고등학생. 2002년 5월 2일 음독사〕

그리고 2004년에 사망한 21세 여성은 정신지체 장애인이었는데, 그녀는 자신이 가지고 있는 장애로 인해 자신이 원하는 곳에 취업할 수 없다고 생각하여 자살했다. 그녀는 정신지체 2급, 언어장애 3급, 종합장애 2급의 장애인이었다.

○○에게

○○야 안녕!

○○야 언니다

○○야 언니 죽을란다 왜냐면 언니가 세상을 사는게 게힘들다

힘들어서 더 이상은 못살겠다

그래서 죽을란다

〔21세. 여. 종업원. 2004년 9월 3일 추락사〕

또한 1997년에 사망한 25세 남성은 자신이 시내버스 기사로 일할 당시 자신의 잘못으로 승객이 사망한 것에 대해 부담을 느끼고 있었는데, 그 이후 정상적인 생활을 하지 못해 고통 받고 있다가 스스로 목숨을 끊었다. 그는 자신이 부담감으로 인해 정신 질환에 걸리게 되었다고 평가하며, 그로 인해 세상을 뜬다고 자신의 죽음을 설명한다.

어머니의 아들로 태어나 어머니의 불행만을 보며 자란 나 어머니 에게 단 한 순간이라도 행복하게 해드리지 못하고 이렇게 정신적으로 폐인이 되어 세상을 뜨니 어머니 에게 어떻게 용서를 구해야 좋을런지 너무너무 가슴이 무너집니다

〔25세. 남. 무직. 1997년 5월 6일 의사〕

(3) 콤플렉스

우울증이나 정신 질환 이외에도 신체에 대한 콤플렉스 역시 주요한 심리적인 문제 상황으로 인식된다. 다음은 가슴 절제 수술 후 자기 자신의 정체성을 상실한 것으로 생각했던 사례로서, 1999년에 사망한 40세 여성은 유서에서 그러한 상실감을 나타낸다. 유서에 따르면 그녀는 아이들을 돌보지 못하는 것보다 자신의 가슴이 없어진 것을 더 큰 좌절로 느낀 것으로 보인다.

세상이 정말 싫다 돼냐구 무섭다

여자가 *** 생명체의 중효한 가슴이 없어진다

〔중략〕

여자가 가슴이 없다면 이렇게 될까

그래 문제가 아니라 우리 아이들은 어쩌나

내가 죽어도 살수 있겠지 다 커는데 뭐

나는 세상이 싫다 그냥 미련없이

〔40세. 여. 봉제업. 1999년 5월 18일. 사망 원인 미상〕

(4) 외로움

또한 사회적 관계들이 단절되어 외로움을 느끼는 경우도 자신의 목숨을 끊을 만큼 심각한 심리적 문제 상황으로 여겨지기도 한다. 1998년에 사망한 28세 남성은 자신이 '고아'이기 때문에 사는 것이 힘들다고 표현하며, 2005년에 사망한 60세 남성도 혼자 사는 것이 외로워 살기가 힘들다고 호소한다.

저는 고아이고 시신은 화장해주세요

사는게 너무 힘이들어 먼저갑니다

어차피 갈 인생 먼저 갈뿐입니다

하고 싶은게 많았는데 아직은 우리 사회가 받아들이지 않는군요

〔28세. 남. 무직. 1998년 12월 18일 추락사〕

죄송합니다

우울하고 외로워서 혼자 살기가 힘이 듭니다

〔60세. 남. 무직. 2005년 6월 30일 의사〕

4) 관계적 문제 상황에 대한 해석

여기에서는 가족 관계나 사회관계 속에서 발생한 문제 상황으로 인해 죽음을 선택한 사례들을 소개할 것이다.

의미 있는 타자들과 정상적인 의사소통을 하지 못하는 갈등 상황으로 인해 관계적 문제가 발생할 수도 있으며, 주변 사람들에게 학대나 무시를 당해 받는 고통이 스스로 목숨을 끊을 만큼 심각한 문제 상황으로 인식될 수도 있다. 또한 신뢰했던 사람의 배신이나 소중한 사람의 상실도 삶을 이끌어나갈 수 없을 만큼 심각한 문제 상황으로 이해되기도 한다.

특히 가족 간의 관계에서 발생하는 관계적 문제 상황은 그 자체로 참기 힘든 상황일 수도 있으나, 보다 중요한 것은 다른 문제 상황이 발생했을 때 그 문제를 감당해낼만한 지지를 받지 못하는 상황이라 할 수 있다. 이때 다른 문제 상황보다는 가족 간의 관계적 문제를 더욱 참기 힘든 상황으로 인식할 수 있다.

수사 기록에 따르면 자살자의 약 34%가 가족·애정 관계에서 문제 상황에 처해 있었으며, 이중 가장 높은 비율을 차지한 것이 갈등의 문제였다(부록의 〈표 18〉 참조).

(1) 갈등

2000년에 사망한 54세 남성(161쪽 참조)은 배우자와의 불화 때문에 자신이 자살을 결심했음을 알린다. 그는 17년 전 교통사고를 당한 후 신체적인 고통도 받고 있었으나, 신체적인 고통보다는 자신을 한 번도 생각해주지 않은 배우자와 함께 사느니 '차라리 죽는 게 낫다'는 생각에서 자살을 한다.

내가 살아서 무얺 하겠나

무지한 ○○엄마는 그간 단 한번이라도 이런 나를 생각해 본 일이 있었냐....!

내가 죽기로 결정한게 10. 말일이다

이○○ 하고 사느니 차라리 죽는게 나서 모든걸 정리한다

○○이 엄마에게 빚이 1.000만원 있고 은행빚(BC카드) 500만원이 있다

집을 남기고 가니 집을 팔아서 갚든 빨리 꼭 갚아라

이○○ 아줌마: 세상을 좀 알고나 살아....

〔54세. 남. 영업 사원. 2000년 11월 4일 의사〕

1998년에 사망한 35세 남성(384쪽 참조)도 결혼 초부터 계속해서 가출을 해온 아내를 원망하며 자살을 선택한다.

저는 결코 은행돈 빚때문에 죽는 것이 아닙니다. 저는 하느님만 아십니다. 열심이 살려고 해도 저를 믿어주지 않는것이 괴롭습니다

※ 그 여자를 처벌해 주십시오

〔35세. 남. 택시 기사. 1998년 5월 23일 의사〕

1999년에 사망한 60세 남성(227쪽 참조)은 자신은 나름대로 최선을 다했고 배우자를 사랑하지만 배우자가 자신을 알아주지 않는다는 것을 자식에게 호소한다. 그는 심근경색과 천식으로 10여 년간 투병 생활을 하고 있었는데, 배우자는 그가 아픈 것이 일하기 싫어서 꾀병을 부리는 것이라고 여기고 병문안 한 번 오지 않았다고 주장한다. 그는 약 3개월 전에도 자살을 기도한 적이 있었다.

너의(모)어머님 께서는 병원에 입원을 하면 일하기 실어서 꾀병을 이유로 입원한다는 말을 서슴없이 하는구나

아무리 할말이 없기로 몸이 아파 입원을 하느 사람한테 그런 말을 하는지 의구심이 들지않을 무섭다
병원에 입원하는 심정은 얼마나 괴로운지 알으지 않는 사람은 이해하지 못할것이다
병원에 입원했다 하여 병원을 한번 아파도 쾌유를 비는 마음으로 찾아준적이 인는지 묻고 십고나
진정한 쾌유를 빈다면 입원중 걱정스런 마음으로 병원을 방문하는 것인도리 이건을 병원 입원후 1번두 방문한적이 없오
〔중략〕
이것이 일심동체란 어휘를 사용할수있단 말인냐 이제는 노골적인 언행을 삼가지 않는다 일하게 실으면 **다나 하고싶으면 하고 하기 실으면 누워있다고 이말을 들을땐 머리의 피가 거꾸로 속는 심정이다
〔중략〕
나는 그야말로 당신을 사랑하고 진정 사랑하지만 당신이 진정 사랑으로 바다주지 않으니
〔60세. 남. 무직. 1999년 3월 16일 의사〕

(2) 학대와 무시

갈등이 상대적으로 대등한 권력관계에서 발생한 관계적 문제 상황이라면, 여기에서 소개할 사례들은 스스로를 약자라고 생각하고 자신이 가족이나 다른 사람들로부터 무시나 학대를 받는다고 생각하는 경우라 할 수 있다.

1998년에 사망한 61세 남성은 유서를 자신의 집 담에 붙였는데, 여기에서 자신이 가정으로부터 버림받았고, 자식 앞에서 폭행을 당해왔다고 주장한다.

가정애 버린 받은[버림받은] 이 마음 갈길 있으랴 자식 앞에 폭행과 ** ** ** **** ** ** 업구나. 모진게 목숨인가 조금 연장시켜 볼까 가진 노력을 헤오왔지만[갖은 노력을 해보았지만] 더 이상 견딜 수가 업서 이만 이만 * 죽을 결심 하였다

[61세. 남. 무직. 1998년 7월 26일 음독사]

2003년에 사망한 27세 남성(107, 202, 331쪽 참조)은 자신을 학대한 어머니에 대한 원망을 표현한다.

그래도 다행이네요 남겨놓은 것과 좋았던 추억이 짧아서 말이에요

[중략]

27년 3개월 동안 살아오면서 아빠 엄마의 따뜻한 사랑을 느껴보진 못했지만

[중략]

엄마를 정말 원망 많이 했어요 하지만 이제는 엄마를 용서할래요

[중략]

그런데 이제는 좀 알것같아요 엄마가 우리 3형제에게 항상 매질하고 밥 굶기고 학대하고 했어요 엄마는 형하고 누나의 친 엄마이잖아요 아마 엄마가 남이었다면 형하고 누나가 엄마를 그렇게 걱정하지는 않았을 거예요!

첨에는 형하고 누나를 이해하지 못했지만 이제는 엄마를 용서한 형하고 누나의 마음을 전부는 아니지만 이제는 알것같아요

[중략]

미안해요 아무래도 아빠 엄마, 형, 누나, 나 이렇게 5명은 만나면 안될사람들 이었나봐요

[27세. 남. 회사원. 2003년 3월 23일 의사]

2001년에 사망한 39세 여성(128, 277쪽 참조)은 유부남인 애인을 더 이상 만나지 못하는 상황을 비관하여 자살한 것으로 보인다. 유서에는 애인을 그리워하는 심정이 여러 부분에서 표현되어 있으나 여기에 인용한 부분은 애인으로부터 자신이 '첩'이기 때문에 피해를 주어서는 안 된다는 말을 자주 들었다는 것과, 애인의 아이를 임신했을 때마다 낙태를 시킬 수밖에 없었던 자신의 심정을 나타낸다.

> 병원에 갈때마다 난 마취주사 맞기 전에 항상 울었지
> 내 배 속에 있는 애기가 불쌍해서
> 난 왜 다른 여자들 보다 불행하는지
> 나에게 첩이라고 항상 뇌에 심어준 그 사람의 애기를 난 참 불쌍하더라구
> 넌 첩이야... 그러니깐 넌 욕심내면 안되는 거야
> 〔39세. 여. 무직. 2001년 12월 21일 의사〕

(3) 배신

믿었던 사람으로부터 배신을 당하는 경우도 심각한 관계적 문제를 발생시키는 상황이라 할 수 있는데, 특히 배우자나 애인의 배신은 자신이 겪고 있는 다른 문제 상황을 더욱 참을 수 없는 것으로 인식하게 한다. 그래서 그들이 기존에 겪었던 다른 문제보다는 배우자나 애인의 배신이 더욱 커다란 문제로 부각되는 것이다.

2004년에 사망한 48세 여성(210, 246, 376쪽 참조)은 배우자의 바람기를 참을 수 없었던 자신의 심정을 기술한다. 그녀는 재생불량성빈혈을 앓고 있어 치료비가 많이 들어가는 것을 고민하고 있었는데, 배우자의 외도로 인해 자신의 치료가 더욱 어렵게 되자 배우자를 비난하며 자신의 결혼 생활을 부정적으로 평가한다.

그것도 잠깐 약을 끊기도 전에 2000년 가을부터 또 외도의 시작

2001년엔 정말 제정신이 아니더군, 나이들어 빠지니까 더 무섭고 물,불을 가리지 못하는 너를 지켜보면서 내 마음은 무너져 내렸지

〔중략〕

선천적으로 물려받은 외도병도 죽을때까지 간다는걸 그때 깨닫고

〔중략〕

남편에 대한 증오와 병든 몸이 내 결혼생활에서 얻은거네요

〔중략〕

나이가 들어 바람나니 정말 무섭고 제정신이 아니더라구요

남편에 대해 좋은 기억을 떠올려볼려고 아무리 노력해도 생각나지 않는건 왜 그런지 모르겠어요 얼마나 살지 모르는 부인이 약도 끊기 전에 바람이나 제 정신이 아닌 남편을 보고 정말 인간이 이럴 수 있나?

〔48세. 여. 주부. 2004년 8일 29일 의사〕

2000년에 사망한 50세 남성(154, 190, 240, 367쪽 참조)도 배우자에게서 버림받은 자신의 처지를 가족에게 호소한다. 그는 장애 때문에 취업에 실패하는 등 여러 가지 문제가 있었으나, 무엇보다도 배우자의 '더러운 행동'이 더욱 참을 수 없었다고 표현한다.

인생이 허무하다

이 세상에서 아주 제일 가까운 사람에게서 버림 받은 나 (아내) 그사람도 나를 왜면 했는데 어느 누가 나를 맞이 해줄까

〔중략〕

떠나면서 모든 사람들에게 용서를 빌고 싶지만 꼭 한사람은 용서할 수가 없구나? 왜냐구?

〔중략〕

용서할수없어!

내 앞에서 어떻게 그런 무정한 간통을 할 수 있어

〔중략〕

나는 그때 얼마나 많은 고통속에서 우울증에 걸여 살았는지 모른다 그리고 집을 뛰쳐 나왔단다

〔중략〕

우울증보다 나는 너희엄마의 더러운 행동이 나를 이렇게 힘들게 만들었다

〔50세. 남. 무직. 2000년 10월 24일 음독사〕

2000년 사망한 25세 여성(111, 152, 292쪽 참조)은 남자 친구의 배신이 자신의 죽음의 이유라고 설명하는데, 그녀의 유서에는 남자 친구를 만나 사귀는 도중 대출을 받아 돈을 빌려주었지만 그것을 돌려주지 않고 핑계를 대는 남자 친구에 대한 원망이 표현되어 있다. 그녀는 '남자 친구가 옆에 있을 때'는 어떻게든 경제적인 어려움을 견딜 수 있었으나, 남자 친구가 그녀를 떠나 일본으로 출국하자 곧바로 목숨을 끊었다.

어머니, 아버지 죄송합니다

〔중략〕

만약 제 선택이… 한 남자를 선택한 댓가가 이 정도라면 그 댓가를 달게 받겠습니다

〔중략〕

난 ○○〔남자 친구 이름〕를 믿었고 ○○를 도와주었다

그런데 ○○는 **는 아니지만 자꾸만 돈을 갚는 것을 이유를 대며 늦춘다.

처음에는 내가 저지른 행동에 비난을 하고 고통에 견디지 못하여 힘들어하는데

그래도 ○○가 옆에 있기 때문에 죽기 아니면 살기로 모든 것을 포기했다 어떻게든 되겠지라는 생각으로...

〔25세. 여. 간호사. 2000년 9월 26일 음독사〕

(4) 상실

의미 있는 가족 구성원의 사망도 심각한 관계적 문제 상황이라 볼 수 있다. 특히 고령의 노인들의 경우 배우자가 사망하게 되면 심한 상실감을 느끼고 스스로 목숨을 끊는 사례가 다수 발견되었다. 이들의 경우 배우자의 기일에 자살을 시도한 경우가 많았는데, 사망 1주년이 되는 기일에 목숨을 끊는 사례들도 있었다.

다음에 인용한 것은 2005년에 사망한 81세 남성의 유서이다. 유서에는 자신이 '절망의 순간'에 있다고 표현되어 있으나 가족들의 진술에 따르면 당시 별다른 지병이나 채무가 없었다고 하며, 4년 전 부인과 사별하고 혼자 살면서 외로움을 느껴왔다고 한다.

나는 지금 절망의 순간에 와있다

〔81세. 남. 무직. 2005년 12월 25일 의사〕

다음은 처의 1주년 기일에 자살한 사례들이다.

2005년에 사망한 84세 남성은 부인의 제삿날 유서를 써놓고 목을 매어 자살하려다 묶어놓은 끈이 풀리면서 떨어져 벽에 머리를 부딪쳐 그 충격으로 사망했다. 그는 배우자 사망 후 자녀들이 함께 살자는 권유에도 혼자 살 것을 고집하여 간병인의 보호를 받으며 생활하다가 '할머니에게 가고 싶다'는 유서를 남기고 자살한 것이다.

2001년에 사망한 67세 남성의 경우에도 배우자가 사망한 지 꼭 1년째 되는 날 자살했는데, 아들의 진술에 따르면 생전에 성격이 활달하고 가족이나 다른 사람들과 좋은 관계를 유지하고 있었으며, 채권 채무 관계도 없었다고 한다. 그러나 1년 전 배우자 사망 후 술만 마시면 배우자 사진을 보고 혼자 울곤 했다고 한다.

할머니 2004년 1월7日 도라갓서요

할머니한태로 가구십허요〔가고 싶어요〕

** 불러주시요

여보여보 소리가 기애서〔귀에서〕 안 버려져요

나도 할머니 할머니 부러고 싶혀요〔부르고 싶어요〕

〔중략〕

다리가 아퍼서 주걸 수씹게 여수니라〔죽을 수밖에 없습니다〕

〔84세. 남. 무직. 2005년 1월 25일 추락사〕

나는 먼저 간다 가족들에게 미안하다

나는 화장을 온한다

〔67세. 남. 무직. 2001년 2월 26일 음독사〕

2005년에 사망한 28세 남성(127, 131, 165, 199, 335쪽 참조)은 어머니에 대한 상실감을 표현한다. 그의 형의 진술에 따르면 어머니가 돌아가신 후(2004년 12월) 그와 가족과의 관계가 더욱 소원해졌다고 한다. 다음의 유서에는 어머니와의 헤어짐이 상처가 되어 다른 사람도 결국은 그를 떠날 것이라고 생각하고 있는 모습이 보인다.

엄마가 죽었어

내 생일 전날

오래전부터 이순간을 준비해왔거든 상처받지 않으려고

근데 정작 닥치고 나니 너무 가슴이 아파

〔중략〕

엄마가 보고 싶어

이젠 돈도 없고 ..방도 너무 추워..누군가에게 의지하고 싶은데

아무도 날 받아주지 않을거야

〔중략〕

그래 .. 너 역시 날 귀찮아 하겠지

너도 믿을 수 없어

아무도 믿지 못하겠어

〔중략〕

힘들어 너무 힘들어

망가지는 날 지키기가 힘들어

〔28세. 남. 대학생. 2005년 3월 18일 의사〕

의미 있는 사람의 죽음과 마찬가지로 이혼이나 실연 등으로 인한 헤어짐도 심각한 상실의 경험이라 할 수 있을 것이다. 다음의 사례들은 헤어짐으로 인한 상실의 두려움을 나타낸 것으로 2005년에 사망한 30세 남성(146, 341, 357쪽 참조)은 자신의 경제적 무능력으로 인해 별거중인 배우자가 결국은 자신을 떠날지도 모른다는 두려움을 나타내며, 2000년에 사망한 34세 여성은 부정한 행위를 한 것은 자신이지만 그것으로 인해 가족을 상실한 아픔을 표현한다.

그런데 아빠는 엄마가 보기만하구 옆에만 있어주기만 해두 돼는데 자신이 없어

엄마가 아빠를 떠날것만 같아서

〔중략〕

널 위해 대신 죽을 수도 있다고 생각하고 살았는데 니가 떠날까봐서

그게 무서워서 내가 먼저 떠나는 겁쟁이가 돼버렸네

〔중략〕

이 힘든 세상 ○○이 너 만나서 잠시웃고 나머지 시간동안은 걱정과 울음과 서운함 막막함으로 짧은 인생 살다가 마감하는구나

〔중략〕

니가 보고 싶어서 죽을꺼 같어

내가 가장 아끼는 사람

내가 세상에서 제일 죠아하는 사람

〔30세. 남. 요식업. 2005년 3월 18일 의사〕

○○아빠!

미안해요!

〔중략〕

내가 왜 그랬는지 모르겠어.

정말 미안해.

〔중략〕

○○아. ○○아빠 미워하지마

그 사람 착한 사람인데 내가 배신해서 그런거야

○○아빠한테 그리고 ○○, ○○이한테 난 큰 죄를 진거야

〔34세. 여. 상업. 2000년 10월 18일 의사〕

4. 자기 자신에 대한 평가

1) 자신의 가치에 대한 평가

2004년에 사망한 26세 남성의 경우는 젊은 나이임에도 불구하고 여러 가지 부정적인 상황을 복합적으로 겪었던 사례라 할 수 있을 것이다. 그는 부모를 모두 잃고 남대문시장 부근에서 오토바이 퀵서비스 종업원으로 생활하고 있었는데, 친구의 보증을 섰다가 잘못되어 자신이 빚을 갚은 적도 있었으며, 애인에게 저축하라고 매달 150만 원씩 주었으나 애인이 돈을 모두 써버려 빈털터리가 된 적도 있었다. 그는 이와 같은 복합적이고 중첩적인 문제 상황이 자신에게 닥치자, 결국은 자기 자신을 세상을 '살아갈 자격이 없는 사람'이라고 평가하게 된다. 그는 형제와 친구에게 평소 부모 없이 사는 것이 너무 힘들고, 죽어야겠다는 말을 자주 했다고 한다.

> 진정 제가 살아온 삶은 돌이켜보면서
> 나같은 놈은 세상을 살아갈 자격이 없는 놈이란걸 알았습니다
> [26세. 남. 퀵서비스 종업원. 2004년 2월 29일 의사]

2004년에 사망한 21세 여성에게서도 자기 자신을 이와 같이 부정적으로 평가하는 모습을 발견할 수 있는데, 그녀는 자신에 대해서 '구제불능', '병신'이라고 표현한다. 그녀는 1년간 사귀어오던 남자 친구에 대한 실망과 편입 시험 실패로 인한 좌절 등이 복합적으로 작용하여 자신에 대한 부정적인 인식을 만들어낸 것이다. 다음은 그녀가 자신의 휴대전화의 메모 기능을 사용하여 작성한 유서이다.

혼자서 상처받고 있었던 것처럼 느껴지던 시간은 스스로를 위하는 미화의 작업이 얼마나 오만한지

나 완전 구제불능이야 짜증난다

나란 인간 병신같애 콱 죽어버려 이 병신아

자유로운 사람들에겐 어쩐지 무거운 향기가 날 것만 같아

[21세. 여. 대학생. 2004년 12월 22일 의사]

2006년에 사망한 23세 여성은 '살아가야 할 이유를 모르겠다'고 이야기하며, 자신은 '이렇게 살려고 한 것이 아니다'라고 자신의 상황을 받아들이지 못한다. 그녀는 '꿈도 많고' '하고 싶은 것도 많았'던 것이다. 그러나 그녀는 결국에는 좌절할 수밖에 없었으며, 실패한 자신을 '내 머리는 쓰레기로 가득 차서 온통 지저분'하다고 표현한다. 그녀는 부친 사망 후 어머니가 재가를 하여 재산을 탕진하고 자신을 돌보지 않는다고 생각하고 있었으며, 공부를 하고 싶지만 생활비가 없어 공부와 일을 병행하기 어려운 상황이었다. 자살 당시에는 공과금도 밀려 있었고, 빚마저 지고 있었다. 이처럼 그녀가 겪은 생활고는 자신으로 인한 것이 아님에도 불구하고 그녀는 자신을 부정적으로 평가하고 있었다.

미안해

내가 왜 살아야 하는지 이유를 몰라서

나는 이렇게 살려고 했던게 아니여서..

꿈도 많고.. 하고 싶은것도 많았는데

꿈은 그저 꿈일뿐이예요

돈을 벌어야지 그래야 내가 사니깐

내눈은 고장이나서 눈물밖에 나질않고

내머리는 쓰레기로 가득차서 온통 지저분하고

내가 … 〔이후 유서 쓰다가 지워버림〕

〔23세. 여. 무직. 2006년 7월 17일 추락사〕

1998년에 사망한 64세 남성의 경우 사업에 실패하고 부채가 늘어난 상황에서 자신을 '죄인'이라고 규정하고 있는 모습을 발견할 수 있다. 그는 새우 양식업을 하고 있었는데 양식 새우가 몇 차례 집단 폐사하여 경제적으로 곤란한 상황에 있었으며, 양식장으로 구입한 대지가 불법 취득한 국유지로 판명되어 국가에서 환수하기로 되어 있었다고 한다.

이렇게 끝날줄은 몰랐다

나의 모든 **는 몸밨처 뛰었다. 주님에게 매일 렸* 했지만 주님은 용서을 해주지 않으셨다

내가 제인〔죄인〕이기 때문이지

〔64세. 남. 새우 양식업. 1998년 8월 19일 의사〕

신체적인 문제로 인한 부정적인 상황이 자기 자신에 대한 부정적인 인식을 만들어내는 모습도 발견할 수 있다. 2004년에 사망한 73세 남성은 27년 전에 배우자가 사망했고, 최근에 약 7년 정도는 다른 가족과 떨어져 혼자 생활하고 있었는데, 혼자 생활하면서부터 고혈압, 심장 질환 등을 앓았으며, 술을 많이 마셔 위출혈로 수술을 받은 적도 있었다. 그리고 최근에는 저나트륨증으로 입원 치료를 받기도 했다. 그는 이와 같이 여러 가지 질병에 시달리면서 혼자 생활하는 자신의 모습을 '어머니의 치부'라고 평가하는 유서를 남겼다.

나는 어머니한터 치부인터 *기만 할말이 엄다

〔73세. 남. 무직. 2004년 12월 27일 중독사〕

2003년에 사망한 38세 남성(272쪽 참조)은 3살 때 생모로부터 버림을 받아 친척집에 입양되어 성장하다가 중학교 2학년 때 자신이 생모가 따로 있다는 사실을 알게 된 후 집을 나갔고, 그후 약 25년간 집에 들어오지 않고 신문 보급소에서 일하며 따로 지냈다고 한다. 그는 또한 어렸을 때 앓은 열병으로 인해 눈이 잘 보이지 않는 상황이었다. 이러한 여건 속에서 그는 자신을 '불효자식이고 나쁜 동생'이며, '호로자식이고 장애인이고, 자존심만 있는 못난' 존재로 규정하고 있었다.

형님 불효자식이고 나쁜동생이지만 진짜 열씸히 살았습니다

하지만 적응을 못했습니다

〔중략〕

호로자식이고 장애인이고 그리고 자존심만 있는 못난 **었습니다

〔38세. 남. 신문 보급소 종업원. 2003년 11월 28일 의사〕

또한 자신을 소외된 존재로 인식하고 있는 사례도 다수 발견되었는데, 그런 경우에는 대개 자신을 버림받은 존재이며, 죽더라도 슬퍼할 사람도 없는 존재로 규정한다.

1998년에 사망한 14세 여성은 자신이 죽어도 슬퍼할 사람이 없는 존재라고 자기 자신을 비하하는데, 그녀는 자신과 같은 나이의 다른 여성과 함께 목숨을 끊었다. 이들은 학교를 중퇴하고 시내를 배회하며 그때그때 생활비를 충당하며 생활해왔던 것으로 보이는데, 참고인의 진술에 따르면 두 사람 모두 남자 친구를 사귀다가 최근 헤어졌다고 한다.

이세상에서 우리는 버림받고 살았다

정말 짜증난다

행복하게 살아라

〔중략〕

떠나 다음 세상에서 행복하게 살고 싶어요

아빠 엄마 오빠 ○○야 미안해

지금 IMF 시대에 내가 살아서 돈만 마니 쓰구 하니깐 죽을께요

내가 죽어도 슬퍼하는 사람은 없지만 그래도 행복하게 사세요

〔14세, 여, 무직, 1998년 12월 15일 음독사〕

1998년에 사망한 18세 여성(162쪽 참조)도 자기 자신을 '죽는다고 해서 슬퍼할 사람도 없는' 외롭고 소외된 존재로 인식하였다.

내가 이렇게 죽는다고해서 슬퍼할 사람도 얼마없고

〔18세, 여, 간호보조원, 1998년 5월 29일 의사〕

2001년에 사망한 32세 남성(120, 134쪽 참조)은 죽음 앞에서 외롭고 처절한 심정을 드러내며, 자신의 가치를 강하게 부정한다. 그는 자신이 '갈 곳도 없이 외롭다'고 표현하며, 아무도 자신의 심정을 알지 못할 것이라고 절망한다.

내가 세상에 나와서 무얼했던가

난 아니야 난 아니야 난 아니야

〔중략〕

나의 마지막 고스락인 것...

갈 곳이 없다 더 이상 갈 곳이 없다

나의 자리는 어디인가

진정 내가 설 자리는 어디인가

여기도 없다 저기도 없다

그럼 한가지

〔중략〕

너무 외롭다. 너무너무 외롭다

처절한 나의 심정 누가알까

진정 알 수 있을까 너무너무 외롭다

〔32세. 남. 무직. 2001년 11월 7일 중독사〕

1997년에 사망한 39세 남성(206쪽 참조) 역시 자신을 '소외된 인간'으로 규정하는데, 그는 중학교 3학년 때 어머니를 잃고 형제들의 집을 돌아다니며 생활했으나, 직장을 잘 구하지 못했고 어쩌다 직장을 구해도 일을 못한다는 이유로 한 직장에서 3개월 이상 생활하지 못하는 등 사회에 적응하지 못했다. 이와 같은 상황에서 그는 자신을 개들도 무시하는 무가치한 존재로 생각한다.

이세상에서 사랑하는 사람 한명도 정하기 어려운 외로운 정말 소외댄 인간이였다

야 짐승같은 존제들아 집에 개도 전엔 막 짖고 공격한다

〔39세. 남. 무직. 1997년 10월 1일 의사〕

이와 같이 자신이 소외되고 무가치한 존재라는 인식은 자신이 살아가는 사회와 자신이 아무런 관계가 없다는 인식으로 연결되기도 하는데, 다음의 사례들은 주변에서 일어나고 있는 중요한 역사적 사건들 속에 함께하고 싶지만 자신의 삶은 그것과 관계없이 소외되어 있다고

평가하는 내용이다.

2001년에 사망한 27세 남성(124, 167, 341쪽 참조)의 경우 평소 자신의 삶을 비관하여 그 내용을 수시로 기록해왔던 것으로 보이는데, 그의 유서에는 아버지에 대한 원망과 죽음을 결심하기까지의 고민 과정이 드러나 있었다. 다음에 인용한 것은 자기 자신에 대해 부정적인 평가를 내린 부분과 사회에서 소외되었다는 느낌을 기술한 부분이다.

> 미치겠다
> 어디가서 죽지? 어떻게 죽냐 말야
> 〔중략〕
> 죽을 수 밖에 없어
> 그래 죽기로 했으니 죽어야지 이제와서 뭘 어떡해 뭘~
> 항상 뭘 어떻게 해야 할지를 몰라해 바보천지가 돼서 어쩔 수 없단 말야
> 〔중략〕
> 오늘 박찬호가 홈런을 날리고 18승을 거뒀단다
> 현대 금매달 8개로 종합 12위다
> 그리고 난 아직 죽지 못했다
> 〔중략〕
> 내가 죽어도 살아도 세상은 변하지 않는다
> 언제나 그대로일뿐
> 아무도 날 찾지않고
> 〔중략〕
> 악마가 있다면 내 영혼을 팔테니 힘을 빌려다오
> 싹 쓸어버리게 모두다 전부 싹
> 〔27세. 남. 무직. 2001년 9월 12일 의사〕

2000년에 사망한 50세 남성(154, 177, 240, 367쪽 참조)도 세상과 상관없이 홀로 죽어야 하는 외로움을 표현하고 있다.

이제 서서히 죽음이 다가온다
김대중 대통령께서 노벨 평화상을 받는단다
너무 기쁘고 축하해주고 싶다
그러나 나는 이지구를 떠나려고 한다
〔50세. 남. 무직. 2000년 10월 24일 음독사〕

2) 실패의 원인에 대한 인식

자살자들이 자신의 삶을 실패한 것으로 평가하는 경우, 유서에 실패의 원인에 대해 기술하기도 한다. 이중 자신의 실패가 다른 사람 때문이라고 언급한 경우가 40.4%로 가장 많았고, 자신의 무능력이 원인이라고 언급한 경우는 21.3%, 그리고 그냥 운명의 탓이라고 언급한 경우는 18.0%를 나타냈다. 이것을 성별로 살펴보면 남성과 여성 모두 자신의 실패가 다른 사람 때문이라고 언급한 경우가 각각 40.6%, 40.0%로 가장 높은 비율을 차지했다. 그러나 남성의 경우는 자신의 무능력을 탓한 경우가 27.5%, 운명을 탓하는 경우가 15.9%, 우울증이나 정신 질환 때문이라고 생각한 경우가 7.2% 등을 나타낸 반면, 여성은 자신의 무능력을 탓한 경우가 한 사례도 발견되지 않았으며, 운명 때문이라고 생각한 경우가 25.5%, 우울증이나 정신 질환 때문이라고 생각하는 경우가 20.0% 등의 비율이었다(부록의 〈표 27〉 참조).

자신의 실패의 원인에 대한 인식을 연령별로 살펴보면, 19세 이하 자살자들은 자신의 실패가 다른 사람 때문이라고 생각하는 경우와 자신의 무능력 때문이라고 생각하는 경우가 각각 50.0%였으며, 20대 자살자는 실패가 다른 사람 때문이라고 생각하는 경우가 32.0%, 우울증이나 정신 질환 때문이라고 생각하는 경우가 20.0%, 가정환경 때문이라고 생각한 경우와 운명 때문이라고 생각한 경우가 각각 12.0%였다. 30대 자살자는 실패가 다른 사람 때문이라고 생각하는 경우가 61.1%, 자신의 무능력 때문이라고 생각하는 경우가 22.2%, 운명 때문이라고 생각하는 경우가 16.7%였다. 40대 자살자는 실패가 다른 사람 때문이라고 생각하는 경우와 자신의 무능력 때문이라고 생각하는 경우가 각각 41.2%였다. 50대 자살자는 실패가 운명 때문이라고 생각하는 경우가 41.7%, 다른 사람 때문이라고 생각하는 경우, 우울증이나 정신 질환 때문이라고 생각하는 경우, 신체적인 병 때문이라고 생각하는 경우, 돈 때문이라고 생각하는 경우가 각각 16.7%였으며, 60대 자살자는 실패가 다른 사람 때문이라고 생각하는 경우가 50.0%였다. 그리고 70대 자살자는 실패가 다른 사람 때문이라고 생각하는 경우가 42.9%, 자신의 무능력 때문이라고 생각하는 경우가 28.6% 등이었다(부록의 〈표 28〉 참조).[1)]

물론 이러한 결과는 각 연령대에 포함된 사례 수가 충분하지 않아 일반화하기가 힘든 것은 사실이다. 그럼에도 불구하고 대략적인 추세를 살펴본다면, 20대와 30대의 경우는 다른 사람이나 가정환경 등의 외부적인 요인에서 자신의 실패의 원인을 찾고 있는 경향이 나타나는 반면, 40대의 경우는 다른 사람과 더불어 자신의 무능력에서 실패의 원인을 찾는 경향이 많은 것을 알 수 있다. 그리고 50대의 경우는 실패의 원인을 구체적인 사람에게 돌리기보다는 막연한 운명 탓으로 돌리고 있었다.

1) 이 경우는 자신의 실패에 대한 원인이 드러나는 모든 항목을 중복 집계하여 각 항목의 비율의 합이 100을 넘기도 한다. 이처럼 부록의 표 12, 13, 16, 17, 26, 27, 28, 29, 30, 32, 33은 각 항목을 중복 집계하여 비율의 합이 100을 넘는다.

이처럼 많은 자살자는 자기 삶의 총체적 실패에 대해서 나름의 원인이 있다고 해석한다. 그들은 무능력이나 정신 질환과 같은 내적 요인에서 실패의 원인을 찾기도 하지만, 가정환경과 같은 상황적 요인이 작용했다고 평가하기도 한다.

(1) 자기 부정

많은 자살자가 자신의 문제 상황 속에서 자신의 인생 전체의 가치를 부정하는 모습들을 보인다. 이 같은 정서가 담긴 유서들은 자신의 인생 자체를 부정하거나 자신의 인생은 처음부터 잘못되었기 때문에 자신은 어쩔 수 없었다는 평가를 내린다. 또한 이들의 글에서는 인생에 대한 허무함과 자신과 타인에 대한 공격성이 드러나기도 한다.

2005년에 사망한 19세 여성은 이러한 정서를 단적으로 드러내고 있는데, 그녀는 자신의 20년 동안의 인생을 '젠장'이라는 단어로 요약한다. 그녀는 술집에서 생활비를 벌어 충당하며 이혼한 어머니와 살고 있었는데, 자신이 임신한 사실과 술집에 다닌다는 것을 어머니가 알게 되자 자신의 방에서 목을 매고 스스로 목숨을 끊었다.

> 내 나이 스물 무엇?
> **젠장, 쉣**
> 머릿속이 복잡해
> 정말 사는게 지겨워!
> everyday
> 〔19세. 여. 대학생. 2005년 11월 9일 의사〕

2000년에 사망한 51세 남성은 지병으로 인해 고통을 당하는 상황을 '고통스러운 삶'이라고 표현하며, 자신의 삶을 '죽으려고 해도 죽어지지 않는 더러운 팔자'라고 평가한다. 그는 허리 통증과 위장 장애를 앓고 있었다.

> 고통스런 삶 빨리 떠낫으면 좋게다 죽으려고 해도 죽어지지 않는 팔자 더러운 팔자
>
> [51세. 남. 무직. 2000년 9월 29일 의사]

이처럼 지금까지 살아온 자신의 인생 과정을 전체적으로 부정하는 진술은 많은 자살자에게서 보이는데, 1997년에 사망한 39세 남성(387쪽 참조)은 자신의 삶을 '허무하고' '모든 것을 잃었다'고 표현하며, 2006년에 사망한 52세 남성(140, 323쪽 참조)은 자신을 '아무 가치 없이 산' '세상에 태어나지 말았어야 할 인간'으로 규정하고, '세상에 있어도 그만 없어도 그만인 인생'이라고 자신의 인생을 평가한다. 그는 목수였으나 교통사고를 당한 후 일을 그만두고 생활보호 대상자가 되어 보조금으로 생활하고 있었는데, 자신은 삶을 잘못 살았기 때문에 자살이라는 '못난 짓'을 할 수밖에 없다고 하며 목숨을 끊었다.

> 세상 정말 살기싫다
> 나를 아는 모든 이에게 나의 삶을 어느 누구도 모을 것이다
> 이 적은 나이에 세상을 잊는 다는 것이 너무 허무하다
> [중략]
> 난 모든 것 일었습니다
> 제송합니다
>
> [39세. 남. 선원. 1997년 5월 25일 의사]

> 세상에 태어나지 말았어야 할 인간 이세상에 태어나 아무 가치없이 살면서

가족들에게 못할 짖만 많이도 했습니다

〔중략〕

용서하세요

하지만 정말 이렇게 사는데 지쳤습니다

〔중략〕

세상에 있어도 그만 없어도 그만인 인생 이제 세상을 하직할까 합니다

〔중략〕

내가 이 못난 짓을 해야 여러분 께서 고생을 덜 하실겁니다

저는 세상을 잘못살았읍니다 너무나도

〔52세. 남. 무직. 2006년 6월 25일 질식사〕

2005년에 사망한 67세 여성은 자신의 삶을 '바보처럼 한심하게 살았다'고 평가하며, 그와 같은 자신의 모습에 대해서 '한평생 헛살고 떠나려니 부끄럽다'고 표현한다. 자살자의 친동생은 그녀가 평소 자식들과의 관계가 원만치 않았으며, 2005년 10월 말경 자식들과의 금전적인 문제로 남편과 이혼을 한 후에 많이 힘들어하고 괴로워했다고 진술했다.

사랑하는 아우들아

갈 곳 없는 나를 위로하고 보호해 주고 용기를 심어주려 애쓴 내 아우들아 고맙다

너무나 바보처럼 한심하게 살아온 나 이제 후회한들 이미 늦은 것

이제 내 갈길을 가련다

○○, ○○아

세상에 태어나서 한 평생 헛살고 떠나려니 부끄럽기 그지없구나

자식하나 못 낳은 처지에 가족에게 아무 것도 해 준 것없이 늙었으니 참으로 미안하다.

〔67세, 여, 무직, 2005년 12월 22일 익사〕

2001년에 사망한 58세 남성(106쪽 참조) 역시 자신의 삶을 '허망한 삶'이라고 규정하고, '죽을 땅도 없는' 자신의 삶은 짐승만도 못하다고 평가한다. 그의 이웃은 그에 대해 마음이 착하고 다른 사람에게 덕을 베풀며 사는 모습이 보기 좋았다고 진술했으나, 그는 하루하루를 지탱하기가 너무 힘들고 서러워 그의 집에서 제초제를 먹고 자살을 시도했으며, 중환자실에서 치료를 받다가 사망했다.

지난 세월이 너무도 긴 악몽 이었다
병들어 이렇게 허무하게 살아야 하나
한난 미물의 짐승도 자기가 죽을 때는 죽을 땅이 있건만 한사람으로서 너무나 허망한 삶 은 영위해야 하나
병든 몸 이 몸이 서야할 땅이 어디일까
삶이란 역시 허망한 것일까
〔중략〕
나는 며칠후 삶을 포기 해야 한다
병들고 지친몸 역겨운 삶을 하루 하루 지탱하기가 너무 나 힘들고 서러울 뿐

〔58세, 남, 무직, 2001년 8월 23일 음독사〕

2003년에 사망한 43세 남성(152, 214, 259쪽 참조)은 다른 사람들에게 심각한 피해를 입힌 자신의 실패에 대해서 스스로 용서하지 못하고 있으며, 그 같은 자신의 모습을 '악마 같은 놈'이라고 표현하며 '사탄이 내 피 속에 있는 것' 같다고 스스로의 삶을 평가한다. 이 같은 자기

삶에 대한 부정적인 평가는 자신의 시신을 처리하는 방법을 언급하는 데에 그대로 나타나는데, '화장을 해서 고향 동산에 뿌려주면' 고마울 테지만 '안 되면 버려버리라'며 자포자기한 심정을 드러낸다.

이걸어찌하나, 잠 못 이루고 모두 죽이게 하고, 나 먼저 가련다
〔중략〕
나로 인해 연결된 모든 사람이 망가저버릴것 같다
요즈음 나는 사탄이 내 몸속 내 피 속에 있는것을 느낀다-
〔중략〕
· 나를 화장을 해서 고향동산에 뿌려 주면 고맙고
· 안되면 버려버리든가
· 안되면 알아서 처리해주세요
〔중략〕
악마같은 놈
정말 악마
〔중략〕
나를 빨리 버리는 것만이
연관된 사람들의 최선
〔중략〕
미안, 미안,
죽일놈, 죽일놈
〔중략〕
악마같은 놈 교만 아무것도 없는 것이 한번 해보고 십은 마음에 펼친사업이
이것인 내 작품(내주변모두가 피해자) 모든 것이 하자, 투성이
〔43세. 남. 사업. 2003년 2월 23일 추락사〕

이 같은 정서는 2002년에 사망한 49세 남성에게서도 매우 유사하게 드러나는데, 그는 혼자만 살려고 했던 자신의 모습에 가책을 느끼며 자신을 '사람의 탈을 쓴 악마'라고 표현한다. 그 역시 자기의 존재를 부정하는 방법으로 자신의 시신을 '화장해서 오물통에나 넣어주십시오'라고 부탁하며, 스스로 자기 존재를 혐오하고 있음을 나타낸다. 그는 직업 없이 지냈기 때문에 가족들을 도와줄 수 없어 미안하게 생각했으며, 특히 어머니를 동생이 모시는 것에 대해 미안하게 생각했다고 한다.

> 이세상의 마지막 부탁입니다
>
> 제가 모든걸 이렇게 만들었고 제 아내도 결국은 제가 만든 희생물입니다 저 혼자만 살려고 제 목구멍만 알고 형제 부모 자식 친구들까지 이용만 했던 제 자신이 양심의 가책상 모든 죄을 대신 지고 갑니다
>
> 〔중략〕
>
> 저는 사람의 탈을 쓴 악마입니다
>
> 절대 장례을 지내지 마십시오
>
> 관도 필요없고 옷가지도 필요없습니다
>
> 그냥 발견 즉시 불에 태워 주세요
>
> 〔중략〕
>
> 화장해서 오물통에나 넣어 주십시오
>
> 〔49세. 남. 무직. 2002년 11월 30일 의사〕

이 외에도 1997년에 사망한 23세 남성은 자신의 인생을 '무엇을 위해 살았는지, 무엇을 하고 싶었는지 모르는' 허무한 삶으로 평가하고, 2005년에 사망한 25세 남성도 '내세에는 사람답게 살고 싶다'는 표현을 통해 현재의 자신의 삶을 사람답지 않은 삶으로 규정한다. 전자는 재수 생활 중 사귀던 애인을 대학 합격 후에 만나라는 꾸지람을 들은

직후 자살했으며, 후자는 어렸을 때부터 가정 폭력으로 인해 고모 집에서 양육되는 등 가정환경이 좋지 않았다.

그리 길지 않았다
24년이란 시간 무엇을 위해 살았는지
또 무엇을 하고 싶었는지 알수없다
다만 난 여기서 끝이다
더 이상 살아갈 용기조차 없다
〔23세. 남. 대입 4수생. 1997년 11월 2일 의사〕

나를 아는 모든 사람들에게 용서를 구하며... 내생에는 사람다운 삶을 살고 싶다
〔25세. 남. 무직. 2005년 3월 22일 의사〕

(2) 자신의 무능력으로 인한 실패

자살자들 중에는 자신의 무능력에서 실패의 원인을 찾는 경우가 있다. 2003년에 사망한 23세 남성은 실패의 원인을 자신의 무능력 때문이라고 생각하는데, 자신을 '무능력한 존재', '사회에 필요 없는 존재', '살아야 할 가치가 없는 존재', '신이 실수로 잘못 보낸 존재'로 규정한다. 그는 자신의 인생을 태어나면서부터 잘못된 것으로 평가하며 자신은 인간답게 살지 못했다고 스스로 생각하고 있었던 것이다. 그의 어머니는 초등학교 1학년 때 교통사고로 사망했으며, 계모와 아버지는 그의 문제로 자주 싸웠고, 그는 중학교 때부터 수시로 소년원에 수용되는 등 많은 문제 상황 속에 있었으나, 내성적인 성격으로 인해 가족들에게는 평소에 불만을 이야기한 적도 없었다.

하지만 정말이지 왜 이렇게 태어났는지 정말 많은 고민을 했습니다

어느 누구의 탓도 아니란걸 압니다 그렇게 똑바로 살아 라고 말해준 사람이 제 주위에 많았지만

제가 듣지 않는 것 뿐이니까요

〔중략〕

무능력하고 사회에 필요없는 존재이자 짐이 될 뿐이라면

사는 것보다 죽는게 났다고 생각이 들었습니다

그래서 이렇게 마지막을 선택합니다

〔중략〕

정말이지 무능력한 존재일뿐입니다

살아야할 가치가 없는 존재인가봅니다

신은 인간에게 살아야할 이유와 꼭 필요한 존재만을 세상에 보낸다고 하셨는데 신께서 실수로 절 잘못 보냈나봅니다

〔중략〕

하지만 전 정말 태어나지 말았어야할 인간인가 봅니다 태어나서 이날 이때까지 줄곧 인간답게 살지 못했으니까요..

정말 다음에는 인간답게 태어나서 살고 싶습니다.

〔23세. 남. 무직. 2003년 9월 29일 의사〕

(3) 우울증, 정신 질환 등으로 인한 실패

2005년에 사망한 28세 남성(127, 131, 165, 180, 335쪽 참조)과 같이 자신의 실패가 우울증이나 정신 질환 때문이라고 생각하는 경우도 있었다. 그는 자신의 삶을 '처음부터 잘못된 삶'으로 규정하고 있었는데, 자신이 우울증이 있어서 결국 실패할 수밖에 없다고 생각했기 때문이다. 그는 이러한 자기 인식으로 인해 우울증이 시작된 20세를 자신의 삶이 어긋난 시기로 생각하였으며, 우울증 발병 이전에는 '조금은' 행

복했지만 지금은 '아무리 해도 행복하지 않다'고 표현한다.

20살

내게 두통이 시작된 그 때부터 내 삶은 결국 이렇게 끝맺도록 정해진게 아닌가 싶어

〔중략〕

여러 가지 생각을 했어

어릴때 같이 놀던 기억들

〔중략〕

그때는 그래도 조금은 행복했는데

〔중략〕

나도 행복해지고 싶었는데 아무리해도 행복하지 않네

죽을때 너무 아프지 않을까?

아픈건 싫은데

더 머물 순 없어

〔중략〕

몇 번이나 결심을 해도 역시 죽는건 힘든가봐

좀 무서워 너무 외롭구

〔중략〕

무서워

자꾸 눈물이 나네

이제 그만 쉬고 싶어

〔중략〕

뭐가 잘못된 걸까?

전부 잘못된 걸까? 그래 ... 첨부터 잘못된거야

〔28세. 남. 대학생. 2005년 3월 18일 의사〕

(4) 가정환경이 초래한 실패

한편 자신의 삶이 잘못된 원인이 불우한 가정환경 때문이라고 생각하는 사례들도 찾아볼 수 있다. 2000년에 사망한 25세 남성(208쪽 참조)은 자신의 삶이 어린 시절부터 잘못되었다고 규정하고, 자기 자신을 '인간쓰레기', '이기주의자', '이중인격자' 등과 같이 부정적으로 인식하는데, 그는 그 원인을 자신에게 아버지가 없다는 것에서 찾는다. 그는 유서에서 어린 시절에 아버지가 없었기 때문에 자기 자신은 비참한 생활을 할 수밖에 없었고, 도둑질과 싸움 등 비행에 노출될 수밖에 없었다고 평가한다. 그래서 자신은 더 이상 살아갈 이유가 없고, 이제 '좋은 세상'으로 '아빠한테' 간다고 하며 목숨을 끊는다.

> 저같은 놈은 세상에는 없을 것입니다 더 이상 살아서 무엇하겠습니다
> 인간쓰레기같은 이 사람은 사죄할 길없고 용서를 빌면 무엇하겠습니까?
> 〔중략〕
> 못난 손자 ○○ 아빠한테 갈랍니다
> 그동안살면서 아버지 많이 보고 싶었습니다
> 초등학교 때 친구들이 아버지 손잡고 가는거보면 부러워서 눈물이 나올 지경이였고
> 아버지 없는 말못할 서러움도 많이 겪었습니다
> 먹고싶은 것이 있어도 참아야했고 아버지없는 호로자식이란 말도 많이들었습니다
> 저를 알고있는 모든 분들게 죄송하고 죽어마땅한 놈 죽는다고 단순하게 생각마십시오
> 초등학교시절 길가다가 핫도그하나 가자뿌스게기 하나 떨어져있으면 후후 털어내고 먹어 본 기억이 생생합니다
> 도둑질도 많이 했습니다 중학교 울라가서도 제 인생은 먹고 놀고 싸우고

도둑질하는게 전부 였습니다 그런 사고방식이 어디 가겠습니까

성격도 부모도 모르고 자기밖에 모르는 아주 이기주의고 이중성격 입니다

군대까지 제대한 놈이 부모도 모르는 그런 행동을 하는데 더 살아 무었하겠습니까?

그동안 죄송했습니다

〔25세. 남. 무직. 2000년 1월 2일 의사〕

2003년에 사망한 27세 남성(107, 175, 331쪽 참조)은 자신의 삶이 잘못된 이유가 '부모의 이혼'이라고 여긴다. 그는 자신의 삶이 20년 전부터 잘못되었다고 평가하고, 그 이후의 자신의 삶에 대해서는 '행복했던 적이 단 한순간도 없다'고 자신의 삶 전체를 부정한다. 그는 자신의 삶을 부정하는 것을 넘어서 자신의 형과 누나의 삶의 가치에 대해서도 부정하고 있는데, 자신과 마찬가지로 먼저 죽은 '형, 누나 역시 항상 부족하고, 항상 절망적이었을 것'이라고 생각하고 있는 것이다. 그런데 그의 아버지의 진술에 따르면 그가 잘못의 시작 시점이라고 생각하는 20년 전에 부모가 이혼했다고 하며, 그의 형은 자살로, 누나는 사고사로 세상을 떠난 상황이었다.

2003년 3월 23일 날자로 27년3개월7일 살았네여

〔중략〕

다시 20년 전으로 돌아갈 수만 있다면 죽어도 아니 내 목숨을 내 영혼을 팔아서라도 20년 전으로 돌아갈 수만 있다면 무슨 일이라도 할 수 있을텐데요,

〔중략〕

그래도 다행이네요 남겨놓은 것과 좋았던 추억이 짧아서 말이에요

행복했던 순간이 단 하나도 없어서 다행이에요

만일 단 한번만이라도 내 인생에 있어서 행복했던 순간이 있었다면 떠나

지 못했을 거예요!

〔중략〕

우리 형, 누나가 30년도 채 못살고 행복했던 기억이 없었다해도

〔중략〕

형, 누나 역시 나름대로 열심히 살아볼려구 노력했지만 남는것은 항상 부족하고, 무엇을 해도 항상, 부족하고, 항상 절망적이었을 거에요

〔중략〕

지금에서야 말하는 거지만 나는 중1때 한강물에 빠져서 죽으려고 했던 적이 있었어요

내가 죽으면 엄마 아빠가 앞으로는 절대로 싸우지 않겠지 하는 생각이 너무도 간절해서

〔중략〕

27년 3개월 동안 살아오면서 아빠 엄마의 따뜻한 사랑을 느껴보진 못했지만 다음 세상에 다시 태어나면 이제는 행복하게 살수 있을것 같아요

〔중략〕

형하고 누나가 비록 30년도 채 못살고 떠났지만 그래도 30년 동안 항상 불행하지는 않았었던것 같아요

그런데 만일 될수만 있다면 그렇게 할수만 있다면 20년 전인 8살때로 돌아가고 싶어요

다시 20년전을 돌아갈 수만 있다면 절말 잘 할 수 있을 텐데라는 생각이 너무도 간절해요 근데 그럴 수 없잖아요…

〔27세. 남. 회사원. 2003년 3월 23일 의사〕

(5) 그 밖의 다른 원인들로 인한 실패

다음은 자신의 삶이 처음부터 잘못된 이유가 자신이 '여자'이기 때문이라고 생각하는 경우이다. 2001년에 사망한 33세 여성(263쪽 참조)

은 자신을 가정 폭력에 시달려 폐인이 되어버린, 남자에게만 의지하려는 무능력한 존재로 규정하는데, 그녀는 이 모든 인생의 실패가 자신이 여자이기 때문이라고 평가한다. 또한 그녀는 이혼을 하면서 아들의 양육권을 남편에게 빼앗겼는데, 이에 대해서도 자신이 여자이기 때문에 아들을 빼앗겼다고 생각한다.

나는 알고 있으면서도 세상에 돌아가는 흐름을 무시한다
비록 내가 여자로 태어났지만 난 언제까지나 남자이고 싶다
그래서 만나는 남자마다 가소롭고 귀찮다 한마디로 난 남자이고 싶다
이제까지 내가 왜! 참고만 살아왔는지
이제는 조금씩 느끼지만 다음 세상에선 절대로 여자로 태어나고 싶지 않다
〔중략〕
그러나 난 아제 그누구도 이길수없다
여자이기 때문에…
〔중략〕
이쁘고도 사랑하는 나의 아들 ○○아!
엄마는 널 버린게 아니란다
널 빼앗겼다고 해야 정확한 말이 될것 같구나
〔중략〕
그러나, 나는 진정한 가정을 꾸미고 싶다
바보같은 남자와 더불어 살고싶다
〔중략〕
그러나 나에겐 의붓 아버지의 횡포와 빛에 쪼달리는 가련한 엄마의 모습과 이미 폐인이 되어버린 이○○
그리고 남자에게만 의지하려는 나의 무능력뿐

〔중략〕

〔33세. 여. 무직. 2001년 4월 13일 음독사〕

그리고 다음은 자신의 인생이 실패한 이유가 '배우지 못' 했기 때문이라고 생각하는 사례이다. 2006년에 사망한 43세 남성은 여러 가지 사업을 시도했으나 실패하고, 가족도 없이 혼자 생활하면서, 알코올 중독과 우울증에 시달리고 건강도 좋지 않았는데, 그는 그와 같은 자신의 실패를 '배우지 못한' 것에서 찾는다.

배우지못한 한을 어디에서 달랠까요

나에 배움이 조금만 있었어도 이러지 않았을것인데

정말로 힘이 들어요

〔43세. 남. 무직. 2006년 10월 18일 의사〕

5. 자신의 삶에 대한 태도

1) 자신의 삶에 대한 평가

자신의 삶에 대한 평가는 문제 상황 속에서 고통 받는 자신의 인생 전체의 가치를 부정하는 '삶 전체의 가치 부정'의 모습으로 드러나기도 하며, 자신의 인생뿐 아니라 다른 모든 사람의 인생을 포함한 일반적인 삶의 가치를 부정하는 '삶 일반의 가치 부정'의 모습으로 드러나기도 한다. 그리고 행복하고 건강한 삶이 최선이기는 하지만 자신은 그것을 누릴 수 없는 상황에 처해 있다는 '의미 상실'의 모습으로 드러나기도 한다. 또한 자신이 겪고 있는 문제 상황이 자신의 책임이라고 생각하는 '자책'의 모습이나, 나름대로 최선을 다했지만 자신이 어쩔 수 없는 여러 가지 이유로 죽음을 결심할 수밖에 없다고 여기는 '좌절'의 모습으로 드러나기도 한다.

(1) 삶 일반의 가치 부정

여기에서는 자신의 삶의 가치를 전체적으로 부정하는 데에서 나아가, 다른 모든 사람의 인생을 포함한 일반적인 삶의 가치를 부정하는 '삶 일반의 가치 부정'의 모습이 드러난 사례들을 살펴볼 것이다. 이러한 태도를 가진 자살자들은 고통스러운 자신의 삶에 대해 회의하며 죽음을 통해 그 고통을 끝내고 싶다는 생각을 하기도 한다.

1997년에 사망한 39세 남성(188쪽 참조)은 삶에 대해서 '개처럼 먹을 것을 벌기 위한 것'이라 평가하며 삶 일반의 가치를 부정한다. 그의 동생의 진술에 따르면 그는 양복 기술, 대형 운전면허, 용접 기술 등을 배웠으나 제대로 취직을 하지 못했고, 취직을 해도 몇 달 버티지 못해 어려운 생활을 해왔다. 이러한 상황 속에서 그는 앞으로 더 이상 살만한 가치가 없다고 생각하며 스스로 목숨을 끊었다.

> 75세엔 죽건 39살에 죽는것 무슨 차이가 있는가
> 개처럼 먹을것을 벌기위해서 산다는 말이야냐
> 영원한 저 높은곳을 향한 믿음에 인내를 해오며 산 결과 거지개 같은 존재들을 증오하면서
> 삶의 의욕과 삶의 기쁨은 상실한지 오래고
> 〔39세. 남. 무직. 1997년 10월 1일 의사〕

2002년에 사망한 45세 남성(153쪽 참조) 역시 사람들이 사는 것이 동물과 별로 다르지 않은 삶이라고 하며 인생에 대한 평가를 부정적으로 내린다. 또한 1997년에 사망한 20세 여성도 사람이 사는 것은

결국 좌절을 꿈꾸는 것이라고 평가하며 삶 일반의 가치를 부정한다. 전자는 사업 실패로 괴로워하다가 목숨을 끊었으며, 후자는 대학교를 다닌다고 부모를 속인 채 커피숍에서 아르바이트를 하며 생활하다가 스스로 목숨을 끊었다.

1957년 4월 27일부터 2002년 12월 30까지 살다간 사람이 말합니다
사람의 한 평생은 절대주가 준 것도 아니고
동물중에서 뇌가 가장 큰 짐승이 지구를 주름 잡다가
그것도 일부분 그 시점에서 사라지는 것 뿐입니다
〔중략〕
이래죽으나 저래죽으나 다 똑같다
〔45세. 남. 실내 인테리어. 2002년 12월 30일 중독사〕

희망을 가지고 있다는 것은 다시금 실망하게 될 기회를 가지고 있다는 말도 된다
희망은 결국은 결국은 좌절로 끝나기 마련이니까
그러나 인간은 항상 새로운 희망을 꿈꾼다 그렇지 않으면 인간은 죽을수 밖에 없으므로 희망이 없으면 인간은 자살할 수박에 없으므로
그래서 인간은 희망을 꿈꾸는 것이다
그래서 인간은 언제나 새로운 좌절을 꿈꾸는 것이다
〔20세. 여. 무직. 1997년 8월 20일 음독사〕

이처럼 많은 사례가 자신의 인생뿐 아니라 인간의 삶 전체를 부정함으로써 자신의 실패를 스스로에게 설명하고자 한다. 이러한 관념을 가지게 되면 삶은 고통이며, 죽는 것보다 사는 것이 더 힘들다는 결론에 이르게 되기도 한다. 따라서 죽음이 두렵기는 하지만 그래도 사는

것보다는 나으며, 죽음이 오히려 행복일지도 모른다고 이야기하는 사례도 발견되는 것이다.

1996년에 사망한 26세 여성(114쪽 참조)은 이와 같은 관념 속에서 자신의 삶을 평가했고 결국 죽음을 선택했다. 그녀는 유서에서 '죽는 것보다 사는 것이 몇 배 힘들어서 죽음을 택한다'고 하며 자신에게는 죽음이 행복이고 그것을 원한다고 설명한다. 그녀는 4~5년 전부터 알고 지내던 애인이 유부남이라는 것을 알게 된 이후 이와 같은 관념이 더욱 강해진 것으로 보인다.

누가 말해지 죽는것보다 사는 것이 몇 배 힘들다고.. 나 자신도 그래서 죽음을 택했는지

맞다. 내가 사는 것이 두려웠던 것이다

결국은 나에게 죽음이 행복이고 그것이 내가 원하는 것이다

〔26세. 여. 학원생. 1996년 12월 29일 음독사〕

그리고 이와 같이 삶의 가치를 부정하는 관념은 현실의 삶을 부정하는 것을 넘어서서, 죽음을 미화하는 데까지 나아가는 경우가 있는데, 2000년에 사망한 25세 남성(201쪽 참조)은 하루하루 힘든 세상을 떠나 '좋은 세상'으로 간다고 말하며, 2006년에 사망한 29세 남성(339쪽 참조)도 자신이 미워하는 아버지보다 먼저 '편한 세상'으로 간다고 말하며 목숨을 끊는다.

저 너무 ○○〔자살자 이름〕 너무 미워하지 마세요

아니 미워해도 괜찮아요

이젠 좋은 세상으로 가닌까?

〔중략〕

엄마 미안해요

○○ 좋은 세상으로 갈께요

하루하루가 힘들어 너무 사는거 자체가

〔25세. 남. 무직. 2000년 1월 2일 의사〕

당신이 싫습니다. 당신이 죽었으면 좋겠습니다

그런데 당신보다 내가 먼저 갈렵니다

편한 세상으로 갈렵니다

〔29세. 남. 무직. 2006년 2월 11일 의사〕

(2) 의미 상실

여기에서는 자신의 삶 전체나 삶 일반의 가치를 부정하지는 않으나, 자기 스스로는 삶에서 누릴 수 있는 행복을 포기하는 태도를 보이는 사례들을 살펴볼 것이다. 이러한 태도를 보이는 사람들은, 행복하고 건강한 삶이 최선이기는 하지만 그렇지 못한 경우 스스로 목숨을 끊는 것을 차선으로 여기게 된다. 즉 이러한 태도를 가진 자살자들이 생각하는 진정한 삶의 모습은 행복하고 즐거운 것이어야 하는데, 자신들은 그것을 누리지 못하는 상황에 처해 있다고 평가하는 것이다. 그렇기 때문에 현재의 자신의 삶은 의미 없는 '잘못된 삶'이며, 삶에 있어서 중요한 무엇인가를 가지지 못하고 잃어버린 것이 되는 것이다.

2004년에 사망한 44세 남성(276, 291쪽 참조)은 자신의 삶을 누리지 못하는 상황을 안타까워한다. 그는 이혼 후 친누나가 운영하는 식당에서 주방장 일을 하며 생활했는데, 떨어져 지내는 자녀와 배우자에 대한 생각으로 평소 잠을 못 잘 정도로 힘들어했다고 한다. 그는 유서에서 가족을 그리워하며 일상을 낯설어 하는 자신의 삶을 '무언가 빠진 것' '잃어버린 것'으로 평가하고, 가족, 직업, 인간관계 등 자신이 마땅히 누려야 할 행복을 누리지 못하는 소외감을 표현한다.

> 무엇인가 빠진 것 같고 잃어버린 것만 같다 가슴이 휑하니
>
> 그리운 사람도 가까운 사람도
>
> 물도 나무도 빛도 회색 빛 뿌였다
>
> 내 집에 가도 내 집같지 않고 나의 이룩해 놓은 가게에 가도 내 것이 아니다
>
> 내 가게 주위 아는 사람들로 이방인 같고 눈빛이 다른 것 같아 아니 모두가 다 세상이 다 변한 것 같다
>
> [44세. 남. 식당 주방장. 2004년 7월 19일 의사]

2004년에 사망한 48세 여성(176, 246, 376쪽 참조)도 행복한 삶을 살고 싶었지만 그렇지 못했다고 평가하고, '결혼 생활에 대한 꿈도 많았는데' 이제는 남은 것이 없다고 이야기한다. 과거에 남편과 자신의 삶이 좋았던 기억이 있었기 때문에 그녀의 삶이 처음부터 실패는 아니었지만, 지금은 좋은 기억을 모두 잊어버리고 '새까맣게 탄 가슴과 병든 육체'만 남은 것이다. 그녀는 자신의 지병 치료에 돈이 많이 드는 것을 고민하고 있었으며, 남편의 외도 역시 그녀의 인생을 부정적으로 평가하게 하는 문제 상황이었다.

> 지난 20년을 돌아보니 새까맣게 탄 가슴과 병든 육체뿐 내게 남은건 아무것도 없네 ~.
>
> [중략]
>
> 이렇게 20년이란 결혼생활을 남의여자 치마꼬리만 잡고 세월을 보낼수 있어요. 그결과 내가 얻은 것은 병든 육체 뿐이예요
>
> 남편에 대한 증오와 병든 몸이 내 결혼생활에서 얻은거네요
>
> 결혼생활에 대한 꿈도 많았는데 뒤돌아 보니 후회뿐 ~.

〔중략〕

남편에 대해 좋은 기억을 떠올려볼려고 아무리 노력해도 생각나지 않는 건 왜 그런지 모르겠어요 얼마나 살지 모르는 부인이 약도 끊기 전에 바람이나 제 정신이 아닌 남편을 보고 정말 인간이 이럴 수 있나?

너무 절망스러워 좋았던 옛날기억 물로 씻은듯이 내게 남은게 없어요

〔48세. 여. 주부. 2004년 8월 29일 의사〕

따라서 이 같은 생각을 가지고 있는 자살자들은 다른 사람들에게 자신처럼 살지 말라고 당부한다. 즉 누릴만한 가치가 있는 삶을 마음껏 누리지 못하는 자신을 부정적으로 평가하며, 남아 있는 소중한 사람들은 자신처럼 '힘들게' 그리고 '바보처럼' 살지 말고 행복한 삶을 누리기를 소망하는 것이다. 2004년에 사망한 36세 여성과 2005년에 사망한 42세 남성의 유서에 이러한 당부가 있었다.

언니 나 미워하지마 살면 거기서 거기야 내가 뭐 살아보니깐 그러더라

아이들 보고 살아

나 처럼 불쌍하게 힘들게 살지마

〔36세. 여. 무직. 2004년 5월 17일 의사〕

나름대로 당신과 자신, 자식들한테 **마음이 앞쓰고 당신은 나를 살리려고 하지만 이재는 내가 해주있는 겄은 당신에 행복분이요

○○야 아빠처럼사지마마라

이○○야 엄마실맘쉚치말고〔실망시키지 말고〕 ○○ ○○(엄마) 도우면서 열심히 살아 알았지 아빠는 바보처럼사랴군요

냐는 최○○을 사랑해요

〔42세. 남. 생선 도매업. 2005년 4월 19일 의사〕

자신의 삶을 부정적으로 평가하지는 않더라도 앞으로 건강하고 행복한 삶을 영위할 수 없을 것이라고 판단할 때, 그 같은 불행에 대한 차악次惡으로 죽음을 선택하는 경우도 있었다. 특히 고령의 노인들의 경우 지병으로 인해 괴로운 삶이 예상될 때 자신의 고통을 줄이고 가족들에게 부담을 주지 않기 위해 스스로 목숨을 끊는 사례가 많이 발견되었다.

2007년에 사망한 74세 남성(141, 321쪽 참조)의 유서는 이와 같은 생각을 잘 표현하고 있다고 할 수 있는데, 그 자신의 인생철학에 따르면 '가족에게 폐가 되고, 사회에도 폐가 되고, 국가에도 아무 도움이 안 되면' 스스로 목숨을 끊는 것이 마땅하다는 것이다.

> 내가 지난 4월 15일 교통사고 이후 병원입원 15일, 통원치료 1개월 해보았지만 건강을 회복하는데는 한계가 있다. 더 이상 호전되지도 않고 통증만 가중될 뿐이다. 내가 왜 이 자식들을 욕되게 하면서 이 길을 택했는지에 대해 나는 내 나름대로 인생철학이 있다. 내가 가족에게 폐가 되고, 사회에도 폐가 되고, 국가에도 아무 도움이 안되면, 하루빨리 생사를 결정해야 된다는 나의 소신. 이것이 나의 철학이다.
>
> 〔74세. 남. 무직. 2007년 6월 6일 의사〕

2005년에 사망한 68세 남성(143, 160, 318쪽 참조)도 자신은 가족들을 사랑하기 때문에 스스로 목숨을 끊는 선택을 할 수밖에 없다고 주장한다. 그는 위암으로 투병 중에 있었는데, 위암 진단을 받은 후 오래 살고 싶은 마음이 없다고 평소에 가족들에게 이야기해왔으며, 자신과 가족의 고통을 끝내는 방법으로 자살을 선택한 것이다. 아울러 자신의 시신을 기증하여 다른 사람이 더 살 수 있게 하는 것에서 의미를 찾으려는 노력 또한 엿볼 수 있다.

남은 자식들이나 당신을 너무사랑했기에 사람은 언제가도 한번 가는 것 고통을 덜 받고 가는 길을 택했소 너무 원망말고 다음 저 세상에서 만납시다

〔중략〕

남은 식구 들이 잘못해 주워서 자살한 게 아니고 남은 우리 가족을 너무 너무 사랑했기에 내 한몸 받처 시신기증을 하여 젊은사람에 이식하여 밝은 삶을 살 수 있게 도움을 주고 싶구나

〔중략〕

이길밖에 없고 없는재산 다 까먹고 가기실고

또 어제같은 고통을 나는 참을 수가 없서 이 길을 택했으니 만이 원망해라

〔68세. 남. 무직. 2005년 5월 1일 의사〕

2002년에 사망한 64세 남성(141, 314쪽 참조)도 근엄하고 인간답게 죽고 싶어 자살을 선택했다고 주장한다. 그는 평소 병 수발하는 처에게 미안한 감정을 가지고 있었다고 하는데, 그 이유는 '더 오래 사는 것'은 가족들에게 '추한 꼴'만을 보여주기 때문이었다. 이와 같이 행복하고 건강한 삶을 누리지 못하는 것에 대한 대안으로 죽음을 선택하는 경우, 자살자들은 자신이 죽더라도 남은 사람들은 건강하고 행복한 삶을 영위해야 하며, 따라서 남은 사람들의 일상은 지켜져야 한다고 생각한다. 그는 죽는 순간에도 남은 사람들을 염려하며 유서에 '걱정이 되는 일'을 열거하고 있다.

나는 더 오래 살랴고하면 고혈압 증풍에 추한 꼴을 보시제에 근업하고 인간답게 죽고 싶어 먼저 가니 이해주오

〔중략〕

걱정이 되는 일

1 가개는 재계약이 되지 안았으므로 5년 임대보호법은 새로 계약 했으
때 발표됨
2 하수도는 맹홀 즉시 점검 할것
3 수도가 얼지안게 조심할것
〔64세. 남. 무직. 2002년 12월 13일 의사〕

(3) 자책

자책의 태도를 가진 자살자들은 자신의 삶에 대해 도덕적인 비난을 하지는 않지만, 자신이 겪는 문제 상황의 원인이 자신에게 있기 때문에 자신이 그 상황에 대한 책임을 져야 한다고 생각한다. 이러한 태도는 경제적인 실패를 겪고 있었던 자살자들에게 많이 나타나는데, 이들의 주된 정서는 다른 사람에 대한 죄책감이다.

2003년에 사망한 43세 남성(152, 195, 259쪽 참조)은 자신의 실패가 자신의 교만과 사악함 때문이라고 평가하는데, 자신의 잘못으로 인해 '모두를 죽였다'고 표현하며 자기 주변 모두가 피해자라고 생각한다. 결국 자신의 인생에서 남은 것은 '빚과 문제들'뿐이며 자신은 '죽일 놈'이 되어버리고 만 것이다.

죽일 놈
죽은 놈
용서가 안되지
욕심버리고 작고 알차게 살기위해 다시 태어날게
모두 해결하고 가야하는데 한 발짝도 움직일 수가 없어
움직이면 점점더 많은 사람이 다치기만 하고 골만 자꾸 깊어지고 단 한 곳도 발붙일 곳이 없어 끝
〔중략〕

나로인해 모두가 고통만이 남는자 끼리서로를 괴롭혀봐야 모두가 결논은 꽝

〔중략〕

내가 만든 작품이니까

〔중략〕

악마같은 놈 교만 아무것도 없는 것이 한번 해보고 십은 마음에 펼친 사업이

이것인 내 작품(내 주변 모두가 피해자) 모든 것이 하자, 투성이

〔43세. 남. 사업. 2003년 2월 23일 추락사〕

1998년에 사망한 41세 남성(131, 140, 154, 301쪽 참조)도 자신의 사업 부진으로 인한 실패가 '세상을 열심히 살아오지 못한' 자신의 잘못이라고 평가하는데, 그는 공인중개사 사무실을 운영하다가 사업이 잘 되지 않아 자살 약 두 달 전에 그만둔 상황이었다.

어쩌다 이렇게 된것이 아니라 세상을 열심히 살아오지 못한것이 오늘의 이런 꼴이구나

남들처럼 아버지처럼 제대로 해준것도 없고 너희들 앞에서 좋은 모습은 보여주지도 못했고 용돈한번제대로 줘보지도 못했고 정말정말미안하구나

〔중략〕

열심히 살아야지 그렇지 않으면 아빠꼴 난다 고 자주 상기시키시오

〔41세. 남. 무직. 1998년 12월 1일 의사〕

1998년에 사망한 47세 남성(385쪽 참조)도 자신의 경제적 실패에 대해 '창피하다', '실망이다', '죽을죄를 졌다', '할 말이 없다' 등의 표현으로 자신의 실수를 자책한다. '내 인생이 이렇게 될 줄은 몰랐다' 라는 표현 속에는 자신이 생각하는 자신의 모습은 현재의 모습과는

달라야 한다는 그의 기대가 나타나 있으며, '창피하다'라는 표현 속에는 자신의 진짜 모습은 이것이 아니라는 자신에 대한 인식이 드러나 있다. 그러나 그는 자신의 잘못으로 인해 자신이 비참하게 되었다고 평가한다.

> 세상을 살다보면 저같은 경우도 있을까 생각합니다
> 〔중략〕
> 내 인생이 이렇게 될줄을 정말로 모랐씁니다
> 〔중략〕
> 세상에서 최고 창피하게 살았씁니다
> 〔중략〕
> 내 인생이 정말로 이렇게 될줄이야
> 나도 몰라대 내가 실망이다
> 〔중략〕
> 너무나 비참하다
> 내 자신이 너무나 비참하다
> 〔중략〕
> 내가 이렇게 될 줄은 상상도 못했고요
> 어머님 죽을 죄을 젔씁니다
> 〔중략〕
> 내 자신이 이해가 안간다
> 〔47세. 남. 공구 상회 운영. 1998년 6월 24일 의사〕

2006년에 사망한 32세 남성(272, 387쪽 참조)도 자신의 실패가 자신의 잘못에서 기인한다고 보는데, 그는 유서에서 자신이 어떤 점을 잘못했는지를 구체적으로 표현한다. 그는 도박에 빠진 자기 자신을 '이

세상에 태어나지 말았어야 할 인간'이라고 부정적으로 묘사하면서, 도박 때문에 자신의 삶이 실패했다고 평가한다. 또한 아버지마저도 자신 때문에 세상을 떠났다는 죄책감을 가지고 있다.

> 33년 인생을 살아오면서 한 번도 떳떳하게 살아보지 못한 것 같아
> 돈은 잃어버리면 그만 인생은 모든 사람들에게 신용마저 잃어버리고 살았다
> 난 돈이 없어도 먹고 걸을 거리도 택시타고 사치와 허영에만 살았다
> 그거에 도박으로 살다가 손을 놓았는데 사행성 PC게임에 다시 발을 들게 되었고 *** **** *** 이 모든 것들이 *** ** 친구 직장동료마저 잃게된 줄 누가 알았단 말인가
> 〔중략〕
> 나로인해 세상을 떠난 아버지에게도 이제와서 죄송하단 말을합니다
> 〔중략〕
> 날 누구보다 사랑해주고 아껴준 ○○야 정말 고맙다
> 이런 나를 여테껏 사랑해줘서 너에게 빚진 것도 많은데 이렇게 가다니..
> 나에게 수련회까지 가라고 돈도 부쳐주었는데 난 그 돈으로 다시 도박을 했다
> 내가 빌려쓴 사채업자한테 전화가 자꾸오는구나
> 가족들한테 빚지고 애인한테 빚지고 직장에서 빚지고
> 정말 누가 생각해도 나라는 사람은 이 세상에 태어나지 말았어야할 존재인 거 같다
> 〔32세. 남. 무직. 2006년 8월 22일 의사〕

1998년에 사망한 38세 남성(299쪽 참조)도 자신의 잘못으로 인해 '모든 것을 잃고' 죽음을 선택할 수밖에 없다고 이야기하며, 2005년에 사망한 44세 남성(269쪽 참조)도 자신의 삶이 한순간의 실수와 판단 착오로 '병신 같고 추악하게' 되어버렸다고 평가한다.

모든 것이 나의 잘못이오 몇 개월간 얼마나 고민하고 살아갈 힘이 없었고 세상을 살아갈 가치도 없소

모든 사람에게 사기당하고 모든 것을 잃고 저세상으로 가고 싶은 생각밖에 아이들 아이랑 당신이랑 더 이상 힘들게 어렸게 살수가 없다고 판단했소

[38세, 남, 카센터 운영, 1998년 7월 8일 의사]

세상에 태어나서 이렇게 한심할 줄 한순간 실수 한순간 판단 착오로 이렇게 되** 삶을 살수 있을줄이야

[중략]

여보 그냥 병신같이 살아가는 내 자신을 정말 추악하기만 했오

[44세, 남, 무직, 2005년 5월 4일 의사]

(4) 좌절

다음에 보게 될 자살자들은 자살에 대해 부정적인 태도를 가지고 있기는 하지만, 그들 나름대로는 그들이 겪었던 문제 상황을 해결하기 위해 최선의 노력을 기울였음을 밝히고 있는 경우이다. 즉 결과가 좋지 않아 결국 죽음을 결심하게 된 것은 사실이지만, 나름대로는 열심히 최선을 다했고 운이 없거나 상황이 좋지 않았을 뿐이라는 것이다. 이들에게 좌절의 원인은 환경이나 운명일 수도 있으며, 자신의 지병이나 다른 사람일 수도 있다.

좌절의 양상

2003년에 사망한 23세 남성은 자신의 삶을 나름대로 최선을 다했으나 실패할 수밖에 없었던 삶이라고 평가한다. 그는 자신의 사정을 모르는 사람이 자신을 바라본다면 한심하다고 생각하겠지만 나름대로

는 열심히 살았다는 것을 강조하며, 열심히 살았음에도 불구하고 실패할 수밖에 없었던 '불공평한 세상'에 대해 분노한다. 그의 어머니의 진술에 따르면 그는 두 달 전까지는 사설 경호원으로 일을 했으나 돈을 받지 못해 최근에는 신발 노점을 시작했다고 하며, 동네에서 효자라고 소문이 날 정도로 부모에 대한 애정이 각별했다고 한다. 그는 평소에 어머니에게 돈 때문에 신경 쓰게 해서 미안하다는 말을 자주 했다고 하며, 2002년에 아버지가 사망한 이후 경제적인 어려움을 겪었다고 한다.

> 돈 문제만 해결되면 나 같은 빌어먹을 놈 잊고 잘 살아라
>
> 〔중략〕
>
> 웃긴다 앞길이 창창한 놈이 죽을 방법이나 생각하고 있다 나보다 더 힘든 사람도 많은대 길이 없고 방법이 없다 우리나라 좋은 나라 대한민국 만세 (좆까고 있네)
>
> 〔중략〕
>
> 불공평한 세상이다
>
> 미안하다
>
> 〔중략〕
>
> 마지막이라고 생각한다
>
> 남들이 내 사정을 들으면 한심하다고 생각하겠지
>
> 하지만 날 아는 사람들은 그렇지 않을 것이다
>
> 〔23세, 남, 신발 노점상, 2003년 7월 23일 의사〕

2004년에 사망한 54세 남성 역시 자신의 삶을 '열심히 살려고 했으나 마음대로 되지 않았던' 것으로 평가한다. '세상에서 행복하게 살려고 했으나 세상이 자신을 버렸다'고 표현한 '세상' 속에는 자신의 가

족이 포함되어 있는데, 그는 1997년 직장 퇴직 후 알코올중독으로 다시 일을 하지 못하는 상황이었고, 자신의 가족들마저 자신을 외면하고 있다고 생각했던 것이다. 그는 일을 하지 못한다는 열등감으로 가족들과 연락을 하지 못하고 있는 상황이었으며, 자살 당시에는 당뇨 등으로 이빨이 삭아 건강 상태도 좋지 않았다.

○○엄마에게

○○엄마 내가 너무나 잘못을 한거가소

애들 잘 좀 부탁해해요 나중에 저승에서 맛나 **지만〔만날지 모르지만?〕

○○엄마은 이세상

에서 좋은 사람 맛나 행복하게 살라요 아버지 어머니 잘 부탁해요 내가

새상을 너무나 쉬게 * 써요〔세상을 너무나 쉽게 생각했어요?〕

이러게 마음이 찌저지거갓해요〔찢어질 것 같아요〕

세상태어나 좀 행복하게 살저고 그래는데 세상 나을 버리는구려

세상 태여나 열심히 살고해는데 그게 마음대로 안되는구려

○○엄마한데 짐만 남기고 가는 너무나 죄송쓰러구려

〔54세. 남. 무직. 2004년 12월 9일 음독사〕

1999년에 사망한 17세 남성(273쪽 참조) 역시 자신의 삶을 '잘 살고 싶었으나' '아무리 노력해도 되지 않는 것'으로 평가한다. 그는 고등학교 2학년 학생으로, '훌륭한 사람이 되어 부모에게 효도'하고 싶은 욕망이 있었음에도 불구하고, 성적이 떨어지고 삶의 의욕이 사라져버린 것이다. 결국 죽고 싶지 않지만 더 이상 부모를 실망시키기 싫어 '어쩔 수 없이' 죽음을 선택한다고 자신의 상황을 설명한다.

나는 왜 이럴까

정말 잘 살고 싶었다

하지만 왠일인지 그렇게 되지 않았다

아무리 노력해도 되질 않았다

그때까진 정말 내가 생각해도 아무 문제 없고 공부도 잘했다

하지만 고1 때부턴 내 자신이 이상해졌다

바보가 되었다

내가 왜 이렇게 되었는지 내자신도 모르겠다

성적도 엄청 떨어지고 삶의 의욕도 없어지고 자신감도 없어졌다

내 자신의 변화에 내 자신이 감당하지 못하겠다

하루하루가 괴롭고 싫고, 두렵고

즐거운 날이 없었다

내 자신이 비참하다

희망이 보이지 않는다

내 자신도 이렇게 까진 하고 싶지 않지만 어쩔 수가 없다

부모님께 더 이상의 실망을 가져다 하기도 이만하고 죄송스럽다

난 훌륭한 사람이 되어 정말 부모님께 효도하고 싶었다

하지만 그렇게 되지 못했다

더 이상 내 자신이 비참해지기 싫다

내 자존심도 패기도 모두 없어져 버렸다

중학교 시절처럼 행동하고 싶었지만 아무리 해도 그렇게 되질 않는다

모두들에게 이런 내 모습을 보여서 창피하다

더 이상의 희망이 없다

〔17세. 남. 고등학생. 1999년 3월 9일 의사〕

그리고 2006년에 사망한 35세 남성도 '열심히 살았지만' 실패할 수 밖에 없었다고 호소하며, 1999년에 사망한 33세 여성(149, 241, 378쪽

참조)도 '열심히 살려고 했지만' 실패한 자신의 삶에 대해서 허망하다고 평가한다.

가는 마당에 길게 적고 싶은 생각도 없다
지금까지 난 열심히 살아왔다는것을 알아주기바랍니다
세 번째 이혼 세 번의 아픔
겁이난다
죽는게~~~
아~~~
〔35세. 남. 무직. 2006년 10월 16일 음독사〕

동서 우리 열심히 살으려고 한것이 고작 이것이네
○○, ○○이 부탁좀하네
〔중략〕
써보지도 못하고 이렇게 된것이 너무 허망 합니다
〔33세. 여. 주부. 1999년 1월 21일 의사〕

그 밖에 1998년에 사망한 33세 남성과 2004년에 사망한 44세 여성(141쪽 참조)도 가족에 대한 책임감으로 열심히 살고자 했으나 결국은 실패하게 된 자신의 삶을 비관적으로 평가한다. 그리고 1998년에 사망한 27세 남성도 더 잘하고 싶었는데 형편없어진 자신의 모습 때문에 가족들에게 미안해한다.

부모님께 이번 만은 꼭 성공해서 잘 할려고 했는데
〔33세. 남. 생수 판매. 1998년 4월 30일 의사〕

너희들한테 엄마로써 책임을 다하려고 노력하고 참고 애를 썼는데 마음데로 안데는구나

〔44세. 여. 의상실 종업원. 2004년 1월 24일 음독사〕

형님

과거 때문에 현재와 미래에는 더 잘하고 싶어는데 지난날 보다 더 형편 없는 것 같군요

〔27세. 남. 무직. 1998년 3월 13일 의사〕

운명으로 인한 좌절

자살자들 중에는 자신은 열심히 살았음에도 불구하고 어려움에 처하게 된 원인을 '운'이 없어서라고 평가하는 경우가 있었다. 즉 최선을 다했음에도 불구하고 자신에게 운이 없었기 때문에 실패했다고 생각하는 것이다.

1999년에 사망한 52세 남성(391쪽 참조)은 유흥 주점을 운영하다가 영업이 잘 되지 않아 은행과 지인들에게 약 3,700만 원의 빚을 진 상황이었다. 그는 자신의 실패의 원인을 자신을 비롯한 누구의 탓도 아닌, '운이 따르지 않았기' 때문이라고 평가하는데, 외환위기로 인해 '때'를 잘못 만났다고 본 것이다.

돈좀벌어 잘되보려고 영업을 시작한것이 잘못된거야 여러 여건이 맡지 않아

〔중략〕

저희 오형제중 제가 해야할 일인대 그동안 먹고 살기 바빠서 혼자 떠돌이 같이 지내며 돈좀벌어 잘되어 보려고 했지만 저에게는 운이 따르지 않는것 같아요

〔중략〕

이미 지나간일 우리들이 때을 잘못만나 운이 나빠서 이렇게 된 일 누구에게

한탄하겠는가

〔52세. 남. 유흥 주점 운영. 1999년 2월. 사망 원인 미상〕

1999년에 사망한 43세 남성도 '잘 살아보려고 나름대로는 노력' 했으며, '웅대한 꿈을 꾸며 열심히 일했다'고 자신의 삶을 평가한다. 그런데 모든 일이 잘 풀려가다가 허탈하게도 마지막에 실패하게 된 것이다. 그는 컴퓨터 소프트웨어 개발 사업을 하던 중 사업 부진으로 친인척들에게 2억 원 가량의 부채를 지고 있었으며, 직원들의 임금을 지불하지 못해 노동청에 고발당한 상태였다.

여보

마지막으로 불러보고 싶다

지난 많은 날들이 무척이나 생각난다

행복했던 시간 불행했던 시간 즐거웠던 시간 슬펐던 시간

그동안 당신에게 마음고생만 시킨 것 같고

제대로 남편 가장 아빠로서의 역할을 못하고

이렇게 어리석은 행동으로 생을 마감해야 하는 것이 못내 안타깝다

잘 살아보려고 나름대로는 노력을 많이 했다

처음 회사를 만들어 놓고 웅대한 꿈을 꾸며 열심히 일했다

〔중략〕

모든 일들이 잘될듯 풀려가다 **마지막에 나에게 되돌아 오지 않았다**

그럴 때마다 허탈했고 나의 꿈은 점점 멀어져 가는듯했다

〔43세. 남. 소프트웨어 개발 사업 운영. 1999년 8월 14일 중독사〕

2004년에 사망한 61세 남성(109, 158쪽 참조)도 자신의 인생을 '끝까지 꼬이는' 것으로 여긴다. 그의 유서를 보면, 그는 폐결핵에 걸려 죽

을 고비를 여러 번 넘겼고, 2년 전부터 자살을 준비했으며, 가족의 일정을 고려하여 죽음의 시간과 장소를 능동적으로 결정했다는 것을 알 수 있다.

> 내가 이 방법 택해서 마음에 준비를 하는데 2년 세월이 걸렸다
>
> 〔중략〕
>
> 마음 정리가 너무 힘이 들고 너희 엄마손을 잡고 지난세월 고생많았고 고마워다고 하면서 죽으면 했는데 인생사 끝까지 꼬이면서 마감하는구나
>
> 〔중략〕
>
> ○○아 바쁜 너한테 시간을 뺏지 않으려고 몇일 미루어 볼까 했는데 지난 토요일부터 오늘로 정해든것이니 엄마가 교회 가는 시간이기 때문
>
> 부디들 잘 살어
>
> 〔61세. 남. 무직. 2004년 6월 9일 의사〕

다른 사람으로 인한 좌절

많은 자살자가 자신은 최선을 다했지만 '다른 사람들'이 자신을 배신하거나 거부하였기 때문에 실패하게 되었다고 여기고 있었다.

1999년에 사망한 45세 남성(389쪽 참조)은 자신의 인생을 '꿈을 가지고' '노력했지만' 실패한 것으로 평가하는데, 그는 자신의 실패 원인을 '많은 사람의 속임수' 때문이라고 본다. 그는 전자 제품 대리점을 운영하다가 1998년 부도 이후 평소 죽고 싶다는 이야기를 자주 했는데, 배우자가 등산을 간 사이에 세상의 불특정 다수에게 '돈에 속고 돈에 우는 세상, 없으면 죽고 있으면 사는 세상'이라고 한탄하는 유서를 남기고 스스로 목숨을 끊었다.

> 나도 한때는 꿈도 **다오

많은 자들에 속임속에 ** 많이 망가진 **

〔중략〕

진심으로 믿었던 나여는데

이대리 다지키지 못하고 사기꾼이 되어 버린 나자신

부꾸럽게 짝이 없오

있는 그대로 믿는 사람

나도 그렇게 하려고 노력했건만은 냉혹한 현실속에

내 자신은 다 망가져가고 말았다오

〔중략〕

돈에 속고 돈에 우는 세상. 없으면 죽고 있으면 사는 세상.

〔중략〕

돈이 무언지 모르겠소 정말 미안하단말뿐이요

〔45세. 남. 무직. 1999년 4월 2일 음독사〕

2000년에 사망한 53세 남성(151, 271쪽 참조)도 자신의 삶을 '잘 살려고 했지만 하는 일마다 안 되는' 실패한 삶으로 평가한다. 그는 사업에 실패해 경제적인 어려움이 닥친 데다가, 다리까지 다쳐서 평생 불구로 살 수도 있는 상황에 처해 있었다. 그런데 그에게는 '자신을 이렇게 만든 사람'이 있었다. 유서와 유족의 진술에는 그가 누구인지 명확히 드러나지 않았으나, 자신을 해결할 수 없는 문제 상황에 처하게 한 그 사람을 그냥 두고 가는 것이 한스럽다고 표현한다.

아마 내 얼굴을 볼 때마다 원망하는 것을 잘 알고 있어요

그러나 나 역시 잘해서 살려고 한 일이 여기까지 오고 말았소

정말 당신한테 미안하오 죽는다고 해서 해결되는 것은 않의지만 하는 일마다 어쩌면 이렇게 안 될수가 있단 말이요

온금은 갚았는데도 어려움 잘 알면서도 매일 **마다 *기고 살고 있으니 말이요

〔중략〕

그래서 빚일을 하며 * ** 죽음을 택하게 된 것이요

〔중략〕

형편이 높여 **도 하고 아들 해야할이 태산 같은데 나만 편이 가자는 것은 결과만이요.

〔중략〕

나을 이렇게 만든 놈을 그냥 두고 가는 것이 한스러울 뿐이요

〔53세. 남 .무직. 2000년 7월 25일 의사〕

1999년에 사망한 60세 남성(173쪽 참조)도 그의 삶을 '최선을 다했지만 허사'인 것으로 평가한다. 그는 자신의 삶이 그렇게 될 수밖에 없었던 것에 대한 책임을 자신의 배우자에게 돌리고 있었다. 그는 아들을 수신자로 한 유서에서 출생부터 어린 시절, 직업 생활, 결혼 생활 등 자신의 인생을 요약하여 정리하고 있는데, 그는 이것을 자신이 나름대로 열심히 살았다는 증거로 삼으려 한 것으로 보인다. 그러나 자신의 배우자가 자신의 그러한 노력을 알아주지 않고 억울한 누명을 씌우자 지금까지의 자신의 인생을 '허무한 것(허사)'으로 여겼던 것이다. 유족들의 진술에 따르면, 그는 유서를 작성하기 이전에도 괴로워서 죽어야겠다는 말을 자주했다고 한다.

사랑하는 ○○ 보아라

부는 1934. ○○. ○○ 충남 ○○군 ○○면 ○○리 ○면 ○○○번지에서 출생하여

〔중략〕

9세 때인 1948 인천으로 아버님을 따라 상*하려 모어선 화장으로 승선

〔중략〕

너의 형인 ○○ 모와 결혼 1973년 1월 협의이혼

1973년 ○월 ○○일 너의 생모와 ○○와 결혼해서 27년간의 긴 세월 가정만을 위해서 충실하게 생활을 했건만 오직 가족만을 위하여 최선을 다했건만 이제는 그것* 허사라는 것이 백일하에 들어낫다

〔중략〕

너의(모)어머님 꼐서는 병원에 입원을 하면 일하기 실어서 꾀병을 이유로 입원한다는 말을 서슴없이 하는구나

아무리 할말이 없기로 몸이 아파 입원을 하느 사람한테 그런 말을 하는지 의구심이 들지않을 무섭다

〔60세. 남. 무직. 1999년 3월 16일 의사〕

2003년에 사망한 76세 남성도 자신은 배우자에게 버림받았다고 생각하는데, 가족을 위해 나름대로 최선을 다해 돈을 아끼고 모았음에도 불구하고 최근에 경마장에 몇 번 간 것을 빌미로 배우자가 자신을 나쁜 놈으로 만들고 말았다고 생각한다. 물론 이것은 그의 주관적인 자기 판단이다. 가족의 진술에 따르면 그는 약 7년 전부터 경마장에 출입하며 퇴직금으로 받은 돈 8,000만 원을 모두 잃었으며, 아들에게 용돈을 받아도 모두 경마장에서 탕진했다고 한다. 그는 이런 일로 인해 가족에 대한 부담감을 가지고 있었으며, 또한 후두암 수술로 목에 구멍을 뚫고 발음을 제대로 못하는 상황이었다. 그럼에도 불구하고 그 자신은 나름대로 열심히 살았다고 스스로의 삶을 평가하고, 가족이 자신이 경마장을 갔던 것을 빌미로 자신을 버렸다고 생각한 것이다.

버림 받은 너 외할아버지는 다시 못것 같구나

경마장가는것 미끼로 나를 나쁜놈 만든것을 생각하면 참으로 한심하다

나한테 돈 몇푼 주*지 생각해봐

나는 당신을 많나 애를 낳고 열심히 공부 시키려고 노력하였으며

당신을 밌고 내가 ○○○시장서 노동해서 번돈 다 당신에게 맜겼으며

나는 항상 빠나 큰 술집한번 가보지 못하고

항상 소주 몇 잔에 살았으며

김○○이나 딴사람에게 변변치 말을 들어도

한귀로 듣고 한귀로 흘러 보냈다

〔중략〕

당신 나를 위하여 한일이 무었이 있으며

〔76세. 남. 무직. 2003년 5월 8일 음독사〕

2004년에 사망한 72세 남성 역시 자신은 '한평생 열심히 살았지만' 자신의 인생은 실패한 것으로 평가하고 있었는데, 실패의 증거는 '가정이 화평하지 못한 것'이었다. 그는 작은아들의 사업 실패로 가족이 빚보증에 시달리며 모두 흩어져 살아야 하는 상황에서 스스로 목숨을 끊었다.

딸 **에게

내 한평생 열심히 살았지만 항상 가정은 화평지 못했다

〔72세. 남. 무직. 2004년 2월 19일 의사〕

정신 질환으로 인한 좌절

자신의 실패의 원인이 자신의 정신 질환이라고 보는 사례도 많이 있었다. 2002년에 사망한 27세 남성(168쪽 참조)은 자신이 정신 질환을 앓고 있는 것에 대해 심각하게 여기며, 자신을 '살아서는 안 되는

존재', '나약하고 무능한 존재'로 규정한다. 그렇게 규정하는 이유는 자신의 몸속에 '저주의 피'가 흐르고 있어 자신은 언제 죽어도 죽을 수밖에 없기 때문이다.

아마도 그는 평소에 '네가 한가해서 딴 생각 하는 거야' 혹은 '나가 죽어' 등의 말을 자주 들어왔던 것으로 보인다. 그는 그와 같은 주변의 평가에 대해서 한가해서가 아니라 자신 안에 있는 상처로 인해 처음부터 잘못되었기 때문에 현재의 자신의 모습이 만들어졌다고 생각한다. 이처럼 그는 '열심히 공부도 하고 일하고' 싶은 욕망이 있었기 때문에 나름의 노력을 기울였지만 결국에는 실패할 수밖에 없는 자신의 모습을 발견하고 좌절한다. 그의 유서를 보면 그가 자살을 앞두고 삶과 죽음에 대하여 그 나름대로 깊은 고민을 하고 성찰을 하는 모습을 발견할 수 있는데, 그는 정신 질환을 앓고 있는 자신의 한계를 인식하고 극복할 수 없는 자신의 상황을 벗어나는 해결책으로 죽음을 선택한 것이다.

> 내가 유독 남들보다 한가했던 것일까?
> 나는 꼭 그렇진 않다고 생각한다
> 작은 씨앗의 상처는 나도 모르는 새 저주의 나무로 내 안에 뿌리내리고 말았다
> 난 그것을 극복하기에 턱없이 모자란 힘을 갖고 있었다
> 나의 가는 모든 곳마다, 내가 하려하는 그 모든 일마다, 이미 그것은 내 안에서 메이리치며 죽음을 강요하고 있었다
> 난 그 저주의 메아리 속에서 단 한 번도 자유로울수 없었다 그것은 당위성이 되고 말았다
> 난 열심히 공부도 하고 일하고자 하는 욕망이 있었으나 그것은 어린 새싹에 부어지는 제초제처럼 나를 무섭게 황폐화시켰다 난 절대로 살 수 없다

〔중략〕

또한 절대로 살아서도 안된다 그것은 거역할 수 없는 명령이며 내 인생의 당위성이다

〔중략〕

내 몸속에서 저주의 피가 살아 숨쉬며 내 머리를 쪼아먹고 있는 한, 난 어차피 살 수 없는 목숨이며 살아도 산 목숨이 아니니다

난 생명의 힘이 처음부터 모자랐다

그리고 온몸에선 살기 싫은 죽음의 욕구가 돌고 있었기에 누군가 나에게 내뱉는 작은 한마디(나가 죽어! 병신색끼야!)에도 쉽게 불이 붙었다

잘못은 불씨가 아닌 연료의 잘못이다

난 지금도 죽을 수 있는 내가 오직 떳떳하기만하다

언제 죽어도 죽을 수 밖에 없는 목숨 조금 일찍치우련다

〔27세. 남. 고등학생. 2002년 5월 2일 음독사〕

환경요인으로 인한 좌절

자신의 실패를 환경의 탓으로 돌리는 경우도 발견되는데, 1997년에 사망한 24세 남성(354쪽 참조)은 자신의 실패를 환경이 따라주지 않은 탓으로 돌린다. 그는 제대 후 직장을 구하지 못하게 되자 집에 들어와 부모의 식당일을 도와주겠다고 했으나 부모는 이를 반대하면서 집을 나가 직장을 구하라고 압력을 가했다고 한다. 그가 평소 써왔던 글에는 돈을 벌어야 한다는 중압감이 드러나 있었다.

내 인생 25세의 짧은 나이로 하직하며 몇 자 적어봅니다

〔중략〕

**** 내 모든 환경이 따르질 않는다.

〔24세. 남. 무직. 1997년 4월 20일 의사〕

자살자들이 자신의 실패의 원인으로 돌리는 구체적인 환경 중 하나는 경제적인 어려움이었다. 1999년에 사망한 29세 남성의 경우 5년 전 사귀던 여자 친구와 헤어진 후 항상 삶을 비관해왔으며, 이전에도 두 차례 자살을 시도한 적이 있었다. 그는 유서에서 돈이 없는 탓에 여자 친구와 오붓한 가족을 이루지도 못했고, 자신의 '모든 것'을 포기하게 되었다고 생각한다. 그는 돈이 있었으면 자신의 삶이 달라졌을 것이라 생각하는 것이다.

> 이 세상을 어머님처럼 살고 싶지는 않았어요
> 〔중략〕
> 그래요 노력하며 살아왔다고 생각했는데 그건 아니였어요
> 〔중략〕
> 그래요 돈이 있었으면 이렇게 까지 되지 않았겠지요
> 나는 돈 때문에 살지 않았어요
> 가난했지만 오붓하게 가족의 정을 받으며 살고 싶었어요
> ○○이 만나 너무 편안했고
> 데리고 오지 못해 마음 아팠고
> 내자신이 나의 모든 걸 포기하게 만들었어요
> 내 자신이 그렇게 만들었는데 누굴 원망하겠어요
> 떠나더라도 찾아가지 마세요
> 그래요 ○○이 미워해야 되지만 이세상에 둘도 없이 잘해주었고
> 이 모든 것도 ○○이를 위해서 안해야 된다는 걸 알지만
> ○○이 시집 보내 놓고는 이 세상을 살아갈 힘이 없어요
> 〔29세. 남. 화물 하역. 1999년 3월 19일 의사〕

4절 메시지

성찰의 과정을 거친 메시지가 있다는 것은 소통적 자살의 두 번째 구성 요소이다. 유서를 통해 표명된 내용은 그 자체로 다른 사람들이 읽어주기를 바라는 메시지를 이루고 있으며, 따라서 앞에서 정리한 성찰의 내용이나 이후에 소개할 자살의 여러 가지 의도는 자살자들이 선택한 메시지의 일부라고 할 수 있다.

1. 유서의 내용과 매체

유서에는 하나의 메시지만 드러나는 경우도 있기는 하지만, 대부분의 유서에는 다양한 메시지가 동시에 표현되어 있으며, 때로는 모순되는 내용이나 상반된 감정이 함께 드러나기도 한다. 따라서 유서를 검토할 때는 하나의 유서에 하나의 메시지만 존재하는 것이 아니라, 다양한 메시지가 동시에 표현될 수 있다고 보는 것이 타당할 것이다.

유서의 메시지는 크게 정서적 메시지와 문제 지향적 메시지로 구분할 수 있는데, 정서적 메시지는 자신이 처해 있는 문제 상황을 설명하거나 정서적인 이해를 구하는 형태의 메시지를 말하며, 문제 지향적 메시지는 자신이 처해 있는 문제 상황에 대하여 상대적으로 적극적인 해결 의지를 보이는 형태의 메시지를 말한다. 단 단순히 자살을 고지하는 경우 이러한 범주에 포함시키기 힘들다고 보이며, 자신의 자살 이유에 대한 상황을 설명하는 것은 두 범주 모두에 해당할 수 있다.

먼저 정서적 메시지 중에서는 다른 사람에 대한 미안함을 표현하는 내용을 포함한 경우가 가장 많았는데, 수집된 유서의 55.8%에서 이와 같은 내용이 발견되었다. 그리고 다른 사람에 대한 염려의 내용이 24.6%, 다른 사람에 대한 원망의 내용이 21.7%, 자살 결심 과정에 대한 설명의 내용이 18.5%, 자기 인생에 대하여 정리하는 내용이 17.2%, 자기 자신에 대한 자책의 내용이 16.4% 등의 비율을 나타냈다.

문제 지향적 메시지가 표현된 유서는 정서적 메시지가 표현된 유서에 비해 상대적으로 그 비율이 낮았는데, 그중 자신의 장례 절차에 대해 부탁하는 내용이 25.7%로 가장 높았고, 자신이 죽은 후 뒷일에 대해 부탁하는 내용이 19.0%, 죽은 후에도 여전히 남는 문제에 대해 해결을 부탁하는 내용이 6.9%, 재산이나 유산의 상속 방법에 대해 이야기하는 내용이 5.8%의 비율을 나타냈다.

한편 자신이 자살을 선택하게 된 문제 상황에 대하여 설명하는 내용은 34.4%, 단순한 자살의 고지에 그친 유서는 12.4%의 비율을 나타냈다.

이것을 성별로 살펴보면 남성의 경우 다른 사람에 대한 미안함을 표현한 경우와 자신의 죽음과 자살에 대한 생각을 표현한 경우가 여성에 비해 다소 많았다. 여성의 경우에는 하나의 유서에 여러 메시지를 동시에 표현한 경우가 남성에 비해 많았으며, 표현된 메시지 중에는 자신의 자살 이유에 대해서 설명하는 내용, 자기 자신에 대한 자책의 내용, 다른 사람에 대한 원망의 내용 등이 남성의 유서에 비해 많았다(부록의 〈표 29〉 참조).

유서의 내용을 연령별로 살펴보면, 60대를 제외하고는 전 연령대에서 다른 사람에 대한 미안함을 표현하는 내용이 가장 많았다(60대는 자신의 장례 절차를 부탁하는 내용이 가장 많음). 이어 자신의 자살 이유를 설명하는 내용이 많은 연령대는 19세 이하, 20대, 30대, 60대이고, 남아 있는 사람에 대해 염려하는 내용은 40대, 자신의 장례 절차를 부탁하는 내용은 50대와 60대에서 많았다(부록의 〈표 30〉 참조).

유서의 기록 매체를 살펴보면, 미리 준비한 편지지나 백지에 기록한 경우가 37.4%로 가장 높았고, 노트나 연습장에 기록한 경우가 26.0%,

메모지 또는 수첩에 기록한 경우가 22.9% 등의 비율이었다. 그리고 달력이나 포장지 등 주변의 종이에 기록한 경우는 5.3%, 핸드폰 문자메시지 등을 이용한 경우도 3.4%의 비율을 나타냈다.

유서를 남기는 매체를 선택하는 데에는 연령별로 다소 차이를 나타냈는데, 19세 이하와 20대 자살자들의 경우 공책이나 연습장에 유서를 작성하는 경우와 핸드폰 문자메시지 등을 이용하는 경우가 다른 연령대에 비해 상대적으로 많았으며, 30대 자살자들의 경우에는 공책이나 연습장에 유서를 작성하는 경우와 온라인상에 유서를 작성하는 경우가 상대적으로 많았다. 그리고 40대 자살자들의 경우에는 메모지 또는 수첩에 간략하게 기록한 경우가 가장 많았으며, 50대 자살자들의 경우에는 미리 준비하지 않고 주변의 종이에 기록한 경우가 다른 연령대에 비해 상대적으로 많았다. 한편 60대 이상의 자살자들은 유서를 작성할 때 미리 준비한 편지지나 백지를 이용하는 비율이 상대적으로 높았다(부록의 〈표 31〉 참조).

유서 기록 매체의 성별 차이는 통계적으로 유의미하게 나타나지는 않았다.

2. 정서적 메시지

앞에서 언급한 바와 같이 정서적인 메시지는 자신이 처해 있는 문제 상황을 설명하거나 정서적인 이해를 구하는 형태의 메시지로서, 죽음이나 자살에 대한 생각, 삶에 대한 미련, 자살 결심 과정에 대한 설명, 자기 자신에 대한 자책, 다른 사람에 대한 미안함이나 염려, 다른 사람에 대한 원망이나 저주 등의 내용이 이에 해당한다고 볼 수 있다.

이 같은 정서적인 메시지는 자신의 죽음에 대한 성찰의 과정에서 도출된 것으로 죽음이나 자살에 대한 생각, 삶에 대한 미련, 자살 이유와 상황에 대한 설명, 자살 결심 과정에 대한 설명, 자기 자신에 대한 자책 등의 내용에 대한 구체적인 사례는 성찰성의 발현 양상을 살펴보는 부분에서 이미 확인한 바 있다. 따라서 여기에서는 다른 사람에 대한 미안함이나 염려와 다른 사람에 대한 원망이나 저주 등의 사례를 간략히 살펴보고자 한다. 이에 대한 더욱 풍부한 사례들은 제4장에서 유형화를 하면서 자세히 다루도록 하겠다.

2003년에 사망한 42세 남성은 보증을 잘못 서고 빚이 많아 경제적인 어려움에 처해 있었으나, 유서에는 어머니에게 미안하다는 정서적인 메시지만 드러난다.

어머니께 올립니다
항상 근심 걱정과 고통을 안겨드리는군요
효도라는 글자체를 잊고 살아온것이 죄스럽습니다
용서하시라는 말도 드리지 못함을 이해하시고 그냥 묻어주세요 못난 자는 *
먼 길을 떠납니다
부디 건강하십시오
나로 인하여 마음 아파하시거나 염려하지 마시고 어머님 건강만 챙기세요
〔42세. 남. 무직. 2003년 3월 25일 의사〕

1998년에 사망한 47세 남성(149쪽 참조)은 역시 '돈 때문에' 한이 맺혀 있다는 것을 밝히면서, 바로 돈 때문에 배우자를 고달프게 한 것에 대해 미안함을 표현하며, 자신의 선택에 대해 정서적 이해를 구한다.

○○ 엄마 정말로 미안하다
참답게 살고 싶었는데
결혼 전부터 지금가지 난 당신 참말로 사랑하고 아끼고 싶었오

하지만 돈 때문에 항상 당신을 고달프게 하였죠
죽어서도 꼭 당신께 평안과 행복을 기원하겠소
할말이 많지만 당신이 모든 것을 다 잘 헤아리라 믿소
돈 때문에 한이 맺혔소
〔47세. 남. 무직. 1998년 2월 22일 의사〕

2005년에 사망한 38세 여성은 남편을 향해 심한 분노를 표현하고 있는데, 이 같은 부정적 정서가 표현된 사례도 다수 발견된다. 그녀는 자신의 배우자를 '나쁜 놈', '이중인격자', '배신자' 등으로 비난한다. 그녀의 아들과 시동생의 진술에 따르면, 그녀는 평소 배우자와 생활비 문제로 다툼이 잦았으며, 배우자는 직장 일을 핑계로 자주 집을 비우고 집에 들어오더라도 부부가 각방을 사용했다고 한다.

같지 않은 이중 인격자 *도 날 너무 실망 시키며 *새나 말든지 생각이 아빠와 똑같다. 나를 처량하게 만들고 있다 *지 너무 힘들다는 말 밖에
*다 않아. 슬퍼서 미쳐버릴 것만 같다
〔중략〕
나쁜놈 나쁜 놈
이중인격자 개새끼
이중인격 소유자
나쁘고 개새끼야
나쁜 놈 나쁜 놈
나쁜 새끼
배신자
이중 인격자
〔중략〕

사회에서는 100점 이라고 인정 헷지?

가정에서는 빵점이야!!

너가 인정 했듯이 맨날 죽이고 싶어 했을 거야

이미 오래 전부터. 미안하다 미리 못 죽어줘서

〔중략〕

최○○ 네가 아빠라면 애들에게 ** ****

이러면 안되지 ** 내가 ** ****

다 무시하더라도 ** *

〔중략〕

인정할께 너 *** 잘 먹고 잘살라고　개새끼야

〔38세, 여, 무직, 2005년 12월 1일 의사〕

3. 문제 지향적 메시지

문제 지향적 메시지는 자신이 처해 있는 문제 상황에 대해 상대적으로 적극적인 해결 의지를 보이는 형태의 메시지로서, 자신이 죽음을 통해 이루고자 하는 것이 있는 경우 그것을 설명하고 남아 있는 문제들을 다른 사람들이 해결해주기를 기대하는 내용이 이에 해당한다고 할 수 있다. 역시 여기에서는 이에 대한 몇몇 사례만을 간략히 소개하고 더욱 풍부한 사례들은 제4장에서 자세히 살펴보도록 하겠다.

다음의 2002년에 사망한 46세 남성은, 죽음을 통해 자신이 겪고 있는 경제적인 문제 상황을 해결하고자 하는 의지를 잘 드러낸다. 즉 그는 죽음을 모든 것의 포기가 아니라 남아 있는 사람들의 고통을 경감시키기 위한 노력의 일환으로 보는 것이다. 이것은 그가 빌려준 돈의 목록을 작성하여 유족들이 그것을 받아 사용할 수 있도록 조치를 취하고 있다는 점에서, 나아가 자신이 죽은 후 가족이 이사를 가거나 전화번호를 변경함으로써 부채가 가능한 한 가족에게 전가되지 않기를 기대한다는 점에서 확인할 수 있다.

유○○ : 01○ . ○○○ . ○○○○ 400만원

안○○ : 01○. ○○○. ○○○○ 490만원

진○○ : 01○. ○○○. ○○○○ 240만원

김○○ : 01○. ○○○○. ○○○○ 200만원

○○이가 연락이 않대면 엄○○에게 전화하여라

최○○ : 01○. ○○○-○○○○ 150만원

엄○○, 나, 양○○ 총 2600만원

엄○○ : 1.000만원

나○○ : 1.000만원

양○○ : 600만원

12월까지 인수중지 하였다 계산하여서 수금하여라 배당금은 300만원

내가 가지고 간 돈은 200만원이다

계산하여서 달라고 하여라

[중략]

은행*에서 **** *** 내지 말고 내가 없다면 집을 이사 가거라 사망신고를 빨리 하라는 말이다 ○○ 엄마에게 크나큰 짐을 남기고 가는구나 미안하다

앞면에 돈은 혼자서 않될 수도 있을태니 매형하고 상이하여라

○○아 엄마는 불쌍한 사람이다 첫 엄마말 잘들어라 ○○이도 공부잘하고 열심 살아라 이아빤느 멀리서 너희 자매를 볼수있다

○○이엄마 미안하지만 재혼하여서 살기을 바란다 너 혼자 살기가 힘들거라는것은 내가 더 잘안다

전화번호 변경하여라

[46세. 남. 개인택시 기사. 2002년 12월 17일 의사]

2000년에 사망한 50세 남성(154, 177, 190, 367쪽 참조)은 배우자의 불륜을 고발하는 내용의 유서를 남기고 목숨을 끊었는데, 배우자의 '더러운 행동'을 참을 수 없었다고 자신의 죽음을 설명한다. 그는 자식들도 배우자를 용서하지 말아달라는 부탁을 하고 있으며, 저승에서도 배우자가 처벌을 받는 것을 지켜보고 싶다는 욕망을 표현한다.

사랑하는 딸들아!
이글을 읽으면서 너희들을 과연 너희 엄마를 어떻게 생각 할것인가?
무정한 여자 마즈막 바램이었든 이 아빠에 부탁도 거절하고 지금도 어떤 놈과 무슨 짓을 하고 있는지 모르겠다 ○○이모 에게 아빠가 너무너무 고맙다고 하더라고 전해 주면 한다
〔중략〕
○○이 엄마에 되하여선 큰 처남이 잘 알거예요
그리고 ○○ 이모도 잘 알고요 시간이 있으시면 물어보세요
지금까지 있었던 일들은 장모님이 쓰러질까봐 말씀드리지 못했어요
그것도 집앞에서 그리고 길거리에서 34살짜리와 그 짓을 하다 나한테 들켰어요
하지만 나는 모든 걸 용서했어요 원인 제공은 나였기에 그렇게 생각하고....
그런데 그게 아니더군요
은혜를 배신해요
징역살이 하려는 것을 용서하여 주었는데...
〔중략〕
*요 얼마나 사나 저승에서 꼭 지켜보리다
사랑하는 딸들아!
너희들은 절대로 엄마처럼 살지마라
〔50세. 남. 무직. 2000년 10월 24일 음독사〕

1999년에 사망한 33세 여성(149, 221, 378쪽 참조)은 경찰서장을 수신인으로 하여 유서를 작성했다. 그녀는 동네 사람들끼리 계를 하다가 이자를 많이 준다고 하는 사람에게 속아 다른 사람에게 돈을 빌려다가 다시 빌려주었는데, 자살 당시 빌린 돈을 갚지 못해 잠을 자지 못하고 고민하였다고 한다. 그녀는 자신이 스스로 목숨을 끊게 되면 유서의 내용이 경찰서장에게 전달될 것이라 기대하고, 경찰서장이 자신의 이야기를 듣고 문제를 해결해주기를 바라는 심정으로 유서를 작성한 것이다.

> 끝까지 읽어 주십시오
> 저는 한 가정의 평범한 주부입니다
> 〔중략〕
> 은행으로 기업어음이 있는데 그 어음을 막아주면 높은 이자가 있으니까 해 보라며 권유를 하는 거예요
> 높은 이자 준다니까 솔깃해서 했답니다
> 〔중략〕
> 아이들과 동반자살이라도 하고 싶은 생각에 하루하루를 보낸답니다
> 〔중략〕
> 이 편지가 서장님 손에 있으시면 저의 이 사연을 해결해 주었으면 합니다
> 너무 억울 하답니다 저는 오○○
> 수사를 해요 보낸은행 계좌는 (○○ 아0○○○○○○○○○○○○○번)
> 고○○〔채무자 이름〕 주민번호 (6○○○○○-2○○○○○○)
> 전화 ○○○ - ○○○○
> 〔중략〕
> 이 돈을 찾거나 받으면 제가 빌린 분들게 다 갚아 주라고 저의 남편을 주십시오
> 저를 보고 돈 준분들게 너무 죄송합니다
> 그래야 억울하게 죽은 제가 눈을 감을 것 같아서요

서장님 감사합니다

〔33세. 여. 주부. 1999년 1월 21일 의사〕

5절 타자 지향성

소통적 자살의 세 번째이자 가장 중요한 요소는 자살이 개인적인 행위가 아니라 다른 사람을 지향한 사회적인 행위라는 점이다. 이는 모든 유서에는 수신인이 있다는 점에서 확인할 수 있다.

1. 유서의 수신인

자살자가 남긴 유서는 수신인을 여러 명 지정한 경우가 있으며, 수신인을 특별히 지정하지 않더라도 여러 명을 염두에 두고 쓴 경우가 있다. 따라서 유서의 수신인으로 명시되거나, 수신인이라고 추정되는 사람들을 중복 집계하여 빈도와 비율을 살펴보면 다음과 같다.

자살자들의 유서 중 유서의 수신인을 확인할 수 있거나 추정할 수 있는 사례는 총 374건이었는데, 이중 유서의 수신인으로 가장 많은 경우는 자살자의 자녀로서 31.8%였다. 그리고 자살자의 배우자에게 남긴 유서는 25.1%, 자살자의 부모에게 남긴 유서는 24.6%, 자살자의 형제에게 남긴 유서는 18.2% 등이었으며, 불특정인을 향한 메시지도 28.6%였다.

이를 성별로 살펴보면, 남성의 경우 자녀를 수신인으로 한 유서가 35.4%, 불특정인을 향한 유서가 30.3%로 여성에 비해 상대적으로 높은 비율을 보이고 있었다. 여성의 경우는 부모를 수신인으로 한 유서가 35.0%, 애인을 수신인으로 한 유서와 친구를 수신인으로 한 유서가 각각 10.0%로 남성에 비해 상대적으로 높은 비율을 보이고 있었다 (부록의 〈표 32〉 참조).

유서의 수신인을 연령별로 살펴보면, 19세 이하 자살자들의 경우 부모(57.7%), 친구(30.8%), 형제(23.1%), 애인(15.4%) 등을 수신인으로 한 유서가 다른 연령대에 비해 상대적으로 높은 비율을 보였으며, 20대 자살자들의 경우에도 부모(47.1%), 형제(24.3%), 친구(15.7%), 애인(11.4%) 등을 수신인으로 한 유서가 많았으며, 불특정인을 향한 유서도 38.6%로 다른 연령대에 비해 상대적으로 많았다. 30대 자살자들의 경우에는 배우자(35.0%), 형제(22.5%), 애인(10.0%) 등을 수신인으로 한 유서가 상대적으로 많았고, 40대 자살자의 경우에는 자녀(43.1%), 배우자(36.1%) 등을 수신인으로 한 유서가 상대적으로 많았다. 그리고 50대 이상의 자살자들의 경우에는 자녀를 수신인으로 한 경우가 상대적으로 많았는데, 50대의 경우에는 51.0%, 60대의 경우에는 58.1%, 70대의 경우에는 63.3% 등이었다(부록의 〈표 33〉 참조).

2. 일방적 소통 방식과 상호적 소통 방식

소통적 자살이 다른 사람을 염두에 둔 행위라 하더라도 다른 사람의 반응에 대해 어떠한 기대를 가지고 있는지에 따라 소통 방식은 달라질 수 있다. 즉 자신의 메시지에 대한 다른 사람의 반응을 적극적으로 구하는지, 혹은 일방적으로 자신의 메시지를 전달하는 것에 만족하는지에 따라 상호적 소통 방식과 일방적 소통 방식으로 구분할 수 있는 것이다.

1) 일방적 소통 방식

다음에 소개할 사례들은 자신이 다른 사람에게 하고 싶은 말을 일방적으로 전달하는 것이 우선적 목적인 메시지들이다. 일방적 소통 방식이 드러나는 메시지는 자신의 상황이나 심정을 알리고자 하는 내용과 자신이 죽음을 통해 문제를 해결하고자 한다는 의지를 알리는 내용 모두를 포함할 수 있다.

아래에 인용한 것은 2004년에 사망한 34세의 캐나다인의 유서로 그는 2002년부터 6개월 체류가 가능한 비자를 소지하고 입국하여 학생들을 상대로 영어 교습을 하며 생활했는데, 홍콩, 일본 등으로 출국했다가 다시 입국하는 방법으로 체류 기한을 연장하며 불법으로 영어를 가르치고 있었다. 그는 자격증 없이 영어를 가르쳤기 때문에 강제 소환을 걱정하고 있었고 또한 경제적인 어려움을 겪고 있었다. 그러나 유서에 표현된 바에 따르면 그의 가장 큰 문제는 주변 사람들이 자신을 이해해주지 않아 홀로 있다는 외로움이었던 것으로 보인다. 그는 유서에서 '누군가가 이것을 읽는 것만으로도 자신은 성취했다'고 말하며 아무도 자신을 이해할 수 없다는 사실에 좌절했던 심정을 기술한다. 그는 아무도 도와주지 않고 아무도 곁에 있으려 하지 않았기에 자신도 그들을 떠난다고 스스로의 죽음을 설명한다. 그는 유서를 통해서 비로소 자신이 하고 싶은 말을 마음껏 할 수 있었던 것이다.

> You can't understand the depth of my pain on many different levels, you therefore can't begin to comprehend the "why" upon death.
>
> 〔중략〕
>
> *If somebody is reading this, that means I have finally achieved.*
>
> 〔중략〕

Something I have been hoping to get in life *but could only find in death*

〔중략〕

People I asked for help from knew what problem I had .. it was a specific neurosis problem...

〔중략〕

And it was very severe.. *but I've discovered that people that ask for help, never get it*

It is only if or when somebody who might care recognizes a person has a problem first and then tries to help I've been talking about and describing how to die for several months, I was ignored by everybody I talked to. Nobody cared. As one person told me "People don't care about your health. they only want you to be a good teacher." *Nobody else wants to be around me?*

Then why should I tolerate belong around me anymore?

〔34세. 남. 캐나다인 영어 강사. 2004년 3월 13일 중독사〕

2005년에 사망한 14세 여성(103, 286쪽 참조)도 죽음을 계기로 겨우 자신의 생각을 부모에게 전할 수 있었던 것으로 보이는데, 그녀는 자신이 힘들다는 것을 부모에게 말하면 '맞아 죽을까 봐' 이야기하지 못했다고 한다.

이대로 죽기엔 15년밖에 못 산 내 인생이 너무 아깝지만

계속 이렇게 사는 것보단 나을것 같다

이대로라면.....남은 8년이 정말 자신이 없다

엄마 죽고싶을 정도로 힘들다면서요

나도 그랬어요

엄마는 나한테 말이라도 했죠

나는 말하면 맞아 죽을까봐 못했거든요

〔14세. 여. 중학생. 2005년 1월 6일 추락사〕

2004년에 사망한 48세 여성(176, 210, 376쪽 참조)도 살아 있을 때는 자존심이 상해서 차마 하지 못했던 말을 유서라는 형식을 빌려 마음껏 표현한다. 그녀는 유서에서 친정 식구들을 포함한 주변 사람들은 자신의 배우자를 매우 좋은 사람으로 보고 있으나 실제로는 바람기 많은 '악마' 같은 사람이라고 평가한다. 그러나 그녀는 이러한 사실을 자신의 자존심 때문에 다른 사람에게 이야기하지 못하고 혼자서 고민할 수밖에 없었는데, 이제 죽음을 통해 비로소 다른 사람에게 이야기할 수 있게 된 것이다. 지금까지는 그녀가 말하지 않았기 때문에 아무도 자신의 속마음을 알지 못했으나, 이제 이 이야기를 들어줄 누군가는 자신의 힘든 상황을 알 수 있을 것이라고 그녀는 생각하는 것이다. 그녀는 자신의 유서를 '넋두리'라고 표현하는데, 이를 통해 우리는 그녀가 상대방이 자신의 유서를 읽고 무언가 반응하기를 기대하기보다는 자신의 이야기를 다른 사람에게 털어놓는 것 자체에 일차적인 목적을 두고 있다는 것을 짐작할 수 있다.

내 말 못하는 속마음을 누가 알까 내 죽기전에 유서처럼 이렇게 쓴다

〔중략〕

○아와 내가 나이들어 이런 부부가 되리라곤 상상조차 못했는데 계속되는 바람기에 세월에 더해지면서 사람도 너무 망가져 가는것같다

내 주위사람들은 내남편을 어떻게 생각할까?

남들이 보는 것처럼 그렇게 진실하게 살아준다면 얼마나 좋을까

〔중략〕

병원 입원 했을 때 옆 침대 제주도 아줌마가 그랬지 "우리 부부처럼 하루

라도 그렇게 살다 죽었으면 원이 없겠다고" 아줌마 난 아줌마가 부럽네요 남들한테 그렇게 보이면 뭣해요 한껍질만 벗겨보면 사실이 아닌데, 내 남편이 그렇게 착해 보여요?

언제가 될지 모르지만 너가 이글을 본다면 가슴 아픈 어느날 내가 하고픈말 그냥 적었으니 오해없이 읽어주길 바래

〔중략〕

우리 친정식구들 친정언니 내 주위 모든 친구들은 모두가 이 사람을 천사라 믿고 있어요 이렇게 믿는 사람들에게 그 사람은 악마라고 얘기해봤자 내가 택해 결혼한 사람인데 내 얼굴에 침뱉는거라 내 자존심이 허락하지 않아 속은 새까맣게 타고 없지만 말을 못하겠어요

〔중략〕

마지막 나의 넉두리를 들어줘서 고마워요 형님 2004년 어느날

〔48세, 여, 주부, 2004년 8월 29일 의사〕

2) 상호적 소통 방식

상호적 소통 방식을 지향하는 메시지는 자신이 죽음을 통해 전달하고자 하는 메시지에 대한 상대방의 정서적 반응을 구하거나 실제적인 문제 해결을 위해 도움을 요청하는 것을 포함한다.

1997년에 사망한 35세 남성(275쪽 참조)은 상대방의 정서적 반응을 적극적으로 구했는데, 그는 배우자가 자신 몰래 바람을 피우고 있다는 생각에 배우자로부터 죽기 전에 사죄의 말을 한마디라도 듣고 싶다는 심정을 표현한다.

기다림이 이렇게 무섭고 고통스럽고 **것인줄 몰랐습니다

한마디 말이라도 듣고 싶습니다 죽기전에 한마디라도 들었으면 한이 없었어요

〔중략〕

죽음으로 사랑을 대신합니다

모든 걸 알고나니 이제는 편히 죽을 수 있다

○○에 대한 배신감에 앞서 나의 잘못된 삶이 허무하게 느껴진다

〔35세. 남. 상업. 1997년 5월 19일 의사〕

2003년에 사망한 64세 남성은 내연녀가 과거에 그에게 써서 보냈던 편지에 그의 글씨로 '배신자 김○○ 씀'이라고 가필하여 유서 뒤에 첨부함으로써 지금도 내연녀와 소통하고 싶은 심정을 드러낸다. 다음 인용문에서 인용 부호(" ") 안의 내용은 이전에 내연녀가 그에게 썼던 편지의 일부이다. 그는 지금도 내연녀에게 과거와 같은 애정 표현을 듣고 싶지만 이제는 그녀가 배신을 해서 듣지 못하는 절망감을 그와 같은 형식으로 표현한 것이다.

"내 님이여 안녕!

산들 산들 봄바람 부는 계절에 만나 초록이 우거지고

어느덧 시간이 흘러 온통 산이 붉게 타오르더니

스산한 가을바람에 못이겨 낙엽이지고 앙상한 나뭇가지에

흰눈이 위로해주는 계절 겨울입니다

그러고 보니 같이 함께했던 시간이 참 많이 흘렀군요

외롭고 텅빈가슴에 홀연히 찾아와 가득 채워준 그대!

당신을 만난것은 생에 최고의 선물 행운이었어요

〔중략〕

진실한 마음에 자상함까지 정말 행복합니다

그 무엇으로도 표현할 수 없을만큼 많이 -

정말 고맙고 감사해요 진심으로

항상 부족하고 허영 투성이인 저를 사랑하고

아껴주셔서 고마워요

〔중략〕

오래도록 영원히

당신의 사랑받는 마지막 여자가 되고 싶습니다

운명이 다 할때까지 .....

그리고 세상이 끝날때까지 .... 안-녕-히

김○○ 올림....."

베신자 김○○ 씀

〔64세. 남. 무직. 2003년 9월 3일 음독사〕

1996년에 사망한 48세 남성(108쪽 참조)도 작성자가 내연녀의 이름으로 되어 있는 편지를 유서에 첨부했는데(다음 인용문의 " " 부분), 그 편지에는 내연녀가 그를 속인 것을 사죄하고 다시는 배신하지 않을 것이라고 다짐하는 내용이 적혀 있었다. 그리고 그가 작성자로 되어 있는 실제 유서에서는 내연녀와의 강한 의사소통 욕구가 드러난다. 그러나 그는 자살하기 직전에 내연녀를 살해했다.

그동안 10년동안 돈벌이 ○○이 한태 쏙아빨리고 큰애장가도 내가 도아주었고 집도 전세 전전 하면서 *** **** 지금사는 집도 내가 사준거나 마찬 가지오

그래서 저집에 가서 죽으려고 ** 그리 아시오

"사랑하는 당싱에게

정말 속겨 죄송합니다

당신을 속이고 김○○을 만나 **을 통하* 정말 죄송합니다 앞으로 다시

는 안만날 *을 진심으로 단신앞에 *말로 빕니다
1994년부터 ** 19*** 2월 5일까지 신○○을 ** **** 마니 ** 한것을 진심으로 빕니다
*으로 안맘날태니 용서를 비요
조○○"

"사랑하는 나의 ○○시
아푸로는 누구든지 맘나지 안고 오직 당신만늘
사랑하면 구준낮이나 조는날이나 사랑하는 마음으로 따를것을 다짐함 ○○이가"

"턱기 앞으로는 ○○을 안만날 것을 맹세함
다시도 ○○을 만나지 안케다고 맹서함니다
또 다시 만나거든 죽기도 좋아 맹새"
〔48세. 남. 미장공. 1996년 12월 27일 출혈사〕

6절 '소통적 자살' 개념의 의의

지금까지 우리는 자살자들이 남긴 유서를 분석하여 유서를 남긴 자살자들이 자살을 선택하기까지의 내적인 과정을 살펴보았다. 여기서는 지금까지 분석한 내용을 요약, 정리하면서 소통적 자살 개념의 의의를 살펴보고자 한다.

본 장에서 우리는 유서에 표현된 내용을 부분적으로 양화하여 요약을 시도하기도 했지만, 대부분의 작업은 유서에 대한 질적인 내용 분석을 통해 문제 상황의 발생에서 자살이라는 행위에 이르기까지의 과

정에 중요하게 매개되는 요소들을 발견하는 것이었다. 여기에서 발견된 구성 요소들은 유서들에 대한 내용 분석을 통해 귀납적으로 도출된 것으로서, 유서 속에서 자살자들이 자신의 상황을 해석하고 있는 부분을 추출한 후 그 주된 내용을 범주화한 것이다. 이러한 작업의 결과 뒤르케임과 그를 따르는 연구자들이 상대적으로 간과했던 행위자의 주관적 의미를 발견할 수 있었다. 이 같은 작업은 양적인 자료만으로는 쉽게 포착할 수 없었던 자살행위의 또 다른 중요한 측면을 부각시킬 수 있었다는 데에 그 의의가 있을 것이다.

이 과정을 통해 우리는 실제 자살의 구체적인 사례들을 살펴볼 수 있었으며, 그 결과 개인에게 닥친 문제 상황 자체가 자살을 직접적으로 유발하는 것이 아니라는 점을 관찰할 수 있었다. 또한 문제 상황 속에서 선택한 자신의 죽음이 자신의 실패한 삶에 대한 전적인 포기가 아니라, 죽음을 통해 남아 있는 사람들에게 무엇인가를 이야기하고 싶다는 소통의 의지를 나타내는 적극적인 행위일 수 있다는 것을 발견할 수 있었다.

결국 이것은 자살행위에 있어서 '소통성'의 측면이 중요하다는 것을 보여준다. 우리는 자살자들의 유서에 '성찰성', '메시지', '타자 지향성'이라는 구성 요소가 존재한다는 것을 살펴보았으며, 이를 통해 '소통적 자살'을 개념화 할 수 있는 것이다.

'성찰성'은 자살자들이 자살을 즉흥적이거나 우발적으로 선택한 것이 아니라 죽음에 대한 심리적, 실제적 준비 과정을 거쳤음을 보여주며, 또한 자살을 하기 전에 자신의 삶과 죽음에 대한 평가와 해석의 과정을 거쳤음을 보여준다.

이러한 준비의 모습은 여러 가지 대안 중에서 죽음을 선택하게 되는 죽음의 결심 과정에 대한 자살자의 진술을 통해 드러나며, 또한 자살자가 자살의 의미를 극대화시킬 수 있는 죽음의 시간과 공간, 그리고 방법을 능동적으로 선택하는 것을 통해 드러난다. 그런데 자살자들은 이렇게 선택한 죽음이 그들에게 최선의 선택만은 아니라는 것 또한 잘 인식하고 있었다. 그들은 죽음 앞에서 두려움과 외로움을 느끼고 있었으며, 다른 사람들과 마찬가지로 죽음을 가능한 한 연기시키고 삶을 연장하고 싶은 욕구 또한 가지고 있었다. 특히 자살이라는 자신의 행위가 도덕적으로 비난을 받을 뿐 아니라, 남아 있는 가족들을 마음 아프게 하는 나쁜 행위, 이기적인 행위라는 것도 인식하고 있었으며, 자신의 자살로 인해 가족들에게 실제적인 불이익이 올 수 있다는 것 또한 예상하고 있었다.

그럼에도 불구하고 그들이 자살을 선택한 것은 자살이 최선最善의 선택이기 때문이 아니라, 오히려 '차악次惡'의 선택이기 때문이었을 것이다. 그들은 자신의 상황 속에서 더 이상 삶을 영위하기 힘든 문제 상황을 발견했고, 이 같은 문제 상황을 해결하지 못하고 살아가는 것보다는 "차라리" 삶을 끝내는 것이 낫다고 평가했기 때문에 죽음을 선택했던 것이다. 빈곤, 빚, 사업 실패 등과 같은 '경제적 문제', 장애, 발병, 지병 등과 같은 '신체적 문제', 우울증, 정신 질환, 콤플렉스, 외로움 등과 같은 '심리적 문제', 갈등, 학대나 무시, 배신, 상실 등과 같은 '관계적 문제' 등은 자살자들에게는 참을 수 없는 문제 상황이며 자신의 실패를 의미했던 것이다.

그러나 앞에서도 말했듯이 문제 상황 자체가 곧바로 자살을 유발하는 것은 아니었다. 물론 문제 상황의 존재와 자살의 선택은 밀접한 관계가 있는 것이 사실이나, 그보다는 자신이 그 같은 실패를 겪게 된 원인에 대한 해석과 문제 상황 속에서 자신의 삶의 가치를 평가하는 것이 더욱 중요하게 작용한다. 즉 자신의 실패를 바라보면서 자신이 더 이상 살아갈 가치가 없는 사람이라고 생각하거나 자신이 버림받은 존재이기 때문에 실패했다고 보는 주관적 자기 인식, 또는 자신의 죽음을 통해서만 자신에게 닥친 문제 상황을 극복할 수 있을 것이라는 평가가 가장 중요한 자살의 요인이 되는 것이다. 이러한 자기 인식은 문제 상황 속에서 고통 받는 자기 인생 전체의 가치를 부정하는 모습으로 드러나기도 하며, 자신의 인생뿐 아니라 다른 모든 사람의 인생을 포함한 일반적인 삶의 가치를 부정하는 모습으로 드러나기도 한다. 또는 행복하고 건강한 삶이 최선이기는 하지만 자신이 그것을 누릴 수 없는 상황에 처해 있다고 보는 모습, 자신이 겪고 있는 문제 상황이 자신의 책임이라고 생각하는 모습, 그리고 나름대로 최선을 다 했지만 자신이 어쩔 수 없는 여러 가지 이유로 죽음을 결심할 수밖에 없다고 여기는 모습 등으로 표출되기도 한다.

이와 같은 자신의 삶에 대한 평가, 문제 상황에 대한 해석 등 성찰의 과정을 거친 행위자의 주관적 의미는 다른 사람을 향한 '메시지'가 된다. 또한 주관적 상황 인식 속에서 죽음을 통해 이루고자 하는 자살의 의도 역시 남아 있는 사람들을 향한 '메시지'들이다.

다른 사람을 향한 메시지는 자신이 처해 있는 문제 상황을 설명하거나 정서적인 이해를 구하는 '정서적 메시지'의 형태로 나타나기도 하며, 자신이 처해 있는 문제 상황에 대해 자신이 해결하거나 다른 사람을 통해 해결되기를 기대하는 '문제 지향적 메시지'의 형태로 나타나기도 한다.

이처럼 많은 자살이 다른 사람을 지향한 행위인데, 특히 유서를 남긴 경우에는 자살의 '타자 지향성'을 보다 강하게 드러낸다. 모든 유서는 수신인이 있는 진술이며, 자신의 죽음을 통해 남아 있는 사람들에게 실제적이거나 정서적으로 영향력을 행사하고자 한다. 즉 소통적 자살은 문제 상황에 처해 있는 자신에 대한 이해를 구하거나, 자신이 겪고 있는 문제 상황을 어떤 식으로든 극복하고자 하는 노력의 일환으로 볼 수 있는 것이다.

이 같은 자살자들의 노력과 의도를 제4장에서 보다 구체적으로 살펴볼 것이다. 제4장에서는 본 장에서 '성찰성', '메시지', '타자 지향성'이라는 차원을 통해 '소통적 자살'이라고 개념화한 자살행위에 대한 유형화를 시도하였는데, 이러한 유형화를 통해 자살자들의 주된 의도나 전략을 분석적으로 이해할 수 있을 것이다.

제4장

자살의 유형: 소통적 자살의 8가지 유형과 그 양상

우리는 제3장에서 자살자들의 유서 분석을 통해 '성찰성', '메시지', '타자 지향성' 등의 요소를 포함하는 '소통적 자살'을 개념화했고, 각각의 요소들이 드러나는 양상을 살펴보았다. 여기에서는 이러한 소통적 자살의 구성 요소들을 유형 구분을 위한 차원으로 설정하고, 이 각각의 차원을 통해 소통적 자살의 유형을 도출하고자 한다. 따라서 본 장에서는 소통적 자살의 유형화를 위해 제3장에서 분석한 유서와 그 내용을 반복하여 소개, 설명하기도 할 것이다.

먼저 자살자들은 자신이 겪는 문제 상황에 대한 인식과, 자신과 삶에 대한 스스로의 평가를 통해 자신의 실패가 누구로부터 기인했는지에 대한 판단을 내리게 되는데, 이는 '성찰성'의 차원이며, 여기에서는 자기 자신에 대한 태도와 다른 사람에 대한 태도가 드러난다. 실패에 대한 성찰의 결과 실패가 자신에게 책임이 있다고 평가하는 '자기 귀책적 평가'의 경우 자신이 처한 문제를 회피하거나, 자신이 처한 상황에 대해 이해를 부탁하고자 하는 의도가 나타난다. 또는 죽음을 통해 자신이 처한 문제를 해결하고자 하거나, 죽음으로써 자신의 문제가 다른 사람의 부담이 되지 않도록 배려하려는 의도가 나타나기도 한다. 실패에 대한 성찰의 결과 실패가 타인에게 책임이 있다고 평가하는 '타인 전가적 평가'의 경우 다른 사람에 대한 원망이나 비난, 저주 등을 통해 책임을 전가하려고 하는 의도가 나타나며, 때로는 타인의 잘못에 대한 고발이나, 자신이 당한 억울함을 탄원하는 의도가 나타나기도 한다.

앞에서 설명한 바와 같이 성찰의 과정을 거친 '메시지'는 '정서적 메시지'와 '문제 지향적 메시지'로 구분할 수 있으며(자세한 내용은 제3장 4절 참조), '타자 지향성'의 차원에서는 자살자들이 의도하는 소통의 방식에 따라 '일방적 소통 방식'과 '상호적 소통 방식'으로 구분할 수 있다(자세한 내용은 제3장 5절 참조).

이상의 세 가지 구성 요소를 각각의 차원으로 하여 다음 〈표 2〉와 같이 8개의 지향을 도출할 수 있는데, 이들 범주는 구체적인 자살행위를 구분할 수 있는 유형으로 기능할 수 있다.

〈표 2〉 성찰적 자살의 유형화

성찰성 / 메시지 / 타자 지향성	자기 귀책적 평가		타인 전가적 평가	
	정서적 메시지	문제 지향적 메시지	정서적 메시지	문제 지향적 메시지
일방적 소통 방식	회피	해결	비난	고발
상호적 소통 방식	이해	배려	각인	탄원

각 유형에 나타나는 주된 의도를 따라 8개의 지향을 살펴보면 다음과 같다(각 유형에 대해서는 해당하는 절에서 자세하게 살펴볼 것이다). ① 회피형 자살: 자기 귀책적-정서적-일방적 지향, ② 이해형 자살: 자기 귀책적-정서적-상호적 지향, ③ 해결형 자살: 자기 귀책적-문제 지향적-일방적 지향, ④ 배려형 자살: 자기 귀책적-문제 지향적-상호적 지향, ⑤ 비난형 자살: 타인 전가적-정서적-일방적 지향, ⑥ 각인형 자살: 타인 전가적-정서적-상호적 지향, ⑦ 고발형 자살: 타인 전가적-문제 지향적-일방적 지향, ⑧ 탄원형 자살: 타인 전가적-문제 지향적-상호적 지향.

물론 자살을 위와 같은 요소를 가지고 유형화할 때에는 몇 가지 주의해야 할 점이 있다.

첫째, 하나의 자살행위에는 여러 가지 복합적인 의도가 혼재되어 있을 수 있기 때문에 특정한 자살을 하나의 유형으로 규정하는 것은 쉽지 않다.

둘째, 자살자들이 취하는 문제 상황에 대한 태도가 항상 단일한 것은 아니다. 즉 자신이 처한 여러 가지 문제 상황을 인식하고 있다고 할 때, 어느 문제에 대해서는 해결의 의지를 보이지만, 다른 문제에 대해서는 해결의 의지 없이 방치하는 태도를 보일 수 있는 것이다. 그리고 감정의 흐름에 따라 문제에 대한 태도가 변화하거나 모호하게 드러나는 경우도 있다.

셋째, 유서의 수신인이 여러 사람인 경우가 많다. 따라서 어느 수신인에 대해서는 일방적인 메시지의 전달을 의도하지만, 다른 수신인에 대해서는 특정한 반응을 기대할 수도 있다. 또한 어느 수신인에 대해서는 정서적인 메시지를 전달하고, 다른 수신인에 대해서는 문제 지향적인 메시지를 전달하고자 할 수도 있다.

그러므로 하나의 자살행위는 그 안에 여러 가지 의도가 혼재되어 있을 수 있고, 하나의 유형에 전적으로 속한다고 규정하기가 쉽지 않기 때문에, 앞에서 말한 범주들은 '배타성'과 '포괄성'을 완전히 충족시키지는 못한다. 즉 행위자의 의도는 때로는 명확히 구분되기 힘든 상태로 드러나기도 하며, 때로는 여러 가지 의도가 복합적으로 내포되어 있기도 하기 때문에 범주 간의 배타성이 유지되기 힘들며, 각각의 범주들은 행위의 의도라는 측면에서 구분되기는 하지만 범주들의 내용을 이루는 실제적인 행동 양식에 있어서는 상호 연관되어 있는 것이다. 또한 여기에서 제시된 범주 이외의 의도가 얼마든지 있을 수 있으며, 연구자가 자살자의 모든 의도를 포착하는 것은 불가능하다는 이유에서 포괄성 역시 충족될 수 없는 것이다. 따라서 여기에서 범주화한 순수한 형태의 유형은 거의 존재하지 않을 것이며, 이러한 유형 구분은 두드러진 지향에 따라 잠정적으로만 가능할 수 있다는 점을 인정해야 한다. 그럼에도 불구하고 이러한 범주화 작업이 의미 있는 것은 이러한 작업이 자살자들의 다양한 의도를 포착하고 설명할 수 있는 언어적 도구를 마련하는 것이며, 나아가 이러한 범주들을 통해 자살의 의미가 더욱 명확하게 드러날 것이기 때문이다.

본 장은 먼저 각 유형에 속하는 대표적인 자살 사례들의 자살 상황과 유서 내용 등을 심층적으로 분석한 후, 다양한 사례를 통해 각 유형의 발현 양상을 살펴보는 형식으로 구성된다. 따라서 제3장에서 분석한 유서가 본 장에서 재인용, 분석되기도 할 것이다. 심층 분석의 대상이 된 사례들은 자살자의 유서, 경찰 조사 시 유족의 진술 등을 참조하여 해석했다. 그리고 심층 분석 사례들의 경우 그 유서 전문을 「부록」에 실어 각 사례를 이해하는 데 참고할 수 있도록 했다.

1절 회피형 자살: 자기 귀책적-정서적-일방적 지향

1. 회피형 자살의 사례

회피형 자살은 자신의 고통이나 문제 상황의 원인을 자기 내부에서 찾고 있으면서, 다른 사람에게 자신의 문제를 일방적으로 설명하고, 그것으로부터 벗어나기 위한 방식으로 자살이라는 도피처를 찾으려는 의도를 가진 자살 유형이라 할 수 있다.

이 유형에서 소개할 첫 번째 사례의 자살자는 부동산 회사를 경영하다 회사의 자금 사정이 어려워지자 스스로 목숨을 끊었다. 그의 유일한 문제는 경제적 실패였으며, 그는 목숨을 끊음으로써 이 문제를 회피하고자 한 것이다. 그리고 두 번째 사례의 자살자는 자신을 가정폭력에 시달리고 폐인이 되어버려 남자에게만 의지하려는 무능력한 존재라 평가하며, 그 모든 인생의 실패를 자신이 여자이기 때문이라고 생각한다. 또한 무엇보다도 자신이 여자이기 때문에 아들을 빼앗겼다고 생각한다. 그녀는 여성으로서의 자신의 고달픈 삶을 벗어나기 위해 죽음을 선택했으며, 다음 세상에서는 절대로 여자로 태어나지 않겠다고 다짐한다.

1) **경제적 실패 회피**(43세. 남. 사업; 152, 195, 214쪽 참조)

(1) 자살 방법

평소에 술을 즐기지 않던 자살자는 자살 전날인 2003년 2월 22일 배우자와 술을 마시고 싶다고 하였다. 그런데 평소에 그가 배우자와 술을 마시게 되면 술상을 차리고 뒷정리를 하는 등의 일은 배우자가 하는 일이었으나, 그날은 그가 술상을 직접 봐오고 술을 마시고 난 후에도 스스로 뒷정리를 하였다. 술을 마실 때 대화 내용에 특별한 것은 없었지만, 그는 '미안하다'라는 말을 몇 번했다. 그러나 배우자는 그 말을 그리 대수롭지 않게 생각했다. 술을 마신 다음 날인 2003년 2월 23일 배우자는 전날 술을 마셔 늦잠을 자고 싶었으나 그는 교회에 간다며 먼저 일어났다. 그와 배우자가 교회를 함께 다녀온 후 그는 회사를 간다고 오후 1시경 배우자와 헤어졌다.

그리고 그날 저녁 5시 30분경 집 근처의 아파트 뒤편 화단의 중간쯤에 쓰러져 있는 그를 아파트 주민이 발견했다. 발견 당시 그는 검정색 양복바지에 검정색 점퍼를 입고 있었으며, 머리에는 등산 모자를 쓰고 양손에는 가죽 장갑을 착용하고 있었다.

자살자의 친구의 진술에 따르면 22일에 자살자에게 전화를 하여 다음 날이 일요일이니까 함께 등산을 가자고 했으나, 자살자는 자신이 중요한 손님을 만날 약속이 있기 때문에 다음 주에 가자고 했다고 하며, 자신의 회사가 사두었던 상가가 팔렸다며 '허허' 웃으며 거짓말을 했다고 한다.

(2) 자살자의 문제 상황

자살자는 부동산 회사를 경영하고 있었는데, 최근 회사의 자금 사정이 어려워 혼자 고민을 해왔다고 한다. 그는 평소에 은행 및 개인들에게 돈을 빌려 부동산을 많이 구입했는데, 예상과 달리 부동산이 매매가 되지 않아, 융자를 받은 은행과 돈을 빌린 친구와 친지들에게 돈을 갚지 못해 힘들어했던 것이다. 그러나 그의 배우자는 회사의 사정을 정확히 알지는 못하고 있었다.

그의 유서와 함께 첨부된 메모를 살펴보면, 이자를 제외하고 총 26억 4,000만 원의 채무가 기록되어 있었으며, 그중 긴급한 것이 16억 1,000만 원이었다.

(3) 자살자에 대한 주변의 평가

자살자에 대해 아내가 진술한 바에 따르면, 그는 평소 고민을 하거나 어려워하지 않는 성격이었으며, 긍정적인 사고를 가지고 있었기에 그런 일로 자살하리라고는 생각하지 못했다고 한다. 그러나 그녀는 남편이 생각 외로 경기가 좋지 않아 주위 사람들에게 빌린 돈을 갚지 못하고 계속 약속을 어기게 되면서, 사람들에게 자신의 어려움을 이야기하지 못하고 자살한 것 같다고 생각하고 있었다. 그는 매주 일요일이면 아내와 함께 교회에 가고 친구 부부와 함께 등산도 매주 가는 편으로 그의 아내에게는 너무 좋은 남편이었고 좋은 사람이었으며, 평소 적을 두는 성격이 아니어서 타살되었을 리는 없을 것이라 생각하고 있었다.

그와 함께 등산을 자주 간 친구의 진술에 따르면, 그는 어릴 때부터 너무 착했으며, 힘이 장사인데도 누가 시비를 걸어도 허허 웃으며 넘어갈 정도로 순한 친구였다고 한다. 그리고 사업상의 거래처와도 대인관계가 좋은 편이었으며, 가족 간에도 화목했다고 진술한다. 또한 그는 평소에 좋아하는 담배도 끊고 체중이 는다면서 함께 등산을 열심히 다니기도 하였다. 그런데 최근에 산에 가는 것을 싫어했다고 한다.

(4) 유서

자살자는 준비된 백지에 3쪽의 유서를 남겼다. 유서는 특정한 수신자가 드러나 있지는 않았으며, 감정의 흐름에 따라 부모님, 배우자, 자식, 동업자, 불특정 다수 등을 호명하며 자신의 심정을 토로하고 있었다.

그 외에 4쪽 가량의 메모와 낙서 등이 함께 첨부되어 있었으나 유서로 남긴 것으로 보이지는 않았다. 메모와 낙서의 내용은 사업상 처리해야 할 일들, 수입 및 지출 예정, 부채액 및 부채를 변제할 방법 등이었다 (유서 전문은 443~446쪽 참조).

(5) 자살자의 자기 상황 인식

자살자에게 있어서 유일한 문제 상황은 경제적인 실패였다.

그는 경기가 회복될 것이라 판단하고 자신감 있게 사업을 확장했는데, 사업을 확장한 지 1년도 되지 않아 많은 빚과 여러 문제가 자신을 괴롭혔던 것이다. 문제는 자신의 사업 자금을 날리는 것으로 끝나는 것이 아니라 '자신을 믿고' 돈을 준 채권자들과 건물의 수많은 세입자 역시 자신 때문에 경제적인 어려움을 당하고 있다는 것이었다. 계약, 잔금, 등기, 융자 연장, 승계 등등 자신이 해결해야 할 일들이 너무나도 많지만 '한 발짝도 움직일 수 없고' '움직이면 점점 더 많은 사람이 다치는' 상황이 되어버리고 만 것이다.

(6) 자신의 삶에 대한 평가

자살자는 자신의 실패에 대해서 모든 것이 자신의 책임이라고 생각하고 있었다. 그는 '모든 것이 내 작품'이라고 생각하고 있었으며, 스스로를 '악마 같은 놈', '아무것도 없이 교만하기만 한 나쁜 놈'이라고 평가하고 있었던 것이다. 그리고 그와 같은 자신의 교만 때문에 자기 주변의 모두가 피해자가 되어버리고 말았다고 평가한다. 그래서 그의 결론은 '끝'을 맺는 것이었다.

그는 자신이 경제적으로 실패하자 자신을 도덕적으로도 실패한 사람으로 여기게 된다. '너무나 많은 사람을 다치게 해서' '하늘을 쳐다보기가 힘든' 것은 물론이고, '자신의 피 속에 사탄이 있다는 것을 느끼기'까지 하는 것이다. 그래서 자신은 '죽일 놈', '죽은 놈', '악마 같은 놈'이 되고 마는 것이다.

이와 같은 자기 가치의 부정은 자신의 시신 처리에 대한 부탁에서도 나타난다. 그는 '화장을 해서 고향 동산에 뿌려주면 고맙겠지만', '안 되면 버려버리라'고 자신에 대한 애착을 철회한다.

(7) 죽음의 선택

자신이 감당할 수 없는 경제적인 위기에 대한 자살자의 선택은 자신의 삶을 '끝'내는 것이었다. 자신의 주변 사람들에게 너무나 많은 고통을 주었기 때문에 '죽고 싶다는 생각 외에는' 아무런 생각도 할 수 없었던 것이다.

그는 지금의 상황이 자신과 다른 사람들을 괴롭히고 있었기 때문에, 자신이 빨리 죽는 것만이 관련된 사람들에게 최선의 결과라고 생각한 것으로 보인다. 그리고 죽음을 결심하고 난 이후에는 당일의 교회 설교 내용 등 주변의 징후들이 죽음을 재촉하는 것으로 보이기도 했다.

그는 애초에 22일을 죽을 날로 정해놓았으나 어떤 이유에선지 그날 자살을 시도하지 못하고 집에 와서 배우자와 술을 함께 마신 후 다음 날인 23일 교회에 다녀와서 근처 아파트에서 투신했다.

(8) 자살의 의도

자살자는 자신에게 닥친 문제 상황을 견딜 수 없었으며, 당장 처리해야 할 채무도 해결할 수 없었던 상황에서 죽음으로 문제 상황을 회피하고자 한 것으로 보인다. 그는 마지막이 너무 괴롭고, 아무것도 쉽게 해결될 것 같지 않아 스스로 목숨을 끊기로 결정한 것이다. 살아남아서 '남은 자끼리 서로를 괴롭혀봐야 모두가 결론은 꽝'이기 때문이다.

2) 여성이라는 고달픈 삶 벗어나기(33세. 여. 무직; 203쪽 참조)

(1) 자살 방법

여인숙에 투숙하고 있던 자살자는 2001년 4월 11일 저녁 9시경 빙초산 원액을 마시고 여인숙 방 화장실에 엎드린 채 신음하다가 여인숙 주인에게 발견되었으며, 응급실에 후송되어 치료를 받다가 사망했다. 그녀는 카키색 면 티셔츠와 분홍색 반바지를 입고 있었으며, 빙초산이 식도와 내장을 녹여 결국 2001년 4월 13일 새벽 2시경 죽었다.

(2) 자살자의 문제 상황

자살자는 약 5년 전에 결혼하여 아들 하나를 두었는데, 남편은 생활능력도 없이 도박을 하고 다니면서 생활비를 주지 않아 결혼 생활이 원만하지 않았다. 남편이 자살자가 결혼할 때 가지고 온 패물들마저 도박판에서 날리게 되자 두 사람은 자주 싸움을 했는데, 그러던 중 그녀는 3층 건물에서 떨어져 머리를 다치기도 했다. 그녀의 어머니는 그 일로 인해 그녀에게 정신적인 문제가 발생하여, 정신과 치료를 받아왔다고 진술했다.

그후 그녀는 이혼을 하고 미역 공장, 양식장 등에서 잡역부로 일하며 혼자 생활했다. 전남편과 이혼을 하면서 아들을 한 달에 한두 번 만나게 해준다는 조건에 합의했는데, 전남편은 처음에는 이를 지키다가 나중에는 아들을 만나지 못하게 했다고 한다. 이 이후 그녀는 자살 전까지 자살을 세 번 시도했다.

그리고 그녀는 약 1년 전인 2000년 6월에 새로운 남자를 만나 혼인신고를 하고 동거를 시작했는데, 혼인신고로 인해 생활보호 대상자에서 제외되자 2000년 11월에 서류상으로 이혼을 하고 목포 시내 여관 등에 달방을 얻어 생활을 하고 있었다. 그러나 여전히 경제적으로는 어려운 상황이었으며, 자살 직전에는 몸이 아파서 혼자 생활하기 어렵다고 하면서 어머니에게 돈을 부쳐달라고 부탁했으나 어머니 역시 생활이 어려워 돈을 부쳐주지 못했다고 한다.

(3) 유서

자살자는 평소 생활을 하면서 전화번호, 계좌번호, 친지의 기일 등을 적어두던 노트에 6쪽의 유서를 남겼다. 유서의 수신자는 불특정인 이며, 독백 형식으로 작성되었다(유서 전문은 447~449쪽 참조).

(4) 자살자의 자기 상황 인식과 자기 삶에 대한 평가

자살자는 자신이 '의붓아버지의 횡포와 빚에 쪼들리는 가련한 엄마의 모습'을 보며 '이미 폐인이 되었고', 자신의 삶은 '남자에게만 의지하려는 무능력' 속에 빠져버렸다고 평가한다.

그녀에게도 '진정한 가정을 꾸미고', 사랑하는 남자와 더불어 살고 싶다는 욕망이 있었으며, 한때는 전남편과 그것을 누리고 있다고 생각하기도 하였다. 전남편과 '잠시나마 행복했고 모든 역경을 이길 수 있었던' 것이다. 그리고 더 좋았던 시절은 옛날 전주에 있을 때라고 생각하는데, 그때는 그녀가 '씩씩했고', 다른 사람들이 그녀를 '배려해주었으며', '벗들과 직장 동료들'이 함께 있었던 것이다.

그러나 자살 당시의 그녀는 자신이 '자신을 이길 수 없고', 그래서 '누구도 이길 수 없으며', '아무것도 할 수 없는 바보 멍청이'가 되었다고 생각했다. 이제 자신은 아들마저 빼앗기고 누군가에게 의지해야만 살아갈 수 있는 무능력한 사람이었던 것이다.

그녀는 자신이 이러한 상황이 된 것이 자신이 '여자이기 때문'이라고 생각하고 있었다. 결국 여자이기 때문에 누구도 이길 수 없었고, 여자이기 때문에 아들을 빼앗겼으며, 여자이기 때문에 누구를 의지해야만 살아갈 수 있게 되었다고 본 것이다. 그래서 그녀는 '남자이고 싶었다'. 그리고 '다음 세상에선 절대로 여자로 태어나지 않을 것'이라 다짐한다.

이 같은 좌절은 세상에 대한 분노로 확장되는데, 세상은 자신과는 상관없이 돌아가며, 돈 때문에 생과 사가 결정된다고 평가한다. 이 같은 생각을 하는 자신에 대해서는 '세상과는 맞지 않기에' 힘들게 살

수밖에 없다고 여기며, 너무 외롭게 살아가고 있다고 생각한다. 물론 자신이 생각을 고치고 '마음만 추스르면 세상이 아름답게' 보일 수도 있었지만, 자신은 세상을 미워할 수밖에 없었던 것이다.

(5) 죽음의 선택과 자살의 의도

앞에서도 말했듯이 자살자는 이번 자살 이전에 수면제를 먹고 자살을 세 번 시도한 적이 있었는데, 그 세 번의 자살도 이 사건의 유서에 나타난 정서와 크게 다르지 않을 것이라고 생각된다. 그녀는 여자이기 때문에 겪을 수밖에 없었던 좌절들로 인해 계속해서 삶과 죽음 사이에서 번민해왔다.

그녀는 아들이 불쌍하다고 표현하는데, 이는 실제로는 자신의 처지를 아들에게 투사하여 자기 자신이 불쌍한 존재라는 것을 나타내는 방식이라고 볼 수 있다. 결국 그녀는 자신이 여자라는 것을 포함한 '모든 업보를 다 가져가기 위해' 스스로 목숨을 끊기로 한다.

2. 회피형 자살의 양상

1) 경제적 문제 회피

2003년에 사망한 74세 남성의 경우도 앞에서 살펴본 사례와 마찬가지로 인쇄업을 하면서 발생한 금전적인 어려움을 혼자 해결하고자 애쓰다가 스스로 목숨을 끊은 사례인데, 그의 가족은 그가 겪은 경제적인 어려움에 대해서 구체적으로 알지 못했다.

> 사랑하는 딸 아들 여동생 죄송하다 참지 못하여 오늘로 세상 끈넌다
>
> 미안하다 아버지 죽으면 화장하야 납골로 시골 엄마산소 옆에 묻어다오

원인은 비자카드 이자문제 내가 몸이 불편하다

〔74세. 남. 인쇄업. 2003년 10월 3일 의사〕

2005년에 사망한 59세 남성(352쪽 참조)의 경우에는 친구에게 빌려 준 돈을 받지 못해 자신에게 압류가 들어오자 그 상황을 회피하기 위하여 죽음을 선택한 것으로 보인다. 그는 유서의 수신자로 되어 있는 친구에게 5,000만 원짜리 어음을 바꾸어주었는데 친구는 그것을 갚지 않았고, 또한 보증보험에서 대출까지 받아 돈을 빌려주었는데 그것도 갚지 않아 현재 2,500만 원의 압류가 들어왔다고 한다. 그는 돈을 빌려간 친구에게 능력이 닿는 한에서 부채를 상환해달라고 부탁하고 그 이외의 것은 책임질 수 없다고 이야기한다.

○○아

〔중략〕

보증기금권을 6.28까지 해결해주고

박○○ 어음권은 박사장에게 직접해주고

하○○ 〃 (○○시장) 전무에게 6,000,000

장○○ 사장에게 3,000,000 주어라

나머지는 알아서 해결하자

너무 괴롭다

〔59세. 남. 자영업. 2005년 6월 24일 의사〕

2003년에 사망한 33세 여성(150쪽 참조) 역시 경제적인 어려움을 죽음으로 회피하려는 의도를 보인다. 그녀는 아파트 경리 사원으로 일하고 있었는데, 늘어난 카드 빚으로 인해 고민하다가 스스로 목숨을 끊는 선택을 한다. 그녀는 남아서 살아가야 할 사람들에게 미안한 마음을 표현하면서 자신을 기억 속에서 잊어달라고 부탁하기도 했다.

> 남아있는 사람들이 겪어야할 많은 것들.
> 나야 그만 살면 된다지만
> 남아서 살아가야 할 사람들에게 죄송합니다.
> 부디 그 들의 기억 속에서 제가 빨리 잊혀지길 바랄뿐입니다 제발 저를 잊어주세요.
> 그들의 기억 속에서 나란 존재의 흔적도 함께 가져갔음 좋겠습니다. 그들이 덜 아프게.
> 모든 아픔과 고통은 다 제가 가지고 갈 수 있었음 좋겠습니다.
> 정말이지 죄송합니다.
> 〔33세. 여. 아파트 경리 사원. 2003년 6월 30일 의사〕

다음의 사례는 2003년에 사망한 26세 남성(116, 132, 151쪽 참조)이 자신이 자살 사이트에 올린 글에 대한 댓글에 대하여 스스로 답했던 내용을 인용한 것으로 여기에서 그는 빚에 시달리며 가족들에게 거짓말을 해야 하는 자신의 상황을 사람들에게 호소하면서, '편히 쉬고 싶다'는 말로 자신의 부담을 회피하고자 한다.

> 오늘 잠이 들었는데 내일 아침이 오지 않기를 바래 본적이 있으신가요? 빚에 쪼달려 힘들게 하루하루를 보내면서 사랑하는 가족들에게 거짓말을 해보신적이 있나여? 살아있다는 것이 저주스럽고 시간시간을 고통 속에서 절망 속에서 보내야 하는 저의 심정... 너무 힘이 들어여.. 이젠 편히 쉬고 싶습니다.
> 〔26세. 남. 무직. 2003년 8월 28일 음독사〕

1999년에 사망한 23세 여성은 죽음으로써 벗어나고 싶은 현실에서 빠져나가고 싶다는 심정을 유서에서 표현하는데, 그녀의 문제는 아버지의 사업이 어려워 부도가 날지도 모른다는 것이었다.

내일이면 아니 몇 시간 후면 훗 꽤 긴시간이 지난 후에
드디어 그토록 벗어나고 싶었던 도망가고 싶었던 나의 희망대로 목포를 떠난다
아니다 내가 벗어나고 싶은건 목포가 아니다 나를 둘러싸고 있는 현실이다
원하지도 바라지도 않은....
○○[친구 이름] 너와나 왜 이토록 낯설은 곳으로의 동경이랄까
아님 탈피? 묻고 싶다 너에게 나의 표현력으로써는 생각나는게 없다
[23세. 여. 회사원. 1999년 2월 1일 추락사]

그 밖에 공인중개사 일을 하던 중 2004년부터 일이 잘 안되어 경제적인 어려움에 직면하여 2005년에 사망한 44세 남성(217쪽 참조)의 사례와, 건설업을 하던 중 수억 원의 부도를 내고 1998년 자살한 31세 남성의 사례를 함께 소개한다.

○○야 ○○아 미안하다 아빠 빨리 잊어라
[중략]
고모님들 죄송해요 이것이 제 운명인가봐요
친구들 그밖에 사람들 좋은시간 기억하고 잠만자고 싶내
[44세. 남. 무직. 2005년 5월 4일 의사]

어머님께 올립니다
[중략]

살아생전에 효도한번 못해보고 막상 어머님 곁을 떠나려고 하니 눈물이 앞을 가리지만

그래도 이 세상을 떠나야 할 때가 온 것 같습니다

〔중략〕

먼저 아버님 곁으로 떠나가는 못난 자식을 용서해 주시기 바랍니다

세상이 무섭고 사람들이 무섭습니다

부디 건강하시옵소서 그리고 오래오래 사시옵소서

〔31세. 남. 무직. 1998년 3월 1일 의사〕

1998년에 사망한 74세 남성은 도박을 하면서 200만 원의 빚을 진 것을 당황스러워 하다가 연고가 없는 곳으로 숨어들어 목숨을 끊었다. 그는 자신의 실수를 부끄러워하고 자신의 존재를 지우고 싶어 하며 죽음마저도 드러내고 싶지 않은 심리 상태였던 것으로 보이는데, 자신의 자살로 인해 자녀들에게 피해가 갈지도 모른다는 생각도 그러한 행동을 하는 데에 영향을 끼쳤다고 할 수 있을 것이다. 그는 죽음의 장소로 깊은 산속을 택하였으며 죽기 전에 자신의 신분증도 태워 버렸다. 더불어 자신이 빌린 돈은 '일전 하나도 안 주어도 된다'며 문제 상황에 대해 책임질 수 없다는 태도를 보인다.

나는 세상에 데어 난 것이 사람이 아니다

금수 만도 못 한 인간으로 태어나서 여러 사람 고생만 시키고 죄를 많이 지은 놈이다

그러나 자식들을 잘두어 팔십 다 되도록 살아 왔다

지금도 그 정신을 차리지 못하고 금년 보름에 세토 한다고 하다가 만원, 이만원, 십만원 큰 돈을 잃었다 이제는 죽기로 작정을 하였다

수철이〔수천 리〕 산속 인간 발 안 닿는 곳으로 이 세상을 그만 드겠다

할 말은 내가 살아도 그런 돈은 안 갚아도 된다

〔중략〕

멀리 가는 것은 텔레비전이나 나 올 까봐, 뉴스에나 나 올 까봐 이런 결정을 하였다.

네게 있는 증명은 모두 불 살랐다

느그 위신이 있으니 말은 내지 말고 가만이 두고 보아라

〔중략〕

돈 준 놈은 송○○

나가서 안들어 온다고 하여라

〔중략〕

일전 하나도 안 주어도 된다

〔74세. 남. 무직. 1998년 2월 11일 음독사〕

2000년에 사망한 53세 남성(151, 226쪽 참조)은 사업의 실패로 인한 부채 문제에 대해서 저세상에서 죄를 받겠다는 말을 하고는 있지만, 그것은 현세에서는 책임질 수 없다는 의미일 것이다. 그리고 1999년에 사망한 43세 여성(388쪽 참조)도 빌린 돈에 대해 죽어서라도 갚아야겠다고 이야기하고 있지만, 이 역시 현세에서는 갚지 못하겠다는 의미로 볼 수 있다.

그리고 세입자들에게 통보하여주길 바란다 죄책감에 저세〔저세상에〕 가서 염라대왕에 가서 죄을빌겠다고 말이야

〔53세. 남. 무직. 2000년 7월 25일 의사〕

한 대 이○○이 빛이 1000만원 정도인돼 갈지〔갚지〕 못하고 생을 용소 하세요

돈 때문에 목숨이 단축한 것은 죽어서라도 갑어야지

〔43세. 여. 무직. 1999년 1월 11일 소사〕

그리고 자신의 경제적인 문제를 다른 사람이 대신 해결해주기를 바라면서 자살을 회피의 수단으로 삼는 경우도 있는데, 2003년에 사망한 38세 남성(186쪽 참조)의 유서에서 그러한 심리를 볼 수 있다. 그는 자신의 형에게 자신이 빌린 300만 원을 대신 갚아달라고 부탁하며 스스로 목숨을 끊었다.

또한 2006년에 사망한 32세 남성(216, 387쪽 참조)의 사례에서도 이와 비슷한 심리를 발견할 수 있는데, 그는 죄책감을 조금이라도 해소하기 위해 시신을 기증하겠다고 밝히고 있으나, 결국은 도박 때문에 빌린 사채를 부모와 형제에게 전가하고 있는 것이다.

형님, 저 동생 조○○입니다

진심으로 죄송하지만 형님 이승에서 진 빚이졌습니다

300만원정도입니다 갚을 사람은 김○○입니다

아마 제 시신을 볼떼면 옆에 있을겁니다

형님과 어머님께 진짜 불효자식인데요

제 마지막 소원이니까 꼭 들어주시고 김○○

통장 앞으로 300만원 꼭 넣어 주세요

〔38세. 남. 신문 보급소 종업원. 2003년 11월 28일 의사〕

다시 한 번 사랑하는 가족과 모든 분들게 폐를 끼친것에 대해 사죄합니다

경찰아저씨 사채엄자가 우리 어머니에게 피해를 주지 않게 꼭 좀 도와주세요

사채쓴돈(○○머니)490.000 *** 원금은 600.000 갚아야 하며 (신한 이○

○ 3○○○○○○○○○○○)

이자는 일주일에 6만원 14번 이자보냈음 01○ ○○○○ ○○○○

○○론(***)680.000만원 빌렸고 원금이 900.000

이자돈 10일 8만원 3번 이자 보냈음 부장 01○ ○○○○ ○○○○

농협 정○○ 1○○○○○○○ 1○○○○○ 2○○○ ○○○○ 2○○○ ○○○○

엄마 * 누나 ○○이 미안해요

〔중략〕

저의 시신 **** 위해서 장기를 주세요

아니면 ***연구소에 기증을 하세요 꼭 그래야 제가 빚진것을 갚을 수 있을거 같네요

〔32세. 남. 무직. 2006년 8월 22일 의사〕

2) 심리적 문제 회피

다음은 우울증이나 무기력과 같은 심리적인 문제들을 회피하려고 하는 시도를 보이는 사례들이다. 1999년에 사망한 17세 남성(220쪽 참조)은 다른 문제가 아니라 자신의 나약함을 참을 수 없어 자살을 결심했다고 밝히고 있으며, 1997년에 사망한 19세 남성도 이와 비슷한 심리 상태를 나타내는 유서를 작성했다.

지금 이순간 까지 하지만 제 마음도 이해해 주세요

저도 이렇게 까진 하고 싶지 않았습니다

하지만 제겐 희망이 없었습니다

어머니께선 왕따 때문에 이런게 무어냐고 생각할지 모르겠지만

전 사실 왕따 당하지도 않았고 고민도 하지 않았습니다

제가 죽은 이유는 희망이 없고 두려움과 괴로움 내 자신인 나약함 때문입니다

전 사실 1년 넘께 괴로움에 시달렸습니다

〔17세. 남. 고등학생. 1999년 3월 9일 의사〕

나는 그 어떤 이보다 못한 이다

죽음조차 선뜻

나의 무기력이 죽음앞에서 조차 생겨나는 것 같다

이제는 그 무기력을 끝내야 하는데

〔19세. 남. 대학생. 1997년 4월 20일 추락사〕

또한 1997년에 사망한 다른 19세 남성의 경우 대학입학수학능력시험이 다가오는 것에 대한 압박감을 견디지 못해 스스로 목숨을 끊은 사례인데, 그는 최선을 다했지만 자신은 어쩔 수 없다는 심정을 부모에게 호소한다.

정말 죽고싶다

11월19일까지 기다릴 자신이 없다

1년만 좀더 일찍 깨달았다면...

이 세상에서 가장 소중하고 존경하는 "부모님" 정말 죄송합니다

고3이 이렇게 힘든줄 몰란다

불효자식을 용서하세요

저도 최선을 다했지만 이 방법 밖에 없었어요

〔19세. 남. 고등학생. 1997년 10월 26일 의사〕

2005년에 사망한 16세 남성도 모든 것이 귀찮고 자신의 인생을 '리셋'하고 싶다는 내용의 유서를 남기고 자살했다. 그는 학교에서 선생

님의 컴퓨터 부품을 훔치다가 발각된 후 '이번 기회'에 자살을 시도할 용기가 생겼다고 이야기한다.

죄송합니다 뭐라 드릴 말씀이 없군요
사실 이런걸 몇 번 생각해본적은 있었습니다
이번 기회를 통해 확실히 실행할 용기가 생겼다고난 할까요?
어제 집을 나올때 개 한 마리가 있어서 같이 놀아주다가 가려는데 개가 가로막더군요
같이 더 놀아주라는 말인줄 알았는데 지금 생각해보니까 이런걸 예견하지 않았나 싶습니다
만사가 귀찮습니다 그래서 제 갈길을 갑니다
내 인생을 리셋하고 싶다
죄송합니다
〔16세. 남. 고등학생. 2005년 7월 26일 추락〕

3) 관계적 문제 회피

다음은 관계적인 문제를 자살을 통해 회피하려는 의도를 나타낸 사례들이다.

1997년에 사망한 35세 남성(247쪽 참조)은 배우자가 자신을 배신한 것을 참을 수 없어 자살을 결심한 사례로, 배우자의 불륜으로 발생한 관계의 문제를 스스로 목숨을 끊음으로써 회피하려는 것이다. 또한 그는 유서에서 자신의 자녀를 살해하고자 하는 마음도 들었으나 차마 그렇게 하지 못했다고 밝힌다.

차마 얘들은 내 손으로 죽일수가 없습니다

그날 떠나는 마음 갈기갈기 찢입니다 살아온 시간이 너무 억울하고 슬픕니다

〔중략〕

너무도 힘든 세상입니다 누구하나 어떤곳 의지할수 없습니다

내가 사랑하는 가족 너무나 사랑하는 가족이기에

그들을 위해서 무슨 짓이든지 할려고 했지만

나에게 주어진 환경은 나를 더욱더 짓누르고 맙니다

이젠 더 이상 버틸 힘이 없습니다

〔35세. 남. 상업. 1997년 5월 19일 의사〕

이혼이라는 경험도 심각한 관계의 문제를 발생시키는 상황이라 할 수 있는데, 다음은 이혼 후 겪게 되는 심리적 고통을 회피하기 위해 자살을 선택한 사례들이다. 2004년에 사망한 44세 남성(209, 291쪽 참조)은 이혼 후 떨어져 사는 자식과 처에 대한 생각으로 괴로워하다가 목숨을 끊었다. 1997년에 사망한 35세 여성 역시 2년 전 남편과 이혼한 후 힘들어하다가 '이젠 편안하게 쉬고 싶다'는 유서를 남기고 스스로 목숨을 끊었다.

사랑스런 내 새끼들

못난 아버지를 잊고 항상 당당하게 바르게 살며 사회에 필요한 사람이 되어다오

너희들은 사랑하는 단어는 세상에 없는 것 같구나

그래서 허기를 느끼고 갈증을 느낀다

엄마도…

사랑하는 나의 가정 나의 가족 용서해다오

오늘도 마음속에 와달로 어둠속의 수많은 길들을 걷는다

가도가도 끝이없는 수없이 많은 길들

낮은 무섭고 밤은 더욱 무섭다

내가 없어 당신이 행복할 수 있다면

〔44세. 남. 식당 주방장. 2004년 7월 19일 의사〕

특히 작은 언니. 미안해

거듭 죄송합니다

이젠 정말 편안하게 쉬고 싶어요

〔35세. 여. 무직. 1997년 11월 9일 의사〕

1998년에 사망한 50세 여성(135, 344쪽 참조)은 내연남이 만나주지 않는다는 관계의 문제를 회피하는 방법으로 자살을 선택했으며, 2001년에 사망한 39세 여성(128, 176쪽 참조) 역시 유부남인 애인을 더 이상 만나지 못하는 상황을 회피하기 위하여 자살을 선택했다.

박○○ 당신이 날 버렸는데 내가 어떻게 살아

〔중략〕

이제는 더 버틸 힘도 없어

〔중략〕

나 왜 이렇게 죽이고 마는거야 나 죽을 수 박에 없어 당신이 나 죽인거야

무정한 인간 박○○

〔중략〕

하지만 이제 엄마에 방황도 이제 끝이야 살기가 싫어 이런 엄마 살아서 무얼해

〔50세. 여. 종업원. 1998년 7월 20일 음독사〕

며칠동안 바다를 보면서 많은 생각을 했지!

수평선을 바라다 보며 선이의 마음도 두 줄로 그어 보며 당신을 열심히

미워 해 봤어

〔중략〕

흰 거품 일렁 거리는 바다 끝을 보면서 나 자신도 거품처럼 사라지고 싶었지

〔중략〕

검 푸른 파도 속으로 당신과 나의 사랑을 흘려도 보내 봤지

자기야!

쇠주 몇잔에 수면제를 넘기면서 절실히 죽고도 싶었어

모든게 다 잊어지리라 믿었으니깐…

〔39세. 여. 무직. 2001년 12월 21일 의사〕

소중했던 사람의 죽음이라는 상실의 경험 역시 참기 힘든 심리적 위기 상황이라 할 수 있는데, 이러한 상실의 고통을 자살을 통해 회피하려는 시도도 종종 발견할 수 있다.

2006년에 사망한 36세 여성은 계속된 유산으로 배 속의 아이가 죽는 상황을 겪어야 했다. 그녀는 네 번째 유산 후 스스로 목숨을 끊었는데, 아이의 태명으로 보이는 이름을 언급하며 아이 혼자 보내기 쓸쓸해서 함께 죽으려 한다는 유서를 남겼다. 그녀는 병원의 진료비 영수증에 유서를 썼다.

정말 미안해

빨리 잊고 좋은 사람만나서 행복하게 살아

난 ○〔죽은 아이의 태명으로 추정됨〕이랑 함께 간다

○이 혼자 쓸쓸하잖아

화장해줘

〔36세. 여. 주부. 2006년 5월 18일 의사〕

2004년에 사망한 73세 남성은 배우자가 뇌졸중으로 사망한 이후의 고통을 호소하며 '자연사'를 기다리기 힘들어 자살을 선택했음을 이야기한다.

自然死로 가기에는 너무도 멀고 멀어서
其間 나의 生에는 어렵고 現在 같아서는 人生末期에 苦生과 苦痛이 어려워
絶命的으로 간다
잘있거라
〔73세. 남. 무직. 2004년 5월 12일 의사〕

2006년에 사망한 46세 남성도 상실의 고통을 참지 못하고 자살한 사례라 할 수 있는데, 그는 경제적인 문제로 생활이 어렵긴 했으나 어머니와 사별한 이후 더욱 상황을 참을 수 없다고 느낀 것으로 보인다.

○○에게
○○야 형이 먼저 가는구나 정말 미안하구나
인생살이도 지저분한 인생살이였구나 미끄럽구나
나는 어머니께 너무 큰죄를 지었구나
불쌍하신 아버지 잘 부탁드린다 마지막 가는 길 부탁이구나
할말은 많으나 미안하다는 말로 다 털어버리자 아버지 잘 부탁한다
〔46세. 남. 미상. 2006년 7월 10일 음독사〕

다음은 부정적인 관계를 지속하는 것을 회피하기 위해 자살을 선택한 사례들이다.

1997년에 사망한 16세 여성은 학교로부터 장기 결석으로 인해 퇴학 처리되었다는 말을 전화로 전해 듣고 스스로 목숨을 끊었는데, 그녀

는 친구에게 '아버지에게 맞아 죽느니' 자살이 낫다고 말했다고 한다. 그녀의 경우는 아버지에 대한 두려움이 자살을 선택하도록 작용했다고 볼 수 있는데, 가족 관계에서 상대적인 약자인 그녀가 아버지와의 부정적인 관계를 회피하기 위한 방법으로 자살을 선택한 것이다. 또한 그녀는 유서에서 자신이 학교 폭력으로 고통을 받았다고 밝히고 있으며, 선생님과의 관계도 부정적이었다고 이야기한다.

> 부모님 죄송해요
>
> 불효란 것이 이런 것이군요
>
> 저요 퇴학이래요
>
> 3일동안 부모님 속이고 학교 안갔어요
>
> 이렇게 되리라곤 생각 못했는데 지옥에 떨어져도 좋아요
>
> 이곳보단 났겠죠
>
> 학교는 다니고 싶지만 너무 힘들어요
>
> 도저히 저로선 이겨내기가.....
>
> 〔중략〕
>
> 학교애들이 싫어요
>
> 절 너무 욕해서
>
> 그래서 인지 나쁘단걸 알면서도 ○○이와 *** 되구
>
> 담임 선생님이 밉네요
>
> 조금만 이해 해주셨다면 죽음이라는걸 택하지는 않았을텐데
>
> 〔16세. 여. 고등학생. 1997년 9월 24일 의사〕

2절 이해형 자살: 자기 귀책적-정서적-상호적 지향

1. 이해형 자살의 사례

이해형 자살은 자신의 고통이나 문제 상황의 원인이 자기 내부에 있으나, 다른 사람에게 자신의 문제나 선택의 과정을 설명함으로써 주변 사람들의 정서적 이해를 구하고 그들로부터 자신의 행위가 수용되기를 기대하는 의도를 가진 자살 유형이라 할 수 있다.

이 유형에서 소개할 첫 번째 사례의 자살자는 중학교 3학년 여학생 4명인데, 그들은 함께 목숨을 끊었다(동반 자살). 이들 각각이 죽음을 통해 의도했던 것은 서로 다르다고 할 수 있는데, 이중 어떤 여학생은 어려운 가정 형편과 아버지의 음주를 회피하기 위해 자살을 선택했다면, 다른 여학생은 친구들과 진심으로 소통하고 연대하기 위해, 즉 죽음에 동참함으로써 친구들을 이해하고 자신이 이해받기 위해 자살을 선택했다. 이때 자살은 행위 자체가 상대방에 대한 메시지이며 연대감을 표시하는 도구가 된다. 그리고 두 번째 사례의 자살자는 성적이 우수한 여학생이었는데, 어머니에게 유서를 남기고 투신하여 목숨을 끊었다. 그녀의 죽음은 얼핏 보면 공부에 대한 압박감을 벗어나기 위한 회피의 의도를 가진 것으로 보인다. 하지만 그녀의 자살의 심층에는 자기 자신을 이해하지 못하는 어머니에 대한 소통의 의지와 자신이 이해받고자 하는 욕구가 존재한다. 그녀는 죽음을 통해 자신이 죽고 싶을 정도로 힘들다는 말과 자신을 이해해달라는 말을 하고 싶었던 것이다.

1) 자살을 통한 연대감 확인(14세. 여. 중학생 4명. 동반 자살)

(1) 자살 방법

자살자들은 모두 1998년 3월 25일 오후 6시 35분에 '자살자 D'의 아파트 20층 옥상에서 함께 뛰어내려 목숨을 끊었다.

아파트에서 뛰어내리기 전 '자살자 A'를 제외한 나머지 자살자들은 다른 친구들(여학생 3명, 남학생 3명)과 함께 학교에 가지 않고 '자살자 D'의 집에 모여서 시간을 보내고 있었다. 이때 '자살자 A'는 학교에 등교해 있었다. '자살자 B', '자살자 C', '자살자 D'는 오전 10시경 죽기 위해 수면제를 먹었다고 '자살자 A'의 호출기에 음성메시지를 남겼지만, 이들의 자살은 실패했고, '자살자 A'가 하교한 후 이들과 합류하여 다시 함께 죽기로 마음을 모은 것이었다. 이들 4명이 죽고 싶다며 방에서 나가 옥상으로 올라갈 때, 다른 친구들(남학생 3명)은 울면서 말리기도 하고 옥상까지 따라가 붙잡기도 하며 자살을 만류했다. 그러나 그들은 '여자애들이 장난하는 것 같다'는 의견에 동조하여 그녀들만 옥상에 남겨두고 1층으로 내려왔다. 그리고 그녀들은 모두 함께 손을 잡고 뛰어내렸다.

죽기 전 '자살자 B'는 가지고 있던 시계를 친구에게 주었고, '자살자 A'는 부모와 형제에게 유서를 전해달라고 하였으며, '자살자 D'는 H.O.T. 관련 잡지책을 친구에게 주었다고 한다.

(2) 자살자의 문제 상황

'자살자 A'는 3명의 동생이 있는 장녀였는데, 그녀의 아버지는 '자살자 A'를 공부도 잘하고 명랑한 성격의 학생이라고 평가했다. 그리고 죽을 이유가 아무것도 없는데 친구를 잘못 사귀어 죽은 것 같다고 다른 친구들을 원망했다.

'자살자 B'는 5녀 중 넷째 딸이었으며, 그녀의 아버지 역시 '자살자 B'를 활발하고 성격이 좋은 아이라고 평가했다. 아버지의 사업 때문에 어머니와 함께 거주하고 있기는 했으나 생활은 중류층 이상이고 용돈도 쓸 만큼 주었기 때문에 죽은 이유를 짐작할 수 없다고 진술했다.

'자살자 C'는 평소 등록금을 내지 못할 만큼 가정환경이 어려웠으며, 이번에도 등록금을 내지 못해 어제부터 학교에 가지 못하고 고민하고 있었다. 집안의 생계는 어머니가 파출부 생활과 파지 정리로 꾸려오고 있었고, 아버지는 건축 공사장의 일이 없어 7개월째 무직 상태였다. '자살자 C'는 15평 공공임대 아파트에 살고 있었다. 그녀의 어머니는 '자살자 C'를 공부는 중간 수준이지만 친구들과 사이가 좋고 인사도 잘하는 착한 아이로 평가했으며, 사춘기라 순간적으로 그런 행동을 저질렀을 것이라고 죽음의 이유를 짐작했다. 그리고 돈이 없으니 빨리 시체나 치우게 해달라고 경찰관에게 부탁하기도 했다.

'자살자 D'의 작은 이모의 진술에 따르면, 그녀의 아버지는 작년(1997년)에 죄를 지어 교도소에 수감 중이고, 그녀의 어머니는 약 3주 전에 뇌 수술을 받아 입원 중이었다. 그녀의 작은 이모는 '자살자 D'가 성격도 활발하고, 역시 죽을만한 이유가 없다고 생각했다.

(3) 유서

'자살자 A'는 자신의 음악 공책에 부모님, 쌍둥이 동생들, 여동생, 남자 친구들에게 각각 1통씩 유서를 남겼으며, '자살자 B'는 잡지 브로마이드를 찢은 종이에 친구를 수신인으로 하는 유서를 남겼다. '자살자 C'는 따로 준비한 편지지에 부모와 친구에게 유서를 남겼으며, '자살자 D'는 자신이 사용하는 메모지에 언니 2명에게 각각 유서를 남겼다 (유서 전문은 450~455쪽 참조).

(4) 자살자의 자기 상황 인식

앞에서 살펴본 바와 같이 '자살자 A'는 별다른 문제 상황이 없는 것으로 보인다. 그런데 그녀의 유서를 살펴보면, 다른 친구들과 달리 상대적으로 행복한 그녀의 상황이 그녀에게는 오히려 문제 상황이었다. 그녀는 친구들이 가난한 환경과 아버지의 음주 등 여러 가지 어려움 속에 있다고 생각됨에도 불구하고 자신은 '행복한' 환경에서 살고 있기 때문에 그들에게 공감할 수 없고 그들을 위로해줄 수 없다고 생각한 것이다. 그녀는 '친구들의 환경을 보면서' '차라리 자신도 그런 상황에서 자랐다면 좋겠다'고 이야기하며, 친구들의 고민을 들어줄 수 없는 자신의 환경을 탓한다.

그리고 부모님이 그녀가 소통하고 싶은 친구들과 만나지 못하게 하는 것도 그녀에게는 문제 상황이었다. 그녀는 구체적으로 '자살자 D'를 지칭하며 D도 '자신의 친구'이며 함께 놀고 싶은데, 부모님이 허락하지 않아 '매일 친구들끼리 노는데 나 혼자만 집으로 와야 하는 게 너무나 싫었다'고 이야기한다.

그녀는 이 두 가지 상황 때문에 '괜히 아이들과 멀어지는 느낌'이 들었고, 그것이 싫었던 것이다.

'자살자 B'는 자기 상황 인식에 대한 진술이 별로 없고, 유서도 짧아 자기 상황 인식을 파악하기 힘들었다.

'자살자 C'와 '자살자 D'의 유서를 살펴보면 자신들의 상황에 대한 그들의 인식이 놀랍도록 유사함을 알 수 있다.

먼저 '자살자 C'는 '지난 13년 동안 기뻤던 일보다 힘들고 싫었던 일이 더 많았던 것 같다'고 말하는데, '언제나 술에 찌들어서 집을 완전히 개판'으로 만드는 아버지의 술주정과 가난해서 '언제나 돈이 문제'인 가정환경도 그녀에게는 문제 상황이었다. '자살자 D' 역시 '가난하다는 것이 싫었고', '아빠의 술주정'도 자신을 힘들게 하여 살기가 싫었다고 말한다.

'자살자 C'와 '자살자 D'의 상황 인식이 유사한 것은 함께 오랜 시간을 이야기하며 자신들의 상황을 교류하다가 자신들의 문제 상황이 유사하다는 것을 알고 그것을 공유했기 때문이라고 추측할 수 있을 것이다.

(5) 자살자들의 욕구

'자살자 A'의 가장 중요한 욕구는 소통의 욕구였다. 그녀는 앞에서 말한 대로 함께 자살한 친구들과의 소통 외에도 가족, 다른 친구들 등 그녀가 관계를 맺은 여러 사람과 소통을 원하고 있었다. 그녀는 동생들에게 남긴 유서에서 그동안 못해준 것이 미안하다고 이야기하며, '누나 호출기 가지고 갈 테니까 음성 넣어', '언니 묻을 때 호출기 꼭 넣어줘. 그래서 언니에게 할 말 있으면 음성 넣어, 알았지'라고 말하는 등 죽은 후에도 동생과 소통하기를 간절히 원하고 있었다. 죽은 후에도 자신의 가장 소중한 물건인 호출기를 가지고 가게 되면 자신이 더 기억될 수 있을 것이라 생각했으며, 죽은 후에 동생을 보살펴주겠다는 말로 동생에 대한 애정을 표현하고 있는 것이다. 또한 그녀는 남자 친구들에게 남긴 유서에서도 '너희들을 두고 가기 싫다', '나를 잊지 말고 생각해줘', '너희들 막 보고 싶다' 등과 같이 소통의 욕구를 여러 군데서 표현한다.

'자살자 B'의 유서는 매우 짧아서 그녀의 깊이 있는 생각을 짐작하기는 힘들지만, 짧은 유서 중에서도 '나 죽으면 너 사진 넣어줘. 애들 사진도'라고 하여 다른 사람들과의 소통이 그녀에게 중요한 가치임을 암시한다.

'자살자 C' 역시 친구에게 남긴 유서 속에서 친구와의 관계를 중요시 여기고 있음을 표현하며, 죽은 후에도 '내 장례식 때 좀 오라 해'라고 하며 다른 사람들과의 연결의 끈을 놓고 싶지 않다는 바람을 나타낸다.

'자살자 D'도 언니들에게 남긴 유서에서 자신의 장례식 때 (친하게 알고 지낸 것으로 보이는) 여러 오빠와 언니를 데리고 오라고 하며 다른 사람들과의 소통의 욕구가 중요함을 보여준다.

(6) 죽음의 선택과 자살의 의도

앞에서 살펴본 바와 같이 이 자살자들에게는 소통의 욕구가 가장 중요한 가치였기에 모든 것을 함께하고 싶은 생각이 그들을 동반 자살로 이끌었다고 볼 수 있다. 자살 당시 자살자들과 함께 있던 친구들의 진술에 따르면, 그들은 한 사람이 죽으면 나머지 3명도 같이 죽기로 약속했다고 하는데, 이것은 모든 것을 함께하고 싶은 이들에게는 그리 이상하지 않은 선택일 수 있다.

이 상황에서 '자살자 D'가 자살 전날 어머니와 말다툼을 하게 되자 그녀는 자신의 불행한 상황을 더욱 심각하게 느꼈을 것이며(친구의 진술에 따름), '자살자 C'도 자신의 어려운 상황을 생각하며 '자살자 D'에 동조하여 자살을 결심하자, '자살자 A'와 '자살자 B'도 함께 죽음에 동참한 것으로 보인다. 즉 '자살자 C'와 '자살자 D'는 자기 가족의 빈곤과 아버지의 술주정을 '회피'하기 위한 욕구와 함께 다른 친구들과 연대하고자 하는 소통의 욕구가 혼재하고 있다고 할 수 있는 반면, '자살자 A'와 '자살자 B'는 가족 문제는 없었지만 함께 죽음으로써 연대감을 표현한 것이다.

2) 이해의 요구(14세. 여. 중학생; 103, 245쪽 참조)

(1) 자살 방법

자살자는 이메일로 유서를 써놓고 2005년 1월 6일 14시 50분경 자신이 살던 아파트(7층) 베란다에서 뛰어내려 스스로 목숨을 끊었다. 그녀는 분홍색 점퍼, 카키색 바지를 입고 있었으며, 자살 전 자신의 세면대에 물을 받아놓고 휴대전화를 그 안에 버린 것으로 보인다. 그녀가 베란다에서 뛰어내린 후 이웃 사람이 떨어지는 소리를 듣고 나가 그녀가 사망해 있는 것을 발견했다.

(2) 자살자의 문제 상황

자살자의 어머니의 진술에 따르면, 그녀는 평소 교우 문제나 이성 문제로 괴로워한 점이 없었으며, 속을 썩인 적도, 어머니한테 소리 한 번 질러본 적도 없는 등 아무런 문제가 없었다. 또한 체력은 약한 편이었으나, 특별히 아픈 곳도 없었고, 우울증 증세도 없었고, 전에 자살을 기도한 적도 없었다.

그리고 그녀는 중학교 2학년 진급 시 1등으로 올라갈 정도로 성적이 좋았으며, 고등학교는 특목고가 아닌 인문계고등학교에 가서 전교 1등을 하고 싶다는 포부를 밝히기도 했다.

그녀의 가족은 어머니와 여동생, 그리고 어머니의 동거인이 있었으며, 가족 관계도 매우 원만했다고 한다.

(3) 유서

그녀는 인터넷의 메일 서비스를 이용하여 자신에게 이메일을 보내는 방법으로 유서를 남겼다(유서 전문은 456~458쪽 참조).

(4) 자살자의 자기 상황 인식

역설적이게도 자살자의 문제 상황은 2학년에 올라갈 때 1등으로 올라가는 등 성적이 우수했다는 것이다. 그녀는 '1학년 1학기 중간고사 때 1등 했던 게 엄청 많이 후회된다. 차라리 그때 80, 85점 맞았더라면 지금 이렇게 압박받지는 않았을 텐데'라는 표현을 통해 자신이 성적으로 인해 많은 압박을 받고 있음을 나타낸다. 그리고 아마도 그 이후로 원했던 성적이 나오지 않아 고민이 되었을 것으로 보인다. 그녀는 '나름대로 열심히' 하고 있음에도 다른 아이들처럼 원하는 결과가 나오지 않는 것에 대해 긴장하고 있었던 것이다.

자살 당시 그녀는 3학년이 되는 겨울방학을 보내고 있었으며 앞으로의 진학을 걱정하고 있었을 것이다. 그녀가 어머니에게 특목고에 가지 않고 인문계고등학교에 진학하겠다고 이야기한 것도 자신의 성적으로 특목고에 진학할 자신이 없어서 그렇게 말했을지도 모른다.

이 상황에서 그녀의 가장 큰 고통은 자신의 노력이 '숫자'로는 표현이 안 된다는 것이었다. 즉 그녀 스스로는 열심히 노력하고 있는데, 그것이 점수라는 숫자로 표현이 되지 않기에 어머니에게 인정받지 못하고 있음을 안타까워하고 있는 것이다.

여기에서 그녀의 또 다른 문제 상황을 발견할 수 있는데, 어머니는 자신을 숫자로만 판단하기 때문에 자신의 어려움을 모른다는 사실이다. 그녀는 어머니에게 '죽고 싶을 정도로 힘들다'는 것을 말하고 싶었으나, 그것을 말하면 '맞아 죽을까 봐' 말하지 못했던 것이다. 또한 그녀는 자신이 그것을 말했더라도 어머니는 자신의 상황을 잘 알지도 못하면서 자신이 열심히 하지 않아서 그렇다고 나무라고 말았을 것이라고 생각한다.

그래서 그녀는 '삶에 아무런 낙을 못 느끼고', '살아갈 가치'를 잃어버린 것이다.

(5) 죽음의 선택

자살자는 자신의 죽음이 '반항심으로 저지른 충동적 자살'이 아니라, '아주 오래전부터 계획해온 일'이라고 밝힌다. '죽고 싶다는 생각은 100번도 넘게 해봤고', '이대로 죽기에는 15년밖에 못 산 내 인생이 너무 아깝지만 계속 이렇게 사는 것보다는 나을 것'이라고 판단한 것이다. 그녀는 열심히 노력함에도 불구하고 그것이 숫자로 잘 나타나지 않는 상황이라면 앞으로 남은 학창 시절이 너무나 자신이 없어 죽음을 결심하게 된 것이다.

(6) 자살의 의도

일견 자살의 의도는 '죽으면 끝날까, 죽으면 편해질까' 등의 표현에서 보이는 바와 같이 '공부에 대한 압박감'을 '회피'하려는 것으로 보인다.

그러나 그 이면에 나타나는 그녀의 의도는 힘들어하는 자신을 어머니가 알아주기를 바라는, 이해받고 싶은 욕구이다. 그녀의 노력과 어려움은 어머니가 이해할 수 있는 '숫자'로는 전혀 표현할 수 없기 때문에 어머니는 그녀를 '알지 못하는' 것이다. 그녀는 어머니도 자신과 마찬가지로 '죽고 싶을 정도로 힘들지만' 어머니는 자신에게 '말이라도 할 수 있으니' 살아갈 수 있지 않느냐고 절규하고 있는데, 자신은 그 같은 말조차 하기 힘들었다는 것이다.

결국 그녀가 자신의 죽음을 통해 의도한 바는 '하고 싶은 말이 있다'는 것이며, 그 말은 자신도 '죽고 싶을 정도로 힘들며', '나를 숫자로 평가하지 말고 이해해달라'는 내용일 것이다.

2. 이해형 자살의 양상

1998년에 사망한 16세 여성의 유서에는 자신이 죽은 이후 친구들로부터 잊혀질 것을 두려워하는 심정이 여러 군데 표현되어 있다. 그녀는 3명의 친구들에게 마지막 편지를 남겼는데, 공통된 내용은 그들에게 자신의 애정을 표현하면서 자기를 잊지 말라고 부탁하는 것이었다. 그녀는 친구들과 공유할 수 있는 추억들을 끄집어내어 자신에 대한 기억을 새롭게 하고, 함께 찍은 사진이 없는 친구에게는 갑자기 스티커 사진을 찍자는 제안(그러나 실제로는 사진을 찍을 수 없기에 수학여행 때 찍은 단체 사진을 보라고 한다)을 하는 등 자신이 가능하면 오래 기억될 수 있는 장치들을 친구들의 주변에 배치한다.

> dear ○○
>
> ○○아. 오랫만에 너에게 편지로 나마 얘기 한다.
>
> 사랑하는 ○○아. 너와 내가 만난건 우연이 아님을. 이 편지지 이쁘지?
>
> 〔중략〕
>
> 사랑스런 ○○아 내가 이제까지 약간 엉뚱하고, **스러움 점 다 잊어줘
>
> 그리고 언제나 나 잊지마 나 잊으면 알지? 〔주먹 그림〕 죽어
>
> 〔중략〕
>
> 아 답장은 좋을대로 해도 괜찮아

> dear ○○
>
> ○○야 너한테 항상 **** 고맙다 난 너한테 잘해준것도 없는데 넌 날 참 잘해줬지
>
> 근데 요즘 넌 내가 본 ○○의 모습이 아니야
>
> 〔중략〕
>
> ○○야 너한테 펜을 들때 문뜩 사랑이란 말이 떠오른다 사랑... ○○야! 사랑해
>
> 잊지마 나 내가 혹시 어디가더라도 알겠지?
>
> 〔중략〕
>
> 아참 깜박할 뻔했네

○○야 우리 기억에 오래 남을만한 말 하나 만들자
너와 나만 아는 거야

dear ○○
〔중략〕
사랑하는 ○○아 내가 이제까지 서운하게 했던 점이 있거나 무슨 감정 같은거
하나도 남가지 말고 다 잊어 주길 바래 부탁이야
〔중략〕
너 나 잊지마 항상 나 생각해야 돼
이건 만약에 인데 있지 이 내가 어디가더라도 너 잊지마
아참 너와 찍은 사진이 없구나 우리 오늘 사진이나 찍을래?
이 그려 내가 어디가면 우리 1학년때 사*(수학여행)꺼 보면 돼
〔중략〕
답장은 보내고 싶으면 보내고 보내기 싫으면 보내지마
〔16세. 여. 고등학생. 1998년 3월 9일 추락사〕

2004년에 사망한 44세 남성(209, 276쪽 참조)도 자신이 기억되기를 바라는 심정을 표현한다. 그는 이혼 후 자녀들과 배우자를 매우 그리워하며, 배우자와 다시 결합하고 싶어 했는데 배우자가 그를 만나주지 않아 더욱 고통스러워했다고 한다. 결국 그는 배우자를 잊을 수 없기 때문에 죽음을 선택했다고 밝히면서 배우자에게도 함께했던 시간들을 기억하며 자신을 잊지 말아달라고 부탁한다.

이것이 현실일까
아무리 부인하려해도 꿈일거라 여겨도 깨어나질 못한다

현실인가 보다

내가 ○○를 떠났나는 것을 믿지 못하겠다

○○가 원하는 것은 무엇이든 할 수 있을 것 같은대 ○○를 잊는 것만은 할 수 없구나

잊지말고 우리 함께 했던 시간들을 기억해다오

〔44세. 남. 식당 주방장. 2004년 7월 19일 의사〕

2000년에 사망한 25세 여성(111, 152, 178쪽)은 부모에게 남긴 유서 이외에 자신의 삶의 흔적을 이 세상에 남기는 방법으로 '자서전'이라 표현하는 또 다른 유서를 남겼다. 따로 작성된 유서에는 어린 시절 자신이 느꼈던 동생에 대한 열등감과 죽음을 앞둔 공포, 자살의 이유와 자살 도구를 준비하게 된 과정 등이 기술되어 있었다.

2000년 7월 25일

난 이곳에 나의 자서전을 담기로 했다

죽음을 생각하기도 하고 더 나은 삶을 감당하는 날 아는 사람들이 알아주길 바라는 맘으로 펜을 들었다

처음에는 이 노트보다 컴퓨터에 기록을 남길까 했지만 컴퓨터에서는 쉽게 글이 써지지 않는다 그리고 쉽게 지워 버릴 수도 있는 것이 컴퓨터이다

내가 이 글을 쓰게 되는 이유는 이글이 사람들에게 공개되었을때 난 이세상에 없을 것이고 나라는 존재와 나를 ***기 위해서 이글을 남깁니다.

〔25세. 여. 간호사. 2000년 9월 26일 음독사〕

다음은 2003년에 사망한 18세 남성의 사례인데, 분석 대상이 된 유서 중 유일하게 자신에 대한 평가가 부정적이지 않았던 독특한 경우

이다. 그의 유서에서도 자신이 죽은 이후 다른 사람들에게 오래 기억되기를 기대하면서, 자신의 정체성을 확인해주던 동아리인들(동성애자○○○○, ○○○○○문학회, ○○○○고등학교 등)의 삶의 주변에 자신을 기억할 수 있는 여러 가지 장치를 배치하고자 하는 시도를 발견할 수 있다. 그는 장문의 유서에서 20명이 넘는 사람의 이름을 언급하며 각각의 사람이 자신과 어떤 의미의 관계를 맺고 있는지, 그들에게 남길 말이 무엇인지, 그들에게 바라는 것이 무엇인지를 조목조목 쓰고 그들의 이메일 주소와 전화번호를 함께 적어놓았다. 그리고 유서를 발견하는 사람에게 '유서에 적혀 있는 사람들에게 연락'을 부탁하면서 그들의 삶에 자신이 가급적 오래 기억되기를 바라는 심리를 드러낸다.

> 내 전재산을 동성애자○○○○(동○○)에 기부하겠습니다
> 〔중략〕
> 동○○에서 내 일기(○○○일기)와 시조집(○○○시조집)과 가사와 여러편의 시와 짧은 이야기를 엮은 공책(○○○잡서)을 간직해주셨으면 합니다 후세 사람들에게 동성애자들의 삶을 조금이나마 알게 해주고 싶습니다 그리고 이미 사라져버린 '가사'가 부활하기를 바랍니다
> 내가 죽었다는 사실을 ○○○○○문학회에 알려주십시오
> (http : // www. sijo○○○○ .com)
> ○○○○고등학교에도 나 죽은사실을 알려주세요 특히 서○○. 김○○. 정○○ 선생님께(○○5-○○○○)
> 내 세가지 소원은 ① 동성애자 해방 ② 시조부흥 ③ 가사 부활입니다
> 언젠가는 반드시 제 소원이 이뤄졌으면 합니다
> 동○○ 사람들에게
> 〔중략〕

사무실에 있는 십자가와 성모마리아상은 그대로 놔두세요 하느님께서 동○○에 축복을 내려주실테니

○○에게

〔중략〕

○○형과 ○○이 형에게

〔중략〕

박○(박○○) 아저씨에게

〔중략〕

ps 유서에 적힌 사람들이 전화번호로 연락이라도 한번 주세요

그래도 내가 살았을때 그나마 즐거운 시간을 보냈던 사람들이거든요

〔18세. 남. 무직. 2003년 4월 26일 의사〕

가급적 오래 기억되고 싶어 하는 심리는 자신이 죽은 후에도 자신과 관계를 맺었으면 좋겠다는 바람으로 확장되기도 한다. 1999년에 사망한 73세 남성은 재혼하여 함께 살아왔던 배우자가 사망한 후 지병에 시달리며 평소 외로워했다고 하는데, 그는 유서에서 자신이 죽은 뒤에도 사람들이 왕래할 수 있도록 대문을 열어놓아 달라는 부탁을 남긴다. 이것은 죽은 이후에라도 혼자 있고 싶지 않은 심정의 표현으로, 살아 있을 당시 너무 외로웠던 것을 죽은 후에 조금이라도 벌충하고자 하는 욕구의 표출이라 추론할 수 있다.

사람이 왕래할 수있도록 대문을 여러노라

〔73세. 남. 무직. 1999년 10월 28일 음독사〕

죽은 후에도 어떤 식으로든 남아 있는 사람들과 관계를 맺으며 기

억되고 싶다는 욕구는 다음 생에 다시 만나고 싶다고 표현되기도 한다. 2004년에 사망한 24세 여성(161쪽 참조)의 사례를 비롯한 다수의 유서에서 다음 생에 대한 기약을 발견할 수 있다.

내가 하늘가서 우리 식구 지켜줄께요 부디 자기 할 일 열심히 하며 살아가길

〔중략〕

엄마! 항상 건강하셔야 해요 아셨죠?

미안해요 다음 생에 다시 제 엄마로 태어나 주세요 사랑해 ~ 엄마

〔중략〕

다음 생이 다시 우리 한가족으로 태어나 건강하게 살아요 모두 사랑하고 미안해요

〔24세. 여. 물리치료사. 2004년 6월 12일 추락사〕

○○엄마 사랑해요 당신은 부처님이 보내주신 내 운명의 배우자요

〔중략〕

다음에 또 만납시다 **가능하다면 ※*지마세요 인생이란게 그런거니까

〔43세. 남. ○○○○○○공단 직원. 2004년 7월 12일 의사〕

○○아

다음 생에선 우리 꼭 행복하자

그리고 절대 나 따라 죽지마 부탁할게

너 나 따라오면 나 정말 편히 눈 못감아

너희 엄마 만나서 내가 잘하고 있을테니까 좋은 사람 만나서 늦게 늦게 와줘

미안하다

p.s 나 환생이란거 믿어 좋은 가정 꾸러서 니 아이로 태어날 수 있게 행복해죠

〔19세. 여. 대학생. 2005년 3월 31일 의사〕

하루 하루 살아간다는 것이 너무 힘이 드네여

〔중략〕

미안합니다

죄송합니다

이렇게 허무하게 살아서 다음에 다시 만난다면 이런 실수를 ...

〔중략〕

가족의 앞날에 축복과 행복이 가득하길 바라며

〔26세. 남. 무직. 2003년 8월 28일 음독사〕

○○형님 선산은 형님한테 부탁합니다 죄송합니다

〔중략〕

이제 가야겠어 미안해

여보 다른세상에서 만나면 그때느 잘해주고 싶다 이 못난사람

조상님들 한테 죄송합니다 바보같이 살다

여보 그냥 병신같이 살아가는 내 자신을 정말 추악하기만 했오

〔44세. 남. 무직. 2005년 5월 4일 의사〕

죽은 후에 남아 있는 사람들에게 기억되고 싶다는 욕구는 죽은 후에 자신이 살아 있는 사람들에게 영향력을 발휘할 것이라고 약속하는 것으로 표현되기도 한다. 이들은 자신들이 살아 있을 때에는 할 수 없었던 것을 죽은 후에 할 수 있을 것이라 기약하는데, 실제로 죽은 후에 영향력을 발휘할 수 있을 것이라고 믿고 있다기보다는 현재의 무능이나 무기력에 대한 다른 표현으로 죽은 후에라도 무언가 해주고

싶다는 바람의 표현으로 보아야 할 것이다. 그리고 이것은 자신이 죽어서도 영향력을 행사할 수 있도록 자신을 오래 기억해달라는 부탁의 다른 표현이기도 하다.

이 형은 죽어서도 우리동생 ○○이 도와준다
그리고 작은아버지 사업 잘되게 해주겠습니다
오락실 작은 아버지 죄송합니다
작은 아버지에 깊은 마음 헤아리지 못하고 일만 벌리고 다녔습니다
〔중략〕
마음 아프게 하지말고 나 이형은 너만 보고 있을테니까
이 형은 죽어서도 도와줄수있으면 도와준다
〔25세. 남. 무직. 2000년 1월 2일 의사〕

마지막까지 너에게 아무런 도움이 돼지 못하고 이렇게 가는 형을 용서해 다오
〔중략〕
저승에서 너에 일 도우며 우리 조카들 잘돼길 지켜보마
〔44세. 남. 무직. 2002년 7월 1일 의사〕

○○야! 너 가고싶은 군생활하려므나
아빠는 항시 너를 위해기도하며 너희 앞길을 등불을 되며 안내할거야
살고싶어라
〔48세. 남. 수산업. 1999년 9월 10일 음독사〕

무작정 펜을 들어본다 어쩌면 마지막이 될지도 모르겠지만
산다는게 이렇게 힘들줄 정말 몰랐다 지난번에 맘먹었을때 할껄 아들이

눈에 밟혀 그러지도 못하고 에미없이 자라지만 그런 구석 없이 씩씩하게 자라줘서 고맙구 이젠 애비가 없어두 별 탈없을 듯 하구나
불쌍한 놈 부잣집에 태어났으면 조았을걸 미안하구나 아들아 끝까지 널 지켜주지 못해서 아빠가 항상 말했듯이 아빠가 없더라도 꿋꿋하게 자라야 한다 아빤 항상 너의 곁에 항상 함께 할테니 잘할수 있지 아들!
〔34세, 남, 신문 보급소 종업원, 2006년 6월 21일 의사〕

3절 해결형 자살: 자기 귀책적-문제 지향적-일방적 지향

1. 해결형 자살의 사례

해결형 자살은 자신의 고통이나 문제 상황의 원인이 자기 자신에게 있으므로, 자신의 죽음을 통해 자신이 처해 있는 문제 상황을 해결하고자 하는 의도를 가진 자살 유형이라 할 수 있다.

이 유형에서 소개할 첫 번째 사례의 자살자는 자신의 사업이 어려워지자 스스로 목숨을 끊기로 결심했는데, 자신이 죽으면 정식 계약서를 작성하지 않은 채무에 대해서는 책임을 지지 않아도 될 것이라는 기대를 가지고 목숨을 끊었다. 그리고 두 번째 사례의 자살자는 태어날 때부터 소아마비로 오른쪽 다리를 절었는데, 그는 스스로를 장애인이라는 굴레를 극복하지 못했다고 평가하며, 장애의 고통을 끝내기 위한 방안으로 자살을 선택했다.

1) 부채 해결을 위한 죽음(38세. 남. 카센터 운영; 217쪽 참조)

(1) 자살 방법

자살자는 1998년 7월 7일 10시 30분경 채권자에게 '미안하다, 지금 현대미술관 주차장에 있다'라는 전화를 한 후 '사랑하는 당신께'라는 유서 1장을 써놓고 과천 서울랜드 옆 야산의 약 50년 된 소나무에 목을 매고 사망하였다. 경찰은 사망 시간을 7월 8일 0시경으로 추정했다. 그는 7월 7일 채권자에게 빌린 돈의 절반을 갚기로 했으나, 돈을 갚을 수 없게 되자 그날 오전 채권자에게 전화를 건 후 유서와 통장을 자신의 승용차에 넣어두고 근처의 야산에서 스스로 목숨을 끊은 것이다. 채권자는 그가 전화를 한 후 하루가 지나도록 연락이 없자 그가 마지막으로 전화를 했다고 이야기한 곳을 찾아가 그의 승용차를 발견했다. 그러고 나서 그와 동업하는 그의 처남을 불러서 함께 그를 찾다가 근처 야산에서 죽어 있는 그의 사체를 발견한 것이다.

(2) 자살자의 문제 상황

자살자는 10년째 카센터를 운영하고 있었는데, 최근 사업이 어려워 가계수표를 발행해왔으나 돌아오는 수표를 막지 못해 다른 사람이 자주 막아주는 등 어려운 생활을 해왔다고 한다. 그의 부채액은 정확히 드러나지 않았으나, 함께 일하고 있는 처남에게 8,500만 원, 자살 당시 전화했던 채권자에게 4,750만 원, 유서에 나타난 은행 대출이 1,100만 원, 다른 사람에게 2,500만 원 등 최소 1억 6,850만 원의 부채가 있었고, 이 외에도 여러 사람에게 많은 빚을 지고 있었던 것으로 보인다.

그는 평소 내성적이라 말이 없는 사람이었으며, 자녀는 1남 1녀, 부부 관계는 좋은 편으로 경제적인 어려움 이외에 다른 문제는 크지 않았던 것으로 보인다.

(3) 유서

자살자는 준비된 백지 두 쪽에 배우자, 자녀, 친형 등 가족들을 수신인으로 하는 유서를 남겼다(유서 전문은 459~460쪽 참조).

(4) 자살자의 자기 상황 인식

자살자는 자신의 삶을 '모든 사람에게 사기 당하고 모든 것을 잃은' 것으로 평가하고 있었다. 그는 자신의 채무에 대해서 가게를 정리하면 일부는 갚을 수 있을 테지만 나머지는 감당하기 힘든 정도가 되었다고 생각한다. 단 많은 채무가 정식 계약서를 작성하지 않고 온라인으로 돈을 입금하는 방법으로 빌린 것이기 때문에 공식적으로 계약서가 있는 은행 대출과 공증이 되어 있는 금액에 대해서는 갚아야 하지만 나머지는 자신만 죽으면 돈을 빌렸다는 증거가 남지 않아 갚지 않아도 될 것이라고 생각하고 있었다.

그가 '사기 당했다'고 표현하는 것으로 미루어 짐작해볼 때, 그에게도 받지 못한 채권이 있으나 그것을 돌려받지 못하는 상황이 되어버렸다고 생각할 수도 있을 것이다. 이와 연관된 구체적인 내용은 수사기록상에서 발견하지 못했으나, 유서에 보면 은행에 '보증'을 선 것이 있다는 표현이 나온다.

(5) 자신의 삶에 대한 평가

자살자는 자신이 모든 것을 잃었고, 그 책임은 모두 자신에게 있으며, 모든 것이 자신의 잘못에서 비롯되었다고 생각한다. '잘 살아보려고 했지만' 일은 실패로 돌아갔기에 지난 '몇 개월간 많은 고민'을 해왔으며, 결국 '살아갈 힘을 잃었다'고 생각하는 것이다.

어쩔 수 없이 돈을 빌린 사람들에게도 미안하다는 말을 평소에 했다고는 하지만, 가장 미안한 것은 배우자가 '못난 자신을 만나서 고생만 한 것'이었다.

(6) 죽음의 선택과 자살의 의도

자살자는 자신의 죽음에 대해서 '모든 사람에게 사기 당하고 모든 것을 잃고 저세상으로 가고 싶은 생각밖에' 들지 않았으며 자녀들과 배우자를 '더 이상 힘들게' 하지 않기 위해 '더 이상 살지 않아야겠다고 판단했다'고 설명한다. 배우자를 고생만 시킨 것이 미안하고, 자녀들이 자신이 자살한 것에 대해서 원망할 수도 있지만, 자신이 죽는 것이 다른 사람들을 힘들지 않게 하는 길이라고 판단한 것이다.

그는 가게를 정리해서 정식 계약서가 작성되어 있는 은행 빚과 카드값, 그리고 공증이 되어 있는 금액에 대해서만 채무를 해결하고, 나머지에 대해서는 '증거가 없으니까' '모른다'고 발뺌을 하는 방안을 배우자에게 제안했다. 그리고 '가게, 집, 자동차' 등 부동산은 하루 빨리 자녀 명의로 이전을 하여 자신의 채무에 시달리지 않기를 기대했다.

결국 그는 자신이 죽음으로써 정식 계약서를 작성하지 않은 채무에 대해서는 책임을 지지 않아도 될 수 있을 것이라고 생각한다. 즉 자신의 자살을 일종의 문제 해결의 일환으로 본 것이다.

경찰의 사망 추정 시간을 통해 짐작해보면, 그는 채권자에게 전화를 하고 하루 종일 고민하다가 밤늦게 목숨을 끊은 것으로 보인다.

2) 장애의 고통 끝내기(41세. 남. 무직; 131, 140, 154, 215쪽 참조)

(1) 자살 방법

자살자는 1998년 12월 1일 자신의 집 작은방에서 유서를 작성한 후 바닥에는 책을 쌓아두고, 방 벽에 있는 못에 노란색 빨랫줄로 보이는 노끈을 이용하여 목을 매 목숨을 끊었다. 그는 공공근로사업을 하고 돌아온 배우자에 의해 같은 날 오후 5시 30분경 발견되었다. 그는 발견 당시 운동복을 입고 있었으며, 몸이 차가워진 상태였다.

(2) 자살자의 문제 상황

자살자는 태어날 때부터 소아마비로 오른쪽 다리를 저는 장애인이었고, 공인중개사 사무실을 운영하던 중 사업 부진으로 약 두 달 전에 사업을 그만둔 상황이었다. 그는 약 한 달 전부터 말이 줄고 혼자서 고민을 하는 것 같았으며 식사도 잘 하지 않았다고 한다. 그에게는 배우자와 두 아들(큰아들 20세, 작은아들 18세)이 있었으며, 친가에는 매일 가는 편이지만 그가 돈을 많이 까먹어서 아버지에게 꾸지람을 자주 들었다.

(3) 유서

자살자는 따로 준비한 공책에 총 18쪽의 유서를 남겼는데, 수신자는 부모, 배우자, 아들, 동생 등이었으며, 수신자가 명확하지 않은 독백 형식의 유서도 함께 있었다(유서 전문은 461~467쪽 참조).

(4) 자신의 삶에 대한 평가

자살자는 자신의 사업 부진으로 인한 실패가 '세상을 열심히 살아오지 못한' 자신의 잘못이라고 평가하며, '이렇게 되기까지 못나게 살아왔다는 것'을 '너무나 후회'하고 있었다. 그는 '착한 배우자를 고생시키고', 자식들에게는 '용돈도 제대로 주지 못하는' 등 배우자와 자식들에게 '남들처럼 제대로 해주지 못한' 무능한 사람으로 스스로를 자책했다.

그는 '장애인이라는 굴레를 40세가 넘도록 극복하지 못하고 참으로 못난 인생을 살았다'고 자신의 인생을 요약하고 있는데, 자살 즈음에는 신체의 다른 기능들도 급속히 저하되어 더욱 괴로운 나날을 보내고 있었다.

또한 그가 배우자와 자식들에게 하는 당부를 통해 그 자신의 삶에 대한 평가를 엿볼 수 있는데, 그는 '좌절'한 사람이고, '손가락질 받는' 사람이며, '생존경쟁에서 뒤떨어진 낙오자'이자, '떳떳하지 못한' 존재였던 것이다. 그래서 자식들에게 열심히 살지 않으면 자신과 같이 될 것이라고 하며 최선을 다해 살 것을 당부한다.

(5) 죽음의 선택

죽음은 그에게 있어서도 두렵고 무서운 것이었다. 그는 죽음을 결심한 날 '2시'에 죽으려고 마음먹었으나, 죽음이 너무나 '두렵고 무섭기' 때문에 스스로 정한 자살 시간을 넘기고 계속 갈등을 하며 유서를 남겼다.

그는 유서의 여러 부분에서 남은 가족에 대한 안타까움을 표현하고 있었는데, 부모에게는 자식들을 지켜줄 것을 부탁하고, 배우자에게는 부모님을 모실 것을 부탁하고, 자식들에게는 배우자를 잘 대해줄 것을 부탁하고, 동생에게는 부모님, 배우자, 자식 모두를 부탁한다.

게다가 자살로 세상을 떠나는 것은 '식구들 모두에게 누가 되고 손가락질 받게' 될지도 모르는 일이라고 생각한다. 그는 '아이들 장래에 누나 끼치지 말아야 하는데', '아빠 때문에 너희들에게 불이익이 닥칠지도 모르지만 남자답게 격파하고 나가라', '이렇게 간다고 너무 소문나면 아이들 장래에도 지장 많을듯하니 조용조용 처리해주길 바란다' 등의 말로 이 같은 우려를 표현한다.

그러나 이 모든 것에도 불구하고 그는 너무 '아팠고', 장애라는 자신의 상황을 '극복하지 못한' 것이다.

그래서 그는 부모에게는 '내세에 좋은 세상이 있다면 그때는 부모님께 잘해드리겠습니다' 라고 이야기하며 현재의 삶을 포기하고 있으며, 배우자에게도 '영혼이나마 환생한다면 당신을 지켜주리라' 라고 하며 살아서는 배우자를 지킬 수 없다고 이야기한다.

그는 자신이 죽은 후 '형식이나 절차에 구애됨 없이 입은 그대로 당장이라도 화장을 부탁' 하고 있으며, 그냥 '한 줌의 재로 만들어 과천 대공원 저수지에 뿌려' 달라고 부탁한다. 화장은 자살자들이 사체 처리를 부탁하는 전형적인 방법인데, 그것은 화장이 다른 장례 방법에 비해 간략하다는 점과 빠르게 재가 되어 자신이 이 세상에서 사라진다는 상징성 때문인 것으로 보인다.

(6) 자살의 의도

자살자가 남긴 유서의 많은 부분이 다른 사람들에 대한 염려와 당부의 말인 것에 비해, 자신의 죽음의 의도를 나타내는 말은 상대적으로 많지 않았다. 그러나 장애인이라는 굴레를 극복하지 못하고 좌절했다는 표현이나 신체적인 고통에 대한 호소 등을 통해 그의 죽음의 의도는 충분히 짐작할 수 있다. 그는 죽음을 통해 자신의 고통을 끝냄으로써 신체적인 문제 상황을 해결하고자 한 것이다.

2. 해결형 자살의 양상

1) 경제적 문제 해결

다음은 2002년에 부부가 동반 자살한 사례(150쪽 참조)이다. 그들은 돈이 없어서 카드 빚을 갚지 못하는 자신들의 상황에 대해 카드사에 미안하다고 말하며, 자신들이 죽음으로써 문제가 해결되기를 바란다. 또한 친지에게도 빌려준 돈은 저승 가는 데 노잣돈 주었다고 생각하라며 잊어달라고 부탁한다. 그들에게는 약 8,000만 원의 부채가 있었는데, 그들은 평소에 '우리 둘이 죽어야 한다'는 말을 해왔다고 한다.

> 모든 카드사에게 정말 미안합니다
> 돈이 없어서 갑지 못하고 카드로 돌려막으면서 갑으려고 했는데 그것마저도 잘되지않고 시간도 없고 할수없이 이 길을 택했습니다
> 정말 죄송합니다
> 〔중략〕
> 강서방 ○○야 ○○ ○○야 정말 미얁하구나
> 언니 미안해요 저 빌려준돈 20만원 갑지 못하고 먼저 갑니다
> 저승 가는데 노자돈 주었다고 생각하면는 마음이 편하실거예요
> 〔48세. 남. 이용사/ 48세. 여. 면도사. 2002년 7월 29일 의사〕

1997년에 사망한 46세 남성의 유서에는 죽음으로 문제를 해결하고자 하는 심리가 더욱 잘 표현되어 있는데, 그는 유서에서 자신의 죽음으로 모든 것을 대신한다(자신이 죽음으로 대신하니 채권자는 채권을 포기해달라)는 말을 수차례 반복한다. 나아가 자신의 죽음을 방송국에 알려달라고 배우자에게 부탁했는데, 자신이 돈이 없어서 죽은 것을 공표함으로써 다른 사람들이 빌려준 돈을 받는 것을 포기하기를 바라는 것이다. 또한 그의 유서에는 자신의 죽음으로 형제간의 우애도 더욱 두텁게 되기를 기대하는 내용이 포함되어 있는데, 그에게는 자신의 죽음이 모든 문제를 한꺼번에 해결할 수 있는 유용한 도구로 인식되었다고 할 수 있다.

> 모두 채권자들은 나에 죽음 으로서 포기하세요 대단히 죄송합니다
> 〔중략〕

내가 죽는 이유는 자금압박이며 건물주인 ***씨는 가게 월세에 대해서 너무 신경쓰지 마세요

우리가 보증금이 남아 있지요

보증금이 남아 있는데 왜 그렇게 재촉하세요

당신은 죽을 때 돈 가지고 무덤에 갈꺼요 너무하지 마세요

서민들 생각도 좀 해주세요

○○침목회는 내가 1,017,500 내아야 대는데 그동안 불입한 돈이 100萬원이 넘으니 내가 죽음으로서 나머지 100萬원 정도는 포기하시고 ○○나배○○씨도 나에 죽음으로써 포기하세요

모든 채권자는 나에 죽음으로 대신합니다

채권자 여러분 죄송합니다

우리가 돈이 없어요 채권자여러분

죄송합니다만 포기하게요

변재할 능력이 없습니다

나에 죽음으로 대신합니다

○○이 엄마는 이 유서를 방송국에 알리고

〔중략〕

당신은 나에 죽음으로써 나를 화장시키며 *형제간에 우정을 더욱 두텁게 하고

〔46세. 남. 상업. 1997년 5월 25일 의사〕

다음의 사례들에는 경제적인 문제가 발생한 것은 자신의 책임이기 때문에 자신이 죽으면 그 책임도 면해질 것을 기대하는 심리가 표현되어 있다. 1997년에 사망한 58세 남성은 조카의 보증을 섰다가 문제가 발생했는데, 자신이 죽음으로써 모든 일이 잘 해결되기를 기대한

다. 2003년에 사망한 32세 남성 역시 사업상 지게 된 빚의 책임은 모두 자신에게 있다는 점을 밝히며 자신이 책임지고 죽을 테니 채무 관계를 청산해달라는 취지의 유서를 남겼다.

대단히 미안하오 모든 것은 나의 실수로 이렇게 되었소

〔중략〕

나하나 죽어 없어저서 모든일이 잘 해결만 되어 주었으면 하는 바램입니다

〔58세. 남. 부동산 중개인. 1997년 12월 26일 의사〕

섬머슴아 영농법인의 모든 잘못을 저에게 있고

○○○ 유한회사의 모든 작업과 명의도용 책임은 저에게 있습니다

〔중략〕

저로 인해 너무 많은 사람들이 피해를 봐 죄송합니다

〔32세. 남. 영농 농협 운영. 2003년 6월 4일 의사〕

2) 신체적 문제 해결

자살은 자신의 신체적 고통을 끝냄으로써 신체적 문제를 해결하는 유용한 수단으로 여겨지기도 한다.

2003년에 사망한 68세 남성(139, 157쪽 참조)은 암 투병 생활을 하는 것이 고통스럽기 때문에 그 고통을 끝내기 위해 자살을 선택했다고 밝히며, 2004년에 사망한 52세 남성은 1998년에 사업이 망한 후 당뇨, 고혈압, 중풍 등으로 고통스러워 그것을 끝내기 위해 '아프지 않은 세상'으로 간다고 표현한다.

그동안 정말 고생 많았지요

뒤돌아보면 젊은 시절부터 오늘날까지 음으로 양으로 너무 고생이 많았지요

지금도 병으로 고생하는 나를 조금 하로라도 오래 살리기 위해 많은 노력을 하엿지요

그러나 그고마운 공도 모르는 나를 용서하여 주시구려

나는 이제 마지막길을 갈까 하오

내가 이길을 선택한것도 더욱더 당신의 마음을 너무 이루게 하는구려

그동안 중병으로 투병생활을 하는것도 너무 힘들어 하로하로 살아가는 것이 나에게는 너무 괴롭고 힘겨워 찾아가는 길이니 원망말고 힘내구려

〔68세. 남. 무직. 2003년 12월 29일 의사〕

고얀 것들 그러는 것 아냐! 인고응보일까!

사업실패하고 집 떠난지도 6년이지났구나

얻은것은 당뇨, 고혈압 중풍 통증으로 하루하루가 고통스럽다

아니 외로움과 마음이 더 아프다

어제도 울도 오늘도 울었다 이순 간에도 울고있다

아프지 않은 세상으로 가고싶다

그나마 내 몸이 움직일 때 결심하고 싶다

〔52세. 남. 미상. 2004년 1월 7일 추락사〕

2004년에 사망한 66세 남성 역시 당뇨와 중풍으로 고생하면서 약도 제대로 먹지 못하는 자신의 상황을 해결하기 위해 죽음을 선택했으며, 2005년에 사망한 76세 남성과, 2005년에 사망한 77세 남성도 지병의 고통을 참을 수 없다고 표현한다.

못난 이 예비가

당뇨 중품 절입선 모든 질병의로 언어부자 경의로 말도 제대로하지 못하고

좌측 손발이 제때 움직이지 못하고

그래서 병원한번 가지 못하고 약도 제대로 꺽지못해서 더 이상 살기가 힘드는 구나

그례서 이길을 선택하오이 부디 이예비을 용서해다오

〔중략〕

○○엄마 그동안 고생이 마낫고 이몸은 더 이상 살수가 없어서

이길을 선택햇쓰며 당신이 생명마*도록 건강하게 잇다오도록 바라네

〔중략〕

이몸이 죽으라도 병원에 가지말고 그양 장예식을 치려라

이 몸은 더 이상 살기가 힘드는구나

〔66세. 남. 무직. 2004년 2월 19일 의사〕

온 몸에 고통으로 병원약을 머거도 효과를 볼 수 없고 도저히 더 이상 살수가 없기에 저승으로 가네

그리고 친척에도 일절 연락을 하지 않도록 부탁하네

〔중략〕

쑤시고 쪼아대는 아픔,고통

〔76세. 남. 무직. 2005년 3월 16일 의사〕

여보 먼저 가서 미안하다고 말을 하고

고통스러워 결심했소

〔77세. 남. 무직. 2005년 10월 30일 의사〕

그 밖에 2006년에 사망한 46세 여성, 2002년에 사망한 48세 남성,

2002년에 사망한 36세 남성 등도 상대적으로 젊은 나이지만, 참을 수 없는 신체적 고통을 끝내는 방법으로 자살을 선택한다.

엄마 정말 고맙고 미안해요
기다려도 ... 나아질 기미가 보이질 않아 이길을 선택합니다
나를 위해 고생하신 가족들 정말 미안합니다
〔46세. 여. 무직. 2006년 4월 30일 의사〕

아버지를 용서해다오
내몸이 안조아 이길을 택해다
부디 행복하게 잘살아다오
〔48세. 남. 무직. 2002년 3월 24일 중독사〕

정말 미안하고 죄송합니다 육체적으로 너무 힘들어 다른길을 선택합니다
○○ 올림
〔36세. 남. 무직. 2002년 2월 27일 의사〕

3) 관계적 문제 해결

1998년 사망한 19세 여성(138쪽 참조)은 자신의 범죄로 인해 발생한 관계의 문제를 자살을 통해 해결하려는 심리를 표현한다. 그녀는 친구의 현금카드를 절취하여 30만 원을 몰래 인출했는데 그것을 친구가 알게 되자, 그로 인한 관계의 단절에 대해 '죽음으로 갚겠다'고 반응한다. 이와 같은 행위는 사실 회피와 크게 구분되지 않지만 친구와의 관계의 단절에 대해 책임지겠다는 의도를 가지고 있었다는 점에서 문제 해결 전략의 하나로 볼 수 있을 것이다.

돈이 없는데 나도 내가 미쳤다고 생각해

나 죽음으로 갚을게

나 용서해줘 부탁이야 용서해줘

정말 미안해 용서해줘 제발

내가 죽어서 언니 수호천사 되줄게

〔19세. 여. 대학생. 1998년 4월 17일 추락사〕

1998년에 사망한 38세 남성(138쪽 참조)은 자신이 집안의 평화를 깨는 존재이므로 자신이 죽으면 집안이 평화로워질 것이라 판단하고 있었던 것으로 보인다. 그는 평소에 음주와 난폭한 행동으로 가족들을 괴롭혔다고 하며 자신의 잘못을 끝내는 방법으로 자살을 선택한 것이다.

나의 사랑하옵는 주님

〔중략〕

마지막 이생만을 빨리 끊게 하여 주셔서

후사에 믿음의 잘못됨을 없이 하시옵길 빕니다

세상의 저의 어머님 할머니 이모 삼촌

사랑하는 나의 동생들 조카들 나의 몸이 없으므로 집안이 화평함을 생각하노니 더 어찌 망설일까

망설임은 더 큰죄를 낳게 되는걸

내가 죄를 다스렸든 모든 사람들

지금 이시간 예수 나의 고통속에 용서하기 바라오니

악인의 사망으로 모든죄악 용서하소서

사랑하는 나의 ○○야

이 마귀를 용서해다오

목사님 부목사님 성도님들 죄는 이큰 마지막의 엄청남 죽음이란걸 보여드립

니다

용서하여 주십시오

〔38세. 남. 어업. 1998년 11월 23일 동사〕

1998년에 사망한 36세 여성도 남편과 심하게 다툰 후 가족의 불화를 해결하기 위한 방법으로 자살을 선택했는데, 자신이 죽음으로써 모든 것이 용서되고 끝날 것이라고 생각한다.

○○와 ○○이에게 너무 미안하다

엄마가 이렇게 죽게 된것에 대해 용서해다오

엄마는 더 이상 이세상을 살아갈 용기가 없단다

죽을 결심이면 왜 못살겠냐고 하지만 엄마에게서 만큼은 그렇지 않았단다

할머님께도 마지막으로 용서를 빌고 떠날려고 했지만 그게 안되었다

다 나하나 죽으므로써 모든거 용서되고 끝날것이라 생각된다

어차피 사람은 한 번나서 죽는거 엄마는 조금 일찍 세상을 떠났다 생각하고

부디 좌절하지 말고 슬퍼하지 말고 열심히 살길 바란다

〔중략〕

당신에게 잘해주지 못하고 떠나게 돼서 미안해요

엄마에게 용서받지 못하고 떠나게 돼서 정말 미안해요

모두들 나 한사람에게 잘해주었는데 받지 못하고 주지 못하고 떠나는 나를 용서하세요

〔36세. 여. 주부. 1998년 2월 1일 의사〕

또한 다른 가족에게 발생한 문제들에 대한 책임감으로 스스로 목숨을 끊은 사례도 발견되었는데, 무속인인 59세 여성(110, 141쪽 참조)은 자녀들에게 닥친 불행을 자신의 탓이라 생각하여 스스로 목숨을 끊었

다. 그녀는 자신의 큰아들이 이혼하고, 둘째 딸은 시력장애를 가지고 있으며, 막내아들은 정신 질환을 앓고 있는 데다가, 유서의 수신자로 되어 있는 셋째 딸의 생활도 안정되지 않는 등 자신의 자녀들에게 연달아 심각한 문제가 발생하자 결국 자신이 목숨을 끊어 자신과 자녀의 고통을 끝내려는 의도를 보였다.

그래도 오빠를 바도 항상 마음이 아푸고

언니를 바도 눈이 안보이기 때문에 가슴아프고

○○이를 바도 죽겠고

○○이 너도 바도 내가 미치겠고 항상 그랬단다

[59세. 여. 무속인. 2003년 8월 23일 의사]

한편 친구의 죽음에 대한 상실감과 책임감으로 인해 자신이 목숨을 끊은 사례도 있었는데, 2006년에 사망한 18세 여성은 약 1년 전에 자살한 친구의 죽음이 자기 때문이라고 생각하여 그에 대한 책임감으로 자살을 선택했다. 그녀는 1년 전에 친구가 자살을 하려고 하는 것을 자신이 말렸음에도 불구하고 그 친구가 자살을 하자, 그후 학교생활을 제대로 하지 못했으며 그것에 대한 죄책감을 가지고 있었다고 한다.

의무를 느끼고 그러고 싶어졌기에 갑니다

왠지 지금 말고는 다시는 기회가 없을 것 같아서

[중략]

사랑했구요 ** 사랑할 겁니다

그래도 그것만 알아주세요

그리운 친구를 만나러 갑니다 안녕히

[18세. 여. 고등학생. 2006년 8월 10일 추락사]

4절 배려형 자살: 자기 귀책적-문제 지향적-상호적 지향

1. 배려형 자살의 사례

배려형 자살은 자신의 고통이나 문제 상황의 원인이 자기 자신에게 있으나, 그 고통이 다른 가족이나 친지에게 영향을 끼치기 때문에, 자신의 죽음을 통해 남아 있는 가족이나 친지에게 실제적인 도움을 주고자 하는 의도를 가진 자살 유형이다.

이 유형에서 소개할 첫 번째 사례의 자살자는 고혈압으로 오랫동안 치료를 받아왔는데, 지병으로 인해 추한 모습을 보이게 될 것을 염려하여 죽음으로 삶을 멈추는 것을 선택했다. 그는 자신의 죽음에 대해 근엄하고 인간답게 죽는 방법이라고 설명하고 있는데, 자신이 생각하는 인간다운 삶을 스스로 누리지 못하는 상황이라고 판단될 때 추하게 목숨을 연명하는 것보다는 죽음을 통해 삶을 중지하는 것이 자신의 삶을 존중하는 것이라고 보고 자살을 선택한 것이다. 그리고 두 번째 사례의 자살자 역시 위암을 선고받은 후 고통을 참을 수 없었을 뿐만 아니라, 가족의 경제적 부담을 해소하고 자기 때문에 가슴 아파하는 가족의 고통을 줄이기 위해 자살을 결심한다. 그는 가족을 사랑해서 죽음을 선택한 자신의 결정을 권리로 받아들여달라는 호소와 함께 자살이나 안락사에 대한 사회적 인식이 달라지기를 소망한다.

1) **근엄한 죽음의 소망**(64세. 남. 무직; 141, 213쪽 참조)

(1) 자살 방법

자살자는 배우자를 딸의 집에 김치를 가져다주라고 보낸 후 2002년 12월 13일 오후 1시경 자신의 집 보일러실에서 집에 있던 노란색 끈으로 보일러 배관에 목을 매어 자살했다. 그는 아침에 딸 집으로 전화를 하여 손자에게 할머니가 갈 테니 기다리고 있으라고 일방적으로 이야기하고, 점심 식사 후 배우자를 떠밀다시피 하여 딸 집으로 보낸 것이다. 배우자는 딸 집에서 집으로 전화를 해도 받지 않자 급히 택시를 타고 집으로 돌아왔으나 집에 아무도 없다는 것을 알았고, 식탁 위에 유서가 있어 찾아보니 보일러실에서 그가 사망해 있었다. 그는 자살 당시 내복 상의에 베이지색 카디건, 감색 운동복 바지를 입고 있었다.

(2) 자살자의 문제 상황

자살자는 고혈압으로 오랫동안 치료를 받아왔으며, 자살 즈음에는 독감에 걸려 입원 치료를 받고 퇴원한 상황이었다. 그는 평소에 자신의 병을 수발하는 배우자에게 미안하다는 생각을 했다고 한다.

(3) 유서

자살자는 배우자와 딸, 아들, 처갓집 형제 등을 수신인으로 하여 총 5통의 유서를 남겼으며, '걱정이 되는 일'이라는 제목으로 수신인이 불분명한 또 다른 한통의 유서도 남겼다. 그는 배우자에게는 달력 뒷면에 1통, 편지지에 1통 등 총 2통의 유서를 남겼으며, 다른 사람들에게는 편지지의 앞뒤 면에 각각 1통씩의 유서를 남겼다. 그가 남긴 유서에는 장례 절차에 대한 지시와 남아 있는 사람들에 대한 부탁 및 당부 등의 말이 담겨 있었다(유서 전문은 468~470쪽 참조).

(4) 자살자의 삶에 대한 평가와 자기 상황 인식

자살자는 배우자를 자신이 '세상에 태어나서 제일 좋아하고 사랑한 사람'이라고 표현하면서 배우자 앞에서 행복하게 세상을 떠날 수 있게 되어 기쁘다고 말하며, 딸도 '훌륭한' 딸이라고 평가한다. 그리고 아들은 '아직 성숙하지 못해' 걱정되는 점이 있기는 하지만 앞으로 훌륭한 아들이 될 것이라고 기대한다. 또한 처갓집 식구들에 대해서도 서로 정신적으로 의지하면서 좋은 관계를 맺으며 살아왔다고 생각한다. 이처럼 그가 평가하는 자신의 삶은 화목한 가정을 이룬 행복한 삶이었다.

그런데 문제는 자신이 앓고 있는 지병이었다. 그는 고혈압과 중풍을 앓고 있었기 때문에 더 오래 살게 된다면 자식들과 배우자에게 '추한 모습'을 보일 수밖에 없다고 생각한다.

(5) 죽음의 선택

자살자는 자신이 행복한 삶을 살아왔지만 지병으로 인해 추한 모습을 보일 것을 염려하여 죽음을 선택한다. 그는 자신의 죽음에 대해서 '근엄하고 인간답게 죽고 싶어 먼저 가는 것'이라고 설명한다.

그런데 그에게 염려가 되는 것은 자신의 죽음이 남아 있는 사람에게 피해를 줄 수 있다는 점이었다. 아버지나 배우자가 스스로 목숨을 끊었다는 것이 가족에게 심리적인 상처가 될 수도 있으며, 살고 있는 집에서 자살한 사람이 있었다는 것은 집값을 떨어뜨리는 요인이 될 수도 있는 것이다. 그리고 가족의 종교가 서로 달랐기 때문에 장례를 둘러싼 갈등이 생길 수도 있었다.

그는 죽음을 결심한 이후 이러한 염려들을 해소하기 위한 장치들을 마련한다.

먼저 그는 배우자에게 '놀라지 말고, 무서워하지 말 것'을 부탁한다. 그리고 그는 배우자나 자녀가 자신에게 잘못해서 자신이 목숨을 끊는 것이 아니라는 것을 설명하기 위해 배우자와 자녀를 칭찬하고 자신의 삶이 불행하지 않았음을 강조한다. 또한 자신이 죽어서 '좋은 하늘로 승천'한 것으로 생각해달라고 이야기하며, 웃으며 자신을 보내달라고 부탁한다.

다음으로 그는 자신이 자살했다는 것을 다른 사람에게 은폐하도록 부탁한다. 그가 자살했다고 하는 것은 집 팔 때도 좋지 않고 동네에도 망신이기 때문에, 그는 자신의 죽음을 '이번에 독감에 걸려 혈압으로 인해 심장마비로' 죽은 것으로 처리하라고 부탁한다. 그의 주변 사람들은 그가 지병이 있고 최근에 독감으로 입원했다는 것을 이미 알고 있었기 때문에, 그것으로 인해 죽었다고 설명하는 것이 좋겠다는 생각을 한 것이다.

그리고 그는 자신의 장례 절차를 자신의 뜻에 따라 간소하게 할 것을 부탁한다. 자기 자신은 아무 종교도 없기 때문에 어떻게 해도 상관은 없지만, 장례 절차로 인해 가족 간에 발생할지도 모르는 갈등을 미리 해소하기 위해 자신의 의사를 명확히 밝히고 있는 것이다. 그는 자신의 장례를 조용히 처리하고 유교식으로 간략하게 치를 것을 부탁하며, 구체적인 방법으로는 화장하여 납골당에 안치하기를 바란다.

(6) 자살의 의도

그의 자살은 그 자신이 표현한 바와 같이 '근엄하고 인간답게 죽기 위한' 의도로 선택된 것이며, 그의 입장에서 근엄하고 인간답다는 것은 가족에게 '추한 모습'을 보이지 않고 '피해를 끼치지 않는 것'이었다. 그의 자살을 표면적으로만 살펴본다면 '지병으로 인한 고통을 끝내기' 위한 것으로 파악할 수도 있다. 하지만 그의 죽음을 단순히 신체적 고통 때문이라고만 설명한다면 그의 죽음 속에 담겨 있는 보다 깊은 의미가 간과되고 만다.

그는 앞에서 살펴본 바와 같이 자신의 죽음을 처리하는 방법에 대해서 구체적으로 부탁하고 있으며, 아직 성숙하지 못한 아들에 대한 염려를 잊지 않는다. 그리고 자신이 죽는 순간에도 '가게의 계약'과 '하수도와 수도'에 대한 점검을 당부한다. 이 같은 행동은 자신은 비록 죽지만 남은 사람들은 건강하고 행복한 삶을 영위해야 하며, 따라서 남은 사람들의 일상은 지켜져야 한다는 생각을 표현한 것이다.

이것은 그의 자살이 자신의 삶을 포기하려는 절망의 순간에 내몰려서 어쩔 수 없이 행하는 행동이 아니라, 근엄한 죽음을 향한 적극적인 선택이며, 이는 곧 근엄한 삶에 대한 소망이라는 것을 보여준다.

2) 가족에 대한 배려로서의 안락사(68세. 남. 무직; 143, 160, 212쪽 참조)

(1) 자살 방법

자살자는 2005년 5월 1일 오후 2시경 자신의 집 안방에서 안방 문틀에 박혀 있는 못에 빨랫줄을 걸고 거기에 목을 매어 스스로 목숨을 끊었다. 그날은 일요일이었는데, 그의 배우자는 아들 내외와 함께 교회에 가서 예배를 마친 후 점심을 먹고 2시경에 집에 돌아왔으며, 그의 아들이 인사를 하기 위해 안방 문을 열었다가 그의 시신을 발견했다. 그는 줄무늬 셔츠와 감색 잠옷 바지를 입고 있었으며, 그가 생전에 시신을 병원에 기증하기로 약속했기 때문에 시신은 영안실에 안치되었다.

(2) 자살자의 문제 상황

자살자는 2005년 4월 9일 병원에서 위암 진단을 받은 상태였다. 그는 그후 오래 살고 싶은 마음이 없다고 말했으며, 몸에 칼을 대기 싫고 통증이 있을 때 약만 먹게 해달라고 부탁했다. 그리고 위암 진단을 받기 전인 2005년 1월경에는 가족들을 다 모아놓고 자신이 죽으면 시신을 좋은 일에 쓰고 싶다고 하며, 시신 기증서를 보여주었다.

(3) 유서

자살자는 따로 준비한 백지에 배우자와 세 아들에게 각각 유서를 남겼다(유서 전문은 471~473쪽 참조).

(4) 자살자의 자기 상황 인식

자살자는 자신을 '병들어 꼭 가야 하는 사람'으로 생각하고 있었으며, 자신이 받아야 할 검사에 대해서 거부감을 가지고 있었다. 그리고 자식들에게 '물려준 재산도 없는데' 자신이 병 치료를 하게 되면 '없는 재산마저 다 까먹을' 수 있다고 보았다.

그는 자신의 병든 모습에 대해서 '애비 노릇 변변히 못하고 이런 모습으로 인생을 마감하니 너무 미안'하다고 표현하는데, 자신이 병에 걸림으로써 삶의 의미가 사라졌다고 느꼈던 것이다.

(5) 죽음의 선택

자살자는 자신의 죽음에 대해서 '더 이상 고통과 아픔을 참을 수가 없어서 이런 나쁜 생각을 했다'고 설명하며, '사람은 언제 가도 한 번은 가는 것'이기 때문에 '고통을 덜 받고 가는 길을 택했다'고 가족들의 이해를 구한다. 그리고 자신의 병 때문에 가족의 재산을 탕진하는 것도 원하는 바가 아니라고 생각한다.

그런데 문제는 자신이 '마음대로 죽을 수 없다'는 것이었다. 자신은 '가족들을 사랑해서' 죽으려는 것인데, '세상 사람들은 남은 사람들을 핍박하고 원망'할지도 모르기 때문이다. 그래서 그는 친척들에게는 '교통사고'로 죽은 것으로 처리해달라고 부탁하여 자신이 자살했다는 사실을 은폐하라고 권고한다. 나아가 그는 자살이 권리로 받아들여져야 한다는 주장을 하며, 자살 또는 안락사에 대한 사회적인 인식이 달라졌으면 좋겠다는 마음을 표현한다. 이처럼 그는 자살이 사람들에게 부정적인 것으로 인식되고 있다는 사실을 잘 알고 있었기 때문에, 자신이 자살로 죽는 것에 커다란 부담을 느끼고 있었던 것이다.

그는 자살의 시기를 선택하는 데 있어, 셋째 아들이 미국에서 돌아온 이후에 죽고 싶은 마음이 있었으나, 이틀 후로 다가온 검사를 받기 싫은 마음이 너무나 커서, 다른 가족들이 교회에 가서 집에 없는 시간을 택하여 자살을 했다.

(6) 자살의 의도

자살자는 유서에서 자살의 이유를 세 가지로 정리하여 설명한다.

첫 번째 자살 이유는 '더 이상 고통과 아픔을 참을 수가 없다'는 것이었다. 그래서 '이런 나쁜 생각'을 하기는 했지만 '고통을 덜 받고 가는 길을 택한' 것이니 '너무 원망 말고' 이해해주기를 부탁한다.

두 번째 자살 이유는 '없는 재산 다 까먹고 가기 싫다'는 것이었다. 그는 '우리 온 가족 너무 많이 사랑했기에 이 길을 택했다'고 자신의 죽음을 설명한다.

그리고 세 번째 자살 이유는 '배우자의 눈물을 더 이상 보기 싫다'는 것이었다. 자신이 몸이 아파 고통스러워하는 모습을 본 배우자 역시 고통스러울 수밖에 없기 때문에 자신이 괴로워하는 모습을 보이지 않으면 배우자 역시 고통스러운 경험을 하지 않을 것이라 생각한 것이다.

2. 배려형 자살의 양상

2004년에 사망한 60세 여성(104, 159쪽 참조)은 류마티스 관절염과 고혈압으로 고통 받고 있었는데, 자신이 신체적 고통을 가지고 있다는 것이 다른 가족에게 짐이 되는 것으로 판단하고 가족들의 큰 짐을 덜어주기 위해 목숨을 끊는 선택을 한다. 그녀는 자신의 삶뿐 아니라 남아 있는 자녀들이 살아갈 세상에 대해서도 걱정을 하면서, 아무리 치료를 해도 나아지지 않고 생활을 꾸려나가기 힘들기 때문에 살아서 자식들의 짐이 되는 것보다 죽음을 선택한다고 밝힌다. 그녀는 자신의 이러한 결정이 오랫동안 심사숙고해서 결심한 것이기에 가족들은 자신의 선택을 이해해달라고 부탁한다.

○○야 보아라
○○야 힘든세상 살아가기에 얼마나고생이야
어렵게 사는 너희들 보면서도 아무런 힘이 되지 못하여 엄마는 늘 마읍속으로 조인같은 심정으로 살아왔단다
엄마는 지난 몇 개월동안 아픈몸을 겨우 끌고 이 병원 저 병원으로 치료를 해바도 별 차도가 업구나. 요 사이 통증이 심해서 잠도 잘 수 없이 아푸구나. 앞으로는 이사도 내 생활을 꾸려나가는 것도 아무것도 할 수 없을 것 갓다. 이대로 오래 살아서 자식들한테 큰짐이나 되어 죽는날까지 고생할까 생각하니 무섭고 숨이 막힌다
살기가 너무 고통스러워 오랜 생각 중에 이제 모든 것을 정리하려고 결심을 하고 방도 내놓았다. 이런 내 마음을 백번 이해하여 주기 바란다 그동안 너희들이 잘 보살펴 준 것을 정말 고맙게 생각한다
〔60세. 여. 무직. 2004년 10월 23일 의사〕

2007년에 사망한 74세 남성(141, 212쪽 참조)의 유서에도 이와 같이 가족을 배려하는 심정이 나타나 있다. 이처럼 가족을 '위하여' 자살을 선택한 경우 죽음의 선택이나 장례 처리에 대한 부탁 등 세심한 사항에서도 가족에 대한 배려를 발견할 수 있는데, 형제간에 우애 있게 살기를 당부하는 한편 유서의 말미에 자신의 죽음을 교통사고로 인한 심장마비로 처리해달라고 부탁하면서 교통사고 진단서를 첨부해놓은

것이나, 손자의 시험이 중요하기 때문에 그에게는 알리지 말아달라는 부탁을 한 것 등을 그러한 배려로 볼 수 있다.

○○, ○○애미, ○○, ○○, ○○, ○○, ○○ 애미, ○○, ○○

아들손자 이름을 마지막 불러보며 적는다.

내가 지난 4월 15일 교통사고 이후 병원입원 15일, 통원치료 1개월 해보았지만 건강을 회복하는데는 한계가 있다. 더 이상 호전되지도 않고 통증만 가중될 뿐이다. 내가 왜 이 자식들을 욕되게 하면서 이 길을 택했는지에 대해 나는 내 나름대로 인생철학이 있다. 내가 가족에게 폐가 되고, 사회에도 폐가 되고, 국가에도 아무 도움이 안되면, 하루빨리 생사를 결정해야 된다는 나의 소신. 이것이 나의 철학이다.

〔중략〕

○○이에게는 알리지 말아라. 7월 8일 2일간 시험이란다.

○○아

지난 한 달동안 아버지의 마지막 수발한다고 수고가 많았다.

〔중략〕

지금 부터는 오빠 동생 삼남매가 서로 도와가며 정답게 잘 살기를 바란다.

〔중략〕

정말 잘 살아야 한다. 하서방 한테는 아버지가 갑작스런 심장마비로 돌아가셨다고 해라.

〔유서 뒷면에 교통사고 진단서 첨부〕

〔74세. 남. 무직. 2007년 6월 6일 의사〕

1998년에 사망한 73세 남성(106쪽 참조)도 불면증과 우울증으로 고생하는 자신의 상황을 인식하고 어려운 자식들의 '경제적인 부담'을 염려하여 스스로 목숨을 끊는 선택을 한다.

> 내가 오래살야 욕심을내면
> 온 자식들은 가족이 다 우울증애 걸일 것 강타서 내가 미리간다
> 원통애하지마라
> 〔중략〕
> 이것은 나으 운명 나으 선택임이다
> 불치병애 걸여 백약이 무효요 남보기는 아무치도 안한나
> 나는 안젓슬〔앉아 있을〕 수도 업고 누어잇슬〔누워 있을〕 수도 업고 안절부절 홍설수설 굴신굴신
> 전댈〔견딜〕 수가업고 몸이 무진 약해지고
> 날씨는 무진 추와 저서 도라당이수도 업서〔돌아다닐 수도 없어〕
> 더 사라밧자 아무 희망도 바램업사와 나으운명 나으 선택 이온이
> 가득이나 쪼달이는 자식들 경제적인 부담시키지 말고 병원 영안실가지 말고
> 〔73세, 남, 무직, 1998년 11월 26일 의사〕

이와 같은 행위는 대부분 자신의 지병과 그에 대한 치료비가 부담이 되어 남아 있는 사람들에게 경제적인 부담을 지우지 않기 위한 의도로 이루어지는데, 많은 경우 경제적인 어려움에 대한 부담이 자살에 대한 도덕적인 부담을 압도한다.

2006년에 사망한 52세 남성(140, 193쪽 참조)의 사례에서 볼 수 있는 바와 같이, 자살은 도덕적으로 옳지 않은 행위이고 자신의 자살이 형제나 자식에게 어떤 불이익을 가져다줄 수도 있겠지만, 자신의 건강 상태가 좋지 않기 때문에 그가 이 '못난 짓'을 해야 '다른 사람이 고생을 덜할 것'이라는 판단으로 자살을 선택하기도 한다.

내가 이러는거 여러분들게 어떤 피해가 온다는것도 압니다

〔중략〕

이런 마음으로 어떻게 세상을 살가치가 있겠습니까

그동안 가족들에게 못할짓만 못할짓만 끝없이 시키더니

끝내는 가족들에게 크나큰 오점만 남기고 이렇게 용서를 빌게 됩니다

용서하세요

하지만 정말 이렇게 사는데 지쳤습니다

그냥 살기가 싫어 용서해주세요

〔중략〕

세상에 있어도 그만 없어도 그만인 인생 이제 세상을 하직할까 합니다

〔중략〕

지금 제 건강상태가 최악의 이르러 있어

내가 이 몿난짖을 해야 여러분 께서 고생을 덜 하실겁니다

저는 세상을 잘못살았읍니다 너무나도

〔52세. 남. 무직. 2006년 6월 25일 질식사〕

2005년에 사망한 71세 남성(144쪽 참조)의 자살도 겉으로 드러난 행동과 실제 의미가 커다란 차이가 있는 사례라 할 수 있을 것이다. 이 사례는 '배우자 살해 후 자살'이라는 끔찍한 범죄의 모습으로 요약될 수도 있으나, 실상은 병으로 고통 받는 아내에 대한 배려와 자신을 부양하는 자식들에 대한 배려라는 의미로 해석할 수 있다.

**에 대해서 걱정하지 마십시오

내가 저축이었으나 신경안쓰시를 바랍니다

나에 希望은 형님이 兄弟들한테 연락을 하지 말고 處理를 하여 주시면 합니다 無理겠지요

진심으로 不第, 孝에 여러 가지를 용소하여주십시오 끝내겠습니다

〔중략〕

**걱정은 애들한테 타결〔타격〕을 줄까 그건이 걱정됩니다

박○○ 매형에게

매형이 올때는 우리는 세상(世上)을 떠나고 있을것이요

理由는 說明을 안하겠습니다

夢女는 妹夫* 같이 대불구가겠으니〔데리고 가겠으니〕 그리 알고 계십시오

잘 生角을 하고 결정을 한 것이니 이해을 하여 주시길 바람니다

여기에 있는 돈은 갖으고 가시오

당신에 돈이니까 작으고 가에 됩니다

우리 죽은 후에 열락을 하여 주십시오

나에 大兄(○○)에 연락을 하여 주면 고맙씁니다

〔71세. 남. 무직. 2005년 3월 22일 의사〕

이 외에도 가족에 대한 배려라는 의도로 자살을 결심한 사례들은 다음과 같으며, 인용한 사례 외에도 수많은 자살행위가 이 같은 의도에서 비롯되었음을 발견할 수 있다.

○○야

이못난 아빠를 용서하여라

내가 너를 얼마나 사랑한 줄 아니

이아빠는 앞으로 너에게 짐만돼깃 때문에 이세상을 먼저간다 떠난다

많은 형제간들에게 참으로 부끄럽고 무어라고 말할수 없는 심려를 끼치는 구나

〔중략〕

이 아버지는 하루하루가 바늘방석에 앉은것같다
오래살면 무었하겠느야
〔52세. 남. 무직. 1999년 2월 11일 음독사〕

미안하다는 말 외에는 할말이 없습니다
그동안 당신 때문에 가족들 때문에 행복했던 시간들 가슴에 안고 갑니다
고마웠어요
〔중략〕
긴 세월 이 괴로운 마음으로 여러 가족들을 괴롭힐수 밖에 없는 상황
도저히 앞으로 투병을 하면서 보낼시간을 견딜수가 없습니다
비록 지금은 충격적이고 괴롭겠지만 빨리 잊어버리고 생활에 적응하셨으면 합니다
〔34세. 여. ○○병원 방사선과 과장. 1998년 8월 7일 의사〕

○○, ○○야
未安하다 아버지 노릇한번 제대로 못 하고
아버지 人生은 白紙였다
아무 미련도 집착도 없고 가져 갈것도 너희에게 줄 것도 없이 떠난다
〔중략〕
너희 엄마는 불쌍한 사람이니 잘 좀 보살펴 주라
너희 兄弟간에 사이 좋게 지내고 和睦 한 가정이 이루어지면 하는 일, 계획하는 일이 잘된다
시신은 약속대로 ○○ 병원에 기증하고 시험이 끝나면 火葬해라
〔60세. 남. 부동산 중개업. 2001년 10월 14일 의사〕

어머님에게

어머님보다 먼저간 이자식을 용서바랍니다

여보당신께...

살아있으면 당신께 짐만 되는것을 용서하 *

〔70세. 남. 무직. 2005년 8월 21일 의사〕

사랑은 우리에들

전부가 다 미안하구나

이길밖에 채택할수박에 없든것은 앞으로 만구풍선이 좋것은 뻔하다〔상황이 변하지 않을 것이라는 뜻으로 추정됨〕 망하면 나 혼자허지

온집안 식가〔식구가〕 당할수는 없구

〔66세. 남. 무직. 2004년 10월 19일 추락사〕

○○아 떨리는 기가 와서 더 이상 너희들 안태 짐을 데고 십지 안구나

〔58세. 여. 무직. 2003년 12월 30일 추락사〕

허나 나는 척추가 나를 미치게 한다

우울하게도 슬프게도, 때론 절망감으로 나를 괴롭힌다.

삶의 무게도 힘겨운 우리 가족 내가 짐이 될 것이 더욱 슬프고 괴로워서 많이 고민해 보지만 나는 버틸 힘이 없다

더 이상 짐이 되기 싫어 작별을 고하니 용서해다오

많이 미안하다 우리가족이 내게 베푼 큰 사랑 고이 안고 가련다. 고맙다

아버지와 부디 이 악몽 씻어 버리고 잘 살기를 기원하며 사랑하는 내 남편 고맙습니다.

〔67세. 여. 무직. 2005년 12월 22일 익사〕

자신의 질병 이외에도 부채 등으로 인해 다른 사람에게 경제적 피

해가 가는 것을 염려하여 스스로 목숨을 끊는 선택을 한 사례도 발견되었는데, 2004년에 사망한 42세 여성의 사례는 그녀가 운영하는 회사의 인부가 산업재해로 사망했는데 합의가 되지 않자 아이들을 보호시설(아동원)에 미리 보낸 후 자살한 사례이다. 이와 같은 행위는 앞에서 살펴본 '해결' 유형의 자살 의도와 크게 다르지 않지만 남아 있는 사람들에 대한 배려와 애정이 표현되었다는 측면에서 '배려'의 의도를 가지고 있다고 생각할 수 있을 것이다.

> 불쌍한 아이들 ○○아동원에 넣어 주세요 부탁합니다
>
> 〔중략〕
>
> 우리 아이들 (○○, ○○) 제발 학교에 다니게 해 주세요
>
> ○○아동원에서 자라게 해 주세요 내가 살아있으면 다 같이 죽습니다
>
> 꼭 아이들 부탁합니다 밥먹고 학교 다니게 해 주세요
>
> 〔42세. 여. 모래 채취선 운영. 2004년 8월 25일 추락사〕

가족이 감당해야 할 경제적인 부담에 대한 배려가 아닌 다른 의미의 '배려'의 의도를 가진 자살이 존재한다. 다음의 사례들은 아이를 낳지 못하는 것 때문에 배우자와 시댁에 미안한 마음을 가지고 있다가, 가족이 원하는 것을 자신이 충족시킬 수 없다는 것에 대한 자괴감을 가지고 죽음을 선택한 경우이다.

1997년에 사망한 25세 여성은 근무기력증으로 인한 불임으로 배우자와 시부모에게 미안한 생각을 가지고 있었는데, '아픈 몸으로' 아이를 낳지 못하고 사는 것보다 죽는 것이 더 낫다는 판단으로 자살을 선택한다. 그녀는 배우자와 자신의 부모에 대한 생각으로 오랫동안 고민을 했으나 자신이 살아 있는 것이 배우자에게 짐이 된다고 보고, 배우자에게 자신이 죽으면 다른 건강한 여자를 만나서 행복하게 살아달

라고 부탁한다.

○○씨! 미안해요

오랫동안 생각했는데 ○○씨 때문에 쉽게 마음을 정하기가 어려웠어요

다른건 다 걱정없는데 단지 ○○씨하고 우리엄마가 제일 걱정스럽네요

하지만 난 살고싶은 생각이 하나도 없어요 ○○씨는 나한테 너무 잘해주지만

그게 오히려 부담스럽고

내가 살아있는동안엔 ○○씨한테 짐밖에 안된다는 생각이 들었어요

○○씨는 참 훌륭해요 몸 아픈 나를 만나서 여태까지 잘 살아줬잖아요

후회는 없어요

○○씨 내가 죽으면 다른 여자만나서 행복하게 살아요

누구를 만나든 나보다는 나은 여자 만나겠죠

건강하고 이쁘고 착한 여자로 아이도 여태 낳지 못하고 시댁에도 고개를 들수가 없어요

시부모님께도 정말 죄송스러워요

○○씨 ! 나 없어도 부디 행복하게 잘 살아요

내가 바라는건 그것 뿐이예요

〔중략〕

내가 몸만 건강했더라면 이런일은 없었을텐데

이렇게 아픈몸으로 사느니 죽은게 역시 낮겠죠

○○씨 가끔씩은 내 생각도 해 줄거죠 아니 빨리 잊어버리는게 ○○씨 위해서 낫겠네요

○○씨 보면서 항상 미안했어요

〔25세. 여. 주부. 1997년 5월 25일 출혈사〕

2001년에 사망한 36세 여성 역시 잦은 유산으로 인해 아이를 낳지 못하는 자신을 '못난 사람'이라 표현하면서 남편이 자신을 잊고 좋은 사람을 만나 행복할 것을 부탁한다.

> ○○씨 미안해요
> 당신 집안과 당신에게 못할 것 하고 간다는것
> 어찌 미안하다는 말로 할수있겠어요
> 저같은 못난 사람 잊어버리고 좋은 사람만나 열심히 사세요
> 정말 죄송해요
> [36세. 여. 주부. 2001년 2월 2일 음독사]

5절 비난형 자살: 타인 전가적-정서적-일방적 지향

1. 비난형 자살의 사례

비난형 자살은 자신의 고통이나 문제 상황이 다른 사람으로부터 기인한다고 판단하여, 자신에게 그러한 고통을 가한 사람이나 고통의 원인을 제공한 사람을 향해 자신의 분노를 일방적으로 표출하고자 하는 의도를 가진 자살 유형이다.

이 유형에서 소개할 첫 번째 사례의 자살자는 자신의 삶이 부모가 이혼한 20년 전부터 잘못되었다고 규정하고, 그 이후의 삶에 대해서는 가치를 부정한다. 그는 부모가 이혼한 후에 온 가족의 불행이 시작되었다고 생각한 것이다. 그는 죽음의 순간에 가족에 대한 원망을 드러내고, 특히 아버지에 대한 극단적인 원망과 비난을 표현한다. 그리고 두 번째 사례의 자살자는 우울증에 걸려 고통 받는 자신의 상황을

처음부터 잘못된 삶으로 규정하고, 이에 대한 많은 책임이 아버지와 가족에게 있다고 생각한다. 그러나 그는 이러한 원망을 직접적이라기보다는 간접적이고 우회적으로 표현하며, 자신의 말에 상처 받을지도 모르는 사람들을 위해 심리적 탈출구를 마련해두기도 한다.

1) 아버지에 대한 비난(27세. 남. 회사원; 107, 175, 202쪽 참조)

(1) 자살 방법

자살자는 2003년 3월 23일 저녁 7시 23분경 자신의 거주지에서 유서를 써놓고 주방 문틀에 파란색 천으로 매듭을 묶어 거기에 목을 매고 목숨을 끊었다. 그는 노란색 남방과 검정색 바지를 입고 있었으며, 바닥에는 그가 밟고 올라간 것으로 보이는 가구가 놓여 있었다. 그는 수표 80만 원, 현금 49,800원, 핸드폰, 임대차계약서, 현금카드, 기술자격증, 주민등록증, 유서 9매, 등기부등본 3매 등을 가지고 있었다.

(2) 자살자의 문제 상황

자살자의 부모는 20년 전에 이혼하여 따로 살고 있었으며, 그의 형과 누나는 그가 자살하기 전해인 2002년에 모두 사망했다. 형은 혼자 살다가 목을 매고 자살했는데, 생활고와 여자 문제를 비관하여 자살한 것으로 조사되었고, 누나는 보세 공장에서 일을 하다가 기계에 머리를 눌려 사망했다고 한다. 그와 그의 아버지는 사이가 좋지 않아 약 두 달 전부터 따로 살고 있었고, 그의 아버지는 그가 성격이 내성적이고 괴팍하다고 평가하고 있었다.

그는 자신의 거주지의 이웃들에게도 그다지 좋은 인상을 주지 못했다. 그는 평소에 문을 열어두고 전등과 TV를 켜둔 채 출근하기도 했고, 또한 문을 열어놓은 채로 속옷 차림으로 돌아다녀 여자들이 민망해하기도 했다고 한다.

(3) 유서

자살자는 따로 준비한 편지지에 9매의 유서를 남겼으며, 수신자는 아버지였다(유서 전문은 474~478쪽 참조).

(4) 자살자의 자기 상황 인식

자살자는 어머니가 자신을 포함한 형제들을 '항상 매질하고 밥 굶기고 학대했다'고 생각했으며, 다른 가족도 '서로가 서로에게 상처만 주는' '만나면 안 될 사람들'이라고 여기고 있었다. 그는 이처럼 자신의 가정환경이 무척 좋지 않다고 생각했다.

그는 다른 사람과 자신을 비교하면서 자신의 '환경'이 나쁘다는 것을 더욱 강조한다. 먼저 조카(죽은 누나의 자식)에 대해서, 엄마는 죽었지만 적어도 자신보다는 환경이 좋기 때문에 오히려 부럽다는 뜻을 내비친다. 조카는 '아빠하고, 할아버지, 할머니가 잘 키워줄 것'이고, '친척들이 생각보다 많'기 때문에 자신과 같은 환경에서 자라지 않을 것이라고 이야기하는 것이다. 그리고 '누나가 죽으면서까지 조카에게 최선을 다했기 때문에' 걱정할 일이 없을 것이라고 생각한다.

그리고 심지어는 자신이 미워하는 아버지도 자신보다는 환경이 좋다는 것을 강조한다. '아버지한테는 큰아버지 작은아버지 같은 친형제가 두 분이나 있으니 아버지가 돌아가셔도 큰아버지, 작은아버지가 제사를 지내주지만', 자신에게는 '아무도 없다'는 것이다.

이처럼 그에게는 형제도 없고, 친척도 없고, 죽을 때까지 최선을 다했던 엄마도 없고, 단지 자신이 혐오하는 아버지만 남게 된 것이다.

(5) 자신의 삶에 대한 평가

자살자는 자신의 삶이 20년 전부터 잘못되었다고 평가하고, 그 이후의 자신의 삶에 대해서는 '행복했던 적이 단 한순간도 없다'고 자신의 삶 전체를 부정한다. 그는 자신의 모든 불행의 원천을 부모의 이혼으로 여기고 있는데, 그가 잘못이 시작된 시점이라고 생각하는 20년 전에 그의 부모가 이혼을 한 것이다. 그래서 그는 '20년 전으로 돌아갈 수만 있다면' 자신의 목숨과 영혼을 팔아서라도 돌아가고 싶다고 말한다. 부모의 이혼 이후에 온 가족의 불행이 시작되었고, 가족은 '서로가 서로에게 상처만 주고 미안한 감정만 간직한 채' 모두 떠나버린 것이다.

이러한 자신의 상황에 대해서 그는 '초등학교, 중학교, 고등학교, 군대에서도 그리고 군대 제대 후 지금까지도' '혼자서 절망'해왔다고 표현한다. '혼자서라도 잘해보려고 이 악물고 사회생활을 해'온 것이다. 그러나 '지금까지 절망적인 생각이 마음속에서 사라지지 않았고', '무엇을 해도 항상 부족하다'고 느꼈다.

그는 절망을 해결하기 위해 '중학교 1학년 때 죽으려고 했던 적'이 있다고 밝히고, 자신이 '죽으면 엄마 아빠가 앞으로는 절대로 싸우지 않겠지'라는 생각을 간절히 했다고 한다. 그리고 그때 자신이 죽었더라면 형과 누나가 자신의 몫까지 먹고 쓸 수 있었기 때문에 집안의 사정이 좀 나았을 것이라고 생각한다. 이러한 표현은 자신은 그때 죽었어야 마땅하며 지금까지 살아오지 말았어야 했다는 것을 의미하는, 자신에 대한 극단적인 부정이라 할 수 있을 것이다.

그리고 그는 자신의 인생만 부정하는 것이 아니라, 자기 형제의 인생도 부정적으로 평가하는데, '형, 누나도 30년도 채 못살고 행복했던 기억이 없었으며', '형과 누나도 항상 부족하고 항상 절망적'이었을 것이라고 단언하는 것이다.

그래서 그는 '미련 없이' 삶을 떠나기를 바라고, 3일 동안의 장례

기간도 너무 긴 시간으로 여겼다.

(6) 죽음의 선택

그는 아무런 '미련이 없는' 지금을 세상을 떠나기 좋은 시간으로 여겼다. 그는 '사라져 없어질 장소도 정했고, 마지막 글도 준비했고, 마음의 준비가 되었으니 떠나기만 하면' 되는 것이다. 그에게 특히 다행인 것은 '남겨놓은 것과 좋았던 추억이 짧고', '행복했던 순간이 단 하나도 없다'는 것이었다. 만일 단 한 번만이라도 자신의 인생에 있어서 행복했던 순간이 있었다면 목숨을 끊는 데 주저했을지도 모르는 일이었다.

그는 조금이라도 빨리 죽기를 원했다. 왜냐하면 '지금 떠나지 않으면 나중에 남아 있는 것이 많아질' 수도 있고, '남아 있는 것이 많으면 떠날 수 없기' 때문이다.

그가 아버지에게 한 '마지막 부탁'은 '3일장을 하지 말고' '발견 즉시 화장해달라'는 것이었다. 그는 '죽어서까지 이곳에 남아 있는 시간이 많아지는 것'을 거부하고 있으며, 특히 '아버지가 해주는 3일장'에 대해 극단적으로 혐오하고 있었다. 그 때문에 아버지가 '3일장을 해주면 엄마 친척들과 아빠 친척들, 큰아빠 작은아빠를 죽어서도 괴롭힐 것'이라고 협박한다.

그는 발견 즉시 화장이 가능하도록 지갑에 '화장할 돈'(약 85만 원)을 준비해두고 목숨을 끊었다.

(7) 자살의 의도

자살자는 유서를 통해 아버지에 대한 극단적인 원망을 나타냈으며, 다른 가족 역시도 그의 원망의 대상에서 벗어나지 못했다. 그에게 있어서 모든 가족은 '서로에게 상처만 주고 미안한 감정만' 들게 만든 사람들이었던 것이다.

그의 이러한 의도는 유서 전반에 걸쳐 일관되게 표현되고 있었으며, 자기 삶에 대한 철저한 부정을 통해 가족에 대한 원망을 최대한으로 나타내고 있었다.

2) **원망의 우회적 표현**(28세. 남. 대학생; 127, 131, 165, 180, 199쪽 참조)

(1) 자살 방법

자살자는 자신의 거주지 작은 방에서 2m 40cm 높이의 천정 모서리에 고리를 박은 후 두루마리 화장지 묶음을 밟고 올라가 연두색 가방 끈으로 목을 매어 목숨을 끊었다.

그는 베이지색 스웨터와 회색 운동복을 입고 있었고, 책상 위에는 가족과 친구들에게 써놓은 유서가 있었다. 그는 2005년 3월 18일 새벽 2시에 회사에서 일을 마치고 돌아온 자신의 형을 반겨주었으나, 그날 아침 7시 20분경 형이 회사에 출근하기 위해 일어나 화장실로 가던 중 그가 목을 매고 사망한 것을 발견했다.

(2) 자살자의 문제 상황

자살자는 20대 초반에 대학 입학에 실패한 후 삼수 생활을 하면서 우울증을 앓게 되어 병원에서 정신과 치료를 받은 적이 있었고, 이로 인해 병역을 면제받기도 했다. 자살 당시에 그는 약 3개월 전인 2004년 12월에 사망한 어머니를 매우 그리워한 반면 다른 가족, 특히 아버지를 원망했고, 친구들과의 관계도 소원해진 것으로 보인다.

(3) 유서

자살자는 유서를 따로 준비한 편지지에 작성했으며, 가족 및 고등학교 동창인 친구 2명이 수신인이었다. 가족에게 남긴 유서에는 어린 시절의 추억에 대한 회상, 가족 한 사람 한 사람에 대한 단상, 가족에 대한 원망, 어머니에 대한 그리움 등이 표현되어 있었으며, 친구들에게 남긴 유서에는 죽음의 두려움과 도움을 호소하는 내용이 적혀 있었다 (유서 전문은 479~485쪽 참조).

(4) 자살자의 자기 상황 인식

자살자는 자신이 극심한 우울증에 시달리고 있다는 것을 알고 있었으며, 그러한 자신의 상황에 대해서 '숨만 쉬고 있을 뿐 정신은 오래전에 죽은' 것으로 규정하고 있었다. 그는 오래전부터 우울증을 앓아왔는데, 그것은 자신에게도 끔찍할 뿐만 아니라 자신을 돌봐준 형에게도 짐스럽고 힘든 일이라고 생각하고 있었다. 게다가 그는 날마다 그것이 심해져서 자신이 계속 망가지고 있다고 생각하며 몹시 괴로워했다.

그는 이렇게 자신이 우울증으로 힘들게 된 많은 책임이 아버지에게 있다고 생각했는데, 자신의 아버지는 '결혼 같은 것 하지 않고', '아이 같은 것도 낳지 않고', '혼자 살았어야' 하는 사람이었다. 왜냐하면 그는 아버지가 아들인 자신에게, 그리고 배우자인 어머니에게 심리적 상처를 주기만 한 사람이었다고 생각하기 때문이다.

어머니가 안 계신 것에 대한 상실감 역시 그에게는 커다란 문제 상황이었다. 어머니가 없으므로 해서 '누군가에게 의지하고 싶어도' 의지할 사람이 사라져버렸고, 어머니가 떠난 것처럼 다른 사람들도 결국은 자신을 떠날지도 모른다고 생각한 것이다. 그의 형의 진술에 따르면 어머니의 사망 이후 그와 아버지의 관계가 더욱 소원해졌다고 한다.

(5) 자신의 삶에 대한 평가

자살자는 자신을 '숨만 쉬고 있을 뿐 오래전에 죽은' 존재로 규정하면서, 자신의 삶을 '처음부터 잘못된 삶'으로 평가한다. 그는 유서에서 우울증이 시작된 20세를 자신의 삶이 어긋난 시기로 생각하고 있었는데, 그 이전에는 '조금은' 행복했지만 지금은 '아무리 해도 행복하지 않다'고 표현한다. 우울증이 시작되기 전인 어린 시절에는 집도 넓었고, TV도 마음대로 볼 수 있었고, 엄마도 일을 하지 않아서 함께 할 수 있었으며, 무엇보다도 '아빠를 보지 않아서' 행복했던 것이다.

그에게 있어서 자신이 행복하지 않은 요인은 사람들과의 관계의 단절로 보인다. 그는 가족들에 대해서 소외감을 가지고 있었는데, 가족들이 자신을 잘 모르고 있는 것에 대한 심정을 '이해해달라고는 안 할게 원래 모두 서로를 완전히 알 수는 없는 거야'라고 표현하였다. 그리고 자신의 죽음에 대해 궁금하겠지만 '너무 궁금해하지 말고' '처음부터 없었던 것처럼 그냥 잊어주기를 바란다'는 표현으로 가족들과 일종의 거리 두기를 시도한다.

그는 특히 아버지에 대한 적대감을 가지고 있었다. 어린 시절을 추억하며 아빠를 보지 않아서 행복했다고 증오를 간접적으로 표현한 것 이외에도, 자신이 겪는 좌절의 책임이 아버지에게 있다고 직접적으로 원망하기도 하고, 아버지가 자신에게 쓴 돈을 '다 갚아버리고 싶다'는 표현으로 아버지와의 거리 두기를 하기도 한다.

이러한 가족과의 관계에서의 단절을 다른 친구들과의 관계 맺음을 통해 극복하려고 하지만, 그에게는 그것 역시 충족되기 힘든 욕망이었다. 그는 '네가 의지가 되었을까?', '넌 내게 무엇이었을까?' 등 친구들과의 관계에 대해서도 여러 가지 의문을 제기하며 아쉬움도 표현하고 있는 것이다. 나아가 친구들 역시 가족들과 마찬가지로 '나를 이해하지 못할 것'이고, '너도 날 귀찮아 할 것'이라 생각하게 된다.

그는 '누군가에게 의지하고 싶지만' 그를 받아주는 사람은 '아무도' 없다고 느끼고 있었고, 결국 자신의 삶은 '행복하고 싶지만' '아무리 해도 행복해지지 않는 삶'이 되어버린 것이다.

그는 이러한 불행이 그에게 두통이 시작된 '20살부터' 시작되었고, 자신의 삶은 실패하도록 정해져 있었다고 생각한다. 그리고 그는 어머니가 죽는 것마저 보게 된 것은 자신이 너무 오래 살았기 때문이라고 생각한다.

(6) 죽음의 선택

행복해지고 싶지만 행복할 수 없고, 오래전부터 매 순간이 견디기 힘들 정도로 끔찍했고, 아무도 자신을 이해해주지 않는 상황임에도 불구하고, 죽는다는 것은 몇 번이나 결심을 해도 힘들고 무섭고 외로운 것이었다.

그렇지만 그는 이제 '쉬고 싶고', 그의 소망은 오직 '죽을 때 너무 아프지 않게' '고통 없이 죽는 것'이 된다.

그는 자신의 삶을 끝내기 위해 약 7개월 전인 2004년 8월 첫 번째 자살을 시도했다. 친한 친구에게 마지막으로 맛있는 것을 사준 후 술과 함께 약을 먹은 것이다. '불행히도' 그날 먹은 약이 소화가 안 돼 다 토해냄으로써 그는 자살에 실패하고 만다. 그 뒤 그는 마음속의 번민과 갈등이 사라지고 어렵지만 '살 수 있을 것'이라고 생각하게 되었다.

그러나 한 번의 죽음의 순간을 넘기기는 했으나 또다시 찾아온 좌절의 경험은 그를 다시금 절망하게 만들었다. 자신의 생일 전날 어머니가 죽은 것이다. '오래전부터' 어머니가 죽어도 '상처 받지 않으려고 준비'하기는 했으나 막상 어머니가 죽게 되자 살고자 하는 희망마저 사라지고 만 것이다. 그는 너무 오래 살았기에 어머니의 상실이라는 아픔마저 겪었다고 생각하게 된다. 그는 절망적인 상황에서 친구에게 도움을 호소하다가, 날마다 '망가져가는 자신을 지키기가 힘들어' 자신에게 '남은 마지막 자존심을 지켜주고 싶어' 다시금 죽음을 결심한다.

(7) 자살의 의도

앞에서 지적한 바와 같이 먼저 그는 자신을 이해해주지 않는 가족을 비난한다. 그의 유서에서 가족은 그저 '처음부터 자신이 없었던 것처럼 그냥 잊어주기만' 하면 되는 존재로 그려진다. 특히 자신이 겪는 좌절에 책임이 있다고 여기는 아버지에 대해서는 직접적이고 공격적으로 관계를 끊고 싶다고 단언하고 있으며, 다소 정도가 약하기는 하지만 형과 누나에게도 자신의 서운함을 표현하고 있었다.

그는 가족에게서 충족시키지 못한 관계의 욕구를 친구들과의 관계 속에서 벌충하고자 하는 기대를 가지고 있었던 것으로 보이는데, 친구들에게 제기하는 관계에 관한 수많은 질문은 그의 이러한 기대를 보여준다. 그러나 그는 친구들에게서도 이를 충족시키지 못했고, 결국에는 친구들이 자신을 이해하지 못하고 떠나버릴 것이라고 단정하며 친구들을 원망한다.

그런데 그는 가족과 친구들에게 자신의 원망의 감정을 이야기하면서도 자신의 말에 혹시라도 상처를 받을지도 모르는 사람들을 위해 심리적 탈출구를 마련해둔다. 지금 자신이 하는 말은 '정말 미워해서 그러는 게 아니라 아플 때 나타나는 증세 중 하나'이기 때문에 '혹시 서운한 말을 쓰더라도' '심각하게는 받아들이지 말 것'을 부탁하는 것이다.

2. 비난형 자살의 양상

1) 부모에 대한 비난

2006년에 사망한 29세 남성(208쪽 참조)은 자신의 아버지에 대한 적대감을 강하게 표현한다. 그는 아버지를 무능하면서 이기적인 사람으로 평가하고, 자식이 죽는 것보다 돈을 더 중요하게 여기는 사람으로 묘사한다. 그런데 그는 아버지가 경마와 도박에 빠진 것을 비난하면서도 자신 역시 경마로 재산을 탕진했으며, 자신이 그러한 실패를 겪게 된 것이 아버지 때문이라고 책임을 전가하는 모습을 보인다. 결국 그는 아버지가 죽었으면 좋겠지만 아버지보다 먼저 '편한 세상'으로 간다고 이야기하며 스스로 목숨을 끊었다.

뭐가 가족사랑이고 이해입니까?
가족들에게는 이기적 다열질이면서 이해는 전혀 없습니다.
말만하면 부탁만하면 옛날이야기만 지껄이면서 짜증납니다. 이사람아...
아버지라는 사람은 뭐 옛날에 어떠셨는데요?
연탄방에 살면서 너무나 무능력한 사람이었고
경마, 포카,에 허구한 날 빠졌지 않으셨습까?
어려서 뭘 배워겠습니까?
당신은 너무나 이기적입니다.
자기의 와이프에게도 자식들에게도
이런 내가 이렇게까지 온 것은 당신의 행동과 말때문입니다
당신은 아버지가 아닙니다
[중략]
당신이 싫습니다. 당신이 죽었으면 좋겠습니다.
그런데 당신보다 내가 먼저 갈렵니다
편한 세상으로 갈렵니다
[중략]
TV, 비디오 팔았습니다.
소주값 나오거든요
자식이 생각하면 자식이 오늘 죽는데
이런 거 아까워 하시겠습니까?

물론 아까워 하시겠죠?

〔29세. 남. 무직. 2006년 2월 11일 의사〕

2001년에 사망한 27세 남성(124, 167, 189쪽 참조)도 아버지에 대한 원망과 적대감을 강하게 표현하는데, 그 역시 아버지를 증오하면서도 자신이 아버지와 비슷하다는 점 때문에 자신의 삶을 부정적으로 평가한다. 그는 자신이 죽음으로써 상황을 회피하려는 시도를 아버지의 행동보다 나쁜 행동이라고 스스로 비난하는 모습을 보이기도 한다.

아버지와 똑같다는 말을 듣게 될 것이다

〔중략〕

아빠란 작자는 어땠을까?

그 인간도 죽지 못해 사는 걸까?

나도 그 작자와 같다는 생각이 들어

지금 사랑있는 부모형제에게도 잘 하지 못하면서 자식에게는 얼마나 잘 하겠는가...

지금 그 인간도 숨을 쉬고 있다

도대체...

〔중략〕

불쌍하신 우리 어머니 내가 미쳤었어요 내가 아주 미쳤었음

순진하시고 착하기만 하신 우리 엄마께 제가 너무 많은 멍을 내 드렸어요

미쳤죠 제가 지하나 좋자고 나쁜 놈 아버지란 작자보다 더 한 놈

천벌이 두렵지도 않느냐 이 나쁜 놈아

〔27세. 남. 무직. 2001년 9월 12일 의사〕

2005년에 사망한 30세 남성(146, 181, 357쪽 참조)의 유서에도 아버지

에 대한 거부감이 드러난다. 그는 자살을 하기 직전에 가족과 전화 통화를 시도했는데, 다음의 인용문은 그가 배우자와 전화 통화를 마친 후 아버지에게 전화를 했다가 연결이 되지 않자 들었던 생각을 표현한 것이다. 여기에서도 앞의 사례들과 마찬가지로 자신과 아버지가 많이 닮았다고 생각하며, 아버지 역시 그러한 자신을 싫어한다고 생각한다.

> 전화벨이 울리네요 아버지 받았으면 좋겠네요
>
> 않받으시네요 바쁜가요
>
> 아님 제 전화인줄 아시는가요 역시 않받으시는군요
>
> 아버지는 절 싫어하시니까요
>
> 저도 ○○이 한테서 어리지만 저의 결점을 ○○이가 따라 할 때면 보기가 무지 싫더군요
>
> 아버지도 그러하실 꺼라 믿네요
>
> 아버지를 많이 닮은 제가 밉지요
>
> 아버지 저도 제 인생이 평탄할려면 절에 들어가서 목탁두드리며 살아야 된다는 걸 알았답니다
>
> [30세. 남. 요식업. 2005년 3월 18일 의사]

2006년에 사망한 22세 남성 역시 아버지에 대한 분노를 표현하고 있는데, 그는 아버지에게서 본받을만한 점을 찾을 수가 없기 때문에 자신이 실패했다고 이야기한다. 그는 평소 자신이 보았던 아버지의 행동을 비난하면서 죽음으로 아버지와의 관계를 단절하고자 하는 의도를 드러낸다. 또한 어려서부터 지병인 탈장 등으로 고통을 받고 있었던 2001년에 사망한 37세 남성 역시 자신과 가족의 관계를 단절하고 싶다는 욕망을 표현함으로써 자신의 분노를 표출한다.

니가 아빠야? 아버지야?

니가 뭐가 정확한 사람인데 맨날 술처먹고 들어와서 그딴 소릴 지껄이냐

니가 정확하다고 맨날 지껄이는 이유는 도대체 어디서 나오는데?

니가 돈을 벌어서 니 돈으로 새금을 해결하냐? 나 공부시켜주길 해봤냐

니 돈으로 집을 사길 해 봤냐

돈 없어도 놀러다니고 술먹고 나이 50먹도록 이뤄논 게 뭐였는데?

니 아들한테 떳떳한 모습, 정확한 모습, 본받을 만한 모습 보여준 게 뭐였는데?

무시당한다고 생각하기 전에 니가 무시당할 행동만 하잖아

맨날 잘났다는 듯이 외치는 이남매 장남으로서 한게 뭐였냐

난 신씨집안에 장남으로 태어난 게 한스러원 데

내가 살면서 널 지켜봤지만 잘한 행동 하나도 없었고

어머니가 옳은 말만 하라치면 신경질내면서 욕하고 때리고

내가 그거 볼 때마다 어떤 생각했는 줄 아냐?

죽이고 싶을 정도로 많더라 대화로 풀 수 있는 것도 항상 신경질내고 욕하고

니 최대무기지 화내는게? 배운거 없고 무식해서 그렇게 행동하는 거냐?

정말 한심스럽다 자신이 뭘 잘못하고 있는 줄도 모르지

자기는 항상 정확하고 똑바른 사람이라고 하니까 지나가던 개가 웃겠다

신○○ 이 정신 못차리는 인간아 너 때문에 이 더러운 신씨 집안 떠날란다

〔22세. 남. 대학생. 2006년 5월 17일 의사〕

아~ 아~ 아~

너무나 고달프구나 힘이든다

아이재는 해어져야 할 사람들

〔중략〕

아~ 아~ 너무나 어지럽다

이제는 견디기가 힘이 드는구나

아~ 내가 이렇게 살수는 없다

나 내죽음으로 인해 행복이 찾아온다면

이씨 집안 이 사람들아

신경꺼라

바보같은 사람들

〔37세. 남. 무직. 2001년 3월 16일 의사〕

2) 배우자/애인에 대한 비난

1998년에 목숨을 끊은 50세 여성(135, 277쪽 참조)은 유서에서 자신을 버린 남자에 대한 애증의 심리를 표현한다. 그녀는 내연남이 자신을 떠나버린 것에 대해서 분노하고 있는데, 그것은 그녀가 내연남을 그만큼 사랑하고 있었기 때문이었다. 그래서 그가 떠나는 것은 '자신을 죽이는 것'이라며 죽음의 책임을 상대방에게 전가하는 모습을 보인다.

박○○ 당신이 날 버렸는데 내가 어떻게 살아

당신이 돈 없을땐 난 돈도 주었는데 내가 이렇게 거리에서 헤매고 있는데

〔중략〕

이것이 곳 날 죽이고 있는거야 그러고도 날 책임진다고

날 이렇게 만들었어

〔중략〕

당신은 내가 당신의 한 가지 객지에서 놀이개감이 될 지몰라도

난 이렇게 엄청나게 가정에 파탄이 될줄 몰랐지

〔중략〕

대단한 사람이야 날 이렇게 만들었으니가 대단해

〔중략〕

박○○, 사랑했었다

〔중략〕

당신이 날이렇게 해는데 내가 어떻게 살아

난 도저히 살수가없어

〔50세. 여. 종업원. 1998년 7월 20일 음독사〕

1998년에 사망한 43세 남성은 배우자가 가출한 것에 대해 분노한다. 그는 배우자와 갈등이 발생한 것에 대해서는 누구에게나 있을 수 있는 일상적인 일이라고 생각하고, 그것을 참지 못해 가출한 배우자에 대해서는 '자식을 찾을 자격이 없는 사람'이라고 비난한다.

당신이 얼마나 잘 살려고 가출했는데 아이들은 어떻게 하라고

살아가면서 싸우지 않고 사는 부부가 어디있나

어디서 살아가든지 행복하게 살기 바랄뿐이야

그리고 마지막으로 당신 목소리 들어서 조금은 편히 갈수있다

하지만 당신 자식들 찾을 자격이없는 사람이야

어디서 어떻게 살아갈지는 몰라도 나같은 인생 다시는 만나지 말길 바랄뿐이야

〔43세. 남. 무직. 1998년 5월 8일 의사〕

1999년에 사망한 31세 남성은 교통사고 후 뇌 수술을 받고 그 이후에 판단 능력이 떨어지고 성격이 소심해졌다고 하는데, 그는 자신을 정신병원에 강제로 입원시키려 했던 배우자를 자신을 죽게 만든 '살인자'라 표현하며 자신의 죽음이 배우자 때문이라고 생각하고 있음을

드러낸다. 그리고 그는 자신의 딸이 배우자와 함께 살면 안 되고, 자신의 부모와 함께 살아야 한다고 주장한다.

> 내가 ○○경찰하고, 정신병원 입원시키고 다음으로 김○○〔아내 이름〕가 ○○이〔딸 이름〕를 데리고 가서 다른남자하고 만나서 생활하고 싶겠지
>
> 〔중략〕
>
> 왜 살다가 나가니 하지 법으로 이름 마음대로 바뀌지도 못한다
>
> 나의 길을 죽음 밖에 없다
>
> 살인자 김○○〔아내 이름〕
>
> 〔중략〕
>
> 내가 지금 이글은 김○○ 한테 남기다
>
> 〔중략〕
>
> 오늘 마지막으로 죽을 작정이다
>
> 나한테 말 없이 너가 떠나다 나의 장례식에 참가해라 ○○이〔딸 이름〕는 절대 찾지 말라
>
> 〔중략〕
>
> ○○이〔딸 이름〕는 부모님하고 있는것 좋다
>
> 〔중략〕
>
> 내가 너을 사랑했다
>
> 영원히 사랑한다
>
> 〔31세. 남. 무직. 1999년 5월 29일 중독사〕

다음의 사례들은 배우자에 대한 분노의 표현으로 자신의 유산을 그들에게 남기고 싶지 않음을 유서에 표현하고 있는데, 2004년에 사망한 57세 남성은 자신의 물건을 버리더라도 배우자가 소유하지 못하도록 해달라는 부탁을 하며, 2004년에 사망한 55세 남성도 배우자와 자

녀에게는 유산을 남기고 싶지 않다고 한다. 특히 후자는 자신이 잘못되는 경우가 발생하면 그것은 배우자가 개입하여 자신을 위해한 것이라고 주장한다.

알뜰히 살면서 모은것이니 쓰고 남으면 너에 정리하는데 써라 여자에는 ***도 줄것이 없고 물건은 갖어가면 갖어가게하든 지 손도 못대게 하고 버리드라도 .....

〔57세. 남. 주차 보조원. 2004년 3월 12일 의사〕

본인이 사고가 나든지 행방불명이 되든지 하면 뒤에는 아이들 엄마와 그남자 허○○가 재산 때문에 저지를 일이고 그 뒤에는 심부름센터가 개입해있습니다
재산은 본인이 죽고나면 다 정지해서 49제와 천신제자에게 해원해탈 굿을 5번이상 해주시고 남은 돈은 불교종단에 헌납하여주십시오
유족에게는 재산이 돌아가는 것이 없습니다
아이들에께는 유산없음

〔55세. 남. 미상. 2004년 10월 2일 의사〕

3) 자녀에 대한 비난

2004년에 사망한 87세 여성은 자신을 섭섭하게 대한 자녀에 대한 분노와 원망을 표현한다. 그녀는 자녀가 너무 섭섭하게 해서 자신의 손으로 고려장을 하는 방법으로 죽음을 선택한다고 주장하며, 자신을 화장해서 없애버리고 제사에 물도 놓지 말라는 말로 자신의 분노를 표현한다.

아범 가슴의다 손을 언고 생각을 해바

나 안태 어태켜 해스면 그러캐 섭섭해슬가

고리장 가슴그러개〔고려장 당하는 것을〕 보기가 시러서 내손으로 고리장 해야지

화해서 업시고 물도 눗치마러〔화장해서 버리고 제사에 물도 놓지 말라〕

아범잘생각 나안태 어터캐 핸넌가 생각해 바

○○아 이할미넌 너만 바라고 살여고 핸는대 너도변해지는구나

더 살수가 업서 결심일 햇서

너의 압바 잘 맛처〔너의 아빠에게 잘 맞추어주며〕 잘 살기러〔살기를〕 바라면서 더난다

〔87세. 여. 무직. 2004년 9월 22일 추락사〕

2001년에 사망한 56세 남성은 공무원으로 일하고 있는 자신의 딸의 잘못된 인성은 교육을 잘못시킨 자신의 탓이라고 하면서도, 집안의 상황을 생각하지도 않고 욕심을 부리고 있는 딸에 대한 원망을 강하게 표현한다. 그는 교직에 재직하다가 자살하기 3년 전에 명예퇴직을 한 후 사업에 실패하여 우울함과 곤궁함에 시달렸는데, 가정 형편이 어려움에도 불구하고 딸이 새 차를 구입한 것에 강한 불만을 가지고 있었다.

심지어 25년간 고생한 자기 어머니 보고 이혼하고, 나가라고 했다는 군요

누가 대학 4년까지 가르쳤고, 대학원 3학기 등록까지 시켰는지 물어보고 싶군요.

내 자식이지만 이런 공무원은 문제가 있는것 아닙니까?

〔중략〕

차 값도 아직 일천만원 융자중에서 85백만원 못 갚았습니다

차를 처분해야 즈그 어머니가 죽지 않고, 밑에 즈그 동생들을 가르칠 것입니다

〔중략〕

교육을 잘못시킨 나와 내처의 잘못이지만 너무나 모욕적인 행동에 지앞에서 눈물로 호소도 해보고- 모든 수단을 동원하여, 귀가를 종용하였으나 끝까지 토요일날 나간다고 했습니다

〔중략〕

아무리 도의(道義)가 땅에 떨어 졌다고 하지만 이럴수는 없다고 봅니다

〔56세. 남. 무직. 2001년 12월 22일 음독사〕

1997년에 사망한 75세 남성(144쪽 참조)은 자식과의 불화로 평소에 죽어야겠다고 말해왔는데, 유서에서는 아들에게 죽음을 당하는 것보다 스스로 목숨을 끊는 것이 더 나을 것 같다고 주장하며, 자신을 학대했다고 생각하는 자식에 대한 분노를 표현한다. 그는 자신만 없어지면 문제는 해결되겠지만 '나중에 후회할 것'이라며 자식에게 경고하기도 하고, 아들이 아파트를 폭파시킬지도 모르니 즉시 체포해야 한다는 주장을 하기도 한다.

내 나이 금년 76세 이 두 늘근 노부모 갈 곳 업서 자식한테 마져 죽어 자살을 결심하오니

〔중략〕

이 애비만 업서지면 모든 일은 간편하겠다 명심하다

〔중략〕

뒷돌아보면 다음에 큰 후해 할거시다 명심하라

〔중략〕

"추서" 자식한테 칼 마저죽느니 차리리 나자신이 자결함이 오를 거시니라〔옳을 것이라고〕생각~~~~

〔중략〕

○○란 사람〔자살자 아들 이름〕이 도시까스선을 절단하여 아파트를 폭팔 할려고 하니 즉시 채포조사할 것을 고발합니다

○○ 애비 즉고인 벽

〔75세. 남. 무직. 1997년 1월 19일 의사〕

2004년에 사망한 65세 남성은 1년 전에 사별한 아내의 기일에 자살을 하면서 자녀들에 대한 원망을 표현한다. 그 역시 자녀들이 잘못된 행동을 하는 것이 자신이 교육을 잘못시켰기 때문이라고 자책하고 있기는 하지만, 결국 이러한 자책 역시도 자녀들이 자신을 외면하는 것에 대한 우회적인 표현이라고 할 수 있을 것이다. 결국 그는 자녀들에게 외면을 받는 상황을 참을 수 없어 아내의 뒤를 따르기로 결심하고 목숨을 끊는다.

아내 뒤을 따르지 못한 것이 한이 되옵니다

자식들의 잘못되여 흔들림을 보고 부모로서 최선을 다하였건만 어떻한 생각으로 나을 외면하온지알수가 없군요

어려운 환경속에서도 자식들의 가르침과 교육을 잘못시켰나 봅니다

사가 부모님들께도 원망스럽습니다 이시점에 와서 누구를 원망하고 탓하리오

이것이 나의 운명이라 생각하옵니다

각종질병은 깊어만 가고 늙고 병들어 자리에 눕게 되면 어느누가 나을 돌보아 주겠습니까

자식들의 천덕꾸리가 되기전에 하나님께 제가 될줄 알면서도 ***** 이길을 선택할수밖에없군요

자식들이 원망스럽고 용서할 수가 없군요

복통이 터질것만 같어 세상이 살기 싫어졌습니다

〔65세. 남. 무직. 2004년 10월 25일 추락사〕

4) 형제에 대한 비난

1999년에 사망한 48세 남성은 자신의 형제를 원망하며 비난하는 내용의 유서를 남긴다. 그의 유서는 다음과 같이 매우 짧지만, 유서에 표현된 주된 정서는 자신의 누나에 대한 분노이다. 그는 직업을 구하지 못하고 생활하고 있었는데, 상대적으로 여유 있게 살고 있다고 생각하는 누나에게 생활비를 달라고 부탁했다가 거절당하자, 누나를 '나쁜 년'이라고 저주하며 스스로 목숨을 끊은 것으로 추정된다.

라쁜연 ○○이〔누나 이름〕

○○양복점

죽어도 너는

모든 사람들 한태

미안합니다

〔48세. 남. 1999년 3월 24일 의사〕

5) 손실을 준 사람에 대한 비난

1999년에 사망한 37세 남성은 자신에게 경제적인 피해를 입혔다고 생각하는 사채업자를 향한 강한 분노를 표현한다. 그는 새우잡이 어선을 운영했는데, 어업 부진으로 사채와 은행 빚을 갚지 못해 자신의 집이 경매로 넘어가고 검찰에 고발되어 조사를 받고 있었다고 한다. 그는 자신이 실패한 것은 사채업자 때문이라고 생각하고, 결국 자신이 죽는 것 역시 '깡패' 같은 사채업자 때문이라 생각한다.

이○○〔사채업자 이름〕 이년을 죽여야 되는데 못죽이고 간다
○○이 엄마를 욕하지 마거라
○○아 ○○아 ○○아 미안하다
오빠가 죽은것은 ○○〔사채업자〕 깡빼
〔37세. 남. 무직. 1999년 4월 15일 의사〕

2005년에 사망한 59세 남성(267쪽 참조)도 자신에게 경제적인 피해를 입힌 자신의 친구를 향해 '나를 구렁텅이로 몰아부쳤다'는 말로 비난하고, 또 다른 친구로 보이는 사람에게도 '너무 한다'는 말로 자신을 돕지 않은 것에 대해 원망한다.

○○아
내가 친구를 너무 믿었는데 끝까지 구렁텅이로 몰아 붙치는 구나
○○아
나는 너에게 물심양면으로 도왔는데 해도해도 너무 하구나
외상값은 숙모에게 결제해주고 사무실은 임대료 및 *** 처리하고 남은 것은 숙모에게 주어라
〔59세. 남. 자영업. 2005년 6월 24일 의사〕

2005년에 사망한 22세 남성은 죽음을 통해 자신의 억울한 사연을 다수의 다른 동료에게 알리고 자신을 괴롭힌 동료들을 '죽이고 싶다'고 원망한다.

잘가요 내 소중한 행복 돈 머길래 **

박○○ 박○○

박○○ 박○○

이○○ 이○○

짜증난다

행복하기

행복하지말라

행복하다며

〔중략〕

애들아 나 ○○이 한태 700.000원 가져간 적도 없고 ○○이 여자친구 건든 적도 없다

〔중략〕

700.000원이 아니라 150.000원 훔쳐갔다

그리고 내가 머 ○○이 여자친구 건드렸다고 했는데 게뿐이 건들어 나 그런적 진짜로 없다

니미 씨발놈

○○, ○○, ○○, ○○, ○○

너희 5명 내가 진짜로 너희들 죽이고 나도 죽을란다

〔22세. 남. 공익근무요원. 2005년 6월 8일 음독사〕

6) 우회적인 비난

우리는 앞에서 죽음의 순간에 자신이 느껴왔던 박탈감과 원망의 심정을 마음껏 표현하고, 분노의 느낌을 강하게 표출함으로써 죽음을 일종의 도구로 사용했던 사례들을 보았다. 그러나 다음에 소개할 사례들은 죽음의 순간에도 자신의 분노를 심하게 표출하지 못하고 그것을 완화시켜 간접적으로 표현하는 경우이다. 이러한 사례에서는 주로

자살자가 유서 수신인에게 강하게 의존하고 있어, 분노의 느낌을 심하게 표현하지 못할 만큼 정서적으로 억압되어 있는 경우가 많은 것으로 보인다. 이러한 의도는 단순히 '서운하다'는 표현으로 전달되기도 하지만, 더욱 우회적이고 간접적인 방식으로 표현되기도 한다.

1997년에 사망한 24세 남성(231쪽 참조)은 집안에서 부모 일을 돕지 말고 직장을 구하라는 부모의 압력에 대한 중압감으로 스스로 목숨을 끊었는데, 그는 유서에서 자신의 좌절감과 부모에 대한 원망의 마음을 서운하다는 표현으로 드러낸다.

> 하지만 한가지 드리고 싶은 말은
> 아버지 서운합니다 ... 전 그래도 자식은 자식인데
> 아버지 부디 몸 건강하셔야 됩니다 어머님 부디 절 용서해주십시오
> 큰아버지 정말 서운합니다 전 믿었는데
> 그래서 큰집에 갔는데 전 큰아버지께서 야단치시는 게 서운한 게 아니라
> 저의 마지막 희망을 저버리는게 너무나 서운했고 서운했습니다
> 〔24세. 남. 무직. 1997년 4월 20일 의사〕

1999년에 사망한 48세 남성(130쪽 참조)은 자녀를 원망하는 심정이 있었으나 자녀의 행동을 자신의 잘못으로 돌림으로써 그 마음을 간접적으로 표현한다. 그는 사업 실패로 인해 여러 친척에게 빚을 지고 힘들어했던 자신의 상황을 아들이 이해하지 못할 것이라 말하고, 아들에게 무거운 짐을 지우는 것을 미안하게 생각한다고 하면서, 아들이 평소에 자신을 무시하는 것에 대해서는 직접적으로 이야기하지 못하고 자신에게 잘못을 돌리는 것이다.

> 사랑하는 아들, 딸들아 무능했던 아빠 왜이리 힘들어 해야 했던지 너희들은

몰은다

○○이는 더욱더 노력해야해

장남인 아빠가 잘못되였으니 너희 힘이 무거울거야 우리집에게 모든 장손에 자식＊ ＊임이기 때문에?

〔중략〕

○○아 아빠에 모습이 이렇게 되었구나

아빠 부담스러게 생각말고 화장시키렴

영원히 잊어지도록 미안하게 되어버린 너의 아빠

자식이 아빠를 무시하는 너

무시하게끔 생활했던 너희 아빠가 잘못이지 뭐 있어겠는가

〔48세. 남. 수산업. 1999년 9월 10일 음독사〕

또한 2004년에 사망한 40세 남성(390쪽 참조)은 배우자와 아이들에게 그들을 고생만 시키고 떠나는 것에 대한 미안함을 표현하는 유서, 고모부에게 자신의 어려움을 호소하는 유서, 그리고 자신이 경영하던 대리점의 모기업 회장에게 남아 있는 가족의 어려움을 고려해서 가혹한 처사를 하지 말아달라고 부탁하는 유서를 남기고 스스로 목숨을 끊었다. 그런데 부채를 해결하기 위해 여러 방면으로 애썼다는 그의 동생의 진술로 짐작해볼 때, 그의 고모부에게 남긴 유서는 단순한 호소라기보다는 고모부에 대한 원망의 심정을 간접적으로 표현한 것이라고 볼 수 있을 것이다. 즉 자신의 채무를 해결할 수 있는 방안으로 고모부에게 자금 융통을 부탁했다가 거절당한 것에 대한 원망을 다음과 같이 표현한 것으로, 결국 고모부가 돈을 빌려주지 않았기 때문에 자신이 죽는다는 비난의 내용인 것이다.

고모부 ＊＊＊

존경하는 고모부 못난조카 인사를 지면으로 올리게 되어 송구스럽씁니다

고모님을 아끼고 사랑으로 대해 주셨으면 해요

돈이 전부는 아니라고들 하지만 목숨과도 바꿀수 있는게 돈이네요

어려운 조카를 위해 도움을 뿌리치지 못하신 죄를 너무 탓하지 마시고 너그럽게 용서해 주십시오

부디 건강하시고 오래오래 사세요

〔40세. 남. 자영업. 2004년 5월 27일 의사〕

2006년에 사망한 34세 남성은 이혼한 전 배우자와 자신의 형, 그리고 자신이 사랑했던 모든 이를 수신인으로 하는 3통의 유서를 남겼는데, 각각의 유서는 자신이 겪고 있는 상황의 어려움과 이 모든 것이 그 자신의 책임이라는 내용을 담고 있다. 특히 전 배우자에게 남긴 유서에는 자신이 비록 어려움을 겪고 있기는 하지만 최선을 다했고, 그녀를 사랑하고 있다는 것을 알아주기 바란다는 내용이 포함되어 있다. 그럼에도 불구하고 그녀가 그에 대한 배려보다는 '일이 우선'이기 때문에 자신의 상황과 마음을 알아주지 못할 것이라는 원망을 간접적으로 다음과 같이 표현한다.

어빠 가슴속에 항상 간직할게 이렇게 무책임하게 떠나는 날 넘 원망하지는 마라

이렇수 밖에 없는 날 이해하길 바래 끝까지 널 지켜주지 못하는 눈나

널 사랑했다 죽는 날까지도 어빠다 맨날 실망한 모습만 보여줘서 미안하구

널 이해해 줄줄 알었는데 형, 아들, 보다 니가 우선이였어 임마!

어떻게 해보려고 해두 안돼는걸 어떡하니! 니가 어빠맘을 알거야

아니 모르겠다 넌 일이 우선 이였으니깐

〔중략〕

그런데 어느날 인가부터 변해가는 니 모습을 보니 오빠는 맘이 아팠어

〔중략〕

항상 너의 곁에 어빠가 있다 죽어서도 너의 "수호천사" 되줄게

아푸지말거 잘 살아어야 돼! 아니면 귀신돼서 쫓아 다닌다

〔34세. 남. 신문 보급소 종업원. 2006년 6월 21일 의사〕

2005년에 사망한 30세 남성(146, 181, 341쪽 참조)은 자신의 어머니에 대한 원망의 심정을 더욱 간접적으로 표현한다. 앞서 우리는 그가 아버지에 대해서는 강한 저주의 말을 주저하지 않는 모습을 살펴보았다. 그러나 어머니에 대해서는 심한 말을 직접적으로 하지 못하고 매우 간접적인 방식으로 비난한다. 그는 어린 시절 가정 형편이 어려워 가출을 했을 당시 어머니가 자신에 대한 염려보다는 생활비가 덜 들어 걱정이 줄었다는 말에 위로가 되었다고 이야기하고 있지만, 실상은 자신의 실패의 원인으로 대학에 진학하지 못하게 한 가난과 부모를 원망하고 있는 것이다.

너무 많이 많이 엄마도 내 맘 모르지

난 집에 조금만 돈이 있었어도 고등학교 졸업하고 대학갔을꺼야

내 잘못됀 생각이 집에 돈 없어서 ○○〔동생 이름〕이라도 잘 크라고 학교 때려치고 집 나왔는데

그래도 전에 엄마가 한명 줄어드니까 생활비 걱정않한다는 말에 무지 안심돼고 위로가 됐었는데 벌써10년이다

〔30세. 남. 요식업. 2005년 3월 18일 의사〕

6절 각인형 자살: 타인 전가적-정서적-상호적 지향

1. 각인형 자살의 사례

각인형 자살은 자신의 고통이나 문제 상황이 다른 사람으로부터 기인한다고 판단하여, 죽음을 통해 자신에게 그러한 고통을 가한 사람이나 고통의 원인을 제공한 사람을 향해 자신의 분노를 표출하고, 그 사람에게 강한 심리적인 부담을 가하고자 하는 의도를 가진 자살 유형이다.

이 유형에서 소개할 사례의 자살자는 남편이 방에서 잠을 자는 동안 끓는 식용유를 남편의 상반신에 부어 전신 화상을 입힌 후 딸과 함께 투신자살했다. 이 사례에서 자살의 의도는 중첩적으로 나타나고 있는데, 그녀의 자살에는 남편의 비행에 대한 고발의 의도가 있으며, 남편의 폭력을 회피하고자 하는 의도 역시 드러난다. 그러나 여기에서 주목하고자 하는 의도는 상대방에게 자신에 대한 기억을 오래 남기기 위한 방법의 일환으로 자살을 선택한 것이다. 그녀가 배우자를 가해한 것은 그를 죽이고자 한 것이 아니라 영구적으로 비참한 각인을 새겨 자신의 잘못을 오래 기억하도록 하기 위해서였다. 즉 단지 언어적으로만 분노를 표출한 것이 아니라, 자신의 분노의 대상인 배우자에게 물리적 흔적을 남김으로써 그것이 오래도록 기억되기를 기획한 것이다. 그리고 자살은 이러한 일련의 기획의 일부를 이루고 있다.

1) 분노의 각인(49세. 여. 주부; 386쪽 참조)

(1) 자살 방법 및 자살 당시의 상황

자살자의 남편은 2003년 9월 3일 새벽 2시경 집에 들어와 국수를 먹고 싶다고 했고, 그녀는 남편이 국수를 먹는 동안 그가 집에 늦게 들어온 일과 그의 카드 빚 문제로 말다툼을 했다. 식사 후 남편이 방에 들어가 잠을 자는 동안 그녀는 식용유를 가스레인지에 끓인 후 잠을 자고 있던 남편의 상반신에 부어 전신 60~70%, 약 2~3도 화상을 입히고, 자신은 당일 새벽 3시 20분경 13세인 딸과 함께 자신이 살던 아파트(9층)에서 투신자살했다.

(2) 자살자의 문제 상황

자살자에게 있어 문제 상황은 남편의 과다한 신용카드 사용과 폭력, 그리고 외도였다. 그녀의 남편은 당시 일정한 직업 없이 지내면서 신용카드를 과다하게 사용하여 남편 명의의 카드에 약 7,000만 원, 그녀 명의의 카드에 약 5,000만 원, 합계 약 1억 2,000만 원의 카드 빚을 지고 있었다. 또한 남편은 그녀에게 자주 폭력을 행사하였으며, 그녀는 자살 당시 남편이 외도를 하고 있다는 것을 알고 있었다. 그녀의 언니의 진술에 따르면, 그녀의 남편은 성격이 포악하고 그녀를 자주 구타하여 그녀가 평소에 살기 싫다고 한탄을 해왔다고 하며, 특히 돈 이야기를 하면 심하게 폭행을 가했다고 한다.

(3) 유서

자살자는 크게 2통의 유서를 남겼는데, 1통은 그녀에게 심리적 위안을 주었던 것으로 보이는 누군가가 수신인이었고, 다른 1통은 남편이 수신인이었는데, 그를 저주하는 메시지였다. 그 밖에 아파트 관리사무실에 임차 보증금을 언니에게 보내달라고 부탁하는 메모와 자살 당일 올케에게 보낸 문자메시지도 유서의 일부였다. 그리고 남편이 내연녀에게 보낸 문자메시지를 필사하여 유서의 부록처럼 첨부하고 있었다(유서 전문은 486~490쪽 참조).

(4) 자살자의 자기 상황 인식

자살자는 남편의 포악한 성질과 낭비벽에도 불구하고 그것을 참고 살아야 한다고 생각하고 있었다. 그것은 사랑하는 딸 때문이기도 하고, 언어적으로는 표현되지 않았지만 남편에 대한 애정도 남아 있었던 것으로 보인다. 남편에 대한 애정이 남아 있었다는 것은 그녀가 남편이 집에 자주 들어오기를 기대했다는 점에서 짐작할 수 있다. 자살 당일의 말다툼도 남편의 카드 빚이 주된 이유였으나 남편이 늦게 들어온 것도 큰 이유 중의 하나였다.

그러나 어렵사리 참아낼 수 있었던 남편의 포악함과 낭비벽은, 남편의 외도 사실이 드러났을 때 참을 수 없는 문제 상황이 되어버린다.

그녀는 남편이 자신도 모르는 사이에 자신을 커다란 빚더미에 빠뜨리고, 자신이 죽기를 기다리고 있다고 생각했다. 남편은 자신이 감당할 수 없는 빚을 진 후, 위장 이혼을 제안했고, 이혼 후에 그녀 앞으로 된 빚은 갚아주겠다고 제안한 것으로 보인다. 남편은 자신이 기소 중지 중에 있기 때문에 피해 다니느라고 집에도 자주 들어오지 못하는 것을 이해해달라고 하고, 또한 기소 중지 중에 있어서 이혼하지 않으면 피해가 더 커질 것이라고 이야기한 것 같다. 그러나 그녀는 이 모든 것이 빚을 자신에게 전가하고 남편은 빠져나가 다른 여자와 살겠다는 남편의 음모라고 생각했으며, 기소 중지 중에 있다는 것도 집에 잘 들어오지 않고, 전화도 잘 받지 않는 것을 합리화하려는 음모의 일부라고 판단했다. 또한 그녀는 남편은 자신이 빨리 죽기를 바라고 있다고 생각했는데, 자신이 직장에 나가서 돈이라도 벌고 싶었으나 남편이 나가지 못하게 한 것은 자신을 어려운 상황에 빠뜨려 오래 버티지 못하고 죽게 만들려는 것이라고 생각했다.

그래서 그녀는 심부름센터 직원을 고용하여 외도 사실을 증명하는 필름을 확보하고, 유서에 첨부한 문자메시지도 필사한 것으로 보인다.

(5) 자신의 삶에 대한 평가

자살자는 자신에게 닥친 일을 '드라마와 같은 일'이라고 평가한다. 그만큼 자신에게 닥친 일이 현실성이 없다고 생각한 것이며, 그래서 그런 상황을 만든 남편에게 경악하고 있는 것이다.

그녀는 남편의 포악한 성질이 무섭고 두려울 때도 많았고, 이것이 자신의 인생이 아닌데 하면서도 '인내하고 조신하게 살았다'고 자부하면서, 자신은 문제 상황에서 최선을 다해왔다고 스스로를 평가한다. 특히 그동안 살면서 투명한 마음으로 남편을 대했고, 자신의 '삶 자체가 수정 그 자체였다'고 표현하며 자신의 순수성을 강조하고 있는데, 이는 남편의 악행을 두드러지게 하는 효과를 낸다.

그러나 그녀는 '그 더러운 성질도 끌어안고 감싸 안으려 했으나', 남편의 인간 같지도 않은 행동에 좌절할 수밖에 없었다. 그녀의 남편은 집에도 잘 들어오지 않고 생활비도 가져다주지 않으면서(남편의 진술에 따름), 내연녀에게는 사랑을 표현하고, 값비싼 옷도 사주고 있었던 것이다(남편이 내연녀에게 보낸 문자메시지에 따름).

그녀는 마침내 사랑하는 딸마저 지키지 못하는 자신의 무기력함을 한탄하며, 남편을 용서하지 않기로 결심한다.

(6) 죽음의 선택

그녀는 오래 살고 싶었으나 남편과의 악연 때문에 자신 혼자만의 노력으로는 역부족이었다는 표현으로 더 이상 살아가기 힘든 상황을 나타낸다. 지금까지 죽음을 연기시킨 것은 '딸 때문'이었으나, 자신의 여린 마음도 독이 올라 참지 못하는 순간이 찾아온 것이다. 올케에게 보낸 문자메시지에 따르면, 자살 당일 남편의 내연녀로부터 전화가 걸려온 것이 계기가 된 것으로 보인다.

그러나 그녀는 그 이전에도 남편의 외도 증거를 확보하기 위해 심부름센터 직원을 고용하는 등 어떤 식으로든 남편의 악행에 대해서는 고발 또는 해결하려는 생각을 가지고 있었으며, 그리고 '어떻게든 살아서' 그것을 해결하고자 하는 생각도 없지는 않았다. '죽을 용기면 그 용기로 살지'라는 표현은 그녀의 이런 생각을 대변하지만, 죽음을 결심한 그 순간에는 그 말이 아무런 의미도 없게 된 것이다. 그녀는 남편에 대해 어떻게 복수할 수 있을까를 평소에 생각해왔고, 사건 당일에는 생각해오던 것을 드디어 실행한 것이다.

그녀에게 한 가지 안타까운 것은 '똑똑하게 잘 자란 딸이 아깝고 불쌍'하다는 것이었다. 그녀의 유서와 사건 기록에는 그녀가 남편의 괴롭힘으로부터 딸을 지키기 위해서 딸과 함께 투신을 했는지, 아니면 자신이 딸에 대해 지나친 애착을 가지고 있었기 때문에 남겨두기가 아쉬워서 그런 선택을 했는지는 드러나지 않는다.

그녀는 아마도 남편에게 기름을 뿌린 직후에 유서를 작성한 것으로 보인다. 그녀는 이미 남편을 가해한 후였기 때문에 더 이상 살아가는 것은 남편의 더 심한 폭력을 감수해야 하는 일이 될 것이고, '살고 싶다고 절규해도 이제는 불가능한 일'이어서 딸과 함께 투신한다.

(7) 자살의 의도

자살자는 자기 행위의 의도를 '복수'라고 밝힌다. 그녀는 자신이 죽기를 기다리는 사람을 자신이 먼저 비참하게 만들어버리려고, 그리고 인간이기를 거부하는 사람을 짐승 모습으로 만들어주려고 자신의 행위를 선택한 것이다.

그녀는 지금까지 폭행과 낭비벽과 외도로 자신을 괴롭혀온 남편에 대한 복수를 위해 남편에게 '선물'을 준비했는데, 그것은 화상이라는 흔적을 가지고 평생을 '짐승처럼' 비참하게 살아가라는 것이었다.

그녀는 이 행위의 의미에 대해서 자신에게 잘못한 것을 영원히 기억하도록 하는 것이라고 설명한다. 그녀는 남편이 '스스로도 자신의 잘못을 잘 알'겠지만, 혹시라도 그것을 알지 못할까 봐 잘못을 다시 한 번 상기시키기 위해 자살을 포함한 일련의 사건을 기획했다고 이야기한다. 그리고 그녀는 유서를 통해 남편을 마음껏 비난하고 있는데, 이러한 비난은 평소에는 폭력 때문에 마음껏 할 수 없는 이야기였을 것이며, 이 저주 역시 남편에 대한 징벌의 일부를 이룬다.

결국 그녀가 남편에게 가하는 복수는 남편을 죽이는 것이 아니라 남편에게 영구적인 장애라는 각인을 남기는 것이었으며, 그녀의 자살은 그 기획의 일부를 이루고 있는 것이다. 물론 자살이라는 행위를 독립적인 행위로 본다면 그것은 남편의 폭력과 경제적인 어려움을 회피하기 위한 것이라고 판단할 수도 있으나, 실제로 그녀의 자살은 남편을 저주하고 가해하는 행위의 일부이며, 자신에게 잘못한 것을 영원히 기억하도록 하기 위한 하나의 수단인 것이다. 그녀가 남기고자 하는 메시지는, '나와 딸은 죽는다. 너는 병신으로 오래오래 살아라', 이것일 것이다.

2. 각인형 자살의 양상

2003년에 사망한 39세 남성의 사례와 같이 부정적인 분노의 흔적을 남기고자 하는 욕구도 존재한다. 그는 교통사고로 인해 지체 장애를 가지게 되었고, 평소 술만 마시면 '나는 병신'이라며 행패를 부렸다고 한다. 그는 길지 않은 유서에서 자신의 둘째 형에게 '죽어서 복수'하겠다고 밝히는데, 그는 저주의 대상에 대해서 살아서는 복수하지 못하기 때문에 죽음을 통해 복수를 하겠다는 의지를 드러내고 있는 것이다. 그의 큰형의 진술에 따르면 그의 둘째 형이 어린 시절부터 도박을 하다가 벌어놓은 돈을 잃게 되면 그의 돈을 가져다가 쓰곤 했다고 하는데, 그것이 어렸을 적 일이라 잊어버릴 만도 한데 그는 술만 먹으면 그 이야기를 계속하며 자신의 형을 원망했다고 한다.

세상이 너무 냉정해서 이만살랍니다

모두 안녕히 계세요

김○○이 내가 죽어서 복수

〔39세. 남. 무직. 2003년 8월 16일 의사〕

1998년에 사망한 35세 여성은 자신의 배우자에 대한 적대감을, '죽어서도 당신이 자식 낳는 것을 막을 것이다'라는 저주로 표현한다. 그녀는 배우자와 법적으로는 이혼했으나 실제로는 동거 중에 있었으며, 배우자의 진술에 따르면 그녀가 평소에 술을 많이 마시고 배우자와 사소한 일에도 의견 충돌이 많았다고 한다. 또한 성격이 충동적이었으며, 전에도 동맥을 끊기도 하고 목을 매기도 하는 등 몇 차례 자살을 시도한 적이 있었다고 한다. 그녀는 유서에서 배우자를 '나를 죽음으로 몰아넣었다'고 비난하며 배우자도 자신처럼 슬퍼할 때가 있을 것이라고 저주한다. 그리고 그녀가 '이렇게 귀찮게' 자살을 하는 것도 배우자가 자신을 기억하고 슬퍼하도록 만들기 위한 것이라고 밝힌다.

○○씨 보세요

당신을 사랑한 댓가가 이것인지요

나를 죽음의 수렁속으로 몰아 넣어야만 하는 것인가요

나를 이렇게 밖에 할 수 없나요

그런 당신이 정말 *** 미워요

내가 죽어서도 당신이 자식을 낳는 것을 원치 않으니 원귀가 되어서 라도 막을 거예요

기억해 주세요

이렇게 귀찮게 죽어가야만 하는지를 다 기억 기억해 주세요

내 눈에서 피눈물이 흘를 때 당신 눈에서도 피눈물을 토할테니까 기억해 주세요

〔35세. 여. 주부. 1998년 9월 26일 의사〕

2000년에 사망한 57세 남성은 이혼한 전 배우자에게 자신의 시신을 거두어줄 것을 요구하며 그 사람에게 강한 흔적을 남기고자 한다. 자신의 시신을 거두는 동안 자신이 그녀에게 기억되고, 그 이후에도 가급적 오래도록 자신의 흔적이 남기를 기대하는 것이다.

○○야 당신을 내 목숨보다더 사랑했어

허나 내가 당신을 사랑하는 것 처럼 당신은 나를 돌보든 한건같애〔나는 당신을 사랑했지만 당신은 나를 돌 보듯 한 것 같아〕

사랑한 대가로 내시신이나 당신 손으로 걷어주오

〔57세. 남. 무직. 2000년 10월 15일 의사〕

2002년에 사망한 42세 남성(108쪽 참조)은 자신이 죽은 후에도 오래 기억되기를 의도하는 행동의 일환으로 자살의 장소를 의미 있는 곳으로 선택한다. 그는 유서에서 지금 사귀는 사람과 열심히 살라는 역설적인 표현으로 자신의 분노를 표현하고, 내연녀가 운영하는 가게에서 스스로 목숨을 끊음으로써 자신의 죽음을 그녀가 목격하기를 바란다. 자신의 죽음을 보고 내연녀가 죄책감을 갖든, 끔찍하다는 생각을 하든 간에, 어떤 식으로든 내연녀와 관계를 맺음으로써 자신이 조금이라도 더 오래 기억되기를 기대하고 있는 모습이 보인다. 이러한 자살은 자살이라는 행위를 통해 직접적으로 특정인에게 부정적인 흔적을 남김으로써 일종의 가해를 하는 과시적 자살이라고 할 수 있을 것이다.

○○ 사장님 김○○씨

김○○ 오늘 ○○이가 차용증이라고 써준 것을 없애 버리고 조용희 사라주길 바란다

〔중략〕

김○○씨 못죽으면 병신이라고 하셨죠

부디 병신이 아니니까 죽음니다

부디 행복하게 사십시오

〔중략〕

김○○씨 ○○이 얼굴보고 앞으로 남자들 속 썩이지 말고 열심히 사세요

차마 가게에서 죽는걸 몰랐죠 당신한태 얼굴 보라고 가게에서 가는겁니다

〔42세. 남. 노동. 2002년 8월 1일 음독사〕

2000년에 사망한 49세 여성도 자신을 배신한 배우자에 대한 복수의 방법으로 자살을 선택했다고 볼 수 있는데, 자신의 죽음의 책임을 배우자와 그와 바람을 핀 사람에게 돌리면서 자살을 과시한다.

그런데 내인생이 이렇게 불쌍해졌소

나 이배신감 이제는 자식한테도 배신당했소

〔중략〕

그리고 나 죽는 것은 윤여사〔남편과 바람 핀 사람〕 김○○〔남편〕 두 사람 때문에 죽는다 복수를 해다오

윤여사가 죽어라고 했다

〔49세. 여. 무직. 2000년 5월 22일 의사〕

7절 고발형 자살: 타인 전가적-문제 지향적-일방적 지향

1. 고발형 자살의 사례

고발형 자살은 자신의 고통이나 문제 상황이 다른 사람으로부터 기인한다고 판단하여, 죽음을 통해 자신에게 그러한 고통을 가한 사람이나 고통의 원인을 제공한 사람의 구체적인 비행이나 범죄를 또 다른 사람에게 알리고자 하는 의도를 가진 자살 유형이다.

이 유형에서 소개할 첫 번째 사례의 자살자는 5년 전 뇌출혈로 인해 팔다리가 마비된 장애인이다. 그에게는 취업이 되지 않는다는 경제적인 문제도 있었으나, 더 큰 문제는 배우자가 자신을 학대하고 부정한 일을 저지른 것이었다. 그는 배우자의 잘못을 자신의 딸들에게 전달하기 위해 유서를 남기고 자살했으며, 이를 통해 자신의 억울함을 해소하고자 하는 의도를 가지고 있었던 것이다. 그리고 두 번째 사례의 자살자는 일상적으로 당했던 남편의 폭력을 여러 사람에게 호소했으나, 자신이 알코올중독자여서 다른 사람들이 자신의 말을 믿지 않는다고 생각하고 있었다. 그래서 남편의 악행은 자신의 알코올중독에 가려지고 가정불화의 모든 책임이 자신에게 돌려지고 있다고 판단한다. 이러한 상황에서 그녀는 죽음을 통해 자신의 말에 신뢰를 부여하고 남편의 악행이 다른 사람에게 알려져 자신의 억울함이 해소되기를 기대한다.

1) 배우자의 학대 고발(50세. 남. 무직; 154, 177, 190, 240쪽 참조)

(1) 자살 방법

자살자는 1999년 여름에 가출한 후 소식이 없다가 2000년 9월에 배우자에게 돈을 빌려달라는 전화를 마지막으로 하고는 다시 연락이 두

절되었다. 그는 2000년 10월 24일 새벽 3~4시경 야산에서 살충제를 먹고 자살한 것으로 추정되며, 그의 사체는 10월 24일 오전 10시 32분에 훈련 중 행군하던 공수부대의 군인에게 발견되었다. 그는 발견 당시 회색 티셔츠, 쥐색 양복바지, 회색 겨울 점퍼에, 검정색 신발을 신고 양팔과 다리는 가지런히 한 채 하늘을 향해 반듯이 누워 있었다. 그의 옆에는 자살 당시 마신 것으로 보이는 살충제 1병이 놓여 있었고, 상의 안주머니에는 유서를 적어놓은 수첩(노트) 1개가 들어 있었다.

(2) 자살자의 문제 상황

자살자는 약 5년 전에 뇌출혈로 인해 좌측 팔다리가 마비되어 지체장애 3급의 판정을 받은 장애자였으며, 이로 인해 번번이 취업이 되지 않는 등 안정적인 생활을 하지 못했다. 그는 유서에서 장애 때문에 번번이 취업에 실패했던 문제들을 언급하고 있으나, 그보다는 배우자의 '더러운 행동'이 더욱 참을 수 없었다고 표현한다.

(3) 유서

자살자는 안주머니 안에 들어 있던 수첩(노트)에 자신의 유서를 썼는데, 작은 수첩의 44쪽에 걸쳐 집을 나온 동기, 장애인으로 살아가는 어려움, 배우자의 부정에 대한 고발 등을 기록했다(유서 전문은 491~496쪽 참조).

(4) 자살자의 자기 상황 인식

자살자의 소망은 '아주 평범한 가정을 갖는' 것이었으나, '장애자라는 낙인' 때문에 그는 아무런 희망이 없다고 생각하고 있었다. 그는 먼저 '왜 장애자는 취직도 안되나?'라는 표현으로 자신의 문제가 경제적인 문제인 것처럼 이야기를 시작한다. 이처럼 그는 유서에서 장애 때문에 직장을 구하지 못하는 자신의 처지를 호소하며, '세상 사람들은 자신이 장애자라는 이유만으로' 자신을 외면하고 있다고 생각한다.

그러나 그에게 있어서 더 큰 문제는 '이 세상에서 아주 제일 가까운 사람에게 버림받은' 것이었다. 그는 '가장 가까운 배우자도 외면하는데 어느 누가 나를 맞이해줄까'라며 자신의 인생이 '허무'해진 것에 대해 설명한다.

즉 그는 '세상이' 원망스럽다고 거듭 표현하고 있으나, 실제 그에게 '세상'은 가족이었던 것이다. 그는 장애인이기 때문에 멸시받은 구체적인 내용을 설명하는데, '전화도 받지 마라', '놀이터에도 가지 마라' 등의 말로 가족들이 장애를 가진 자신을 부끄러워하고, 일상생활도 금지했던 상황을 비난한다. 그는 이것을 '장애자라고 멸시하고 인격까지 무시하는' 것으로 판단하며, 이것이 '장애인은 사람도 아닌가?'라고 절규하게 하는 이유가 된다.

이처럼 그는 '장애를 가지고 살아가는' 어려움을 '가슴 깊이 느끼고' 있었는데, 배우자는 장애인인 자신을 학대하는 것에 그치지 않고 '더러운 행동'마저 자신의 앞에서 저지르고 있었던 것이다.

그는 '내 앞에서 어떻게 그런 무정한 간통을 할 수 있어'라고 아내의 간통을 비난하고 있는데, 그는 아내를 '감방에 집어넣지 않고' 간통을 용서해주었다고 이야기한다. 그런데 아내는 공소시효가 지난 지 6개월이 되자 다시금 자신을 멸시하기 시작했고, 오히려 자신에게 큰소리치며 자신을 다시 학대하기 시작했다고 한다. 그래서 그는 우울증 증세를 보이기 시작했고 자신을 멸시하는 집을 떠나 '한번 멋지게 살아보기 위해' 가출을 했다고 설명한다. 그러나 장애인인 자신을 가족도 외면했기에 세상에서도 역시 좌절할 수밖에 없었고, '모든 희망을 잃고' 죽음밖에 남지 않았다고 자신의 상황을 설명한다.

그는 또다시 '세상'이 썩었다고 표현하고 있는데, '가정이 있으면서도 간통과 간음을 일삼고도 큰소리치며 살아가는 그런 세상'이 너무 싫다고 이야기하고 있는 것이다. 여기서 다시 한 번 그의 '세상'은 '가족'임이 드러난다.

(5) 자신의 삶에 대한 평가

자살자는 자녀들이 자신을 나쁜 아버지라고 생각한다고 여기고 있었고, 자신과 가족 간의 관계가 좋지 않았다고 평가하고 있었다. 그리고 또한 자신이 가족 관계 내에서 기대되는 역할을 제대로 수행하지 못하고 있다고 생각하고 있었다.

그런데 자신이 가족에게 그럴 수밖에 없었던 것은 배우자의 '더러운 행동'으로 인한 우울증 때문이었으며, 자신은 우울증을 치료하기 위해 나름대로는 노력했다고 이해를 구한다. 유서에서 여러 번 반복하여 이야기되는, 그의 가장 큰 문제는 앞에서도 언급했듯이 '이 세상에서 아주 제일 가까운 사람에게 버림받은' 것이었다. 그는 자신의 우울증과 가출의 이유가 바로 이것이었다고 설명한다.

그는 세상에서도 소외된 존재라고 스스로 평가하고 있었는데, 주변에서 일어나고 있는 중요한 역사적 사건들 속에서 함께하고 싶지만 자신의 삶은 그것과 관계를 맺을 수 없었다고 생각한다. 즉 대통령의 노벨 평화상 수상을 기쁘게 축하하고 싶지만, 지금 자신은 그것과 상관없이 세상을 떠날 수밖에 없다고 이야기하고 있는 것이다.

(6) 죽음의 선택

자살자는 '이제 이 지구를 떠날 날이 다가온다, 서서히 다가온다'라는 말로 유서를 시작하여 자신이 죽음을 결심하였음을 알리지만, 바로 다음 문장은 '지난날들이 생각난다'고 하며 이루지 못한 욕망들에 대한 아쉬움을 표현한다.

그는 평범한 가정을 이루어 살고 싶었지만, 장애인인 자신을 멸시하고 학대하는 배우자 때문에 집을 나설 수밖에 없었다. 그러나 가정에서 버림받은 자신은 집을 나와서도 어려움을 겪을 수밖에 없었고, '모든 희망을 잃은 지금 남은 것이라고는 죽음'이며, 자신이 '가야 할 곳은 여기 죽음뿐'이라고 생각하게 된 것이다.

그러나 그에게 있어서도 죽음은 흔쾌히 받아들일 수 있는 것은 아니었던 것으로 보인다. 자신에게 닥친 여러 가지 문제 상황 때문에 죽을 수밖에 없다고 거듭 강조하면서도, 유서의 중간 중간에 남아 있는 사람들의 이름을 부르고 또 부르고, 유서를 끝내는듯하다가 또 하고 싶은 말을 남기는 등 세상에 대한 미련을 반복해서 표현하고 있는 것이다.

그는 자신의 시신을 실험용으로 필요로 하는 병원이 있다면 시신이라도 제공하고 싶다는 의사를 표명하는데, 이 같은 시신 제공의 소망은 자신의 죽음에 대한 아쉬움을 벌충하는 방법으로 가장 흔하게 등장하는 장치이다. 즉 살아 있는 동안 이루지 못한 것에 대한 아쉬움 때문에, 죽은 이후 시신이라도 뭔가 쓸모 있는 곳에 쓰이면 좋겠다는 소망을 드러내는 것이다.

(7) 자살의 의도

자살자가 유서에서 남긴 모든 원망과 비난은 가족이 알아주기를 바라는 내용이라고 할 수 있다. 이 같은 고발에는 배우자에 대한 원망과 비난, 그리고 저주가 포함되어 있기는 하지만, 그의 주된 의도는 배우자의 잘못을 가족이 알고 그럼으로써 자신에 대한 부정적인 인식을 조금이라도 완화시키려는 것이다.

그는 유서의 첫째 쪽과 둘째 쪽에 큰딸의 이름과 전화번호를 기재하여 '이 노트를 습득하신 분은 01○-○○○-○○○○ 저의 큰딸이니 이 노트를 전해주세요'라고 간절히 부탁하고 있었으며, 자신의 딸에게는 '끝까지 그리고 천천히 읽어보렴'이라고 하며 자신의 의도가 자녀에게 전달되기를 간절히 원하고 있었다. 그리고 유서에서 전달하고자 하는 가장 중요한 내용은 배우자의 '더러운 행동'이며 그것을 가족 모두가 알았으면 좋겠다는 기대를 가지고 유서를 작성한 것이다.

그는 딸들에게 '이 글을 읽으면서 너희들은 과연 너희 엄마를 어떻게 생각할 것인가?'라고 이야기하며 딸들도 자신처럼 엄마를 용서하지 말고 미워하기를 바란다. 그리고 '너희들은 절대로 엄마처럼 살지 마라. 그런 나쁜 사람은 되지 마라. 결혼 전에는 문제 될 것도 없지만 결혼 후에는 절대로 나쁜 행동을 하면 안 된다'고 당부하며 엄마는 결혼 후에 나쁜 행동을 한 부정한 사람임을 거듭 강조한다. 또한 아마도 지금도 '어떤 놈과 무슨 짓'을 하고 있을 것이라고 비난한다.

그리고 딸들에게뿐 아니라, 배우자의 부모인 장인 장모에게도 배우자의 부정을 고발하는데, 장인 장모는 죄가 없을지도 모르지만 배우자는 '훌륭하다'고 비웃으며, 배우자의 불륜을 증언할 수 있는 '큰처남'과 '○○ 이모'에게 반드시 사건의 전모를 들어볼 것을 권한다.

2) 폭력의 고발(38세. 여. 주부)

(1) 자살 방법

자살자는 연한 남색 반팔 티셔츠에 베이지색 반바지를 입은 상태로 자신의 집 거실 천정에 걸려 있는 전등 지지대에 넥타이 2개를 묶고 거기에 목을 매어 사망했으며, 사체는 남편이 해외 출장에서 돌아와 발견했다. 그녀는 2006년 5월 19일 저녁 6시경 사망한 것으로 추정되었다.

(2) 자살자의 문제 상황

자살자와 남편은 결혼식은 하지 않고 2005년 5월 12일 혼인신고만

하고 살아왔으며, 아직 아이는 없었다.

그녀의 남편과 오빠의 진술에 따르면, 그녀는 평소 술을 좋아하고 낭비벽이 심해 부부 싸움을 자주 했다고 한다. 그녀는 한번 술을 마시면 폭음을 하는 경향이 있어서 알코올중독 치료를 받은 적이 있으며, 결혼하기 전부터 우울증 증세가 있었고, 이번 자살 사건 이전에도 여러 번 자살을 시도한 적이 있었다고 한다. 남편이 그녀에게 술을 그만 마시고 낭비벽도 고치라고 이야기하면 그녀는 그 말을 잔소리로 생각하여 부부 싸움으로 이어졌다고 한다. 며칠 전에도 이런 일로 크게 부부 싸움을 한 후 남편은 해외 출장을 갔는데, 출장에서 돌아와 보니 그녀가 목을 매고 있었다는 것이다.

(3) 유서

자살자는 노트북 컴퓨터에 유서를 써놓고, 식탁에는 노트북 컴퓨터에 유서가 있음을 알리고 남편을 혐오하는 내용의 메모를 남겨놓았다 (유서 전문은 497~499쪽 참조).

(4) 자살자의 자기 상황 인식

자살자는 남편에게 일상적으로 폭행을 당하고 있으며, 남편은 그녀에게 폭력을 행사하고도 위선적인 말로 자신의 잘못을 덮고 있다고 생각한다. 이번에도 남편은 그녀의 얼굴을 멍들게 해놓고는 본인은 아침 운동을 정상적으로 하는 등 생활의 흐트러짐 없이 해외 출장을 떠났다는 것이다. 그녀는 '나에게 엄청난 언행을 했던 사람이 어쩜 그런 점잖은 표현들을 쓰셨는지 소름 끼친다'고 말하며 남편의 위선에 대한 혐오감을 드러내고 있다.

그녀의 남편은 주변 사람들로부터 나쁘지 않은 평판을 받고 있었던 것으로 보이는데, 그녀는 남편이 그러한 평판을 유지할 수 있었던 것은 그동안 폭력을 행사할만한 대상이나 상황이 없었기 때문이며, 이제는 그녀가 그 대상이 되었기 때문에 남편이 그녀에게 폭력을 휘두르고 있다고 주장한다.

그녀는 남편이 '자신의 입에 걸레를 물리고', '온 힘으로 배를 때리고', '얼굴을 방바닥에 여러 차례 내리치는' 등 폭행을 가했으며, '너 뒤질래?', '이 집에서 당장 나가!', '내 돈 다 내놔 당장!!' 등의 언어적인 폭력도 행사했다고 주장한다.

(5) 자신의 삶에 대한 평가

자살자는 자신의 삶에 대해서 남편과 같은 폭력적인 '사람을 만나 함께 살고 있는 자신의 모습'이 '허접하다'고 표현한다.

그런데 그녀의 문제는 자신의 말을 다른 사람이 믿지 않는다는 것이다. 왜냐하면 자신에게 알코올중독이 있기 때문에 남편의 악행은 '자신의 알코올중독에 가려지고', 집안에 문제가 생기는 것은 '언제나 그녀 때문'이라고 여겨졌다는 것이다. 그녀의 남편은 '사회에서는 사장이고 집안에서는 어른'이지만, 그녀에게는 그저 '밑바닥'일 뿐이고, 게다가 '숨겨진 밑바닥'이기 때문에 그녀는 그를 '너무나도 역겹게' 느끼고 있었다. 그래서 그녀 자신이나 남편이나 똑같이 '상대에 대한 존중도 신뢰도 사랑도 없는 허접한 밑바닥'에 불과했다.

그녀는 이 같은 남편의 위선 때문에 '결혼한 사실'이나 '남편과 부부인 것도 실감할 수 없었다'고 평가하고, 집이 언제나 낯설게 느껴졌기 때문에 전혀 행복하지 않았다고 주장한다.

(6) 자살의 의도

자살자는 자신이 당하고 있는 폭행에 대해서 여러 사람에게 호소했고, 남편의 위선에 대해서 수차례 고발했으나 받아들여지지 않았던 것으로 보인다. 그녀는 그동안은 자신의 알코올중독에 남편의 폭력적인 모습이 가려져 있었지만 이제는 아니라고 주장한다. 지금까지는 그녀가 알코올중독이 있기 때문에 그녀가 하는 말에 대해서는 다른 사람들이 신뢰하지 않았지만, 지금은 죽으면서까지 하는 말이니 다른 사람들이 믿을 수 있을 것이라고 기대하는 것이다. 그녀는 남편의 폭력과 위선은 '죽어서도 못 잊을' 만큼 사악하다는 것을 말하고 싶었던 것이다.

2. 고발형 자살의 양상

2001년에 사망한 44세 남성은 교정 기관의 직원으로 근무하다가 금품 수수 등으로 조사를 받던 중 교정 기관의 관사에서 스스로 목숨을 끊었다. 그는 조사 과정에서 자신이 징계를 받고, 향후 형사처벌을 받을 것을 염려하며 압박감을 느끼고 있었던 것으로 보이며, 이미 사표를 제출하여 수리된 상황이었다. 그는 자신과 유사한 범죄를 저지른 그 기관의 기관장(징계 등 처벌에 관한 최종 결정권자)이 자신을 처벌하도록 결정한 것에 불만을 가지고 있었던 것으로 보인다. 그는 스스로 목숨을 끊으면서 살아서는 감히 이야기하기 힘든 직장 상사의 비리를 고발하며 자신의 분노를 표출하고 있는 것이다.

> 야 새끼야 소장놈 ○○○ 개새끼야
> 씹쌔끼야 너는 깨끗하냐
> 90년도 10月 ○○中 담당할 때 재소자 곽○○이라는
> 사람이 있었는데 그 사람이 힘써서 서기관으로
> 진급시켰다고 말하고 너 ○○○○소 부소장 할때
> 말이다 곽○○ 자주 보안과장실로 불러
> 주지 않했냐 지금도 곽○○이로부터 신청받아

가석방 해주지 않냐 공짜로 하냐 이 자식아

이 사건을 곽○○한테 부탁할려고 했는데

전화가 안된다

○○이 너는 ○○이

부탁이면 만사 OK 아니냐

너를 저주하리라 이 씹새끼야

〔44세. 남. 공무원. 2001년 5월 2일 의사〕

2004년에 사망한 48세 여성(176, 210, 246쪽 참조)은 자신의 치료비로 사용해야 할 돈을 불륜을 저지르는 데 탕진한 배우자를 고발하며 스스로 목숨을 끊었다. 그녀는 자신의 치료 비용이 많이 들어가는 것을 고민해왔으나 배우자는 그것과 상관없이 재산을 탕진하고 카드 빚마저 지며 생활했던 것이다.

그 동안 바람피는 남편을 바라보면서 시커멓게 병들어 가는 마음을 달래려고

돈모으는 재미로도 살자면서 안먹고 안쓰고 생활비를 모은것이 5500만원이되었는데

병이나서 죽을것 같애 이돈을 줬더니

그 돈마져 그 여자 치마 속으로 다 털어넣고,

카드 빚도 많아 곧 신용자불량자 되겠지

집에 돈이란 돈은 다 끌어 쓰고 남은 건 절망 밖에 없네요

앞이 보이지 않은

〔중략〕

내 병으 완치는 이식수술밖에 없는데 나 같으면 그돈 그렇게 쓰진 못해요

〔중략〕

나 죽어서도 이사람 용서하고 싶지 않아요

내남편을 용서할수없다

이렇게 죽어가고 있지만- 아니 죽어서도 용서하지 않을거야

내가슴에 박힌 못이 너무 많다 도저히 용서할 수 없어

언제나 베일에 싸여있고 얼굴엔 가면을 쓰고 살아가는 사람

〔48세. 여. 주부. 2004년 8월 29일 의사〕

8절 탄원형 자살: 타인 전가적-문제 지향적-상호적 지향

1. 탄원형 자살의 사례

탄원형 자살은 자신의 고통이나 문제 상황이 다른 사람으로부터 기인한다고 판단하여, 죽음을 통해 자신의 상황을 권력을 가진 대상에게 효과적으로 전달하여 권력자의 힘을 빌려 자신의 문제를 해결하고자 하는 의도를 가진 자살 유형이라 할 수 있다.

이 유형에서 소개할 첫 번째 사례의 자살자는 자신이 감당할 수 없을만한 돈을 다른 사람들에게 빌려서 어떤 사람에게 빌려주었으나 그가 갚지 않아 오히려 자신이 경제적인 어려움을 겪게 되었는데, 그녀는 그 문제를 해결하기 위해 자살을 수단으로 선택한다. 즉 그녀의 자살은 죽음 자체가 목적이 아니라 문제 해결을 위한 탄원이 목적이며, 자살은 단지 유용한 도구일 뿐이다. 이것은 자살이 삶을 포기하는 자포자기가 아니라 전략적이고 의도적인 행위라는 점을 보여주는 대표적인 사례라 할 수 있다. 그리고 두 번째 사례의 자살자는 호텔을 경영하다가 약 7억 원의 빚에 시달리게 되었고 이를 염려하여 스스로 목

숨을 끊은 경우이다. 그는 자신의 자살을 통해 자신에게 남겨진 삶의 과제를 한꺼번에 해결하려는 의도를 가지고 채권자와 지인들에게 유서를 남겼는데, '마지막 부탁'이니 꼭 들어달라는 말을 반복하며 경제적인 권한을 가진 사람들에게 호소한다.

1) **권력자에 대한 탄원**(33세. 여. 주부; 149, 221, 241쪽 참조)

(1) 자살 방법

자살자는 1999년 1월 21일 오전 9시 20분경 야산 중턱에서 약 190cm 높이의 아카시아 나뭇가지에 청색 태권도 도복 끈(약 110cm)으로 목을 매어 자살했고, 지나가던 소년이 발견하여 신고했다. 그녀가 목을 맨 곳은 등산로인데 등산을 할 때에는 사람들이 종종 다니지만 평상시에는 잘 다니지 않는 곳으로, 자살 시간인 오전 9시경에는 거의 사람들이 다니지 않았다. 그녀는 검정색 체크무늬 상의와 검정색 바지를 입고 검정색 랜드로버를 신고 있었다.

(2) 자살자의 문제 상황

자살자는 평소 채무 관계로 많은 고민을 하고 있었는데, 남편의 진술에 따르면 그녀는 빚 때문에 1998년 6월경부터 고민하기 시작했고, 최근 약 2개월 동안은 잠을 자지 못할 정도로 심하게 고민을 했다고 한다. 남편은 채무에 대해 구체적인 액수는 알지 못하고 있었으나, 그녀가 남편에게 남긴 메모를 통해 살펴보면, 그녀는 아버지에게 3,000만 원 등 총 8,250만 원의 빚이 있었으며, 그녀가 받을 돈(즉 그녀가 빚까지 내어 가해자에게 빌려준 돈)은 이자와 원금을 합하여 9,000만 원 정도 되는 것 같았다. 남편은 그녀가 꼼꼼하고 남에게 해코지할 줄 모르는 사람이라고 했는데, 최근에는 그녀에게 돈을 빌려준 채권자들이 그녀에게 집을 저당 잡혀서라도 돈을 갚으라는 전화를 했으며, 남편은 액수가 많으니 집을 팔아서라도 갚자고 이야기했다고 한다. 그녀는 성격이 온순한 편이었고, 빚 문제 이외에는 별다른 문제없이 화목하게 살고 있었다고 한다. 그녀에게는 남편과 두 아들(큰아들 11세, 작은아들 9세)이 있었다.

(3) 유서

자살자는 경찰서장, 가해자(그녀를 속이고 그녀에게 돈을 빌려간 사람), 배우자, 동서, 자녀, 계원 등에게 유서를 남겼는데, 경찰서장과 가해자에게는 죽음을 통해 빚 문제를 해결하고 싶다는 의지를 표현하며, 다른 사람들에게 남긴 유서에는 주변의 사람을 구체적으로 언급하며 자신의 미안함과 허망함을 이야기한다(유서 전문은 500~505쪽 참조).

(4) 자살자의 자기 상황 인식

자살자가 경찰서장에게 남긴 탄원 형식의 유서를 보면, 그녀가 지고 있는 채무가 '너무 큰 빚'이기 때문에 죽는 것 이외에는 다른 것이 떠오르지 않는다고 이야기하는데, 그녀는 그 문제로 인해 '하루가 지루하고 살기가 싫어졌으며', '아이들과 동반 자살이라도 하고 싶은 생각'을 갖기도 했다고 하면서 자신이 절망적인 상황에 처해 있음을 표현한다.

(5) 자신의 삶에 대한 평가

자살자는 경찰서장에게 그녀가 '한 가정의 평범한 주부'라고 말한다. 즉 그녀 자신은 평범한 가정주부이며, '사회생활도 하지 않고 가정만 지키고 살아온' 세상 물정을 잘 모르는 여성이라고 표현하고 있는 것이다.

그런데 그녀는 '어느 여인'으로부터 전화가 오면서부터 자신의 인생이 왜곡되기 시작했다고 자신의 삶을 설명한다. 높은 이자를 준다니까 솔깃해져서 그만 사기를 당하고 만 것이다. 그녀는 '열심히 살려고 했는데' 결국에는 '후회해도 소용없는 상황'에 이르게 된 것에 대해서 스스로 실망하고 있었다. 그것은 '13년 동안 못난 자신을 믿고 살아온 남편'을 실망시키고 폐인으로 만들었으며, 아이들 역시 자신 때문에 불쌍한 처지에 놓이게 되었다고 생각하기 때문이다. 또한 그녀는 자신에게 돈을 빌려준 사람들에게도 미안한 마음을 가지고 있었다.

그녀에게 삶은 '걱정과 근심으로 가득 찬 삶'이었다. 걱정의 주된 내용은 가족 문제, 자녀 교육, 행복, 가정 유지 등 이런저런 것들이었으며, 이 같은 걱정이 있다는 것은 어른이 되었다는 것을 의미한다고 생각했다. 그런데 그녀에게 가장 허망한 것은 그렇게 걱정하면서 모은 돈을 '써보지도 못하고 죽는 것'이었다.

(6) 죽음의 선택과 자살의 의도

자살자는 가족에게 남긴 유서의 곳곳에서 문제 해결의 의지를 보이고 있다. 그녀가 따로 돈을 빌려주었던 사람들(가해자 외에 그녀가 돈을 빌려주었던 사람들)에게서 돈을 돌려받아 채무를 해결하려는 노력을 하고 있었다. 또한 남편에게 자신이 죽은 이후 가해자로부터 돈을 돌려받으면, '돈 줄 사람들에게 다 돌려'주라는 부탁을 한다.

따라서 앞에서 말했듯이 그녀의 자살은 죽음 자체가 목적이 아니라 문제 해결이 목적이었으며, 문제를 해결하는 방법으로 경찰서장이라는 권력자에게 자신의 상황을 설명하고 그의 힘을 빌리고자 하는 탄원이라는 형식을 선택한 것이다. 즉 그녀의 자살은 그러한 탄원을 효과적으로 하기 위한 하나의 수단으로 선택된 것에 불과하다.

그녀의 이러한 의도는 그녀에게 경제적인 피해를 입힌 가해자에게 남긴 유서에서 명확하게 드러난다. 그녀는 자신의 돈을 빌려간 사람(가해자)에게 자신이 정한 기한 내에 빌려간 돈을 갚지 않으면 자신의 유서를 경찰서장의 손에 들어가게 할 것이고, 죽음을 각오하고 문제를 해결할 것이라고 일종의 압력을 가하고 있는 것이다. 그녀는 자신의 죽음을 일종의 협상 카드로 사용하여, 문제가 해결되지 않으면 경찰의 개입이라는 외부의 힘을 요청하여 문제를 해결할 수 있을 것이라고 기대한 것이다.

그녀가 경찰서장을 향해 남긴 첫마디는 '끝까지 읽어주십시오'라는 말인데, 그녀는 이런 말로 주위를 환기시켜 자신의 말이 반드시 전해지기를 원하고 있었으며, '이 편지가 서장님 손에 있으시면 저의 이 사연을 해결해주었으면 합니다. 너무 억울하답니다'라는 말로 억울한 사연을 자신의 죽음을 통해 알리고 싶다는 의도를 전한다.

그녀는 자신의 죽음을 결코 '회피'라고 생각하지 않았는데, 채무자에게 남긴 유서에는 '나는 몸을 피하거나 도망은 싫어'라고 말하며 자살이 오히려 적극적인 문제 해결 방법임을 강조한다. 물론 이것이 최선의 방법은 아닐지라도, '너무 큰 빚 때문에' 죽음을 통한 탄원이라는 방법 외에는 다른 생각이 떠오르지 않았을 뿐이다.

그 밖에 그녀가 가족들에게 남긴 유서에서는 자신의 죽음을 기억해주고 이해해주기를 원하는데, 죽은 후에도 가족에게 영향력을 행사하고 싶다는 흔적 남기기 등의 전략이 엿보이기도 한다.

2) **채권자에 대한 탄원**(37세. 남. 호텔 경영; 138, 153쪽 참조)

(1) 자살 방법

자살자는 1998년 5월 18일 저녁 7시경 자신의 승용차를 타고 이종사촌 동생이 경영하는 여관에 가본다고 하며 나간 후, 다음 날 새벽에는 지방에 갔다 온다고 전화를 했으며, 그 이후에는 가족에게 아무런 연락을 하지 않았다. 그는 야산 길가에 자신의 승용차를 세워두고 약 200m를 걸어 올라가 소주 1병(2홉)을 마신 후 4m 높이의 벚나무 중간 가지에 나일론 끈으로 목을 매고 목숨을 끊었다. 사망한 날짜는 1998년 5월 20일경으로 추정되며, 마을 뒷산을 오르던 마을 사람에 의해 발견되었다. 사체 옆에는 유서 4통, 소주병 1개, 담뱃갑 1개, 골뱅이 안주 등이 놓여 있었다.

(2) 자살자의 문제 상황

자살자는 1997년부터 호텔을 경영했는데, 호텔 보증금 6억 원, 시설비 1억 원의 투자금을 빚으로 충당하여 경영 초부터 7억 원의 빚을 지고 있었다. 자살 당시에는 호텔 경영이 잘 되지 않아 이자를 늦게 갚다 보니 4월 한 달분 이자 1,200만 원을 갚지 못해 원금 변제 독촉을 받았고, 채권자들로부터 호텔을 비워달라는 독촉을 받고 있었다. 그의 배우자의 진술에 따르면 이 때문에 늘 살기 힘들다는 말을 해왔다고 하며, 다른 문제는 없었다고 한다.

(3) 유서

자살자는 미리 준비한 편지지에 4명의 채권자에게 각각 유서를 작성하여 자살 장소에 남겼으며, 배우자에게도 편지지에 유서를 작성하여 집에 둔 것으로 보인다(유서 전문은 506~508쪽 참조).

(4) 자신의 삶에 대한 평가

자살자는 사업을 '무리하게 추진하다' 문제가 발생했다고 생각하여 스스로 자책하고 있었고, 다른 사람들에게도 미안한 마음을 가지고 있었다. 그리고 사업 부진을 만회하고 긴장을 해소하기 위해 경마장에 다니고 있었던 것으로 보이며, 이것에 대해서도 자책하는 모습을 보인다. 그가 자신의 무덤을 만들지 말고, 3일장도 치르지 말고, 바로 화장하라고 부탁하는 것도 자책의 일환으로 보인다.

그는 자신의 사업이 어려워진 것은 '나쁜 자기 자신' 때문이며, 자신의 배우자는 '어떻게든 살아보려고 노력하는' '착한 사람'이라고 주장하고, 그렇기 때문에 그는 배우자에게 사죄해야 한다고 생각한다. 그러나 그 역시도 '열심히 살려고' 노력했으며, 자신에게 닥친 문제도 최선을 다해 해결하고자 하는 의지를 가지고 있음을 밝힌다.

(5) 자살의 의도

자살자가 죽음을 통해 의도한 것은 자신의 '마지막 부탁'으로 채권자에게 돈을 조금만 늦게 갚도록 해달라고 탄원을 하는 것이었다. 그는 자살을 통해 그에게 남겨진 삶의 과제를 한꺼번에 해결하려는 의도를 가지고 채권자와 지인들에게 탄원하는 유서를 남긴 것이다.

그는 각각의 채권자에게 자기 상황을 설명하며 '마지막 부탁'이니 꼭 들어달라는 말을 반복하며, '○○엄마 나쁘게 생각 말고 계약 기간 동안 ○○호텔을 할 수 있게 해줘요', '빌려온 1억 원은 두세 달 참아주게', '○○ 엄마는 꼭 ○○호텔을 해야 우리 ○○, ○○를 살려주는 거야. 내 부탁 무리한 부탁이 아니니 꼭 들어주게', '불쌍히 여겨 박사장님께서 딸을 하나 더 두었다고 생각하시어 …… 계속 ○○호텔을 할 수 있게 도와주시면 고개 숙여 두고두고 은혜를 잊지 않겠습니다' 등의 표현을 통해 채권자들에게 호소한다.

2. 탄원형 자살의 양상

1) 법적인 권력을 요청하는 탄원

1998년에 사망한 35세 남성(173쪽 참조)의 유서는 결혼 이후 행복하지 못했던 자신의 처지를 대통령에게 호소하는 형식으로 되어 있었다. 유서에 따르면 그에게는 약간의 은행 빚이 있는 것으로 보이나 그의 자살은 그 때문이 아니라 결혼 초부터 계속해서 가출을 해온 아내 때문이었다. 그래서 마지막으로 그는 대통령에게 아내를 처벌해달라고 호소한다.

이것은 살아 있는 동안에는 만나서 호소할 수 있는 가능성이 전혀 없는 대통령에게 그가 전하고자 하는 메시지를 자살이라는 수단을 통해 전달하고자 하는 의도를 지닌 것으로 그가 죽으면서 전하는 자신의 이야기가 법적인 권력을 가진 누군가에게 전해질 것을 기대하고 있는 것이다.

존경하는 김대중 대통령님께

저는 어릴 때 부모님께 효도한번 못했습니다. 세상을 너무 모르게 살다보니 철이 들려고 할 때 결혼을 했습니다.

결혼을 하면서 효도해야지 그런 마음을 가전는데도 저에게는 고난이 많았습니다.

저는 제 처를 너무 너무 사랑했는데 모든 것이 끝이 나버렸습니다.

저는 행복이 효도라고 생각했는대 저의 처는 돈으로 세상을 살려고 했는지 저를 너무도 괴롭게 만들었습니다.

존경하는 대통령님

저는 결코 은행돈 빚때문에 죽는 것이 아닙니다. 저는 하느님만 아십니다. 열심

이 살려고 해도 저를 믿어주지 않는것이 괴롭습니다

저는 펴현역이 없어서 글도 못 쓰겠습니다

존경하는 대통령님 제게 죽어서도 김대중 대통령님을 존경합니다

※ 그 여자를 처벌해 주십시오

〔35세. 남. 택시 기사. 1998년 5월 23일 의사〕

1998년에 사망한 47세 남성(215쪽 참조)은 공구 상회를 운영하면서 사업 부진으로 약 4,200만 원의 빚을 지고 있었는데, 배우자의 진술에 따르면 최근 물건을 잘못 구입하여 장물 취득으로 적발된 상태였다고 한다. 그는 유서의 다른 부분에서 빚을 갚고 빌려준 돈을 받으라는 내용을 기술한 후, 유서의 끝 부분에 다음의 인용문과 같이 대통령에게 자신의 처지를 호소하고 부당하게 빼앗긴 자신의 돈을 찾아달라는 탄원을 한다.

김대중 대통령님 우리같은 서민*은 죽으란 말입니까?

우리 돈 좀 꼭 좀 찾아주세요

주소 주민등록번호 기재되어있읍니다

꼭좀 부탁드립니다

열심히 살려고 노력했지만 억지로는 안*되는 모양입니다

〔47세. 남. 공구 상회 운영. 1998년 6월 24일 의사〕

2000년에 사망한 21세 남성은 애인이 다방 생활을 하는 것에 대해 안타까워하면서 애인의 빚이 점점 늘어가고 있는 것을 슬퍼하고 있었으며, 자살 당시에는 경제적인 문제로 인해 애인과 헤어진 것으로 보인다. 그 역시도 대통령을 향해 그가 바라는 바를 호소하는 내용의 유서를 작성했는데, 유서의 전반부에는 애인이 근무하고 있는 다방의

사장에게 애인의 빚을 탕감하여 사회에 완전히 복귀하도록 도와달라고 부탁하는 내용과 경찰관에게 이 내용을 보고 문제를 해결해달라는 내용을 적고, 후반부에는 그가 편히 저승으로 갈 수 있도록 문제를 해결해달라고 대통령에게 탄원하는 내용을 적는다.

> 저에 부주의한 꽉막힌 생각으로 ○○이를 잃은 것입니다
> ○○○○ 휴게실다방 사장님
> 부디 너그로우신 맘으로 ○○이가 사회에 완전히 복귀할수있도록 도와주십시오
> 부탁드립니다
> 이글을 형사, 경찰 분들께서도 보시겠죠?
> 부탁드립니다
> 저의 장기는 모두 기증해주십시오
> 꼭 부탁드립니다
> 〔중략〕
> 김대중 대통령님께
> 어렷을 적부터 존경하는 김대중 대통령님
> 부디 저의 마음을 헤아려 편히 저승으로 갈 수 있게 도와주십시오
> 〔21세. 남. 무직. 2000년 10월 11일 의사〕

2003년에 사망한 49세 여성(358쪽 참조)의 유서에도 경찰 관계자에게 보내는 탄원의 내용이 포함되어 있었는데, 심부름센터 직원을 고용하여 남편의 외도 현장을 담은 사진을 증거로 제출하며 남편과 내연녀를 처벌해줄 것을 부탁하고 있다. 그녀의 배우자는 평소에 폭력을 행사하고 포악한 성격을 가지고 있었기 때문에 이처럼 배우자의 부정을 고발하는 행동은 살아 있는 동안에는 하기 힘든 행동이라고 생

각한 것으로 보인다. 따라서 스스로 목숨을 끊어 배우자가 그녀에게 또 다른 보복을 하지 못하도록 나름의 조치를 취한 후 이것을 유서를 통해 고발하여 남편을 처벌하고자 한 것이다.

> 필림이 증명합니다
> 01○-○○○-○○○○ 김○○(심부름 센타)
> 여기에서 그 여자 주소가 나올 겁니다
> 〔49세. 여. 주부. 2003년 9월 3일 추락사〕

2006년에 사망한 32세 남성(216, 272쪽 참조)도 도박에 빠져 사채를 써오다가 빚 독촉에 시달려 자살을 하면서 경찰관에게 자신의 어머니를 보호해달라고 부탁하는 내용을 유서에 포함시켰다.

> 경찰아저씨 사채업자가 우리 어머니에게 피해를 주지 않게 꼭 좀 도와주세요
> 〔32세. 남. 무직. 2006년 8월 22일 의사〕

1997년에 사망한 39세 남성(193쪽 참조)도 위의 사례들과 비슷한 의도를 가지고 유서를 작성했는데, 경찰서장에게 예전에 당한 억울한 일을 호소하고, 누군가 모르는 사람에게 아들의 서민 아파트 분양을 부탁하고, 마지막으로 자신의 글(유서)이 언론을 통해 보도되도록 하여 자신의 의도가 관철되게 해달라고 부탁한다.

> 구십사년 장파일
> 너무 억울한 일이였어요
> 경찰 서장님 부탁합니다

만 인간이 알았으면 좋겠습니다

난 절대 세 번의 간강 제가 없습니다

〔중략〕

우리아들 서민 아파트하나주세요 부탁합니다

부탁합니다

내가 부탁합니다

〔중략〕

내가 쓴글을 KBS 티부어에 꼭 부탁합니다

소원임이다

〔중략〕

1997.5.25 오후 5시 부탁합니다

〔39세. 남. 선원. 1997년 5월 25일 의사〕

1999년에 사망한 43세 여성(271쪽 참조)은 아들을 양육하면서 진 빚 1,000만 원을 갚지 못할 것을 염려하여 자기 집에 불을 질러 목숨을 끊는다고 밝히고 있는데, 그녀의 유서에는 동사무소 동장과 사회복지 담당자에게 다리가 불편한 자신의 아들을 보살펴달라고 탄원하는 내용이 포함되어 있었다. 수사 기록에는 분명히 드러나 있지 않지만, 유서의 내용을 통해 추론해볼 때 그녀와 그녀의 아들은 생활보호 대상자로 지정되었던 것으로 보이며, 그녀는 그녀가 죽더라도 고등학생인 자신의 아들이 살아갈 수 있도록 배려해달라고 부탁하고 있는 것이다. 그리고 유서의 다른 부분에는 그녀가 다른 사람을 가해하여 조사받은 일에 대해서 억울하다는 내용도 포함되어 있었다.

우리 동사무소에 동장님께 감사합니다

또 사회* 담당자 이○○님께 감사드리고요

우리 ○○이 자발 행동에 잘 보살펴주세요

아직 두 다리가 정상이 아니오니 평생 소원이니 보험자카드

저 서서울 간직 할때까지 바라고 바라온대

제발 취소하지 말고 불상이 여겨주십시오

그동안 고마워습니다

〔43세. 여. 무직. 1999년 1월 11일 소사〕

2) 경제적 배려를 요청하는 탄원

자살자들은 유서를 통해 법적인 권력을 가진 대통령이나 경찰관에게 탄원을 하기도 하지만, 경제적인 권력을 가진 직장 상사나 채권자들에게도 탄원의 형식으로 호소하기도 한다.

1999년에 사망한 45세 남성(225쪽 참조)은 1998년에 부도를 낸 후 배우자가 등산을 위해 외출한 사이에 유서를 쓰고 목숨을 끊었는데, 그의 유서에는 전자 제품 대리점의 모기업의 회장에게 부채와 담보 문제를 너그럽게 배려해달라고 호소하는 내용이 포함되어 있었다. 그의 유서의 수신인으로 되어 있는 전자 제품 기업의 회장은 앞에서 살펴본 사례에서 나타난 대통령과 같이 그가 살아서는 만나서 호소할 수 없는 대상으로, 그는 죽음을 통해 자신의 이야기를 전달할 수 있을 것이라는 기대를 가지고 유서를 작성한 것이다.

존경하는 ○○○회장님

이못난사람은 1978년 ○월 ○일 ○○전자 입사하여 본*인 경영인에 이르기까지 20년이란 세월을 한 직장에 종사하면 살아왔습니다 한예로 많은 포상까지 받아가며 꿈은 키워왔습니다 그러나 갑자기 밀어닥친 IMF 한파에 결국 파산에 이르렀습니다

모든 것이 *** *** **** **** 되었을때 하늘이 무너지는것 같습니다

존경하는 ○○○ 회장님

현재 저의 ○○*** 183000 입니다 저의 식구와 저의 동생 담보제공과 *** **해주십시오 많다면 현재 제가 더 ○○을 끌을수 없는 것은 저의 점**** 물건이 일부 있습니다 현실은 너무나 냉혹했습니다

제가 20년간 ○○(전자제품 기업)에 공헌한 공로를 봐*** 저의 식구와 담보제공과 * 꼭 **주십시오

꼭 부탁드립니다

〔45세. 남. 무직. 1999년 4월 2일 음독사〕

2004년에 사망한 40세 남성(355쪽 참조)도 그가 운영하는 대리점의 모기업 회장에게 살아 있는 식솔들을 위해 엄중한 처사를 하지 말아 달라는 탄원 형식의 유서를 작성했는데, 그는 빚을 갚아야 할 날이 다가오자 직원들을 퇴근시키고 혼자 사무실에 있다가 스스로 목숨을 끊었다.

존경하는 ○○○회장님

젊은 패기로 앞만보고 달려가던 때가 엊그제인제 벌써 시간이 꽤나 흘러간것 같습니다

○○○가스○○○로써의 명예와 실리추구를 위해 열정을 불살라 보기도 했지만 쓴잔을 마시고 해결을 위해 또 뛰어보지만 저에게 기회를 주지 않는 사회가 원망도 스럽씁니다

이글을 남기는 이유는 저로인해 발생되는 남은 가족과 저를 믿고 지지해준 친지, 형제들에게 앞으로의 고통을 생각하니 차마 저승에서라도 눈을 못감을것 같아 마지막으로 회장님의 선처를 부탁드리고져 두서없는 글을 남기게 되었씁니다

〔중략〕

※ 제발 살아있는 식솔들을 위해 엄중한 처사를 하지 말아주십시요! 회장님

〔40세. 남. 자영업. 2004년 5월 27일 의사〕

2002년에 사망한 38세 남성은 호텔 관리과장으로 근무하던 중 호텔 설비 공사가 예정 기일보다 약 12일 지연된 것에 대한 부담감으로 배우자와 호텔 경영자에게 우편으로 유서를 작성한 후 스스로 목숨을 끊었다. 그는 호텔 공사가 지연됨으로써 호텔 경영자로부터 그가 공사업자와 결탁했다는 의심을 받고 있다고 생각한 것으로 보이는데, 경찰 수사 시 호텔 경영자의 진술에 따르면 그가 그러한 부정을 저질렀을 것이라는 의심을 한 적이 없었다고 한다. 그럼에도 불구하고 그는 호텔 경영자를 수신인으로 하여 자신이 결백하고 오히려 피해자라는 취지의 유서를 작성했다.

회장님께

제가 ○○○○○에 입사한지 어언 12~13년 되는 군요

〔중략〕

이번 3층 객실 공사를 열의를 가지고 열심히 할 생각에

제 사비를 유통하고 들혀서 공사 업체에게 빌려주고

일을 풀 잘 진행시키려고 사비를 주면서 잘 끌고 갈려고 했으나

업체의 농간에 이용만 당하고 공사를 못 끝나게 되어 죄송합니다

그리고 저는 결코 업자와 결탁하지 않았습니다

저의 결백을 믿어 주십시오

〔38세. 남. 호텔 관리과장. 2002년 5월 11일 추락사〕

1999년에 사망한 52세 남성(223쪽 참조)도 유흥 주점의 운영 부진으

로 빚을 진 채 목숨을 끊었는데, 그 역시 채권자들과 동업자에게 자신의 상황에 대한 설명과 함께 죽음으로 동정을 호소한다.

> 고사장 정말 미안하내
> 97년도 영업을 시작하고 98년부터 지금까지 너무 어렵고 힘이 들었내 있는 돈 몽땅 투자하고 동생들에게 빛지고 은행에서 대출받아 영업을 시작했는데 매월 영업이 적다다보니 자내에게서 오백만원 빌려 수표결재 했는데 영업이 되면 처리 할려고 했으나 갈수록 힘들고 어려워
> 〔중략〕
> 98년 1월부터 지금까지 너무 힘들고 괘로워 하루에도 몇 번씩 모든 것 잊어버리고 인생을 끝내려고 했었내 시간을 두고 처리 할려고 했으나 갈수록 어렸고 힘이 들어 차리리 죽는 길을 선택하게 되었내
> 어려울때 자내에게 빌려쓰고 처리 못하고 떠나게 되어 정말 미안하내
> 내가 살아서 갚아야 하지만 죽게되면 잊어버리게
> 〔52세. 남. 유흥 주점 운영. 1999년 2월. 사망 원인 미상〕

3) 관계 회복을 요청하는 탄원

그 밖에도 법적인 권력이나 경제적 권력은 가지고 있지 않지만 사회관계망에서 상대적으로 우월한 위치를 차지하고 있어 일종의 사회적 권력을 소유하고 있다고 생각되는 대상에게도 이와 같은 탄원의 내용을 전달하고자 하는 의도로 죽음을 이용하는 모습을 보인다.

먼저 1997년에 사망한 22세 여성은 친정 부모에게 남편을 미워하지 말라는 탄원의 내용을 전달하고자 했는데, 그녀는 친정 부모와 남편의 사이가 좋지 않아 고민하고 있었다. 물론 이 사례에서는 그녀가 남편에게 생각보다 중요한 존재가 아니라는 점에 대해 서운하게 생각했

던 것도 자살에 영향을 주었으며, 보증을 서준 문제가 잘못되어 남편에게 미안한 마음을 가지고 있었던 것이 자살의 촉발 요인이 되었던 것도 사실이다. 그럼에도 불구하고 평소에 가지고 있었던 남편과 부모의 문제를 해결하고 싶다는 의도를 죽음의 순간에 부모에게 전달하고자 한 것이다.

> 엄마!
>
> ○○ 아빠 너무 미워하지 말아요
>
> 나 아닌 아는 여자 만났으면 장인 장모 사랑받으면서 정말 행복했을꺼예요
>
> 나 땜에 그 사람 너무 많은 고통을 받았어요
>
> 더 이상 그런 고통 주고싶지 않아요
>
> 엄마! ○○아빠 원망말아요
>
> 저에게 정말 잘해주었어요
>
> 〔22세. 여. 주부. 1997년 7월 24일 음독사〕

그리고 내용상으로는 앞에서 살펴본 사례와 유사한 탄원의 내용이지만, 권력을 소유한 구체적인 대상을 향한 것이 아니라 다수의 동료들이나 불특정 다수를 향한 호소의 형식으로 작성된 유서도 있었다. 자신이 속해 있는 사회관계망 속에서는 다수의 친구나 동료 역시 사회적인 권력을 가지고 있다고 여겨지는 것이며, 따라서 이러한 행위도 사회의 여론 혹은 다수의 힘이라고 표현되는 일종의 사회적 권력을 향한 탄원의 의미를 지니는 것으로 생각할 수 있을 것이다.

1998년에 사망한 32세 남성은 평소에 업무 스트레스를 받아서 힘들어하고 있었으며, 최근에는 원치 않는 부서로 인사 발령이 나서 그것을 그 자신에 대한 징계처럼 느낀 것으로 보인다. 그는 그가 결백한데

도 억울한 의심을 받고 있다고 생각하며, 퇴직을 결심한 것은 불면증으로 인해 집중력이 떨어져 업무 수행이 힘들기 때문이라고 자신의 상황을 설명한다.

> 허나 나는 모든 것에 결백하다 다만 그것을 증명할 능력이 없다
> 내가 퇴직을 결심한 것은 한달여 가량 계속된 불면증 때문에 집중력이 떨어져
> 업무수행능력이 없어졌고
> 〔32세. 남. 회사원. 1998년 12월 7일 의사〕

2002년에 사망한 37세 남성도 불특정 다수를 향해서 자신의 억울함을 호소하는데, 그가 당한 교통사고의 처리 과정에 대한 불만을 격정적인 어조로 표현한다. 그는 유서에서 그가 피해자임에도 불구하고 '전과자'라는 이유로 가해자로 취급받는 상황에 대해서 '개 같은 세상'이라 부르며, 너무 억울해서 목숨을 끊을 수밖에 없었다고 밝힌다.

> 얼마전에 교통사고 있어는데 술한잔 마시고 집으로 가는데 사건차량이 너무 달리기에 내가 야 일방통행 길에서 빠리 달리는야고 했는데 차량이 후진을 하여 내 오른쪽 팔을 때리고 지나치 와하구 있는데 또 전진을 하여 오른쪽 발을 취고 달리기에 나도 차량에 메달려 약 20매타 정도 끌려 같는데 차량이 멈추자 기사하구 한바탕 옥신각신 하면서 넘어지고 해는데 오히려 〔내가〕 전과가 있어 형사가 콩밥좀 먹어야 제구면 하면서 겁을 주기에 사건이 〔나의〕 폭력으로 돌변하구 음주기사는 얼마전에 보아는데 운전을 하구 다리기에〔다니기에〕 이 세상은 개같은 세상이구나
> 〔중략〕
> 세상이 너무 개같아서 나도 모르게 죄를 지고 먼저 하직한다

하지만 너무 억울해서 잠도 안오네

내 지갑 솟에 명함이 있어

교통사고 빽소리차를 뒤집어 폭력으로〔빽소니차를 벌주는 것이 아니라 오히려 내가 폭력을 행사한 것으로〕 사고처리가 되었네 운전자가 알콜 0.097이었는데 079로 바뀌고 해서 이 세상 전과자는 설땅이없어 이렇게 간다

〔중략〕

사랑하는 형제여

미안하구나

이 한많은 세상이 실어 먼저 간다

〔37세. 남. 무직. 2002년 10월 17일 의사〕

제5장

자살의 이해: 소통적 자살의 개념화를 통한 자살의 분석적 이해

자살은 실패와 좌절 속에서 자신의 삶을 전적으로 포기해버리는 회피적인 행위가 아니라, 다른 사람을 향한 의도를 가진 적극적인 행위일 수 있다. 따라서 자살자들이 선택한 죽음은 단지 끝이 아니라 '성찰적으로 구성되는' 삶의 프로젝트의 일부를 이루며, 이와 같은 죽음의 선택은 자신의 과거의 삶과 미래의 죽음의 결과에 대한 성찰의 과정을 거친 후 적극적으로 이루어지는 것이라고 할 수 있다. 즉 자살자들은 자신의 상황에 대한 해석과 자기 자신에 대한 평가 속에서 자신의 욕구를 발견한 후, 그 욕구를 충족시키기 위한 방안으로 여러 가지 선택 가능한 방법 중 자살을 선택하는 것이다. 그러므로 그들에게 죽음은, 특히 스스로 선택한 죽음은 삶의 가장 중요한 과정을 이루고 있다고 할 수 있다.

이 책에서는 이러한 자살을 분석하기 위해 유서를 남긴 자살자들의 행위를 '소통적 자살'로 개념화하고, '소통적 자살'을 8가지 유형(즉 '회피', '이해', '해결', '배려', '비난', '각인', '고발', '탄원')으로 구분했다. 그리고 각 유형을 선명하게 보여주고 있는 대표적인 사례들을 소개한 후, 각 유형이 드러나는 다양한 양상을 살펴보고자 했다.

이러한 작업은 자살자들이 스스로 선택한 죽음을 고찰하여 그들이 의도했던 것들을 유형화함으로써 자살이라는 사회현상의 다양성과 역동을 분석적으로 이해하고자 한 것인데, 유형화는 '성찰성', '메시지', '타자 지향성'이라는 '소통적 자살'의 차원을 활용하여 의도들을 범주화한 것이다. 물론 하나의 자살행위에 여러 가지 복합적인 의도가 혼재되어 있으며, 자살자들이 문제 상황에 대해 항상 단일한 태도를 보인 것은 아니라는 점에서 이 같은 범주화의 한계가 있기는 하지만, 자살자들의 다양한 의도를 포착하고 설명할 수 있는 분석적 도구를 마련하고자 하는 시도라는 점에서 이러한 작업의 의의를 찾을 수 있을 것이다.

자살을 '소통적 자살'이라는 개념을 통해 분석적으로 이해하였을 때 우리는 다음과 같은 두 가지 의의를 부여할 수 있다.

1. 소통적 자살 개념의 이론적 의의

자살은 사회구조적이며 환경적인 요인을 비롯하여, 상황에 대한 성찰의 과정, 행위에 대한 의미 부여 등 다양한 요인이 작용하여 발생하는 복합적인 현상이다. 이 책에서는 사회구조와 여러 가지 상황으로부터 야기된 '실패'가 아노미라는 '좌절'을 경험하게 하고 그 결과 '자살'에 이르게 된다는 뒤르케임적 자살 연구의 기본적인 관점을 받아들이면서, 각 개인이 실패와 좌절을 인식하는 성찰의 과정과 그것이 실제 자살에 이르게 될 때 자살자에게 중요하게 여겨지는 자살에 대한 의미 부여의 과정을 살펴보았다.

뒤르케임 등이 발견한 바와 같이 우리나라의 자살은 경제적 상황의 변동과 같은 구조적인 요인에 의하여 크게 영향을 받고 있었으며, 경제적 문제 상황, 신체적 문제 상황, 심리적 문제 상황, 관계적 문제 상황 등 여러 문제 상황이 자살을 증가시키는 조건이 되고 있었다. 그러나 문제 상황이 사람들에게 자살을 고려하게 하는 주요한 계기가 되는 것은 사실이나 그 자체가 직접적으로 자살행위를 일으키는 것은 아니다. 많은 경우 문제 상황에서 자살에 이르는 과정에는 '성찰'과 '의미 부여'라는 중요한 사회학적 변수들이 매개하여 작용하고 있는 것이다. 이 책에서는 이러한 과정을 거치는 자살행위를 '소통적 자살'이라는 개념으로 포착하여, 객관적인 문제 상황이 성찰과 해석을 통해 개인에게 실패로 인식되는 과정을 드러내고자 했고, 실패를 내면화한 이후 그것이 자살이라는 행위를 '의미 있는 행위'로 선택하는 여러 가지 의도를 발견하고자 했다.

'소통적 자살'은 자살자가 자신의 삶과 죽음을 객관화시켜 자신의 문제 상황과 삶에 대한 평가의 과정인 '성찰성', 이러한 성찰의 과정을 거쳐 도출된 '메시지', 그리고 메시지를 전달하고자 하는 의도인 '타자 지향성'을 구성 요소로 하는 자살을 지칭하는 것이다. 전체 자살 중 어느 정도의 비율이 '소통적 자살'에 속하는지에 대한 실증적인 검증은 아직 이루어지지 않았으나, 자살자들이 남긴 유서의 내용 분석을 통해 자살행위에 있어서 '성찰성'과 '소통 지향성'이 존재함을 확인할 수 있었으며, 그것의 구체적인 양상을 살펴볼 수 있었다.

많은 자살자가 스스로의 죽음에 앞서 오랜 기간 준비를 하고, 죽음의 시간과 공간을 의미 있게 선택함으로써 죽음을 통한 메시지를 극대화시키고자 한다. 또한 죽음과 자살에 대한 고민의 과정을 거친다. 그리고 무엇보다도 자신의 문제 상황에 대한 해석과 자신의 삶에 대한 평가를 통해 객관적 문제 상황을 주관적으로 내면화한다. 이러한 모든 과정이 '성찰성'의 측면이다.

성찰의 과정을 겪은 자살자는 이 과정을 거쳐 자기 나름대로 내린 결과를 누군가에게 전달하려는 지향을 보인다. 이 메시지는 자신의 행위의 이유를 설명하기도 하며, 자기 행위의 의도를 밝히기도 한다. 그리고 때로는 자신이 이루지 못한 욕구와 다른 사람에 대한 애정 또는 증오의 감정을 드러내기도 하며, 이 같은 메시지는 언어적 형식이 아니라 죽음의 행위 자체를 통해 표현되기도 한다. 그러므로 메시지는 자살자가 자신의 상황에 대한 해석과 자기 자신에 대한 평가를 기반으로 하여 도출한 것으로, 자신의 죽음을 통해 이루고자 하는 욕구의 표현이다.

이 메시지의 대상이 있다는 것은 당연하지만, 이는 소통적 자살의 가장 중요한 요소이다. 이것은 자살이 다른 사람을 지향하는 행위이며, 자신의 죽음을 통해 다른 사람에게 어떤 식으로든 영향력을 행사하고 다른 사람의 반응을 구하려는 의사소통의 한 형식이라는 것을 강조하는 것이다.

이처럼 객관적인 문제 상황에서 실제 자살이 발생하는 과정을 '소통적 자살'이라는 개념으로 접근했을 때, 자살 현상에 대한 의미 있는 유형 구분이 가능하다. 즉 자살자가 자신의 삶과 죽음에 대한 성찰을 수반한 소통 의지를 발현함에 따라, 죽음을 통해 자신의 욕구를 충족하고자 하는 그의 의도와 지향이 드러날 수 있는 것이다.

이에 이 책에서는 유서에 쓰인 자살자들의 진술을 통해 '소통적 자살'의 요소인 '성찰성', '메시지', '타자 지향성' 등을 분석하여 유형 구분을 위한 차원으로 설정하고, 이 각각의 차원에서 소통적 자살의 유형을 도출하였다. '성찰성'의 차원으로부터 '자기 귀책적 평가'와 '타인 전가적 평가'라는 범주를, '메시지'의 차원으로부터 '정서적 메시지'와 '문제 지향적 메시지'라는 범주를, '타자 지향성'의 차원으로부터 '일방적 소통 방식'과 '상호적 소통 방식'이라는 범주를 각각 발견하여 소통적 자살의 지향을 8개의 유형으로 구분할 수 있었던 것이다.

이 책의 이론적 의의는 기존의 이론적 입장에서 상대적으로 소홀히 다루었던 또 다른 변수인 성찰과 의도를 추출하여 그것의 중요성을 강조하고 구조에 대해 능동적으로 반응하는 '행위자'의 모습을 드러내고 있다는 점과, '소통적 자살'이라는 개념과 '성찰성', '메시지', '타자 지향성'이라는 차원을 사용하여 그 행위의 지향을 유형화했다는 점에 있다고 할 수 있을 것이다.

이 책에서는 자살이라는 행위가 단지 자살자가 자신의 삶을 끝내는 것으로 그치는 것이 아니라, 자신의 상황에 대해 성찰하고, 그것의 내용을 다른 사람들에게 전달하여 자신의 죽음을 통해 다른 사람에게 어떠한 방식으로든 영향력을 행사하려는 의도를 가지고 있으며, 살아남아 있는 사람들과의 소통의 한 방식으로 선택되었다는 것을 이야기하고자 하였다. 결국 자살이 상황과 구조의 영향을 받는 수동적인 행동이나 몇 가지 변수로 설명할 수 있는 종속변수가 아니라 다른 사람을 향한 의도를 가진 '의미 있는 행위'이며, 자살자 역시 구조에 의해 삶을 잃어버린 단순한 피해자가 아니라 능동적인 '행위자'임을 보이고자 한 것이다. 자살자들은 구조에 의해 영향을 받는 것이 사실이지만, 일방적으로 구조에 의해 행위가 규정되어버리고 마는 존재가 아니라, 구조에 의해 조건 지어진 자신의 상황을 해석하고 성찰하며, 그 속에서 의지를 가지고 자신의 행위를 의미 있게 선택하는 능동적인 존재인 것이다. 이러한 의미에서 자살이라는 죽음의 형식은 단순한 삶의 포기가 아니라 삶의 한 과정으로서 이해할 수 있는, '성찰적으로 구성되는 프로젝트'의 일환으로 이해되어야 할 것이다.

2. 소통적 자살 개념의 실천적 의의

이 책에서 분석한 많은 유서에는 죽음을 향한 욕망보다는 삶에 대한 애착이 더욱 간절히 드러난 경우도 있었으며, 행복하고 의미 있는 삶을 원하지만 그것이 좌절되었을 때의 절망의 아픔을 기술한 경우도 있었다. 그리고 그러한 절망 속에서 삶을 포기하고 마는 것이 아니라 죽음을 통해서라도 삶을 의미 있게 만들고자 하는 시도 역시 발견할 수 있었다. 물론 이러한 주장이 자살이라는 행위에 대한 예찬을 의미하는 것이 아니라는 것은 서론에서도 이미 밝힌 바 있다. 자살자들이 죽음을 통해 이루려고 했던 의도가 정당한 것이었는지, 자살자들이 자신의 상황에 대해서 평가하고 해석한 것이 객관적이고 타당했던 것인지 등의 문제들은 또 다른 논의가 필요할 것이다. 자살자들은 그들의 왜곡된 인지구조로 인해 실제의 상황보다 과장된 어려움이나 고통을 느꼈을 수도 있으며, 자신의 죽음으로 많은 것이 해결될 수 있다는 기대 역시 의도대로 이루어진다고는 말할 수 없을 것이다.

따라서 이 책은 중요한 실천적 의의 역시 지니고 있다고 할 수 있는데, '소통적 자살'이라는 개념과 그 구성 요소를 통해 자살자들이 자살을 선택하게 되는 과정을 이해함으로써 각 과정별로 단계적 개입 전략을 수립할 수도 있는 것이다. 즉 이 책의 분석 내용과 같이 자살자들이 죽음을 선택하는 계기가 되는 실패의 내용과 그것에 대한 해석들을 되짚어보는 것은 그들이 자살을 선택하게 되는 맥락에 개입하여 보다 효과적으로 자살에 대한 대처 방안을 마련할 수 있는 중요한 준거가 될 수 있을 것이며, '소통적 자살'의 유형에 나타난 자살자들의 의도들을 이해함으로써 자살 위험에 처해 있는 사람들을 발견하거나 도울 수 있는 유용한 시각을 제공해줄 수 있을 것이다.

현재 우리 사회에서는 자살이 크게 증가하여 사회문제가 되어버린 상황이다. 그러나 자살을 문제로만 여기고, 도덕적인 악덕이라 낙인찍어 금기시하고 비난하는 데 그친다면 그것의 극복에 별다른 도움이 되지 않는다는 것은 자명하다. 우리는 오히려 자살자들의 생각과 경험을 이해하고 그들의 욕구가 무엇인지를 인지하여 그들이 살아갈 수 있는 방법을 함께 찾아야 한다. 우리는 이 책의 분석 내용을 기반으로 하여 자살 발생의 과정을 살펴볼 수 있으며, 각 단계별로 적합한 개입 전략을 제안할 수 있다.

우리가 제3장의 서두에서 간략하게 살펴본 것처럼, 각 개인이 ① 문제 상황에 처하게 되면(문제 발생 단계) 그들은 그들이 처한 상황에 대하여 ② 주관적인 성찰과 해석의 과정을 거치게 된다(성찰과 해석 단계). 이러한 성찰과 해석의 결과 ③ 각 개인은 자신의 실패를 내면화하여 주관적으로 실패를 인식하게 되고(문제의 내면화 단계), 그들은 ④ 주어진 상황 속에서 여러 가지 선택 가능한 대안을 평가하는 과정을 거쳐서(행위 선택 단계) ⑤ 스스로 죽을 것을 선택하는 것이다(자살 실행 단계). 물론 이 각 단계는 유기적이고 연속적인 과정이며, 이 과정은 며칠 혹은 몇 개월에 걸쳐 장기간에 이루어지기도 하지만, 몇 시간 혹은 몇 분이라는 상대적으로 짧은 시간 동안 이루어지기도 한다. 따라서 각 단계는 논리적으로는 구분이 가능할 수 있어도 실제로는 명확히 구분하기 힘든 상황이 적지 않지만, 이 같은 단계적 사고는 자살 위험자에 대한 구체적인 개입 전략을 마련하는 데에 유용하다.

1) 문제 발생 단계

자살 발생 과정의 첫째 단계는 특정 개인에게 해결하기 어려운 문제가 발생하는 단계로서 심리적 상황 요소, 신체적 상황 요소, 경제적 상황 요소, 사회관계적 상황 요소 등 앞에서 제시했던 자살의 다양한 위험 요소가 발생하는 지점이다.

그러나 이 단계에서는 국가나 사회가 자살의 발생을 억제하기 위하여 개입할 수 있는 방안이 현실적으로 많지 않다. 문제 발생 단계에 개입하는 것은 거시적인 사회문제를 포함한 광범위한 영역으로서, 이 모든 문제 상황이 발생하지 않도록 한다는 것은 현실의 어느 국가에서도 가능하지 않을 것이다. 단지 이러한 위험의 요소들을 발견하고 자살의 징후를 포착하여 이에 대비할 수 있을 뿐이며, 굳이 이 단계에서의 대응 방안을 제시한다면 지역사회 내의 문제들을 파악하고 해결하기 위한 노력을 함으로써 지역사회의 생활 여건을 더 낫게 만들고 궁극적으로는 삶의 질quality of life을 향상시키는 것이라고 할 수 있다.

2) 성찰과 해석 단계

자살의 여러 가지 위험 요소가 자살이 발생할 가능성을 높여주기는 하지만, 그 자체로 자살을 야기하는 것은 아니다. 자살의 위험 요소들에 노출된 개인은 자신에게 닥친 문제에 대해 주관적인 성찰과 해석의 과정을 거치게 된다. 이러한 성찰과 해석의 과정을 거친 후 각 개인은 자신의 문제 상황을 내면화하여 자신이 실패했다는 인식을 가지게 되는 것이다. 그런데 특정 개인이 자살 위험 요소가 개입되는 실패 상황에 처하게 되면 그는 자신의 상황을 객관적으로 평가하지 못하고, 실제 위험 요소가 가져오는 문제보다 과장하여 문제를 해석하거나 문제를 왜곡하여 인식할 수도 있다. 따라서 이 단계에서 가장 우선적으로 이루어져야 할 개입 방안은 자살의 위험에 노출되어 있는 개인들을 발견하여 이들이 자신의 문제 상황을 객관적으로 인식하고 적절한 해결 방안을 찾도록 도움을 제공함으로써 좌절에 빠지지 않게 하는 것이다. 이러한 성찰과 해석 단계는 자살에 대한 생각이 아직 구체화되지 않은 단계이기 때문에 이 단계에서의 개입은 자살의 발생을 억제할 수 있는 효과적인 지점이 된다 할 수 있을 것이다.

자살의 위험에 노출되어 있는 개인들을 발견하기 위해서는 사회복지관, 학교, 병의원, 정신보건센터, 위기상담센터, 쉼터 등에서 국민들에게 의료, 사회복지 및 교육 서비스를 제공하는 의사, 사회복지사, 교사, 청소년 상담자, 성직자 등의 일선 실무자들을 교육하여 그들이 자살의 위험에 노출되어 있는 사람들을 발견할 수 있는 능력을 갖도록 하는 방안이 필요하다. 특히 각 지역에서 문제 상황에 처해 있는 사람들을 발견하여 지원할 수 있는 지역 사회복지관에 대한 지원책을 마련하여, 사회복지사들로 하여금 자살에 대한 감시의 역할을 담당할 수 있는 동기를 부여하고, 사회복지관의 자원을 활용할 수 있도록 해야 할 것이다.

또한 일선 실무자들이, 그렇게 발견된 자살 위험자들이 자신들에게 발생한 문제 상황에 대해 객관적인 평가를 할 수 있도록 도움을 주는 상담 능력을 배양하는 것도 아울러 필요하다고 할 것이다. 그리고 자살 위험자들을 발견한 실무자들은 문제 상황에 있는 사람들에게 적절한 의료 및 사회복지 서비스 제공이 가능한 자원들을 연계시켜, 그들이 합리적으로 문제 상황을 극복할 수 있고 실제적인 도움을 받을 수 있도록 훈련받아야 한다.

3) 문제의 내면화 단계

문제 상황에 처한 개인은 자신의 상황에 대한 주관적인 해석과 평가를 통해 자신의 실패를 내면화하여 주관적으로 실패를 인식하게 되고, 자신의 욕구를 자신이 가진 자원으로 충족하지 못하는 아노미와 좌절의 상황에 처하게 된다.

이 단계에서도 역시 실패를 인식하고 좌절의 상황에 처해 있는 개인들을 발견하고 적절한 개입을 수행하는 것이 필요하다고 할 것이다. 특히 지병이나 불치병이 있는 저소득층 인구 집단, 실업이나 사업 실패 등과 같은 경제적 문제를 가진 사람들, 최근 가족과 사별하거나 실연을 당한 사람들 등에 대한 적극적인 개입이 필요하다.

이 단계에서의 적절한 개입은 그들의 실패는 일시적일 수 있으며, 그들이 그들 자신의 노력과 적절한 도움을 통해 실패를 극복할 수 있다는 것을 인식시키고, 더불어 실제적인 도움을 제공하는 것이다. 따라서 이 단계에서는 그들이 그들 자신을 수용하고 문제 극복의 의지를 가질 수 있도록 자존감 향상 훈련이나, 자신에 대한 수용도를 높여줄 수 있는 프로그램에 참여하도록 유도하는 기술이 필요하다. 그리고 다음의 행위 선택의 단계에서 제시하는 것처럼 실패를 인식한 사람들에게 의료 및 사회복지 서비스 제공이 가능한 자원들을 연계시켜줄 수 있어야 하며, 일선의 실무자는 이런 일을 할 수 있는 능력을 가져야 한다.

4) 행위 선택 단계

행위 선택 단계는 자신이 인식하고 있는 실패의 상황 속에서 여러 가지 선택 가능한 대안들을 평가하는 단계이며, 그 과정 속에서 죽음을 적극적으로 고려하게 되는 단계이다. 이때 자살을 적극적으로 고려하는 사람들은 다소 흥분한 상태에서 다른 사람들에게 도움을 청하기도 하고, 전화나 인터넷을 사용하여 자살에 관한 상담을 요청하기도 한다.

이 단계에서의 개입은 그 상황이 응급 상황에 준하는 위급 상황임을 인식한 상태에서 이루어지는 것이 필요하다. 이처럼 자살을 적극적으로 고려하는 개인들을 일선 실무자들이 발견하게 되면 좀 더 전문적인 자살 위기 상담 훈련을 받은 전문가들을 연결시켜, 보다 적절한 위기 개입이 가능할 수 있도록 조치해야 할 것이다. 따라서 일선 실무자들은 위기 상담이 가능한 상담 자원이 배치되어 있는 전문 기관과의 연락 방법을 숙지하고 있어야 하며, 자살 위험에 처한 사람을 확인하고 대처할 수 있는 능력을 배양해야 한다. 그리고 자살 위험에 처한 사람들로 하여금 일상적인 분노 조절 훈련, 스트레스 대처 훈련, 자아 존중감 증진 프로그램 등과 같은 일상생활을 보다 능동적이고 합리적으로 영위하는 데 도움을 주는 프로그램에 참여하도록 유도하는 것이 필요하다. 또한 이들이 자살 시도 시 흔히 도구로 이용하는 흉기, 약물, 고층 건물 등에 접근하지 못하도록 하고, 자살 시도를 늦추거나 보다 덜 치명적인 도구를 사용하게 함으로써 긴급 구조의 확률을 더 높일 수 있도록 해야 한다. 그리고 자살 위험자의 가족 중 영향력 있는 사람들을 선정하여 그들에게 자살 위험자를 도울 수 있는 방안을 교육하는 것이 필요하다.

5) 자살 실행 단계

자살 실행 단계는 문제 상황에 처한 개인이 자신의 실패를 인식하고 그것을 어떤 식으로든 해소하기 위해 자신이 스스로 죽을 것을 선택하고 자살을 실행하는 단계이다.

이 단계에서는 자살 실행자에 대한 응급 구조 조치가 우선적이며, 이를 위해서는 경찰청, 소방방재본부, 응급의료센터 등 응급 구조 서비스를 제공할 수 있는 기관들 간의 협력 체계가 구축되어야 한다.

이 책이 '소통적 자살'이라는 개념을 통해 '성찰성', '메시지', '타자 지향성'의 차원이 드러나는 자살의 양상을 밝히고, 이를 통해 소통적 자살행위의 지향을 유형화했다는 의의에도 불구하고, 실제 한국 사회에서 일어나고 있는 자살 중 어느 정도가 '소통적 자살'이라는 개념으로 포착될 수 있을지, 그리고 각 유형에 속하는 지향의 통계적 빈도가 어떠한지에 대한 분석이 이루어지지 못한 것은 아쉬움으로 남는다. 이것은 수사 자료 및 유서를 일률적인 틀로 양화하기 힘들다는 방법론적 특성과, 수집된 자료가 연구자가 접근 가능한 범위에 한정된 일종의 편의표집적 성격을 가진다는 자료의 특성에서 기인한다. 따라서 향후 유서 분석 등을 위한 방법론이 좀 더 고민되고, 보다 광범위한 범위에서 확률적 표집이 가능한 연구 환경이 마련된다면, 보다 풍부하고 의미 있는 자살에 대한 연구가 가능할 것이다. 그리고 이 책에서 제안한 유형들을 더욱 정교화하여 한국 사회의 자살 현상을 보다 실제적으로 이해하기 위한 후속 연구가 필요할 것이다.

부록 1

부표

<표 1> 경찰청과 통계청의 자살 통계 비교

	경찰청 자살자 수			통계청 자살자 수			경찰청자살자수/통계청자살자수×100 (%)
	계	남	여	계	남	여	
1995	7,709 100.00%	5,455 70.76%	2,254 29.24%	4,840 100.00%	3,319 68.57%	1,521 31.43%	159.3
1996	8,632 100.00%	5,973 69.20%	2,659 30.80%	5,856 100.00%	4,041 69.01%	1,815 30.99%	147.4
1997	9,109 100.00%	6,472 71.05%	2,637 28.95%	6,022 100.00%	4,161 69.10%	1,861 30.90%	151.3
1998	12,458 100.00%	8,911 71.53%	3,547 28.47%	8,569 100.00%	6,200 72.35%	2,369 27.65%	145.4
1999	11,713 100.00%	8,341 71.21%	3,372 28.79%	7,075 100.00%	4,968 70.22%	2,107 29.78%	165.6
2000	11,794 100.00%	8,448 71.63%	3,346 28.37%	6,460 100.00%	4,491 69.52%	1,969 30.48%	182.6
2001	12,277 100.00%	8,847 72.06%	3,430 27.94%	6,933 100.00%	4,871 70.26%	2,062 29.74%	177.1
2002	13,055 100.00%	9,436 72.28%	3,619 27.72%	8,631 100.00%	5,954 68.98%	2,677 31.02%	151.3
2003	13,005 100.00%	9,134 70.23%	3,871 29.77%	10,932 100.00%	7,541 68.98%	3,391 31.02%	119.0
2004	13,293 100.00%	9,385 70.60%	3,908 29.40%	11,523 100.00%	7,903 68.58%	3,620 31.42%	115.4

- 출처: 경찰청, 『범죄분석』, 각 연도; 통계청 홈페이지 및 『사망 및 사망 원인 통계 결과』, 각 연도

<표 2> 자살자의 전체 분포 및 성별 분포

	계	남	여
1987	8,106 100.00%	5,675 70.01%	2,431 29.99%
1988	7,735 100.00%	5,473 70.76%	2,262 29.24%
1989	7,674 100.00%	5,454 71.07%	2,220 28.93%
1990	7,486 100.00%	5,243 70.04%	2,243 29.96%
1991	6,593 100.00%	4,725 71.67%	1,868 28.33%
1992	7,401 100.00%	5,208 70.37%	2,183 29.50%
1993	7,608 100.00%	5,531 72.70%	2,077 27.30%
1994	7,451 100.00%	5,306 71.21%	2,145 28.79%
1995	7,709 100.00%	5,455 70.76%	2,254 29.24%
1996	8,632 100.00%	5,973 69.20%	2,659 30.80%
1997	9,109 100.00%	6,472 71.05%	2,637 28.95%
1998	12,458 100.00%	8,911 71.53%	3,547 28.47%
1999	11,713 100.00%	8,341 71.21%	3,372 28.79%
2000	11,794 100.00%	8,448 71.63%	3,346 28.37%
2001	12,277 100.00%	8,847 72.06%	3,430 27.94%
2002	13,055 100.00%	9,436 72.28%	3,619 27.72%
2003	13,005 100.00%	9,134 70.23%	3,871 29.77%
2004	13,293 100.00%	9,385 70.60%	3,908 29.40%

– 출처: 경찰청, 『범죄분석』, 각 연도

<표 3> 자살 발생 추이와 경제지표의 비교

	자살 (단위: 명)	전체 자살률 (인구 100,000명당 자살 건수)	국내총생산 (명목, 원화 표시) (단위: 조 원)	경제성장률(%)
1987	8,106	19.67	115.2	11.1
1988	7,735	18.58	137.1	10.6
1989	7,674	18.26	154.8	6.7
1990	7,486	17.64	186.7	9.2
1991	6,593	15.38	226.0	9.4
1992	7,401	17.09	257.5	5.9
1993	7,608	17.10	290.7	6.1
1994	7,451	16.56	340.2	8.5
1995	7,709	16.97	398.8	9.2
1996	8,632	18.82	448.6	7.0
1997	9,109	19.69	491.1	4.7
1998	12,458	26.69	484.1	-6.9
1999	11,713	24.93	529.5	9.5
2000	11,794	24.92	578.7	8.5
2001	12,277	25.72	622.1	3.8
2002	13,055	27.19	684.3	7.0
2003	13,005	26.96	724.7	3.1
2004	13,293	27.47	779.4	4.7

- 출처: 경찰청, 『범죄분석』, 각 연도; 통계청 홈페이지

<표 4> 자살 발생 추이와 범죄 발생 추이의 비교

	자살 발생 건수	전체 범죄		살인	
		발생 건수	비(전체 범죄/자살)	발생 건수	비 (살인/자살)
1987	8,106	950,269	117.2	653	0.081
1988	7,735	972,641	125.7	601	0.078
1989	7,674	1,078,074	140.5	578	0.075
1990	7,486	1,175,178	157.0	666	0.089
1991	6,593	1,233,381	187.1	630	0.096
1992	7,401	1,243,215	168.0	615	0.083
1993	7,608	1,359,094	178.6	806	0.106
1994	7,451	1,375,564	184.6	705	0.095
1995	7,709	1,399,085	181.5	646	0.084
1996	8,632	1,494,846	173.2	690	0.080
1997	9,109	1,588,613	174.4	789	0.087
1998	12,458	1,765,887	141.7	966	0.078
1999	11,713	1,732,522	147.9	984	0.084
2000	11,794	1,867,882	158.4	964	0.082
2001	12,277	1,985,980	161.8	1,064	0.087
2002	13,055	1,977,665	151.5	983	0.075
2003	13,005	2,004,329	154.1	1,011	0.078
2004	13,293	2,080,901	156.5	1,082	0.081

- 출처: 경찰청, 『범죄분석』, 각 연도; 대검찰청, 『범죄분석』, 각 연도

<표 5> 자살자의 연령별 분포

	계	10세 미만	11～20세	21～30세	31～40세	41～50세	51～60세	61세 이상
1994	7,451 100.00%	67 0.90%	428 5.74%	1,502 20.16%	1,990 26.71%	1,615 21.67%	797 10.70%	1,052 14.12%
1995	7,709 100.00%	59 0.77%	476 6.17%	1,395 18.10%	1,908 24.75%	1,722 22.34%	950 12.32%	1,199 15.55%
1996	8,632 100.00%	114 1.32%	615 7.12%	1,561 18.08%	2,095 24.27%	1,930 22.36%	1,050 12.16%	1,267 14.68%
1997	9,109 100.00%	134 1.47%	643 7.06%	1,703 18.70%	2,109 23.15%	2,019 22.16%	1,066 11.70%	1,435 15.75%
1998	12,458 100.00%	91 0.73%	610 4.90%	2,102 16.87%	2,841 22.80%	3,058 24.55%	1,614 12.96%	2,142 17.19%
1999	11,713 100.00%	78 0.67%	528 4.51%	1,632 13.93%	2,547 21.75%	2,905 24.80%	1,647 14.06%	2,276 19.43%
2000	11,794 100.00%	119 1.01%	466 3.95%	1,659 14.07%	2,444 20.72%	3,099 26.28%	1,678 14.23%	2,329 19.75%
2001	12,277 100.00%	135 1.10%	333 2.71%	1,473 12.00%	2,546 20.74%	2,921 23.79%	1,850 15.07%	3,019 24.59%
2002	13,055 100.00%	132 1.01%	273 2.09%	1,412 10.82%	2,655 20.34%	3,373 25.84%	2,015 15.43%	3,195 24.47%
2003	13,005 100.00%	53 0.41%	315 2.42%	1,331 10.23%	2,414 18.56%	3,219 24.75%	2,020 15.53%	3,653 28.09%
2004	13,293 100.00%	0 0.00%	272 2.05%	1,161 8.73%	2,279 17.14%	3,190 24.00%	2,171 16.33%	4,220 31.75%

- 출처: 경찰청, 『범죄분석』, 각 연도

<표 6> 자살자의 학력별 분포

	계	불취학	초등학교	중학교	고등학교	대학교	기타
1994	7,451 100.00%	2,648 35.54%	1,694 22.74%	1,739 23.34%	1,987 26.67%	396 5.31%	920 12.35%
1995	7,709 100.00%	659 8.55%	1,265 16.41%	1,807 23.44%	2,235 28.99%	336 4.36%	1,406 18.24%
1996	8,632 100.00%	769 8.91%	1,753 20.31%	1,983 22.97%	2,925 33.89%	569 6.59%	624 7.23%
1997	9,109 100.00%	907 9.96%	1,791 19.66%	2,020 22.18%	3,072 33.72%	606 6.65%	713 7.83%
1998	12,458 100.00%	1,193 9.58%	2,174 17.45%	3,069 24.63%	4,462 35.82%	747 6.00%	813 6.53%
1999	11,713 100.00%	1,397 11.93%	2,236 19.09%	2,547 21.75%	3,762 32.12%	786 6.71%	970 8.28%
2000	11,794 100.00%	1,243 10.54%	1,975 16.75%	2,425 20.56%	3,802 32.24%	750 6.36%	1,599 13.56%
2001	12,277 100.00%	1,485 12.10%	2,103 17.13%	2,458 20.02%	4,457 36.30%	864 7.04%	910 7.41%
2002	13,055 100.00%	1,511 11.57%	2,150 16.47%	2,355 18.04%	4,452 34.10%	1095 8.39%	1,492 11.43%
2003	13,005 100.00%	1,298 9.98%	2,023 15.56%	2,288 17.59%	4,061 31.23%	1295 9.96%	2,040 15.69%
2004	13,293 100.00%	1,480 11.13%	2,142 16.11%	2,146 16.14%	4,213 31.69%	1143 8.60%	2,169 16.32%

- 출처: 경찰청, 『범죄분석』, 각 연도

<표 7> 자살자의 직업별 분포

	계	공무원	일반 봉급자	농업	상업	공업, 직공	접객업	노동	기타	무직
1994	7,451 100.0%	79 1.1%	602 8.1%	621 8.3%	426 5.7%	474 6.4%	213 2.9%	773 10.4%	1,073 14.4%	3,190 42.8%
1995	7,709 100.0%	101 1.3%	685 8.9%	716 9.3%	494 6.4%	403 5.2%	246 3.2%	835 10.8%	1,241 16.1%	2,984 38.7%
1996	8,632 100.0%	113 1.3%	784 9.1%	740 8.6%	594 6.9%	537 6.2%	237 2.7%	835 9.7%	1,328 15.4%	3,464 40.1%
1997	9,109 100.0%	107 1.2%	730 8.0%	769 8.4%	657 7.2%	614 6.7%	244 2.7%	921 10.1%	1,306 14.3%	3,731 41.0%
1998	12,458 100.0%	93 0.7%	1,019 8.2%	855 6.9%	937 7.5%	364 2.9%	207 1.7%	1,045 8.4%	1,969 15.8%	5,739 46.1%
1999	11,713 100.0%	124 1.1%	943 8.1%	925 7.9%	703 6.0%	618 5.3%	156 1.3%	1,061 9.1%	2,104 18.0%	5,079 43.4%
2000	11,794 100.0%	204 1.7%	823 7.0%	724 6.1%	729 6.2%	484 4.1%	249 2.1%	932 7.9%	1,721 14.6%	5,928 50.3%
2001	12,277 100.0%	112 0.9%	917 7.5%	883 7.2%	652 5.3%	318 2.6%	222 1.8%	929 7.6%	1,651 13.4%	6,593 53.7%
2002	13,055 100.0%	151 1.2%	1,039 8.0%	811 6.2%	687 5.3%	416 3.2%	236 1.8%	957 7.3%	1,898 14.5%	6,860 52.5%
2003	13,005 100.0%	141 1.1%	1,006 7.7%	884 6.8%	777 6.0%	365 2.8%	268 2.1%	875 6.7%	1,875 14.4%	6,814 52.4%
2004	13,293 100.0%	118 0.9%	884 6.7%	845 6.4%	687 5.2%	283 2.1%	214 1.6%	937 7.0%	2,055 15.5%	7,270 54.7%

- 출처: 경찰청, 『범죄분석』, 각 연도

<표 8> 자살자의 경제적 문제

		빈도(명)	비율(%)	유효비율(%)
경제적 문제	사업 실패	105	7.9	26.3
	실직	45	3.4	11.3
	빚	91	6.9	22.8
	재산 탕진(도박, 주식 등)	26	2.0	6.5
	병원비/학비 부족	21	1.6	5.3
	취업/진학 실패	32	2.4	8.0
	사기/보증 실패	25	1.9	6.3
	생활고	45	3.4	11.3
	기타	10	0.8	2.5
	계	400	30.3	100.0
경제적 문제 드러나지 않음		921	69.7	
계		1321	100.0	

- 자료: 경찰 수사 기록 분석

<표 9> 자살자의 성별 연령별 경제적 문제의 분포

		경제적 문제									계	통계 값
		사업 실패	실직	빚	재산 탕진 (도박, 주식 등)	병원비/ 학비 부족	취업/ 진학 실패	사기/ 보증 실패	생활고	기타		
성별	남	88 83.8%	41 91.1%	65 71.4%	21 80.8%	15 71.4%	25 78.1%	19 76.0%	30 66.7%	6 60.0%	310 77.5%	χ^2= 14.530 N. S.
	여	17 16.2%	4 8.9%	26 28.6%	5 19.2%	6 28.6%	7 21.9%	6 24.0%	15 33.3%	4 40.0%	90 22.5%	
계		105 100.0%	45 100.0%	91 100.0%	26 100.0%	21 100.0%	32 100.0%	25 100.0%	45 100.0%	10 100.0%	400 100.0%	
연령	19세 이하			1 1.1%		1 4.8%	2 6.3%		3 6.7%	1 10.0%	8 2.0%	χ^2= 125.662 p<0.001
	20대	7 6.7%	5 11.1%	12 13.2%	2 7.7%	3 14.3%	18 56.3%	2 8.0%	9 20.0%	1 10.0%	59 14.8%	
	30대	25 23.8%	12 26.7%	28 30.8%	6 23.1%	1 4.8%	6 18.8%	5 20.0%	11 24.4%	1 10.0%	95 23.8%	
	40대	40 38.1%	14 31.1%	19 20.9%	10 38.5%	7 33.3%	4 12.5%	6 24.0%	10 22.2%	2 20.0%	112 28.0%	
	50대	19 18.1%	8 17.8%	23 25.3%	6 23.1%	1 4.8%	1 3.1%	7 28.0%	5 11.1%	3 30.0%	73 18.3%	
	60대	11 10.5%	6 13.3%	7 7.7%	1 3.8%	6 28.6%	1 3.1%	4 16.0%	5 11.1%	1 10.0%	42 10.5%	
	70대	1 1.0%		1 1.1%	1 3.8%	2 9.5%		1 4.0%		1 10.0%	7 1.8%	
	80세 이상	2 1.9%							2 4.4%		4 1.0%	
계		105 100.0%	45 100.0%	91 100.0%	26 100.0%	21 100.0%	32 100.0%	25 100.0%	45 100.0%	10 100.0%	400 100.0%	

- 자료: 경찰 수사 기록 분석

<표 10> 자살자의 신체적 문제

		빈도(명)	비율(%)	유효비율(%)
신체적 문제	발병	35	2.6	13.1
	지병	178	13.5	66.4
	장애	16	1.2	6.0
	시한부 선고	14	1.1	5.2
	심한 고통	23	1.7	8.6
	기타	2	0.2	0.7
	계	268	20.3	100.0
신체적 문제 드러나지 않음		1053	79.7	
계		1321	100.0	

- 자료: 경찰 수사 기록 분석

<표 11> 자살자의 성별 연령별 신체적 문제의 분포

		신체적 문제						계	통계 값
		발병	지병	장애	시한부 선고	심한 고통	기타		
성별	남	29 82.9%	122 68.5%	15 93.8%	8 57.1%	13 56.5%	2 100.0%	189 70.5%	χ^2= 11.261 $p<0.05$
	여	6 17.1%	56 31.5%	1 6.3%	6 42.9%	10 43.5%		79 29.5%	
계		35 100.0%	178 100.0%	16 100.0%	14 100.0%	23 100.0%	2 100.0%	268 100.0%	
연령	19세 이하		2 1.1%					2 0.7%	χ^2= 60.483 $p<0.01$
	20대	5 14.3%	4 2.2%	4 25.0%		1 4.3%		14 5.2%	
	30대	2 5.7%	16 9.0%	2 12.5%			1 50.0%	21 7.8%	
	40대	4 11.4%	18 10.1%	4 25.0%	1 7.1%	1 4.3%		28 10.4%	
	50대	7 20.0%	33 18.5%	5 31.3%	1 7.1%	5 21.7%		51 19.0%	
	60대	9 25.7%	48 27.0%	1 6.3%	8 57.1%	8 34.8%		74 27.6%	
	70대	5 14.3%	32 18.0%		3 21.4%	8 34.8%	1 50.0%	49 18.3%	
	80세 이상	3 8.6%	25 14.0%		1 7.1%			29 10.8%	
계		35 100.0%	178 100.0%	16 100.0%	14 100.0%	23 100.0%	2 100.0%	268 100.0%	

- 자료: 경찰 수사 기록 분석

<표 12> 자살자의 일반 병력

		응답		성별			
		빈도	총 사례 내 비율 (빈도/1321×100)	남	남성 중 비율 (빈도/918×100)	여	여성 중 비율 (빈도/400×100)
일반 병력	악성신생물(암)	31	2.3	22	2.4	9	2.3
	내분비 질환	57	4.3	40	4.4	17	4.3
	순환기 질환	46	3.5	28	3.1	18	4.5
	호흡기 질환	16	1.2	14	1.5	2	0.5
	소화기 질환	27	2.0	23	2.5	4	1.0
	뇌혈관 질환	40	3.0	26	2.8	14	3.5
	감염성 질환	14	1.1	11	1.2	3	0.8
	외과 질환	95	7.2	66	7.2	29	7.3
	기타	68	5.1	44	4.8	24	6.0
계*		308	23.3	217	23.6	91	22.8

* 중복 집계. 따라서 빈도의 합은 총계를 넘을 수 있음
- 자료: 경찰 수사 기록 분석

<표 13> 자살자의 연령별 일반 병력의 분포

		연령								계
		19세 이하	20대	30대	40대	50대	60대	70대	80세 이상	
일반 병력	악성신생물(암)			1 0.4%	3 1.2%	5 2.6%	16 9.5%	5 4.5%	1 1.5%	31 2.3%
	내분비 질환			3 1.2%	11 4.4%	7 3.6%	16 9.5%	12 10.8%	8 11.8%	57 4.3%
	순환기 질환	1 1.4%		1 0.4%	5 2.0%	5 2.6%	12 7.1%	15 13.5%	7 10.3%	46 3.5%
	호흡기 질환				1 0.4%	2 1.0%	4 2.4%	6 5.4%	3 4.4%	16 1.2%
	소화기 질환		1 0.5%	3 1.2%	4 1.6%	4 2.1%	8 4.8%	2 1.8%	5 7.4%	27 2.0%
	뇌혈관 질환		1 0.5%	4 1.7%	3 1.2%	9 4.6%	10 6.0%	11 9.9%	2 2.9%	40 3.0%
	감염성 질환	1 1.4%	1 0.5%	2 0.8%	4 1.6%	1 0.5%	4 2.4%	1 0.9%		14 1.1%
	외과 질환	1 1.4%	10 4.7%	7 2.9%	8 3.2%	20 10.3%	21 12.5%	14 12.6%	14 20.6%	95 7.2%
	기타		6 2.8%	2 0.8%	8 3.2%	11 5.7%	19 11.3%	14 12.6%	8 11.8%	68 5.1%
계*		3 4.2%	17 8.1%	22 9.1%	37 14.7%	54 27.8%	85 50.6%	57 51.4%	33 48.5%	308 23.3%

* 중복 집계. 따라서 빈도의 합은 총계를 넘을 수 있음
- 아래에 병기된 비율은 빈도/연령별 자살자 수
- 자료: 경찰 수사 기록 분석

<표 14> 자살자의 심리적 문제

		빈도(명)	비율(%)	유효비율(%)
심리적 문제	우울증	158	12.0	39.4
	정신 질환(분열증 등)	98	7.4	24.4
	알코올/약물중독	21	1.6	5.2
	치매	24	1.8	6.0
	콤플렉스(신체, 학력 등)	7	0.5	1.7
	외로움	19	1.4	4.7
	불안	10	0.8	2.5
	죄책감	2	0.2	0.5
	압박감	17	1.3	4.2
	의욕 상실	20	1.5	5.0
	결혼 못 함	8	0.6	2.0
	의처증/의부증	3	0.2	0.7
	기타	14	1.1	3.5
	계	401	30.4	100.0
심리적 문제 드러나지 않음		920	69.6	
계		1321	100.0	

- 자료: 경찰 수사 기록 분석

<표 15> 자살자의 성별 연령별 심리적 문제의 분포

		심리적 문제													계	통계 값
		우울증	정신질환(분열증 등)	알코올/약물중독	치매	콤플렉스(신체, 학력 등)	외로움	불안	죄책감	압박감	의욕상실	결혼 못 함	기타	의처증/의부증		
성별	남	78 49.4%	68 69.4%	20 95.2%	9 37.5%	4 57.1%	13 68.4%	7 70.0%	2 100.0%	14 82.4%	16 80.0%	8 100.0%	14 100.0%	2 66.7%	255 63.6%	χ^2=50.528 $p<0.001$
	여	80 50.6%	30 30.6%	1 4.8%	15 62.5%	3 42.9%	6 31.6%	3 30.0%		3 17.6%	4 20.0%			1 33.3%	146 36.4%	
계		158 100.0%	98 100.0%	21 100.0%	24 100.0%	7 100.0%	19 100.0%	10 100.0%	2 100.0%	17 100.0%	20 100.0%	8 100.0%	14 100.0%	3 100.0%	401 100.0%	
연령	19세 이하	5 3.2%	2 2.0%			2 28.6%	1 5.3%			5 29.4%	2 10.0%		1 7.1%		18 4.5%	χ^2=285.897 $p<0.001$
	20대	22 14.0%	27 27.6%			2 28.6%	1 5.3%			9 52.9%	2 10.0%	1 12.5%	4 28.6%		68 17.0%	
	30대	45 28.7%	23 23.5%	4 19.0%		1 14.3%	1 5.3%	2 20.0%	1 50.0%	1 5.9%	4 20.0%	4 50.0%	3 21.4%	2 66.7%	91 22.8%	
	40대	25 15.9%	24 24.5%	10 47.6%		1 14.3%	4 21.1%	3 30.0%		1 5.9%	4 20.0%	2 25.0%	1 7.1%		75 18.8%	
	50대	26 16.6%	8 8.2%	5 23.8%		1 14.3%	2 10.5%	3 30.0%			3 15.0%	1 12.5%	2 14.3%	1 33.3%	52 13.0%	
	60대	14 8.9%	7 7.1%	1 4.8%	4 16.7%		2 10.5%	1 10.0%			1 5.0%		2 14.3%		32 8.0%	
	70대	18 11.5%	5 5.1%	1 4.8%	5 20.8%		4 21.1%	1 10.0%	1 50.0%	1 5.9%	2 10.0%				38 9.5%	
	80세 이상	2 1.3%	2 2.0%		15 62.5%		4 21.1%				2 10.0%		1 7.1%		26 6.5%	
계		157 100.0%	98 100.0%	21 100.0%	24 100.0%	7 100.0%	19 100.0%	10 100.0%	2 100.0%	17 100.0%	20 100.0%	8 100.0%	14 100.0%	3 100.0%	400 100.0%	

- 자료: 경찰 수사 기록 분석

<표 16> 자살자의 정신과 병력

		응답		성별			
		빈도	총 사례 내 비율 (빈도/1321×100)	남	남성 중 비율 (빈도/918×100)	여	여성 중 비율 (빈도/400×100)
정신과 병력	우울증	167	12.6%	84	9.2%	83	20.8%
	정신분열	43	3.3%	23	2.5%	20	5.0%
	정신지체	7	0.5%	6	0.7%	1	0.3%
	조울증	5	0.4%	1	0.1%	4	1.0%
	신경과민	3	0.2%	1	0.1%	2	0.5%
	알코올중독	21	1.6%	20	2.2%	1	0.3%
	치매	21	1.6%	9	1.0%	12	3.0%
	기타	62	4.7%	45	4.9%	17	4.3%
계*		305	23.1%	177	19.3%	128	32.0%

* 중복 집계. 따라서 빈도의 합은 총계를 넘을 수 있음
- 자료: 경찰 수사 기록 분석

<표 17> 자살자의 연령별 정신과 병력의 분포

		연령									계
		19세 이하	20대	30대	40대	50대	60대	70대	80세 이상	미상	
정신과 병력	우울증	5 7.0%	23 10.9%	42 17.4%	29 11.6%	27 13.9%	17 10.1%	21 18.9%	2 2.9%	1 20.0%	167 12.6%
	정신분열	1 1.4%	14 6.6%	13 5.4%	10 4.0%	2 1.0%		2 1.8%	1 1.5%		43 3.3%
	정신지체		2 0.9%	2 0.8%	2 0.8%	1 0.5%					7 0.5%
	조울증		4 1.9%	1 0.4%							5 0.4%
	신경과민				1 0.4%		2 1.2%				3 0.2%
	알코올 중독			4 1.7%	9 3.6%	6 3.1%	2 1.2%				21 1.6%
	치매						4 2.4%	4 3.6%	13 19.1%		21 1.6%
	기타	2 2.8%	15 7.1%	17 7.0%	13 5.2%	9 4.6%	3 1.8%	2 1.8%	1 1.5%		62 4.7%
계*		8 11.3%	56 26.5%	69 28.5%	56 22.3%	43 22.2%	26 15.5%	29 26.1%	17 25.0%	1 20.0%	305 23.1%

* 중복 집계. 따라서 빈도의 합은 총계를 넘을 수 있음
- 아래에 병기된 비율은 빈도/연령별 자살자 수
- 자료: 경찰 수사 기록 분석

<표 18> 자살자의 가족·애정 문제

		빈도(명)	비율(%)	유효비율(%)
가족·애정 문제	사별	52	3.9	11.6
	이혼	63	4.8	14.1
	실연	54	4.1	12.1
	갈등	150	11.4	33.5
	외도	31	2.3	6.9
	소외	10	0.8	2.2
	가족에게 문제 발생	34	2.6	7.6
	미안함	20	1.5	4.5
	불만	12	0.9	2.7
	해체	14	1.1	3.1
	기타	8	0.6	1.8
	계	448	33.9	100.0
가족·애정 문제 드러나지 않음		873	66.1	
계		1321	100.0	

- 자료: 경찰 수사 기록 분석

<표 19> 자살자의 성별 연령별 가족·애정 문제의 분포

		가족·애정 문제											계	통계 값
		사별	이혼	실연	갈등	외도	소외	가족 문제 발생	미안함	불만	기타	해체		
성별	남	43 82.7%	48 76.2%	38 70.4%	94 62.7%	19 61.3%	8 80.0%	17 50.0%	11 55.0%	6 50.0%	4 50.0%	11 78.6%	299 66.7%	χ^2= 20.087 $p<0.05$
	여	9 17.3%	15 23.8%	16 29.6%	56 37.3%	12 38.7%	2 20.0%	17 50.0%	9 45.0%	6 50.0%	4 50.0%	3 21.4%	149 33.3%	
계		52 100.0%	63 100.0%	54 100.0%	150 100.0%	31 100.0%	10 100.0%	34 100.0%	20 100.0%	12 100.0%	8 100.0%	14 100.0%	448 100.0%	
연령	19세 이하	2 3.8%		8 14.8%	9 6.0%			2 5.9%		1 8.3%	1 12.5%	1 7.1%	24 5.4%	χ^2= 189.600 $p<0.001$
	20대	8 15.4%	3 4.8%	24 44.4%	29 19.3%	3 9.7%	2 20.0%	4 11.8%	1 5.0%	3 25.0%	2 25.0%	2 14.3%	81 18.1%	
	30대	8 15.4%	15 23.8%	10 18.5%	32 21.3%	10 32.3%	2 20.0%	3 8.8%	3 15.0%	4 33.3%	1 12.5%	1 7.1%	89 19.9%	
	40대	5 9.6%	28 44.4%	4 7.4%	38 25.3%	9 29.0%		3 8.8%	1 5.0%	1 8.3%		2 14.3%	91 20.3%	
	50대	9 17.3%	10 15.9%	4 7.4%	20 13.3%	8 25.8%	2 20.0%	5 14.7%	1 5.0%		1 12.5%	4 28.6%	64 14.3%	
	60대	6 11.5%	5 7.9%	3 5.6%	15 10.0%		1 10.0%	5 14.7%	4 20.0%	1 8.3%	1 12.5%	3 21.4%	44 9.8%	
	70대	9 17.3%	1 1.6%		4 2.7%	1 3.2%	2 20.0%	6 17.6%	5 25.0%	2 16.7%	1 12.5%	1 7.1%	32 7.1%	
	80세 이상	5 9.6%	1 1.6%	1 1.9%	3 2.0%		1 10.0%	6 17.6%	5 25.0%		1 12.5%		23 5.1%	
계		52 100.0%	63 100.0%	54 100.0%	150 100.0%	31 100.0%	10 100.0%	34 100.0%	20 100.0%	12 100.0%	8 100.0%	14 100.0%	448 100.0%	

- 자료: 경찰 수사 기록 분석

<표 20> 자살자의 사회관계 문제

		빈도(명)	비율(%)	유효비율(%)
사회관계 문제	갈등	4	0.3	5.4
	폭행	5	0.4	6.8
	따돌림	2	0.2	2.7
	죄책감	3	0.2	4.1
	부적응	32	2.4	43.2
	범죄	21	1.6	28.4
	기타	7	0.5	9.5
	계	74	5.6	100.0
사회관계 문제 드러나지 않음		1247	94.4	
계		1321	100.0	

- 자료: 경찰 수사 기록 분석

<표 21> 자살자의 성별 연령별 사회관계 문제의 분포

		사회관계 문제							계	통계 값
		갈등	폭행	따돌림	죄책감	부적응	범죄	기타		
성별	남	2 50.0%	4 80.0%			22 68.8%	19 90.5%	6 85.7%	53 71.6%	$\chi^2=18.119$ $p<0.01$
	여	2 50.0%	1 20.0%	2 100.0%	3 100.0%	10 31.3%	2 9.5%	1 14.3%	21 28.4%	
계		4 100.0%	5 100.0%	2 100.0%	3 100.0%	32 100.0%	21 100.0%	7 100.0%	74 100.0%	
연령	19세 이하	1 25.0%	2 40.0%	1 50.0%	2 66.7%	5 15.6%	2 9.5%		13 17.6%	$\chi^2=52.257$ N. S.
	20대	1 25.0%	3 60.0%	1 50.0%	1 33.3%	13 40.6%	3 14.3%	1 14.3%	23 31.1%	
	30대					8 25.0%	5 23.8%	3 42.9%	16 21.6%	
	40대					3 9.4%	6 28.6%	1 14.3%	10 13.5%	
	50대						3 14.3%	1 14.3%	4 5.4%	
	60대	2 50.0%				2 6.3%	2 9.5%		6 8.1%	
	70대					1 3.1%			1 1.4%	
	80세 이상							1 14.3%	1 1.4%	
계		4 100.0%	5 100.0%	2 100.0%	3 100.0%	32 100.0%	21 100.0%	7 100.0%	74 100.0%	

- 자료: 경찰 수사 기록 분석

<표 22> 유서를 남긴 자살자의 사회경제적 특징

		유서 유무		계	통계 값
		없음	있음		
성별	남	623 67.8%	296 32.2%	919 100.0%	$\chi^2=3.126$ N. S.
	여	290 72.7%	109 27.3%	399 100.0%	
계		913 69.3%	405 30.7%	1318 100.0%	
연령	19세 이하	43 60.6%	28 39.4%	71 100.0%	$\chi^2=26.731$ $p<0.001$
	20대	137 64.9%	74 35.1%	211 100.0%	
	30대	152 62.8%	90 37.2%	242 100.0%	
	40대	175 69.7%	76 30.3%	251 100.0%	
	50대	138 71.1%	56 28.9%	194 100.0%	
	60대	123 73.2%	45 26.8%	168 100.0%	
	70대	81 73.0%	30 27.0%	111 100.0%	
	80세 이상	62 91.2%	6 8.8%	68 100.0%	
계		911 69.2%	405 30.8%	1316 100.0%	

- 자료: 경찰 수사 기록 분석

<표 23> 유서를 남긴 자살자의 직업 분포

		유서 유무		계	통계 값
		없음	있음		
직업	무직	541 71.8%	212 28.2%	753 100.0%	χ^2=30.683 $p<0.01$
	주부	49 75.4%	16 24.6%	65 100.0%	
	학생	51 57.3%	38 42.7%	89 100.0%	
	종업원	28 66.7%	14 33.3%	42 100.0%	
	농어업	21 72.4%	8 27.6%	29 100.0%	
	생산/기술직 (운전기사 등)	82 73.2%	30 26.8%	112 100.0%	
	사무/영업직	29 55.8%	23 44.2%	52 100.0%	
	판매/서비스직 (자영업 등)	51 62.2%	31 37.8%	82 100.0%	
	행정/관리직	2 22.2%	7 77.8%	9 100.0%	
	전문직	9 60.0%	6 40.0%	15 100.0%	
	공무원	4 40.0%	6 60.0%	10 100.0%	
	기타	8 66.7%	4 33.3%	12 100.0%	
계		875 68.9%	395 31.1%	1270 100.0%	

- 자료: 경찰 수사 기록 분석

<표 24> 유서를 남긴 자살자의 자살 방법 및 자살 도구 입수 방법

		유서 유무		계	통계 값
		없음	있음		
자살 방법	의사 교사	357 63.1%	209 36.9%	566 100.0%	χ^2=33.295 p<0.001
	익사	15 78.9%	4 21.1%	19 100.0%	
	도검 총포 폭발물	19 70.4%	8 29.6%	27 100.0%	
	음독	148 65.8%	77 34.2%	225 100.0%	
	와사(중독사)	7 53.8%	6 46.2%	13 100.0%	
	추락	241 79.5%	62 20.5%	303 100.0%	
	소사	23 85.2%	4 14.8%	27 100.0%	
	기타	94 74.0%	33 26.0%	127 100.0%	
계		904 69.2%	403 30.8%	1307 100.0%	
자살 도구 입수 방법	도구를 사용하지 않음(추락 등)	274 79.4%	71 20.6%	345 100.0%	χ^2=30.438 p<0.001
	미리 준비하지 않고 주변에 있는 것 사용	338 67.1%	166 32.9%	504 100.0%	
	자살을 위해 미리 준비함	232 60.9%	149 39.1%	381 100.0%	
	기타	16 76.2%	5 23.8%	21 100.0%	
계		860 68.7%	391 31.3%	1251 100.0%	

- 자료: 경찰 수사 기록 분석

<표 25> 유서를 남긴 자살자의 문제 상황

		유서 유무		계	통계 값
		없음	있음		
경제적 문제	드러나지 않음	671 72.9%	250 27.1%	921 100.0%	$\chi^2=17.669$ $p<0.001$
	있음	245 61.2%	155 38.8%	400 100.0%	
신체적 문제	드러나지 않음	724 68.8%	329 31.2%	1053 100.0%	$\chi^2=0.837$ N. S.
	있음	192 71.6%	76 28.4%	268 100.0%	
심리적 문제	드러나지 않음	613 66.6%	307 33.4%	920 100.0%	$\chi^2=10.477$ $p<0.01$
	있음	303 75.6%	98 24.4%	401 100.0%	
가족·애정 문제	드러나지 않음	626 71.7%	247 28.3%	873 100.0%	$\chi^2=6.775$ $p<0.01$
	있음	290 64.7%	158 35.3%	448 100.0%	
사회관계 문제	드러나지 않음	873 70.0%	374 30.0%	1247 100.0%	$\chi^2=4.653$ $p<0.05$
	있음	43 58.1%	31 41.9%	74 100.0%	
계		916 69.3%	405 30.7%	1321 100.0%	

- 자료: 경찰 수사 기록 분석

<표 26> 유서를 남긴 자살자의 정신과 병력

		유서 유무				계	
		없음	비율	있음	비율	빈도	비율
정신과 병력	우울증	117	70.1%	50	29.9%	167	100.0%
	정신분열	41	95.3%	2	4.7%	43	100.0%
	정신지체	5	71.4%	2	28.6%	7	100.0%
	조울증	5	100.0%			5	100.0%
	신경과민	2	66.7%	1	33..3%	3	100.0%
	알코올중독	18	85.7%	3	14.3%	21	100.0%
	치매	21	100.0%			21	100.0%
	기타	50	80.6%	12	19.4%	62	100.0%
계*		239	78.4%	66	21.6%	305	100.0%

* 중복 집계. 따라서 빈도의 합은 총계를 넘을 수 있음
- 자료: 경찰 수사 기록 분석

<표 27> 유서에 나타난 성별 실패 원인

		성별		계
		남	여	
실패 원인	무능력 때문	19 27.5%		19 21.3%
	우울증, 정신 질환 때문	5 7.2%	4 20.0%	9 10.1%
	가정환경 때문	3 4.3%	1 5.0%	4 4.5%
	운명 때문	11 15.9%	5 25.0%	16 18.0%
	다른 사람 때문	28 40.6%	8 40.0%	36 40.4%
	병 때문	4 5.8%	2 10.0%	6 6.7%
	돈 때문	4 5.8%		4 4.5%
	기타	1 1.4%	1 5.0%	2 2.2%
계*		69 100.0%	20 100.0%	89 100.0%

* 중복 집계. 따라서 빈도의 합은 총계를 넘을 수 있음
- 아래에 병기된 비율은 빈도/성별 자살자 수
- 자료: 경찰 수사 기록 분석

<표 28> 유서에 나타난 연령별 실패 원인

		연령							계
		19세 이하	20대	30대	40대	50대	60대	70대	
실패 원인	무능력 때문	2 50.0%	2 8.0%	4 22.2%	7 41.2%	1 8.3%	1 16.7%	2 28.6%	19 21.3%
	우울증, 정신 질환 때문		5 20.0%			2 16.7%	1 16.7%	1 14.3%	9 10.1%
	가정환경 때문		3 12.0%		1 5.9%				4 4.5%
	운명 때문		3 12.0%	3 16.7%	3 17.6%	5 41.7%	1 16.7%	1 14.3%	16 18.0%
	다른 사람 때문	2 50.0%	8 32.0%	11 61.1%	7 41.2%	2 16.7%	3 50.0%	3 42.9%	36 40.4%
	기타		1 4.0%	1 5.6%					2 2.2%
	병 때문		2 8.0%		1 5.9%	2 16.7%		1 14.3%	6 6.7%
	돈 때문		1 4.0%		1 5.9%	2 16.7%			4 4.5%
계*		4 100.0%	25 100.0%	18 100.0%	17 100.0%	12 100.0%	6 100.0%	7 100.0%	89 100.0%

* 중복 집계. 따라서 빈도의 합은 총계를 넘을 수 있음
- 아래에 병기된 비율은 빈도/연령별 자살자 수
- 자료: 경찰 수사 기록 분석

<표 29> 성별 유서의 내용

<table>
<tr><th colspan="3" rowspan="2"></th><th colspan="2">성별</th><th rowspan="2">계</th></tr>
<tr><th>남</th><th>여</th></tr>
<tr><td rowspan="18">유서 내용</td><td colspan="2">자살 고지</td><td>42
15.2%</td><td>5
5.0%</td><td>47
12.4%</td></tr>
<tr><td colspan="2">자살 이유 설명(상황 설명)</td><td>85
30.7%</td><td>45
44.6%</td><td>130
34.4%</td></tr>
<tr><td rowspan="9">정서적 메시지</td><td>죽음, 자살에 대한 생각</td><td>46
16.6%</td><td>13
12.9%</td><td>59
15.6%</td></tr>
<tr><td>삶에 대한 미련</td><td>12
4.3%</td><td>6
5.9%</td><td>18
4.8%</td></tr>
<tr><td>자살 결심 과정에 대한 설명</td><td>49
17.7%</td><td>21
20.8%</td><td>70
18.5%</td></tr>
<tr><td>자기 자신에 대한 자책</td><td>41
14.8%</td><td>21
20.8%</td><td>62
16.4%</td></tr>
<tr><td>다른 사람에 대한 미안함</td><td>158
57.0%</td><td>53
52.5%</td><td>211
55.8%</td></tr>
<tr><td>다른 사람에 대한 원망</td><td>55
19.9%</td><td>27
26.7%</td><td>82
21.7%</td></tr>
<tr><td>다른 사람에 대한 저주</td><td>28
10.1%</td><td>10
9.9%</td><td>38
10.1%</td></tr>
<tr><td>다른 사람에 대한 염려</td><td>68
24.5%</td><td>25
24.8%</td><td>93
24.6%</td></tr>
<tr><td>자신의 인생 정리</td><td>49
17.7%</td><td>16
15.8%</td><td>65
17.2%</td></tr>
<tr><td rowspan="5">문제 지향적 메시지</td><td>자신의 장례 절차에 대한 부탁</td><td>77
27.8%</td><td>20
19.8%</td><td>97
25.7%</td></tr>
<tr><td>재산, 유산 상속 방법</td><td>17
6.1%</td><td>5
5.0%</td><td>22
5.8%</td></tr>
<tr><td>문제 해결</td><td>20
7.2%</td><td>6
5.9%</td><td>26
6.9%</td></tr>
<tr><td>뒷일 부탁</td><td>55
19.9%</td><td>17
16.8%</td><td>72
19.0%</td></tr>
<tr><td>친지 연락 부탁</td><td>14
5.1%</td><td>11
10.9%</td><td>25
6.6%</td></tr>
<tr><td colspan="2">기타</td><td>1
0.4%</td><td>1
1.0%</td><td>2
0.5%</td></tr>
<tr><td colspan="3">계*</td><td>277
100.0%</td><td>101
100.0%</td><td>378
100.0%</td></tr>
</table>

* 중복 집계. 따라서 빈도의 합은 총계를 넘을 수 있음
- 아래에 병기된 비율은 빈도/성별 자살자 수
- 자료: 경찰 수사 기록 분석

<표 30> 연령별 유서의 내용

			연령								계
			19세 이하	20대	30대	40대	50대	60대	70대	80세 이상	
유서 내용	자살 고지		3 11.5%	7 9.9%	8 9.9%	6 8.2%	8 16.0%	7 16.3%	6 20.0%	2 50.0%	47 12.4%
	자살 이유 설명 (상황 설명)		13 50.0%	25 35.2%	30 37.0%	18 24.7%	17 34.0%	17 39.5%	8 26.7%	2 50.0%	130 34.4%
	정서적 메시지	죽음, 자살에 대한 생각	7 26.9%	16 22.5%	13 16.0%	8 11.0%	5 10.0%	9 20.9%	1 3.3%		59 15.6%
		삶에 대한 미련	3 11.5%	3 4.2%	3 3.7%	3 4.1%	5 10.0%	1 2.3%			2 0.5%
		자살 결심 과정에 대한 설명	7 26.9%	17 23.9%	12 14.8%	10 13.7%	9 18.0%	8 18.6%	6 20.0%	1 25.0%	70 18.5%
		자기 자신에 대한 자책	5 19.2%	10 14.1%	18 22.2%	17 23.3%	7 14.0%	2 4.7%	3 10.0%		62 16.4%
		다른 사람에 대한 미안함	16 61.5%	41 57.7%	45 55.6%	47 64.4%	30 60.0%	17 39.5%	14 46.7%	1 25.0%	211 55.8%
		다른 사람에 대한 원망	9 34.6%	16 22.5%	23 28.4%	11 15.1%	12 24.0%	7 16.3%	3 10.0%	1 25.0%	82 21.7%
		다른 사람에 대한 저주	2 7.7%	6 8.5%	11 13.6%	9 12.3%	7 14.0%	2 4.7%	1 3.3%		38 10.1%
		다른 사람에 대한 염려	2 7.7%	15 21.1%	19 23.5%	20 27.4%	15 30.0%	15 34.9%	6 20.0%	1 25.0%	93 24.6%
		자신의 인생 정리	5 19.2%	23 32.4%	9 11.1%	13 17.8%	5 10.0%	6 14.0%	4 13.3%		65 17.2%
	문제 지향적 메시지	자신의 장례 절차에 대한 부탁	2 7.7%	15 21.1%	11 13.6%	18 24.7%	20 40.0%	19 44.2%	11 36.7%	1 25.0%	97 25.7%
		재산, 유산 상속 방법	4 15.4%	1 1.4%	3 3.7%	2 2.7%	4 8.0%	4 9.3%	4 13.3%		22 5.8%
		문제 해결		4 5.6%	7 8.6%	8 11.0%	6 12.0%		1 3.3%		72 19.0%
		뒷일 부탁	2 7.7%	5 7.0%	12 14.8%	18 24.7%	16 32.0%	13 30.2%	5 16.7%	1 25.0%	25 6.6%
		친지 연락 부탁	5 19.2%	4 5.6%	3 3.7%		7 14.0%	3 7.0%	2 6.7%	1 25.0%	18 4.8%
	기타				1 1.2%			1 2.3%			26 6.9%
계*			26 100.0%	71 100.0%	81 100.0%	73 100.0%	50 100.0%	43 100.0%	30 100.0%	4 100.0%	378 100.0%

* 중복 집계. 따라서 빈도의 합은 총계를 넘을 수 있음
- 아래에 병기된 비율은 빈도/연령별 자살자 수
- 자료: 경찰 수사 기록 분석

<표 31> 유서의 기록 매체

		유서 기록 매체							계	통계 값
		편지지 또는 백지에 기록	공책 또는 연습장에 기록	메모지 또는 수첩에 간략히 기록	주변의 종이에 기록(달력, 포장지 등)	온라인상에 기록(블로그, 홈페이지 등)	핸드폰 문자메시지	기타		
성별	남	107 41.3%	65 25.1%	56 21.6%	11 4.2%	4 1.5%	7 2.7%	9 3.5%	259 100.0%	χ^2= 8.096 N. S.
	여	27 27.3%	28 28.3%	26 26.3%	8 8.1%	1 1.0%	5 5.1%	4 4.0%	99 100.0%	
계		134 37.4%	93 26.0%	82 22.9%	19 5.3%	5 1.4%	12 3.4%	13 3.6%	358 100.0%	
연령	19세 이하	9 34.6%	8 30.8%	3 11.5%	2 7.7%		3 11.5%	1 3.8%	26 100.0%	χ^2= 61.865 $p<0.05$
	20대	24 36.4%	19 28.8%	14 21.2%	1 1.5%	1 1.5%	5 7.6%	2 3.0%	66 100.0%	
	30대	23 29.1%	28 35.4%	15 19.0%	4 5.1%	4 5.1%	3 3.8%	2 2.5%	79 100.0%	
	40대	26 38.8%	11 16.4%	26 38.8%	3 4.5%			1 1.5%	67 100.0%	
	50대	17 34.7%	14 28.6%	11 22.4%	5 10.2%		1 2.0%	1 2.0%	49 100.0%	
	60대	19 48.7%	7 17.9%	7 17.9%	2 5.1%			4 10.3%	39 100.0%	
	70대	11 44.0%	6 24.0%	5 20.0%	2 8.0%			1 4.0%	25 100.0%	
	80세 이상	5 71.4%		1 14.3%				1 14.3%	7 100.0%	
계		134 37.4%	93 26.0%	82 22.9%	19 5.3%	5 1.4%	12 3.4%	13 3.6%	358 100.0%	

- 자료: 경찰 수사 기록 분석

<표 32> 성별 유서의 수신인

		성별		계
		남	여	
유서 수신인	배우자	71 25.9%	23 23.0%	94 25.1%
	자녀	97 35.4%	22 22.0%	119 31.8%
	형제	50 18.2%	18 18.0%	68 18.2%
	부모	57 20.8%	35 35.0%	92 24.6%
	조부, 조모	1 0.4%	1 1.0%	2 0.5%
	손자, 손녀	1 0.4%	2 2.0%	3 0.8%
	기타 친척	10 3.6%	2 2.0%	12 3.2%
	애인	17 6.2%	10 10.0%	27 7.2%
	친구	18 6.6%	10 10.0%	28 7.5%
	직장 동료, 상사	8 2.9%	1 1.0%	9 2.4%
	업무상 아는 사람	14 5.1%	2 2.0%	16 4.3%
	불특정인	83 30.3%	24 24.0%	107 28.6%
	기타	11 4.00%	3 3.00%	14 3.7%
계*		274 100.0%	100 100.0%	374 100.0%

* 중복 집계. 따라서 빈도의 합은 총계를 넘을 수 있음
- 아래에 병기된 비율은 빈도/연령별 자살자 수
- 자료: 경찰 수사 기록 분석

<표 33> 연령별 유서의 수신인

		연령								계
		19세 이하	20대	30대	40대	50대	60대	70대	80세 이상	
유서 수신인	배우자	1 3.8%	4 5.7%	28 35.0%	26 36.1%	17 34.7%	10 23.3%	7 23.3%	1 25.0%	94 25.1%
	자녀			17 21.2%	31 43.1%	25 51.0%	25 58.1%	19 63.3%	2 50.0%	119 31.8%
	형제	6 23.1%	17 24.3%	18 22.5%	12 16.7%	7 14.3%	5 11.6%	3 10.0%		68 18.2%
	부모	15 57.7%	33 47.1%	24 30.0%	9 12.5%	8 16.3%	2 4.7%	1 3.3%		92 24.6%
	조부, 조모		1 1.4%				1 2.3%			2 0.5%
	손자, 손녀						1 2.3%		2 50.0%	3 0.8%
	기타 친척	1 3.8%	2 2.9%		4 5.6%	1 2.0%	4 9.3%			12 3.2%
	애인	4 15.4%	8 11.4%	8 10.0%	3 4.2%	4 8.2%				27 7.2%
	친구	8 30.8%	11 15.7%	4 5.0%	4 5.6%	1 2.0%				28 7.5%
	직장 동료, 상사		3 4.3%	1 1.2%	4 5.6%	1 2.0%				9 2.4%
	업무상 아는 사람			5 6.2%	5 6.9%	3 6.1%	1 2.3%	1 3.3%	1 25.0%	16 4.3%
	불특정인	7 26.9%	27 38.6%	23 28.8%	21 29.2%	9 18.4%	12 27.9%	7 23.3%	1 25.0%	107 28.6%
	기타	1 3.8%	1 1.4%	4 5.0%	5 6.9%	2 4.1%		1 3.3%		14 3.7%
계*		26 100.0%	70 100.0%	80 100.0%	72 100.0%	49 100.0%	43 100.0%	30 100.0%	4 100.0%	374 100.0%

* 중복 집계. 따라서 빈도의 합은 총계를 넘을 수 있음
- 아래에 병기된 비율은 빈도/연령별 자살자 수
- 자료: 경찰 수사 기록 분석

부록 2
심층 분석 유서 전문

1. 회피형 자살의 사례 1
— 43세. 남. 사업. 2003년 2월 23일 추락사

강했지만 너무나 약한 놈

아~ 이젠 경기가 상향이야하고 자신감있게 밀고 벌린사업 1년도 안되 다 허물어지고 남은 것은 빚과 문제들 뿐

염창동 너무나 큰일이다 나만 믿고 이름주고 돈주고 또 세입자들

계약은 했으나 잔금은 첫으나 등기 못 주고 못 받는것 융자연장, 승계, 하자투성이

이걸 어찌하나, 잠 못 이루고 모두 죽이게 하고, 나 먼저 가련다

· 아버님 너무 송구스럽고요 어머님 정말 불효잡니다

· 집사람 너무나 착실하고 착했는데

· ○○, ○○이 너무너무 사랑하는데 아빠 꼴이

· 형! 여동생 ○○이 너무너무 고생할텐데 오빠땜에

· ○○, ○○, 형님, 처남까지도 저가 고생을 시켰어요

· 우리 함께한 ○○가족 모두에게 너무나 고생을 시켰어 앞으로 고생을 상상해보면 죽고십은 생각이외엔,

· 나 믿고 돈 잃고 함정에 빠진 친구 ○○, ○○, ○○, ○○, ○○

· 너무나 많은 사람을 다치게 해어 셀 수도 없어 하늘을 쳐다보기가 힘들어

※ 김○○이넌 살아남아라

오○○ 계약서 넘거 주었지만 너의 허락없이 나의 임의로 도장파서 업더리로 넘긴 것

분양권은 진정 김○○

이것

○○씨 미안해

만히야나

죽일 놈

죽은 놈

용서가 안되지

욕심버리고 작고 알차게 살기위해 다시태어날게

모두 해결하고 가야하는데 한발짝도 움직일 수가 없어

움직이면 점점더 많은 사람이 다치기만하고 골만 자꾸 깊어지고 단한곳도 발붙일곳이 없어 끝

※ 각자 소유권자는 자기 소유 물건 정리 해야하고 (내것은) (나는 죽으니까 방법이 없고 정박사가 최소화시킬수 있는 바늘구멍만 기회들을 알 사람이고 이 세무사가 도와 등기 일부 넘길 가능성은 있을지

아무것도 쉽게는 안될 것같고 은행융자가 너무 어렵게 할 것같고 나로 인해 연결된 모든 사람이 망가저버릴것 같다

요즈음 나는 사탄이 내 몸속 내 피속에 있는 것을 느낀다-

· 나를 화장을 해서 고향동산에 뿌려 주면 고맙고

· 안되면 버려버리든가

· 안되면 알아서 처리해주세요

· 나로 인해 모두가 고통만이 남는 자 끼리 서로를 괴롭혀봐야 모두가 결논은 꽝

내가 만든 작품이니까

나를 믿는다**

생각하면 접근했으니까 !!

악마같은 놈

정말 악마

※ 내차

보** 166호

APT 담벼락에

유서와 내인감도장 - 조수석

아**인감도장 다**석에

↧ 집사람 *선배에게

주고간다

마지막이 너무 괴로워

나를 빨리 버리는 것만이

연관된 사람들의 최선

그리고 대부분이 거지.. 제발 서로들

불쌍히 여기소서 - 오늘의 설교도 어저면 나를 보고 했는지(교회)

① 내집전화 02- ○○○○- ○○○

② 내핸드폰 01○-○○○-○○○○ (꺼버림)

③ 집사람전화 헤드폰 01○-○○○-○○○○

④ 이사장 TEL 01○-○○○-○○○○ (집주소 ○○○구 ○동 ○-7 4층)

미안, 미안,

죽일놈, 죽일놈

2003. 2. 22일 날 잡았는데

어떻게 시기를 놓쳤어 !!

악마같은 놈 교만 아무것도 없는 것이 한번 해보고 싶은 마음에 펼친사업이

이것인 내 작품(내 주변 모두가 피해자) 모든 것이 하자, 투성이

2. 회피형 자살의 사례 2

—33세. 여. 무직. 2001년 4월 13일 음독사

나는 알고 있으면서도 세상에 돌아가는 흐름을 무시한다

비록 내가 여자로 태어났지만 난 언제까지나 남자이고 싶다

그래서 만나는 남자마다 가소롭고 귀찮다 한마디로 난 남자이고 싶다

이제까지 내가 왜! 참고만 살아왔는지

이제는 조금씩 느끼지만 다음 세상에선 절대로 여자로 태어나고 싶지 않다

2000生 나에겐 고통과 번민* 나와의 싸움에 연속이다

그러나 난 아제 그누구도 이길수없다

여자이기 때문에...

○○○-○○○○

○○○-○○○○ 여○○전화

1月8일 오후 3 : 30 월요일

세상은 나를 미워하며

하늘은 나를 오라하여

나는 어찌하여 세상을 이토록 힘들게 사는가????

나에 마음만 추스르면 세상이 다 아름답게 보일텐데....

나는 세상을 부러워하면서도 세상을 비판한다

나에게 이유가 있다면 나에 자신을 이길수 없다는것뿐

그래도 나는 모든 것을 사랑하고 싶은데 그 인간으로 인해 난 세상을 알아간다

요즈음 세상은 돈으로 살아가고 죽어가는 세상 그래서 난 돈을 "신"으로 삼는 인간으로 변해간다

죽고싶지만 그것뿐 순간뿐

나 죽거든 날 원망마소 엄마

난 죽어야 될 인간

저 세상에 가서 모든 업보를 다 가져가리다

다만 미련이 있다면 나의 사랑하는 아들 이 ○○이가 불쌍할뿐

이쁘고도 사랑하는 나의 아들 ○○아!

엄마는 널 버린게 아니란다

널 빼앗겼다고 해야 정확한 말이 될것 같구나

널 이세상에서 그 누구보다도 사랑한다

그 누구를 의지하에 살아야 하나

너무도 외롭고 힘든세상

속고 또 속고서야 세상에 눈을 뜬 바보 이○○

그러나, 나는 진정한 가정을 꾸미고 싶다

바보같은 남자와 더불어 살고싶다

그게 나의 욕심많은 꿈일까...

난 옛날이 그립다 ○○아빠를 만나 잠시나마 행복했고 모든 역경을 이길수 있었다

그러나 몇 년에 세월이 흐른 지금 난 엄마 곁으로 비행기를 타고 날아왔다

그러나 나에겐 의붓 아버지의 횡포와 빚에 쪼달리는 가련한 엄마의 모습과 이미 폐인이 되어버린 이○○

그리고 남자에게만 의지하려는 나의 무능력뿐

난 옛날에 씩씩했던 전주로 돌아가고 싶다

그리고 나를 인정해* 배려를 아끼지 않았다

백화점 주인 ○○○ 그리고 같이 생활했던 ○○, ○○, ○○ 등등 나에 벗들과 직장 동료들 보고싶다

지금은 어디서 살고 있는지

너는 나의 배필이 아니야

첫째는: 나의 성격이 안좋고

두번째는 : 나는 병자요

세번째는 아기를 못낳는것

다섯 번째는 너는 내가 감당하기 엔 너무 힘이 들어

6번째는 나는 그 누구를 힘들게 하지 않고 죽는것

2001* 2月 15日 목요일

난 재혼한 사람을 따라 ○○ 미역공장까지 왔다

아침 6시 30분에 일어나 밥을 차리고 그리고 낮에는 일을 하는 나의 몸으로는 감당하지 못할 것 같은 일을 ** 있다

그 사람들은 더욱더 힘든일을 하고 지금 코을 골고 자고 있다

To ○○〔새 남편〕

오늘도 일하느라 고생하셨어요

당신을 참으로 위대한 사람으로 생각해요

그리고 제 자신이 미워요

아무것도 할 수 없는 바보멍청이

이○○〔자살자 이름〕 제발 나를 도와주세요

3. 이해형 자살의 사례 1

—14세. 여. 중학생 4명. 1998년 3월 25일 추락사(동반 자살)

자살자 A의 유서

내가 사랑하는 엄마 아빠께 ...

엄마 아빠 저 못난 딸 ○○예요

이제 이게 마지막이 될지도 모르는 편지네요...

죄송해요 16년 동안 살면서 아빠엄마께 걱정만 끼쳐드렸어요

전 그래도 다른 어린이들보다 행복했던 것 같아요

하지만요 차라리 저도 그런 상황에서 자랐다면 좋겠어요

친구들의 환경을 보면서 세상이 미웠어요

왜 나의 소중한 친구들이 그렇게 불행해야하는지

슬펐어요 위로해 주고싶었구... 혼자여야만 하는 그애가 불쌍했어요

고민이 있어도 말하지 못하구

그래서 제가 고민을 들어주고 싶었어요

하지만 그게 안되는 제 환경도 미웠어요

왜 엄마 아빤 저를 못믿으세요? ○○네〔자살자 D〕두 제 친구네예요 위로해줄 수도 있구... 놀수도 있는 곳이에요

다른 부모님은 친구네 집이라고 하면, 전화만하면 가도 됬어요 놀아두되구

그렇다구 그애는 나보다 공부를 잘하지도 않고 저보다 집에 더 없어요

매일 친구들끼리 노는데 나 혼자만 집으로 와야하는게 너무나 싫었어요

애들이 집에다 논다고 전화해서 허락맏을 때 저도 허락해주실까 해서 전화하면 이년저년 해가며 저는 혼이나고 혼자서 재미있게 노는 아이들을 뒤로하고 집으로 돌아와요

저는 그게 싫었어요 괜히 아이들과 멀어지는 느낌두 나구요

이제 됐어요 먼저 가게되는거

정말 죄송해요

다음세상에서 다시 만날 때 우리 웃는 모습이었으면 좋겠네요

엄마 아빠 정말 사랑해요 그리고 죄송해요

98.3.25

○○ ○○에게

쌍둥아 큰누나야

너희들한테 편지는 처음이다 근데 이게 마지막 편지일줄이야 … 정말 미안해… 큰누나 없어도 작은누나 말 잘듣고… 엄마 말 잘듣구..

그동안 못해준거 미안해.. 그리구 고마워..누나 호출기 가주구 갈테니까 음성녀…

누나는 더 좋은 세상으로 가는거야…

알았지? 그럼 잘있어 누나가 너의 수호신이 될게

사랑해.. 정말 사랑해 귀여운 내 동생들아

98.3.25

내가 무지 사랑하는 동생에게

○○야 먼저 니가 제일 고마워 너를 잊지 못할꺼야

너를 제일 사랑해 고맙구 언니가 너한테 못해준거 잊어버려 그리고 언니 돈있는데 알지 …

그돈 니가가져… 알았지 … 그동안 너한테 못할짓도 많이했는데

그리구 언니 통장있지 …. 그것좀 엄마께 드려 …

○○야 언니가 먼저 가서 미안해 언니가 없어도 공부열심히 하구 …

언니 묻을때 호출기 꼭너줘 그래서 언니하구 할말있음 ...음성너 알았지...

니가 언니 몫까지 열심히해

아빠 엄마 말 잘 듣구 알았지 .. ○○야 사랑해..

내가 사랑하는 ○○

안녕? 이젠 글씨 쓸 기운도 없어

그냥 눈물만 흘를뿐 ○○아! 너 나 좋아했어?

니 맘 꼭 알고싶었는데 있자나 나 하고싶은게 너무나 많아

시간은 없구 난 빨리 다른세상에 가고싶어

근데 너희를 두고 가긴 싫다 .. .많이 보구 싶을꺼야

○○아 나 죽어도 아니 내가 다른 세상 더 좋은 세상에 잇을때 나 잊지는마

자주는 아니구 가끔씩 아주가끔씩만 아! 그애! 이렇게 생각만 해줘 ...건강히... 공부도 열심히 ... 더 좋은 여자 만나라

알았지.. ○○아! ○○아! 너희들 모두 지금 막 보구싶다 난 너희들 모두를 사랑해!

○○아! 계속 불러보구 싶다 ... 그럼 다음 세상에서 만나자 .. 알았지?

너의 수호신이 될 ○○[자살자 A]가

사랑해

자살자 B의 유서

투우 내가 사랑하는

○○아

먼저 미안하다

****

꼭 지켜줘 알았지?

사랑하는 마음 잊지 말고...

알았지

나 죽으면 니 사진 넣어줘

애들 사진두

내가 천국가서 기도할께요

Bye × 2

-○○○[자살자 B]가-

자살자 C의 유서

○○○ 봐라

○○아 너무 미안하다 잘해준것도 없이 ****

우리 싸움두 만니하구 그랬지만 넌 내게 너무나 소중한 친구였어

그거 알지 내가 너 사랑하는 거. 모르면 안돼

정말 미안하다 미안하다는 말밖에 못하겠다

글구 우리 ○○ 언니한테 ○○이 오빠 내 장례식때 좀 오라해

글구 내 수첩 좀 오빠 한테 전해죠 알았지?

할말이 없다 아니 ○○ ○○아 미안하다 진짜미안

나 너무 미워하지마 너희들은 내가 사랑했던 친구였으니깐 글구 만니 울지두마 눈물이 아까우니깐 OK

그래 그럼 진짜 ...미안하다 글구 사랑해

정말 사랑해

○○가 제일루 사랑하는 엄마 아빠께
일단 죄송하다는 말씀을 드려야 될것 같아요 전 정말 13년을 살면서 너무 힘들구 슬프구 지난 시간을 뒤돌아 보면 기뻐했던것보단 힘들구 싫어던 일들이 더 많은 것 갈께요
이게 유서라구 하기엔 너무 유치하네요
저만 죽기로 결정한건 이유를 데자면
첫 번째 아빠의 술주정이 너무 싫었어요 제 일이 있어 집에 들어오면 언제나 술에 찌들여 있고 집은 완전히 개판 그게 전 정말 싫었어요
둘째 돈 난 돈이 싫기도하구 좋기두해요 우리집은 언제나 돈이 문제죠 그런데도 아빠 돈 안벌구 술만 마시구 정말 살기가 싫었어요 언니들두 미안해 특히 ○○언니
○○ 언니 하지만 조금은 미워 내가 힘들다구 할때두 그냥 들은체도 안하구 정말 싫어 우리 가족 모두다 하지만 난 우리 엄만 정말 사랑했어요 내가 힘들때두 언제나 엄마를 보면 힘이나구 그랬어
엄마 정말 사랑해 정말 이젠 그만 펜을 놀을것 같애요
힘이 없네요 내가 죽었다고 저 따라서 죽거나 하지마
난 그럼 눈을 제대로 감을수 없을고야 그럼
가족 모두 사랑해요 ○○두

자살자 D의 유서

○○언니 보세요
굉장히 오랜만에 편지를 쓰는것 같다
언니한테 미안한것도 많구 …
○○ 잊어버린건 정말 미안해 실수였어 지금 내 앞에 수면제 10말이 있어 이

거 먹구선 천국가구 싶어 휴

나 정말 살기가 싫었어 내가 가난하다는 것두 싫었구 제일싫은 건 아빠의 술주정이야 그게 날 제일 힘들게 한것 같애 하지만 이젠 다 용서할꺼야

내가 천국가서 우리 가족의 수호천사가 되구 싶다 힘이 없어 그만쓸게

-1998.3.25 언니들 ♡하는 내가

○○언니봐

언니한텐 처음 쓰는 편지인것 같다

언니가 이걸 볼때 쯤이면 난 저세상에 가있겠지? 언니 내 장례식때 ○○이 오빠

꼭 대리구 와 ○○이 오빠두 ○○이 오빠 ○○ 오빠 또 .. ○○언니 ○○이 언니 ○○언니 등등..

내가 죽었다구 너무 슬퍼하진마 알았지 난 우리 ○○ 언니를 정말 사랑했어 그냥 힘이 없다

마지막으로 ○○○ 오빠한테 할말이 있어

우리 언니랑 1000일까지 꼭~가

그럼 ...

1998.3.25

언니사랑하는 ○○이가

4. 이해형 자살의 사례 2

—14세. 여. 중학생. 2005년 1월 6일 추락사

생텍쥐페리의 어린왕자..

소설의 서술자인 비행기조종사는 말한다

어른들은 모든 사물을 숫자로만 판단해요

붉은 벽돌에 창틀에 사기 꽃병이 놓인 집을 봤어요 하면 전혀 이해하지 못하지만 10만 프랑짜리 집을 봤으요 하면 이해한다고.

글쓰기를 좋아하고 닭요리를 좋아하는 친구를 사귀었어요 하면 관심도 없지만 새로 사귄 친구 아버님의 월급은 1만 프랑이고, 그 아이는 8만 프랑짜리 집에 살아요 하면 귀 기울여 듣는다고

절대적으로 공감한다

남자친구를 사귀면 제일먼저 묻는 것은 성적이잖아

공부는 잘 하냐고

좋아하는 과목같은 게 궁금한 게 아니라 평균점수가 기준이 되는 말 그대로 내신성적이 궁금한 거잖아

○○이랑 ○○이랑 ○○이가 공부를 열심히 한다더라 이게 아니라 하루에 영어단어를 100개를 외운다더라 ○○이는 2개 ○○이는 4개 ○○이는 3개 틀린다 학원에선 9시부터 9시까지 공부한다더라

결국 다 숫자잖아

공부는 한 시간이 중요한 게 아니라 이해한 내용과 질이 중요한데

항상 물어보는 건

얼마나 많이 알았니? 가 아닌

얼마나 오래 앉아있었니? 하는

그냥 공부한 시간...그거잖아

...나 이제 겨우 중3이다

솔직히 요즘엔 1학년 1학기 중간고사 때 1등했던 게

엄청 많이 후회된다

차라리 그때 80 85점 맞았더라면

지금 이렇게 압박받진 않았을텐데..

난 나름대로 열심히 하고 있는데

단지 그 아이들이랑 방법이 다른 것 뿐..

잘 알지도 못하면서

"니가 이번에 열심히 하지 않았다"

라고 치부해버리지 마시길...

죽고싶다는 생각은 100번도 넘게 해봤습니다

죽으면 끝날까

죽으면 편해질까..

이대로 죽기엔 15년밖에 못 산 내 인생이 너무 아깝지만

계속 이렇게 사는 것보단 나을 것 같다

이대로라면.....남은 8년이 정말 자신이 없다

엄마 죽고싶을 정도로 힘들다면서요

나도 그랬어요

엄마는 나한테 말이라도 했죠

나는 말하면 맞아죽을까봐 못했거든요

만약에 이 죽음에 성공하면 뭐라고 하실 거예요

반항심에 저지른 충동적 자살?

아니요..

아주 오래전부터 계획해온 일입니다

죽음을 결심하는 사람들은

삶에 아무런 낙이 없다면서요

...지금 저도 그렇습니다

살아갈 가치를 못 느끼고 있습니다

살아갈 가치를 못 느끼고 있습니다

5. 해결형 자살의 사례 1

—38세. 남. 카센터 운영. 1998년 7월 8일 의사

여보 정말 미안하오 내가 왜 이렇게 되었는지 ****
잘 살아 볼려고 했는데 일이 이렇게 되버렸소
모든 것이 나의 잘못이오 몇 개월간 얼마나 고민하고 살아갈 힘이 없었고 세상을 살아갈 가치도 없소
모든 사람에게 사기당하고 모든 것을 잃고 저세상으로 가고싶은 생각밖에 아이들이랑 당신이랑 더 이상 힘들게 어렵게 살수가 없다고 판단했소
그리고 ○○은행 대출이 천백만원이고 카드갑이 아직까지 남았소 그것만 해결하고 가계정리해서 은행은 해결하고 가계 2천5백 김○○씨 공증이 되었있으니까 6月30日까지되데 9月30日까지 연장했 낫으니까 9. 30日까지 가계 정리하고 공증을 풀어서 나머지는 당신이 알아서 해주길 바라오
다른 빚은 없으니까 당신은 모른다고 하면 되요 증거가 없으니까
가계, 집, 자동차, 진만이 압으로 계약서를 써서** 빨리 이전을 하도록
이못난 사람만나서 정말 고생만 시키고 거것이 제일 미안하게 생각하오

아이들 ○○[아들 이름], ○○[딸 이름]아 건강하게 엄마말씀 잘 드고 공부 잘하고 열심히 해야한다 아빠가 이렇짓을 했다고 원망하지마
여보 사랑하오, ○○[아들 이름]아 사랑한다 ○○[딸 이름] 예쁘아
우리 ○○[딸 이름]이

정말 미안하게 되었구나
*박에 할 수가 없단다 너에게 할말이 먼저 없으져야 하겠다는 **없다 처남 누나 조카들
락한다 가지고 열심히 살아라

가계, 자동차 모두 정리해서 가져가 미안하다

큰 형님 내가 은행에 보증써것 친구이 변하도록 빨리 값아주세요
형님도 힘든데 형님 모든형*
형수게 미안합니다

6. 해결형 자살의 사례 2

—41세. 남. 무직. 1998년 12월 1일 의사

부모님 전상서

참으로 염치없이 이런 꼴을 또 보여드립니다.

이렇게 되기까지 못나게 살아왔다는 것이 너무나 후회스럽고 저 자신이 저주스럽습니다.

다른 자식들 처럼 효도 한번 해드리지 못하고 불편한 어머님까지 계시건만

이렇게 못난 꼴을 보이는 자식을 용서해 주십시오

이렇게 떠남으로 해서 식구들 모두에게 누가 되고 손가락질 받게 되련만은 더 이상 지탱할 수가 없읍니다.

내세에 좋은 세상이 있다면 그땐 부모님께 잘 해드리겠읍니다.

아버님 용서해 주셔요.

○○, ○○, ○○ 엄마 부탁드립니다.

착한 ○○엄마는 나같은 사람에게 시집오는 바람에 고생아닌 고생을

무척이나 불쌍한 여자입니다.

아무쪼록 널리 이해하시고 딸처럼 여기셔서 ○○엄마 잘 좀 부탁드립니다.

○○ ○○[아들들 이름]이에게 열심히 살아야 한다는 것을 아버님께서 틈나는 대로 보살펴 주시기 바랍니다.

정말 용서해 주셔요.

아 못난 놈을 한 줌의 재로 만들어 과천 대공원 저수지에 뿌려 주시기 바랍니다.

어머니! 어머니 용서하셔요.

정말 잘 해드리고 싶었는데

정말 용서해 주셔요.

아버님 기운내시고 아버님 마저 좌절하시면

안되니 부디 건강하게 오래오래 사시면서

○○ ○○이 지켜주시기 바랍니다.

불효자식 올림

유서 ○○ 엄마

○○ 엄마에게

이렇게 떠나는 못난 이 사람을 용서하세요

착하고 착한 당신이 못된 이 사람을 만나 그간 몸고생 마음고생만 하고 ****

사람처럼 사람답게 행복을 누리지 못하고 이런 일을 또 당하게 하니 미안하구요

당신을 무척 사랑했다오

표현을 하지 못 했고 이처럼 바보스럽게 살았기에 사랑을 나타내기가 거북해서 그렇지 너무 당신만을 사랑했다는 것을 알아주오

염치 없지만 ○○ ○○이 부탁하오

나처럼 좌절하지 말고 끝까지 두놈이 사람답게 살때까지 돌봐주오

우리 부모님은 당신을 사랑하리라 믿으오

부모님께 내 몫까지 잘해주시오

들어가서 부모님 모시면서 살아주오

세상에 믿을 사람은 부모님과 형제밖에 더 있겠오

화장은 해주오 재는 과천저수지에 뿌려주오

꿋꿋하게 힘내고 남에게 손가락질 받지말고 부디 몸을 존중하게 아끼시오

○○ ○○이를 당신에게만 책임지고 이런 꼴로 떠나는 당신게 뭐라

사죄를 해야할런지. . . .

여보! 미안하구료

부모님이 뭐라고 하셔도 부모님만 믿고 부모님과 의논하고 될 수 잇음 당신이 모시고 사시구료
여보 미안해요
사랑해 김○○
영원히 사랑하는 마음을 가지고 가리다
못난 남편

가슴앓이 하는 것인지 송곳으로 우여파는듯 아프고 위장이 한계에 도달했는지 밥도 도저히 먹을수 없을만큼 고통이 뒤따르니 병원가기도 무섭고
이렇게 죽음으로해서 아이들 장래에 누나끼치지 말아야 하는데....
당신만 믿으리오
평소 당신이 말하던대로 ○○ ○○이 만큼은 누구보다도 떳떳하게 열심히 살 수있도록
당신이 채칙질 해주오
여보 사랑해

아버지전화번호
01○-○○○-○○○○
○○네집
○○○-○○○○
"너무 놀라지 말고 침착 하길 바래"
이렇게 간다고 너무 소문나면 ○○ ○○이 장래에도 지장 많을 듯 하니 조용 조용 처리해 주길바래
형식이나 절차에 구애됨 없이 입은 그대로 당장이라도 화장을 부탁하오
당신의 장래는 알아서 할 일이지만 우리 부모님을 당신 친부모라 여기며 집에 들어가서 모시면 당신 일하는 것보다 속도 편할테고 ○○ ○○이도 든든

할테니 매사를 부모님 이해시켜드리고 차근차근 대화로 의논드리면 왠만한 일은 부모님께서 들어주시라 믿오오

세상에 믿을 사람은 없소 특히 남자들은 더욱 그럴 것이요
겉으로 드러내놓지 않더라도 누구나 속으로 딴마음에 계산들이 있을것이요
○○, ○○이를 부탁하오
영혼이나마 환생한다면 당신을 지켜주리라 여보 정말 미안하구료
○○는 훌륭한 군인이 되게하고 ○○이는 최소한 전문대라도 보내주길 바라오

열심히 살아야지 그렇지 않으면 아빠 꼴 난다고 자주 상기시키시오
어려운 일이 있을 땐 부모님과 ○○[동생 이름]와 상의하시오 그래도 내 동생 ○○는 잘해 줄것이요
아버님께 잘 말씀드리고 집으로 들어가 함께 사는 것이 당신에게 좋으리라 생각이 되오
우리어머님 잘 좀 부탁드리오
여보 당신은 건강하게 행복하게 혹 만날 수 있다면 좋은 사람 만나시오
-못난 ○○으로부터-

○○ ○○ [아들들 이름]
어쩌다 이렇게 된 것이 아니라 세상을 열심히 살아오지 못한 것이 오늘의 이런 꼴이구나
남들처럼 아버지처럼 제대로 해준 것도 없고 너희들 앞에서 좋은 모습은 보여주지도 못했고 용돈한 번 제대로 줘보지도 못했고 정말정말 미안하구나
아버지라는 기억은 빨리 지워버리고 열심히 노력하면서 생존경쟁에서 뒤떨어지면 낙오자가 된다는 것을 한시 명심하고 최선을 다해 열심히 살기를 바란다

○○ ○○아
불쌍한 엄마를 잘 대해드려라
너희들도 보다시피 여지껏 호강이라는 것은 한 번도 해보지 못하고 고생만하지 않았니
그리고 할아버지 할머니께 잘해드려라
할아버지께 사소한일이라도 의논드리며 돌아가시는 날가지 잘해드려라
여지껏 너희를 이만큼 큰 것도 할아버지 할머니 덕도 무척 클 것이라는 것을 너희도 알지 않으냐
절대 남에게 뒤지지 말고 우선 인생의 목표를 정해라
무엇이 될 것인가 그러기위해서 어떻게 해야될까 하는 등의 계획을 세워 냉정한 현실에서 낙오됨이 없이 꾿꾿하게 살기를 바란다
엄마 잘해드리기를 부탁드린다
"못난아빠가"

죽음이라는 벽을넘어 너를 지켜만 볼 수 있다면
미안하다 정말 아들아 미안하다
열심히 노력해서 살고 좋은 여자만나 불쌍한 너희엄마를 잘해줘라
할머니, 할아버지 끝까지 잘해드리길 부탁한다

○○야
아빠 때문에 너에게 어떠한 불이익이 닥치드래도 남자답게 격파하고 나가라
이왕 군대갈 거거든 해병대를 가라는 아빠의 말을 의미해라
속마음을 남에게 될 수 있음 내보이지 말고 자기주관대로 살자

○○에게

이 세상에 하나밖에 없는 나의 동생에게 형 노릇 제대로 한번 해주지 못하고

이렇게 떠나니

참으로 미안하구나

장애인이라는 굴레를 40세가 넘도록 극복하지 못하고 참으로 못난 인생을 살

았구나

부모님을 부탁하자

어머님께 잘해드리기 바란다

물론 아버님 연로하실 때까지도 누구 못지않게 효도하길 바란다

○○. ○○[아들들 이름] 부탁한다

형수도 많이 도와주길 바란다

○○이 ○○이도 잘 키우길 바란다

미안하구나

못나디 못난 형으로부터

두렵다 무섭다!

하지만 갈 시간을 2시로 정하다보니 벌써18분 정도지났다

두렵다

두렵다

망설이다 망설이다

한번도 본적도 없는 장인도 만나러 가리요

장모님도 보리요

거동도 하지 못 하는 우리엄마

너무너무 잘못했어요

너무 잘못했어요

아버님 정말 잘못했어요

너무 잘못 세상을 살았어요

하지만 장애인은아파요

7. 배려형 자살의 사례 1

—64세. 남. 무직. 2002년 12월 13일 의사

○○엄마 놀래지마오

나는 높은 고혈압 환자로 "이번 독감에 걸려 협압으로 인한 심장마비 사망이요"

이말을 친족 외에게 내가 죽은 방법을 떠드는 것은 집 팔때도 좋지안고 동내에도 망신요

1. ○○○○ 장예식장에 연락하여 조용히 처리 하시오
2. 나는 종교업고 가족간에도 일치되지 않으므로 불교식도 실고 행사도 실소 평범하게 유교식으로 간편하 화장하여 남골땅(시립) 보내주면 행복하겠오

꼭 명심주시오

※ 피아노 속에 내 물건이 있소

○○엄마에게

내가 세상에 태여나서 제일 조아하고 믿고 사랑하던 자기 내가 자기 앞에서 행복하게 세상떠나 정말 깊버

내가 남자에 본능으로 살면서 신경스게한 거 용서하고 이해주어

나는 더 오래 살랴고하면 고혈압 증풍에 추한 꼴을 보시제에 근업하고 인간답게 죽고 싶어 먼저 가니 이해주오

그럼 우으면 안녕

영혼이 있다면 당신을 지킬거야

당신남편

나의 소원은 "가시고기가 되어" 내 가족 앞으로 살아 가는데 거름이 되고 싶소

사랑하는 딸 ○○

너는 반드시 자라서 훌륭한 주부가 되었으 사외 ○○ ○○

너에 가족관계 행복하게 살아라

부탁* 너에 엄마 끝까지 보살퍼다오

훌륭한 딸 아버지로 행복하게 잘하자

아들에게

너는 아직 성숙하지를 못해 아버지 마음에 걸리나 세월 가면서 훌륭한 아들이 되고 며누리 ○○이 잘 보살피고 행복하게 살아라

끝으로 엄마에게 어떻게 하는것이 효도인가를 생각하여 엄마를 보살펴라

걱정이 되는 일

1 가개는 재계약이 되지 안았으므로 5년 임대보호법은 새로 계약 했을때 발표됨

2 하수도는 맹홀 즉시 검검 할것

3 수도가 얼지안게 조심할것

내 유품은 보기 실다고 급히 버리지 말고 천천히 정리 할것

※ 내가 세상하직 할곳은 나뿌게 생각 하질 말고 내가 조은 하늘로 승천 햇다고 생각하여 무서워 하지마오

○○처남 처형

처제 우리는 친한 처갓집 식구들로 서로 정신적으로 의지하고 잘 살았는데 먼저 가서 죄송해니다

둘째는 내가 제일 믿고 사랑하던 둘째 누나를 정신적으로 도와주세요

내형제 및 ○○ 애미에게 조카들도 아직마으로[마지막으로] 인사하니 건강하고 행복하게 살아 훌륭한 삼이 되기를 바란다

8. 배려형 자살의 사례 2

—68세. 남. 무직. 2005년 5월 1일 의사

유서

자식들아 먼저 가서 미안하구나

여보 미안해 고생만 시키고 먼저가서

더 이상 그 고통과 아픔을 참을 수가 없어서 이런 나쁜 생각을 했소

남은 자식들이나 당신을 너무 사랑했기에 사람은 언제가도 한번 가는 것

고통을 덜 받고 가는 길을 택했소 너무 원망말고 다음 저 세상에서 만납시다

우리 온가족 너무 많이 사랑했기에 이길을 택했는데

세상사람들은 남은 식구들을 피박하고 원망들* 법에서 자살도 개인인권으로 받아주시기 바랍니다

마음대로 죽을수도 없단 말입니까 선처를 바랍니다

2005.4.30 정○○

온 가족을 죄인으로 만들고 싶진 안았는데 내가 너무 참을 수가 없어 이 길을 택했는데

친척들에게는 교통사고로 죽었다고 해주길 부탁한다

※○○대학교 시신기증과도 연락

2005.5.* 낮 12시 정○○

당신

여보 나를 너무 원망말고 남은 인생 병없이 살다 오구려 할말은 많은데 생각이 안나요 없소

나는 병들어 꼭 가야할 사람을 또 검사 생각만 해도 아찔하고 계속 검사진찰 응급실 당신 눈물 한번만 실컷 흘리고 굳건히 병없이 고통받지 말고 저세상에서 만납시다

당신은 언제가 가고 오고 다만 고통을 참지 못하고 가는 나를 용서해주오

나는 당신을 너무 사랑했기에 당신의 눈물을 더 이상 볼수없어서 이길을 택할 수밖에

정○○

첫째 ○○아

재산도 물려 준것없구 정말 미안하다

성남집은 네 것으로 동생들도 인정하니까 동의는 잘 해 줄 것이다

그런데 ○○는 엄마가 하자는대로 해주기 바라고

너무나 충격받지 말고 잘 처리 해주기 바란다

조상때부터도 처음 들어본 위암선고받고 많은 고민을 해왔으나

이길밖에 없고 없는 재산 다 까먹고 가기실고 또 어제같은 고통을 나는 참을 수가 없서 이 길을 택했으니 만이 원망해라

정○○

둘째 ○○아

너무 미안하다 어제 저녁어 본 것이 마지막

중간에서 형제 우애와 엄마 외롭지 않게 잘 부탁한다 다른 형제도 다 마찬가

지 부모에게 효도하는 내 사랑하는 자식들아 애비 노릇 변변히 못하고 이런 모습으로 인생을 마감하니 너무 미안하고나 열심히 사러다오

천추조상님께 죄를 짓고 가는 것 같아

그러나 앞으로 고령화시대 비실비실 살고 싶지 않아서

정○○

셋째 ○○아

너무 미안하다 지금쯤은 미국에서 비행타고 올 시간인데 네가 올 때까지는 악착같이 살아 볼까했지만 너무 고통이 심하고 참고 기달릴 수가 없어 오늘을 택할 수 밖에 없는 이 애비를 많이 원망해라

5월3일 또 검사

어짜피 갈사람 가는 궐리도 내 마음대로 못하나

남은 식구 들이 잘 못 해 주워서 자살한 게 아니고 남은 우리 가족을 너무너무 사랑했기에 내 한 몸 받처 시신기증을 하여 젊은 사람에 이식하여 밝은 삶을 살 수 있게 도움을 주고 싶구나

정○○

9. 비난형 자살의 사례 1
—27세. 남. 회사원. 2003년 3월 23일 의사

2003년 3월 23일 날자로 27년3개월7일 살았네여, 아빠, 27년 3개월정도를 살면서
이제 마지막 글을 써야할 것 같아요!
다시 20년 전으로 돌아갈수만 있다면 죽어도 아니 내 목숨을 내 영혼을 팔아서라도 20년전으로 돌아갈수만 있다면 무슨 일이라도 할 수 있을텐데요,
하지만 그럴수는 없겠지요..
아무튼 이제 다 되었다 생각해요 미련이 더 남기전에 떠나야 할 것 같아요 마지막 장소가 정했고 내가 사라져 없어질 장소도 정했고, 마지막 글도 준비가 되었고, 마음의 준비도 어느정도되었으니 이제 떠나기만 하면 될 것 같아요
그래도 다행이네요 남겨놓은 것과 좋았던 추억이 짧아서 말이에요
행복했던 순간이 단 하나도 없어서 다행이에요
만일 단 한번만이라도 내 인생에 있어서 행복했던 순간이 있었다면 떠나지 못했을 거예요!
오늘이 3월 23일이니 정확하게 27년 3개월 7일 살았네요
내가 없어도 아빠한테는 작은아빠, 큰아빠가 있으니 두 형제가 아빠 돌아가셔도 잘해줄거라 믿어요
작은 아버지 큰 아버지는 아빠의 친 형제이니 믿어 의심치 않는 압니다 하지만 나는 아버지 돌아가시면 나 화장해서 보내줄 사람이 없잖아요
이런 말 하기 힘들었지만 그래도 해야 할 것 같아요!
27년 3개월동안 살아오면서 적지만 그래도 나름대로 인생이란것이 무엇인지 알것 같아요
비록 우리 형, 누나가 30년도 채 못살고 행복했던 기억이 없었다해도, 그래도 여기까지 살아오면서 나름대로 아빠 엄마 원망도 많이하고, 그리고 나 스스

로에게도 화도 많이내고 했지만 어쨌든 아빠하고 엄마하고 형하고 누나하고 나하고 우리 5식명이 길면 길었고 짧으면 짧았던 그런 시절들을 살아오면서 상처 많이 받았고 했지만 이제 그만 나도 떠나야 할것 같아요!

초등학교, 중학교, 고등학교, 군대에서도 그리고 군대 제대후 지금까지도 사실 혼자서 절망 많이 했어요

그래도 혼자서라도 잘 해볼라구 이 악물고 사회생활 했지만 사실 점부터 지금까지 절망적인 생각은 마음속에서 사라지질 않더라구여

지금 생각해보면 형도 누나도 마찬가지였을 거에요. . . .

형/누나 역시 나름대로 열심히 살아볼려구 노력했지만 남는것은 항상 부족하고, 무엇을 해도 항상, 부족하고, 항상 절망적이었을 거에요

지금에서야 말하는 거지만 나는 중1때 한강물에 빠져서 죽으려고 했던적이 있었어요

내가 죽으면 엄마 아빠가 앞으로는 절대로 싸우지 않겠지하는 생각이 너무도 간절해서 중1때 한강에 간적이 있었어요

하지만 무슨 이유에서인지 다시 집으로 돌아갔지만, 지금 생각해 보면 그때 내가 먼저 죽었더라면 아마도 엄마아빠는 싸우지 않았을 텐데라는 생각이 너무도 간절하네요 ...

그때 내가 죽었더라면, 그러면 형하고 누나하고, 내가 먹을것까지 먹을수 있고 내가 쓰던 용돈도 형하고 누나가 대신 쓸 수 있고 했을텐데 말이에요

그리고 그때 중1때 내가 죽었더라면 아빠하고 엄마하고 싸우지 않았을텐데 ...

아빠 대충이나마 마음의 정리를 했어요 지금에서야 비로써 나역시 떠날 수 있을것 같아요, 나는 아직 이세상에 남겨놓은게 없으니 다시 홀가분하게 떠날 수 있을 것 같아요

27년 3개월 동안 살아오면서 아빠 엄마의 따뜻한 사랑을 느껴보진 못했지만 다음 세상에 다시 태어나면 이제는 행복하게 살수 있을것 같아요

엄마를 정말 원망 많이 했어요 하지만 이제는 엄마를 용서할래요

첨에는 정말 왜 형하고 누나가 엄마를 왜 그렇게 걱정하고 왜 그렇게 형하고 누나가 엄마를 보살필려고 했는지 아무리 생각해도 이해가 가지않았어요

그런데 이제는 좀 알것같아요 엄마가 우리 3형제에게 항상 매질하고 밥 굶기고 학대하고 했어요 엄마는 형하고 누나의 친 엄마이잖아요 아마 엄마가 남이었다면 형하고 누나가 엄마를 그렇게 걱정하지는 않았을 거예요!

첨에는 형하고 누나를 이해하지 못했지만 이제는 엄마를 용서한 형하고 누나의 마음을 전부는 아니지만 이제는 알것같아요

아빠 ○○[조카 이름]는 ○○이 누나의 딸인 ○○는 ○○ 친아빠하고 할아버지 할머니가 잘 키워줄거예요 ○○는 우리 3형제가 자라온 그런 환경에선 자라지 않을 거예요 ○○한테는 친척들이 우리가 생각했던 것보다 아주 많아요 ○○는 좋은 가정환경과 공기좋은 곳에서 건강하게 잘 먹고 잘 입고 잘 클수 있을거예요

○○이 누나가 죽어서까지 ○○만큼은 우리 3형제가 자라온 그런 환경에서 살지 않도록 누나가 죽어서까지 누나가 ○○한테 정말 최선을 다한것 같아요

○○는 우리3형제가 겪었던 그런 일들은 겪지 않을거예요

항상 좋은 옷들과 좋은 음식들과 좋은 집에서 많은 친척들과 가족 사이에서 잘 살수 있을거예요 누나가 죽어서 까지 ○○한테 정말 최선을 다한것 같아요 그러니 ○○ 걱정은 하지말고 아버지 남은 인생을 건강하게 사세요

아버지한테는 큰아버지 작은 아버지 같은 친형제가 두분 이나 있으니 아빠돌아가셔도 큰아빠 작은 아빠가 제사 지내주지만 하지만 나는 아무도 없잖아요

미안해요 아무래도 아빠 엄마, 형, 누나, 나 이렇게 5명은 만나면 안될사람들이었나봐요

서로가 서로에게 상처만 주고 미안한 감정만 간직한체 다들 떠났네요

나도 이제 이세상에 더 이상 미련갖고 싶지 않아요

지금 떠나지 않으면 나중에 남겨진게 많아질것 같아여

남겨진게 많으면 떠날 수 없잖아요

형하고 누나가 비록 30년도 채 못살고 떠났지만 그래도 30년 동안 항상 불행하지는 않았었던것 같아요
그런데 만일 될수만 있다면 그렇게 할 수만 있다면 20년전인 8살때로 돌아가고 싶어요
다시 20년전을 돌아갈 수만 있다면 절말 잘 할 수 있을텐데라는 생각이 너무도 간절해요 근데 그럴 수 없잖아요...
차라리 이번 세상은 다음 세상에서 행복하게 살기위해서 인생 연습한 거라고 생각하고 싶어요 다음 세상에서 행복하게 살기위해서 이번 세상에서 잠시 쉬면서 인생 연습한거라고 생각하니 마음은 편해요
형, 누나, 나 이렇게 3형제는 다음 세상에서 행복하게 살기 위해서 이번 세상에서 잠시 쉬면서 인생 살아가는 방법을 연습한 거라 생각해주세요
마지막으로 부탁이 있어요 반드시 들어주셔야 해요
무슨 일이 있어도 반드시 들어주셔야 해요 내가 살아생전 마지막으로 하는 부탁이니 내 부탁들어주세요
내 부탁이지 마지막 소원은 단 한가지이니 반드시 들어주세요...
무엇이냐 하면 나는 죽으면 발견 즉시 화장해주세요
나를 위해서 3일장 하지 마세요 나는 아버지가 나에게 3일장 해주는것 원치않아요 3일장 받고 싶지도 않고 3일장 하게되면 그만큼 죽어서까지 이곳에 남아있는 시간이 많아지잖아요 그냥 나 맘편히 떠날 수 있게 3일장 하지 말고 바로 화장해서 형이 있는 곳에 뿌려주세요
절대로 나 3일장 하지 마세요
난 죽어서까지 이 세상에 단 하루도 있고 싶지 않아요 3일장 하게되면 그만큼 있어야 하는 시간이 길어져서 떠나고 싶어도 떠날 수 없잖아요
그러니 절대로 3일장 하지말고 그냥 나를 바로 화장해서 형있는 곳에 뿌려주세요
이것이 내가 아빠에게 하는 부탁이에요

난 3일장 같은거 받고 싶지 않아요

만일 내 이 부탁 그러니까 3일장 해주면 엄마 친척들과 아빠친척들 큰아빠 작은아빠를 죽어서 괴롭힐거에요 그러나 나를 3일장 해주지 말고 바로 화장해주세요 미안해요

부탁이니 나 3일장 하지말고 바로 화장해서 형있는 곳에 뿌려주세요,,,

부디 남은 사람들 만이라도 우리 3형제가 못다한 인생과 누려보지 못한 행복과 기쁨을 받고 항상 행복하기만을 바랄께요

작은 아버지, 작은 어머니

우리 형하고, 누나에게 어릴적 너무 잘 대해 주셔서 너무 고마워요 우리 형하고 누나에게 잘 대해준 작은 아버지 작은 어머니 우리 3형제 못다한 인생까지 사시고 행복하세요

그리고 ○○아, 자주 못가서 미안하다

못난 친척인 ○○이 오빠를 용서하고, ○○형 역시 자주 찾아가지 못한 나를 용서하고, 우리 3형제가 못다한 인생까지 행복하게 살기를 진심으로 바랄게

이제 홀가분하게 떠날 수 있을것 같아요

아빠, 작은 아버지, 작은 어머니, 반드시 나 3일장 하지 말구 나를 바로 화장해주세요

아빠 미안해요

이제야 지금에 와서야 비로써 인생이란 것이 무엇인지 알것같아요

부디 남은 사람들 만이라도 행복하게 오래오래 살기를 바랄께요

미안해요 앞으로 살아갈 자신이 없어요 미안해요

내 지갑에 나 화장할 돈이 조금 있으니 그 돈으로 저를 맘편하게 보내주세요...

10. 비난형 자살의 사례 2
—28세. 남. 대학생. 2005년 3월 18일 의사

가족들에게

뭐라고 할말이 없어 뭔가 말을 해야하는데

가슴속에 여러말들로 가득찼는데

글로 적을 수가 없네

글씨는 왜이리 못생겼는지

이해해 달라고는 않할게

원래 모두들 서로 완전히 알 수는 없는거야

그래도 많이 궁금할테지

너무 궁금해하지는 마

슬퍼하지도 말고

그냥 잊어주기를 바래

처음부터 없었던 것 처럼

20살

내게 두통이 시작된 그 때부터 내 삶은 결국 이렇게 끝맺도록 정해진게 아닌가 싶어

나도 행복해지고 싶었는데 아무리해도 행복하지 않네

그래도 역시 미안해 상처가 될 것을 알고있어서 더 미안해

여러 가지 생각을 했어

어릴때 같이 놀던 기억들

근데 잘 생각이 안나

로타리 ○○집

요즘 거기가 그리...아니다 조금 생각나

그때는 그래도 조금은 행복했는데

넓고 TV도 맘대로 봤고 엄마도 일 안했고 돈도 좀 ... 이건 아니다

사실... 좀 미안한 얘기지만

그때는 아빠를 보지 않아서 좋고 행복했어

나.. 아빠를 좀 싫어하나봐

아빠에겐 미안해 나한테 들어간 돈이 얼만데

꼭 다 갚고 싶었는데 그래도 보고 싶진 않아

작년 8월 말 내가 토하고 쓰러져 있던 날 기억나?

술마시고 토했다고 했지만 사실 '해열제랑 술'을 섞어마셨던거야

운이 좋으면 깨어나지 않을 거라고 생각했는데...

약을 너무 많이 먹었는지 소화를 못시키고 다 토해내더라

그걸로 깨어나지 않길 바랬는데

결국.. 복학을 하고 엄마가 죽는 걸 보고 서른을 맞았네

너무 오래 있었어

너무 오래 살았어

수업도 듣지 못하고 외우지도 못해

사실.. 나 오래전부터 이런 상태였어

매순간이 끔찍해

망가진 날 귀찮아하지 않고 돌봐준 우리 최○○씨 고마워

늘 미안했어 내심 내가 짐스러웠지?

ㅋㅋ

어린시절 늘 함께 놀아준 '누나'

가끔 매정해보이지만 그래서 가끔 섭섭했지만 늘 감사해

아빠.. 미운 아빠...

아바는 결혼같은 거 하지 말지 그랬어

아이같은 것도 낳지 말고..

그냥 혼자 살지 그랬어

내 가슴 속 구멍의 반은 아빠 탓이야

미워..아빠가 정말 미워

내가 무슨 말을 해도 그리 신경쓰지마

그냥 지금 몹시 혼란스러워서

사람들이 다 밉고

그래서 그래 내가 정말 미워해서 그러는게 아니라 내가 아플때 증세 중 하나야

그러니까 너무심각하게 받아들이지마

혹시 내가 서운한 말 쓰더라도...

편지를 두통 더 남겼어 좀 전해줘

다른 사람들에겐 알리지 말아줘

다들 잘지내

○○에게 너와 좀 더 우정을 쌓지 못해 아쉽구나

지난 번 돌봐줘서 고마웠어

혼자 있기 너무 싫어서 조금 의지했어

머리가 너무 아파

본의 아니게 네게 또 하나의 죽음을 남긴 것같아 미안해

그냥 내 수명이 여기 까지 였다고 생각해주렴

건강하고 행복하렴

* ○○에게 남긴 편지 좀 전해줘

죽을때 너무 아프지 않을까?

아픈건 싫은데

더 머물 순 없어

몇 번이나 결심을 해도 역시 죽는건 힘든가봐

좀 무서워 너무 외롭구

난 누구일가 난 왜 이러고 있을까

네가 있다면 위로가 되었을까?

○○이 꿈을 꿨어

요즘 그 애가 보고 싶어

그치만 세상엔 만나지 말아야 할 사람도 있지

내가 왜 네게 이런 글을 쓰는 걸까?

넌 내게 어떤 의미였지?

바보같은 너

너무 빨리 늙어버린 나

○○이는 잘 지낼까?

결국 못보내 보고 싶었는데

다들 잘 살겠지

바보들

아.. 머리가 아파

무서워

자꾸 눈물이 나네

이제 그만 쉬고 싶어

○○에게

면회 못가게 돼서 미안 한번 보고 싶었는데 결국 못보고 마네

너의 이야기를 듣고 싶었는데 내가 모르고 네가 알고있는 이야기를 듣고 싶었는데 ..

예전 쪽방에서 가끔 네가 내방에서 들려주던 것처럼

네가 날 좋아했던가?

내가 널 좋아했던가?

지금 난 아무것도 모르겠어 네가 많이 보고 싶어

가끔 밉기도 했지만 늘 곁에 있던 네게 고마워

만약 네가 지금 내 곁에 있다면 난 좀 달라졌을까?

내 아픔이 좀 가셨을까? 다시 살고 싶어 했을까?

... 죽지 않으려 했을까?

지난 8월 나와 vips가고 밤에 술마신 그날 기억하니?

나 그날 밤 너와 헤어지고 집에와서 약 먹었었어

마지막을 네게 맛있는 거 사주고 싶어서 vips간 거 였단다

불행히도 그 날 밤 먹은 약은 소화시키지 못하고 다 토했지만

죽진 않았지만 나름대로 큰 사건이었지 그래서 한동안 연락못한거구

이상스럽게도 그 뒤 ... 맘 속 번민 갈등같은게 사라지더라

그냥 평온한 느낌

두어번 토하고 정신을 잃었는데 그 동안 내 몸이 방안을 기어서

문 앞까지 왔을것을 생각하면 세상 모든 일들이 다 작게 느껴져서

이렇게라도 이제는 살 수 있을거라고 생각했는데..

엄마가 죽었어

내 생일 전날

오래전부터 이순간을 준비해왔거든 상처받지 않으려고

근데 정작 닥치고 나니 너무 가슴이 아파

나 숨만 쉬고 있을 뿐 정신은 오래 전에 죽은 것 같아

아픈지 10년이네...

휴 .. 너무 괴로운 시간이야

고통없이 죽고 싶어 마지막까지 괴롭고 싶지 않은데

뭐가 잘못된 걸까?

전부 잘못된 걸까? 그래 ... 첨부터 잘못된거야

처음부터 네 곁에 있었다면 아프지도 않고 죽지도 않았을까?

널 좀 더 일찍 바라볼 것을 ..

널 보는 날 귀찮아하진 않았을까? 날 무시하고 내게 창피를 주었을까?

.. 행복해지고 싶었는데...

엄마가 보고 싶어

이젠 돈도 없고 ..방도 너무 추워..누군가에게 의지하고 싶은데

아무도 날 받아주지 않을거야

사실 네가 모르는 일들이 많지만 세상에 진실은 없는 거니까

좀 더 지나면 아무 것도 없어질꺼야

너는 내 말을 이해하지 못하겠지

그래 .. 너 역시 날 귀찮아 하겠지

너도 믿을 수 없어

아무도 믿지 못하겠어

네가 의지가 되었을까?

내가 널 좋아하나? 네가 내게 의지가 되었나?

내가 네 삶에 큰 의미였나? 넌 내게 무엇이었을까?

네가 나와 자고 싶어 했던거 같은데 .. 내 생각이 맞았을까?

내가 네게 사랑받았던가? 네가 날 그리워한 적이 있었을까?

나로 인해 상처받은 적이 있었던가?

너로 인해 상처받은 날 알고 있을까? 네게 깊이 실망했던 날 알까?

왜 내게 단 한번도 선물 같은 것을 주지 않았을까?

늘 내게서 무언가를 가져가려 했으면서

날 이용했던 건가? 왜 하필 나였던걸까?

너는 좋은 사람일까? 널 만나지 않는게 좋았을까?

네가 있다면 좀 달라졌을까?

힘들어 너무 힘들어

망가지는 날 지키기가 힘들어

망가져가는 모습을 보고 있기 괴로워

내게 남은 마지막 자존심을 지켜주고 싶어

넌 내 말을 이해할 수 있을까?

이 혼란한 생각들을...

난 점점 잊어가고 있어 마치 치매환자처럼

널 만날 때 마다 멀쩡하게 보이력 얼마나 애썼는지...

난 점점 변하고 있어

네가 그걸 느끼지는 못하겠지

네게 내 이야기를 하고 싶은데

머릿 속이 텅 빈 것 같아

왜 넌 지금 내게 힘이 되지 못할까?

행복하렴

늘 하고 싶은거 하고 살아

'합격'바래

11. 각인형 자살의 사례 1
—49세. 여. 주부. 2003년 9월 3일 추락사

정말 죄송하다는 말을 할 수 밖에 없습니다. *** ***
좋은 모습만 보여 드리고 오래 오래 살고 싶었는데 그 사람과의 악연 때문에 나 혼자만의 노력으로는 역부족이었어요
사랑하는 나의 딸 ○○마저 지키지 못하는 이 에미의 심정은 어떻게 말로 표현이 될까요
정말 인내하고 조신하게 살았다고 자부합니다
그 사람의 포악한 성질이 무섭고 두려울 때도 많았고 이것이 내 인생이 아닌데 하면서도
○○[딸 이름]만 생각하면 어쩔 수 없이 주저 앉고 여기까지 와버렸어요
용서가 최대의 복수라 하던가요?
이제는 그것을 택하지 않으려 합니다.
내 여린마음도 이제는 독이 오르는군요.
나 죽기를 기다리는 사람 내가 먼저 비참하게 만들어 저릴까 합니다
인간이기를 거부하는 사람 짐승모습으로 만들어 주어야 *
나도 모르는 사이 헤어나지도 못할 빚더미에 빠뜨려 놓고 위장이혼하여 내 앞으로 된 빚은 갚아 줄 것이다 라고 교묘하게 빠져나가 지 인생 딴 여자와 부지하겠다는 이 무서운 계획을 내가 죽기까지 몰랐다면 얼마나 억울하였을까요
죽어도 같이 죽고 살아도 같이 살아야 할 한 집안의 가장이 이 무섭고 잔인한 생각을 하면서 내가 버티지 못하고 빨리 죽기를 얼마나 기다렸을까요
도저히 인간일 수 없고 짐승도 차마 이 무서운 일을 못할 것 같은데 내가 알아본 바 기소중지도 거짓말 이었고 집에 발길 끊기 위한 핑계였고 핸드폰 받** 고장이라며 빼고 들어오는 수법
*** ****

정발 드라마와 같은 이 일이 내가 같이 산 남편의 생각이란게 소름끼치는 일이군요
8月30日 그사람의 마음을 더 확실하게 읽었고
치중에 한 말들이지만 '옷 싸라' 는 말은 모든 걸 의미하는 것이고 내 마음의 결정이 내려졌습니다
오빠가 염려하던 일 없이 좋은 결과가 있었으면 했는데 너무나 밑바닥까지 처절하게 몰아 부려 좋아서 죽을 용기면 그 용기로 살지, 이런 말조차도 지금은 나한테는 아무런 의미도 없어요
○○〔딸 이름〕한테 짓는 죄 어떻게 하면 좋을까요
저 똑똑하게 잘 자란 우리 ○○ 아깝고 불쌍해서 내가 눈을 감을 수 있을까요
살고 싶다 절규해도 이제는 불가능 한일 마지막 가는 길에 다시 한번 사죄드립니다
○○언니 사랑하였다고 전해 주시고 미안하였다고
정말 나의 버팀목이었다고 엄마처럼 의지하였다고
지금은 내가 도와 주어야 하는데 그것마저 허락칠 않니
미안하다고 건강하게 오래 오래 살았으면 한다고요. ○○ 오빠께도 미안합니다
오빠 나 살아 생전에 물심 양면으로 정말 고마웠습니다. 건강하시고 만복을 누리십시요
언니 또한 친언니 이상으로 우린 좋았고 잘 해주었고 고마웠습니다
아마도 보증금 ○○ 언니 앞으로
조치하여 주시면 고맙겠습니다
○○은행 6○○○○○-○○-○○○○○○ 이○○

그 여자 이름 정○○(01○-○○○-○○○○) ○○이〔남편 이름〕 핸드폰에 삼식이라 등록돼 있음

필림이 증명합니다

01○-○○○-○○○○ 김○○(심부름 센타)

여기에서 그 여자 주소가 나올 겁니다

지금의 나는 17년을 같이 살아온 남편이 아니라

짐승같은 인간한테 하는 말이라 존칭을 삼가한다

너와의 악연에 처절하게 희생된 나는 나라는 죽어서도 너를 용서하지 않을 것이야

네가 지은 죄 네가 더 잘 알것이다 만은 네 머리 속에 들어앉는 돌이 장애가 될까봐 다시한번 상기시켜려한다

나로서는 상상 조차도 하기 힘든 생각을 너는 너무나 쉽게 현실로 만들어가고 있었다는 걸 내가 너무 늦게 알았더군

그동안 살면서 정말 나는 투명한 마음으로 너를 대했고 내 삶 자체가 수정 그 자체였다

때로는 네가 무섭고 두렵고 그 포악한 성질 때문에 힘들었어도 인경장애 성격장애라고 이해하고 용서하고 참고 또 참고 ○○[딸 이름]를 생각하며 오늘에 왔다

지난 날을 고생고생하며 어렵게 어렵게 여기까지 오면서 너한테 할만큼 했고 너 하나 사람 만들려

너 그 더러운 성질도 끌어않았고 너를 감사않았건만 넌 고작 꼴이 이런거였니

너 인간이니? 도대체 네 머릿속에는 무엇이 살아서 꿈틀거리는거니

○○[딸 이름]와 나를 벼랑 끝에 세워두고 너는 홀가분하냐?

19년이 아무것도 아닌듯 그 여자와 같이 살면서 목숨을 부지하겠다고 그 더러운 목숨을 벼락은 네 머리를 안치고 뭐하는 걸까?

이○○ 너 인생을 그렇게 살면 안되지 나는 너를 분명히 말하는데 저주할 것이다

정말 소름 끼치도록 **하다

나 오래 버티지 못하면 빨리 죽어도 아마 직장 모 나가게 했던거 이것이다 네 계획이었어

이 모든 자식이 네 계획 속에 묻혀 영원히 나는 아무것도 모른 체 가볐으면 너 한테는 얼마나 좋았을까?

네 그 더로운 목숨 처자식을 종이장 버리듯 버리는 그 목숨 살아서 무얼 할 수 있는데 대답해 보아라

이제는 내가 주는 선물을 싫다 말고 받고 죽지말고 비참하게 살거라

관리 사무실 귀하

누를 끼쳐 죄송합니다 저의 보증금을 아래 계좌로 넣어 주세요

(6○○○○○-○○-○○○○○○) ○○은행 이○○

주간 05○-○○○-○○○○ 야간 05○-○○○-○○○○

〔남편이 내연녀에게 보낸 문자메시지〕

◦ 발신 03 12日

◦ 당신을 사랑하는 ○○이〔남편 이름〕가 조금 있다가 봐

◦ 오늘 바빴어도 전화를 안 받네 메시지 남깁니다

◦ 걱정하지 말고 죽자고 일어나서 전화하세요

◦ 당신을 진실로 사랑합니다 당신의 보물일호가

◦ ○○아〔내연녀 이름〕 좋은 옷 많이 샀네 허허허

◦ ○○아〔내연녀 이름〕 다음엔 내가 좋은 옷 많이 사줄게

〔자살 당일 올케에게 보낸 문자메시지〕

언니 나 간 뒤에 내 베지색 빽 열어봐. 오늘은 그 여자 한테서 대담하게 집으로 전화 오는 걸 보니까 다 된것 같아. 언니 그 동안 고마웠어. 안녕히 계세요.

12. 고발형 자살의 사례 1

—50세. 남. 무직. 2000년 10월 24일 음독사

⇔○○아⇔집-3○○-○○○○

※ 이 노트를 습득하신 분은 01○-○○○-○○○○ 저에 큰 딸이니 이 노트를 전해주세요

부탁드립니다

큰딸 01○-○○○-○○○○

○○아 끝까지 그리고 천천히 읽어보렴

아빠가

-독백-

이제 이지구를 떠날날이 다가온다

서서이 다가온다

지난 날들이 생각난다

아주 평범한 그런 가정 갖고 싶었는데...

장애자라는 직인이 찍힌 지금 나는 희망도 없다 왜 장애자는 취직도 안되나?

인생이 허무하다

이세상에서 아주 제일 가까운 사람에게서 버림 받은 나 (아내)

그사람도 나를 왜면 했는데 어느 누가 나를 맞이 해줄까

빨리 지구를 떠나고 싶다

나를 지금까지 보살펴 주고 도와준 사람들에게 미안할 뿐이다

형님 그리고 처제

나는 많은 사람들에게 폐만 끼치고 떠난다

미안하다 큰딸에게

아무것도 모르는 ○○아!

아빠를 용서해다오

그리고 아빠를 미워하지 마라

결코 아빠는 너희들이 생각한 것처럼 나쁜 짓은 하지 않았다

장모님 장인어른 미안해요

모든 것을 다 말씀드리려고 했지만 그럴 수가 없군요

친자식처럼 생각해 주신 두 분 건강하게 사시기만 바랄 뿐입니다

사람은 언젠가는 죽는 법 먼저 떠나니 죄송할 뿐입니다

장애인은 사람도 아닌가? 왜들 외면하는가?

허무하다 이데로 떠난다고 생각하니 슬프다 사람은 항상 건강하게 사라는 법이 보장된 것도 아닌데....

몇 년전에 우울증 나는 진즉 경험했다

그때 생각했다

우울증으로 인하여 죽을 것인가 아니면 집을 뛰쳐나가 한번 멋지게 살아 볼 것인가?

나는 후자를 택하고 집을 나왔다

그런데 세상사람들은 장애자라는 이유만으로 살아가기는 너무 힘이 들었다

모든 희망을 잃은 지금 남은 것이라고는 죽음....

네가 가야 할곳은 여기 죽음뿐이다

내인생 하나 지구를 떠나므로 모든 사람들에게 폐가 안된다면 나는 그길을 택한 것이요

죽음이 큰 죄라는 것도 나는 안다

하지만 또다시 나를 아는 사람들에게 누를 끼치고 싶은 생각은 전혀 없다

○○아!

이몸이 만약에 죽어 시신이라도 실험용으로 필요한 병원이 있다면 기꺼이 제

공하면 한다

엄연희 가정이 있으면서도 간통과 간음을 일삼고도 큰소리치며 살아가는 그런 세상 너무 사회가 썩었다 나는 그런 세상이 싫다 잘못을 했으면 반성하며 살아야 마땅하지만 죄지은 년이 더 큰소리 치며 산다. 정말 웃기는 세상이다

용서해주었으면 고맙다고 하면서 살아야 하는데

봐 큰소리치며 살아야 하는가?

세상이 너무 원망스럽다 그보다 장애자라고 멸시하고 인격까지 무시하는 세상이 더욱 한심하다

장애자는 사람도 아닌가?

◎ 전화도 받지말라

◎ 놀이터에도 가지 말라

집을 나온 동기가 바로 이런 이유였다

그땐 정말 견디기 어려웠다 왜 살아야하는지 조차 몰랐다

장애자 가정에서도 그랬으니 사회는 더욱 그랬은 것이 아닌가?

우리 가정도 무시하고 멸시하는데 남들은 더하면 더했지...

그래도 이사회는 돈만 있으면 그런 개념은 사라질 수가 있었다

아무리 장애라라도 돈만 있으면 반갑게 맞아 주는게 세상 인심이더라

이제 서서히 죽음이 다가온다

김대중 대통령께서 노벨 평화상을 받는단다

너무 기쁘고 축하해주고 싶다

그러나 나는 이지구를 떠나려고 한다

사랑했던 이세상의 모든사람들아 모두 행복하게 잘살아라

나처럼 되지말고 멋진 세상 그리고 아름답게 살아다오 또한 형님 그리고 형수님 우리 ○○ ○○ ○○이

미안하다 너희 들에게 작은 아빠 노릇 한번 못해주고 떠나니 미안하구나
어머님 이 불효 용서해 주세요 먼저떠나니 너무 미안 합니다
또한 누나 그리고 매형 죄송해요
사랑하는 우리 처재를 모두모두 미안해요 큰 형부 노릇 한번 제데로 하지 못하고 떠나니 너무 미안해요 용서해 주세요
지금까지 처제들에게 크나큰 빚만 지고 저세상으로 먼저 떠나니 너무 미안해요
○○아 ○○아
아빠 먼저 간다
다시 저세상에서 만날 수만 있다면 우리 다시는 헤어지지말고 함께 살자 미안하다
아빠는 너무 힘이 들었단다
장애자란? 장애자와 함께 살아야 한다는 것을 가슴깊이 느끼면서 나는 진즉부터 자실을 생각했단다
떠나면서 모든 사람들에게 용서를 빌고 싶지만 꼭 한사람은 용서할 수가 없구나? 왜냐구?
나는 모든 걸 용서해주었으니 너희엄마는 큰 소리치며 살지않니 도저히 용서할수없는 그런 사람이야
용서할수없어!
내앞에서 어떻게 그런 무정한 간통을 할 수 있어
그래도 아빠는 너희들의 엄마이기에 감방에 집어 넣지 않고 용서해주었단다
그래도 6개월동안은 아무런 이유없이 잘 하더구만 6개월이 지나고 공소시효가 사라지니 다시 나에게 칠책을 가하더군
나는 그때 얼마나 많은 고통속에서 우울증에 걸여 살았는지 모른다 그리고 집을 뛰쳐 나왔단다
내가 이지구를 떠난후에 이글을 끝까지 읽어주면 한다
산다는것은 나에겐 아무런 의미도 없다 죽음만이 있을 뿐이다

사랑하는 딸들아!

이글을 읽으면서 너희들을 과연 너희 엄마를 어떻게 생각 할것인가?

무정한 여자 마즈막 바램이었든 이 아빠에 부탁도 거절하고 지금도 어떤 놈과 무슨 짓을 하고 있는지 모르겠다 구미이모 에게 아빠가 너무너무 고맙다고 하더라고 전해 주면 한다

나르 아는 모든 사람들에게도 고맙다고 전해 주어라

모두다 아빠를 위로해 주었고 은혜 준 사람들 이란다

○○은행에서 5백대출한것이 있는데 그것은 국민 연금에서 너희엄마 앞으로 돈이 나온다면 조금씩 갚을수 있을 거라고 생각된다

아빠를 욕하지 마라

우울증을 치료하려고 많은 노력했다

우울증보다 나는 너희엄마의 더러운 행동이 나를 이렇게 힘들게 만들었다

모든 것을 용서하여 주었는데 아빠가 병신이 되니까 이제와서 귀찮다 이거지

죽음이란? 무엇일까?

형님 그리고 형수님 누나 미안해요

이런 꼴로 마즈막 글을 올리게 돼서 먼저 갑니다

○○이 처제 할말이 없어요

○○이 ○○ 처제를 그동안 너무 고마웠어요

그리고 작은 우리 딸 ○○이 아빠가 너무 섭섭하다

얼굴 한번 못보고 가게 돼서

정말 오래 된것 같구나

나를 아는 모든 사람들 모두 사랑했어요 아름다운 사랑 이였어요

부디 행복들하세요

모두 좋은 분들 어었는데...

죽은 사람은 죽은거고 산 사람들은 또 살아야 하는 거니까?

행복하세요

그리고 장모님장인어른 당신에 딸 하나는 정말 훌륭하더 군요

나는 모든 것을 다 용서하여 주었는데 정말 잘두었어요 부모님이 사실 무슨 죄가 있나요

오레오레 사세요 건강하게

훌륭한 그런 아들이 되고져 했었는데 이렇게 되고 말았군요

○○이 엄마에 되하여선 큰 처남이 잘 알거예요

그리고 ○○ 이모도 잘 알고요 시간이 있으시면 물어보세요

지금까지 있었던 일들은 장모님이 쓰러질까봐 말씀드리지 못했어요

그것도 집 앞에서 그리고 길거리에서 34살짜리와 그짓을 하다 나한테 들켰어요

하지만 나는 모든 걸 용서했어요 원인 제공은 나였기에 그렇게 생각하고....

그런데 그게 아니더군요

은혜를 배신해요

징역살이 하려는것을 용서하여 주었는데... 삶이 너무 허무해요

****고 마즈막 * 부탁마쳐 ****하고 욕을 하더군요

* 사람인가요

**** 에 목숨이 과연 ***만원 보다 못하나요

***요 얼마나 사나 저승에서 꼭 지켜보리다

사랑하는 딸들아!

너희들은 절데로 엄마처럼 살지마라

그런 나쁜 사람은되지 마라 결혼 전에는 문제될 것도 없지만 결혼 후에는 절데로 나쁜 행동하면 안된다

명심하여라

그럼 이만 안녕

보고싶다

13. 고발형 자살의 사례 2

—38세. 여. 주부. 2006년 5월 19일 의사

얼굴 멍들어서 꼼짝두 못하게 해놓구 본인은 아침 운동부터 생활의 흐트러짐 없이 떠났네

김○○ 편지는 글씨를 알아볼수 없어서 읽지 못했고 애써 이해하고 싶은 의욕도 없고

다만 한가지 나에게 엄청난 언행을 했던 사람이 어쩜 그럼 점잖은 표현들을 쓰셨는지 소름끼칠뿐이야!

나에게 해떤 행동과 말들!!

지나가는 사람에게 했다해두 그런 성품의 김○○에게 실망이고

그런 ○○를 내가 받았으니 그런 허접한 내 인생이 또한 너무 싫고

분명히 알아야 할 것은 누구나 그런 상황에서 욕하고 때리지 않아

김○○는 그동안 나의 알코올중독에 본인의 그런 모습이 가리져서 다행이였겠지만

이제는 아니야

폭행꾼들의 대표적인 특징이 폭행할 때와 그후의 모습이 180도 다르다는 거 알아?

김○○가 그래,

소름끼치도록 엄마 닮은 술꾼과, 매부 닮은 폭꾼 들이 만나 허접한 인생살고 있을 뿐인데..

언제나 나 때문이래

김○○가 매부인가 왜 인정못해?

그 동안은 발휘할 만한 대상이나 상황이 없었을 뿐이고 이제는 내가 그 대상으로 나타나 발휘하고 있을 뿐인거야

유럽 출장 중에 내게 그런 말을 했었어 영어로 외국사람과 비즈니스를 하는

자신이 대견스럽다고

아마도 그 대견스러운 마음이 지나쳐서 자신을 착각하고 있는것 같아

사회에서 사장이고 집안에서 어른일뿐!!

김○○ 근본은 저 밑바닥이야

매부는 드러 내놓고 밑바닥이었다면 김○○는 숨겨준 밑바닥이라 더 역겨워!!

난 결혼한 사실조차도 우리가 부부인것도 실감할수 없었고

티켓을 구입하고도 호주에 가는 것이 실감나지 않아

이집도 이사온 후 줄곧 잠시 머물다갈 집처럼 느껴졌었어

모든 미래두 희망으로 기대되지 않아

여행을 다니면서 인생을 즐기는 미래가 그저 꿈일것만 같아

혹시 꿈이 이루어 진다해도 마치 홈씨어터가 있어도 즐길수 없다면 의미없는 것 처럼

반드시 행복해지리라 장담할 수 없을거야

지금의 우리를 봐!!

상대에 대한 존중도 신뢰도 사랑도 없는 허접한 밑바닥들이

영주권 얻고 돈생기면 행복해질수 있으리라 생각해?

죽어서도 못잊어

내입에 걸레를 물리고 주먹에 집중해서 온힘으로 내 배를 때린거

얼굴을 방바닥에 여러 차례 내리친거

김○○의 자세는 상대가 여자가 아니였고, 사랑하는 사람은 더더구나 아니였고

그렇다구 술취한 여자 역시 아니였어 그저 대등한 남자였어

최고였어!!!

"너 뒤질래?"

"이 집에서 당장나가!"

"내돈 다내놔 당장!!"

〔부의 봉투에 적힌 글〕

내 편지는 컴퓨터에 있어 / 우리 아빠 돌아가셔서 생긴 돈! / 김○○ 돈! 여기 다 있다.

돈 내놓으라고 소리지르던 김○○ 모습이 얼마나 추하고 흉했는지 알기나 할까?

14. 탄원형 자살의 사례 1

—33세. 여. 주부. 1999년 1월 21일 의사

〔경찰서장에게 보내는 유서〕

끝까지 읽어 주십시오

저는 한 가정의 평범한 주부입다다

사회생활도 하지 않고 오로지 가정만 지키며 살았습니다

제 사정은 어느 여인이 하루면 몇 차례 전화가 오기 시작했답니다 (6천6백만원)

은행으로 기업어음이 있는데 그 어음을 막아주면 높은 이자가 있으니까 해보라며 권요를 하는 거예요

높은 이자 준다니까 솔깃해서 했답니다

그런데 15일도 않데서 원금이고 이자고 오지 않는거예요

지금에 와서 남의 부체만 늘어나고 하루가 지루하고 살기가 싫어 졌어요

아이들과 동반자살이라도 하고 싶은 생각에 하루하루를 보낸답니다

두아들이 너무 불쌍하고 13년 동안 이 못난 저를 믿고 살아온 저의 남편이 너무 큰 실망을 시키는 것 같아서 정말 미안해요

저의 남편은 정말로 저를 모든 것을 믿고 살아온 사람을 저렇게 페인을 만드는것 같아서 용서를 빌수도 없어요

이 편지가 서장님 손에 있으시면 저의 이 사연을 해결해 주었으면 합니다

너무 억울 하답니다 저는 오○○

(수사를 해요 보낸 은행 계좌는 (○○ 아0○○○○○○○○○○○○○○번)

고○○〔채무자 이름〕 주민번호 (6○○○○○-2○○○○○○)

전화 ○○○-○○○○

01○-○○○-○○○○

01○-○○○-○○○○

본적 ○○○시 ○○면 ○○리

7○○-○ ○○ A 3○○-○○○호

이 돈을 찾거나 받으면 제가 빌린 분들게 다 갚아 주라고 저의 남편을 주십시오

저를 보고 돈 준분들게 너무 죄송합니다

그래야 억울하게 죽은 제가 눈을 감을 것 같아서요

서장님 감사합니다

오○○[자살자 이름]

[채무자에게 남긴 유서]

○○아

그동안 추운날씨에 너도 고생이 많았다

그러나 집에서 여러 사람한테 돈 시달리는 것도 너무 힘이 드는구나

만약에 1월 안에 돈이 해결되지 않을 경우 나는 이 유서를 경찰서장 손으로 들어가게 할 것이면서 나는 그날로 죽을 각오가 되있어

이것은 정말이란다

나는 몸을 피하거나 도망은 싫어 이것이 내 성격이다

너도 알거다 주위에서 나의 평을 들어서 나는 그때 나한테 너무 큰 빗이야 지금와서 이자 원금이 9000만원 너무 힘들다 보니 이런 생각 왜에 아무 생각이 떠오르지 않는구나

○○아 하루라도 빨리 해결해 주어라

나도 살고 우리 가족에 사는 길이야 알겠지?

○○언니[자살자]가

〔배우자에게 남긴 유서〕

○○ 아빠 무어라 드릴 말이 없어요

죄송하단 말 왜엔 하루에도 몇 번씩 후회해도 이젠 소용이 없으니 말이에요

만약 ○○이〔채무자〕 돈이 풀리면 돈 줄 사람들에게 다 돌려 주세요 그리고 ○

○ 누나한테 1000만

받아서 아버지 돈도 보내주세요

의정부 ○○이 누나도 300만원 주실거예요

모든 짐을 다 짊어지게해서 정말 미안해요

우리 아들들에겐 이 못난 엄마가 하늘에서 지켜볼테니 더욱 열심히 공부하고

착한 아들들이 되길 빌겠어요

모든 것 미운 감정만 생각하세요

세월이 지나면 잊어질거예요

○○아빠 ○○네가 2월 말일날 500만원 준다고 했어요

○○아빠 핸드폰 01○-○○○-○○○○

〔수첩에 적어놓은 메모〕

아버지 3000

○○ 7/25 1000 2부

○○ *** 1000 * 부

○○ 9/28 1000 2부

이○○ 9/18 500 2부

○○ 11/25 300 2부

○○누나 9/25 300

○○ 10/25 300

○○ 10/27 150

○○ 11/10 200

○○ 11/26 500 2부

○○아빠 만약에 ○○이〔채무자〕 돈이 풀리면 이 돈은 다 갚아 주세요

정말 미안해요

모든 짐을 나누어야 하는데 혼자서 감당하기가 힘드시죠

첫째 걱정은 아이들 잘 자라게 옆에서 지켜주어야 하는데 너무 죄가 많아요

〔유서와는 별개의 메모〕

술 취한 모습 정말 싫어요

징그러운 ○○

〔동서에게 남긴 유서〕

동서 우리 열심히 살으려고 한것이 고작 이것이네

○○, ○○이 부탁좀하네

〔자식에게 남긴 유서〕

엄마에 대한 모든 것 빨리 잊어버려라

엄마가 너무 힘들다

벽제 화장해줘

9○○-○○○○

권○○이 미안해

〔계원들에게 남긴 유서〕

써보지도 못하고 이렇게 된것이 너무 허망 합니다

○○이〔채무자〕 돈이 풀리면 빌린 돈은 다 갚아 주세요

계돈 책임지지 못한점 죄송합니다

〔자살 2년 전쯤에 작성한 자녀에게 보내는 글〕

○○야 ○○아 읽어보렴

밖에는 눈이 내리는 구나 이 엄마가 어린시절에는 어른이 빨리데면 좋을지 알았는데 그게 않이구나

어른이 되고보니까 걱정과 근심이 항상 머릿속에 있다

그것이 어른이 되었다는 것이야

어떻게 하면 아이 교육을 잘 시킬까

어떻게 살아야 우리 가정이 행복할까

또 아빠께서 힘들게 낸 돈으로 유지하면 생활을 꾸리나 이런 걱정 저런 걱정 어른이 대면 이런 세상을 누구나 격고 사는거란다

○○처럼 아무것도 모르지 그러나 20세가 지나면서 각자 자기의 설계를 하면서 살아가 그때는 이 엄마와 아빠의 사는 방식을 이해 한단다

때로는 매를 드는 것도 ○○와 ○○이가 바른 길을 걸어 가라고 책직을 하는 것이야 (미안하다. 정말)

다리가 시퍼렇게 멍이든 다리를 보면 그날은 마음 속으로 얼마나 너가 흘린 눈물보다 더 많이 흘린단다

이리는 것이 부모들이다

내 살보다 내 피보다 더 소중한 너희가 아픈데 이 엄마는 가슴이 찌저지는 아픔을 느껴

○○, ○○ 의젓한 어른이 데면 엄마는 바랄게

없을 것 같은데 엄마가 너무 욕심이 많은가봐

두서가 없구나

너희가 20세쯤에서 읽어 보라고 몇 자 적어본다 사랑하는 아들들에게 너희를

사랑하는 엄마 괴로워

1997년 2월 3일 밤

오늘은 ○○ 좋아리 20번 때리오

15. 탄원형 자살의 사례 2

—37세. 남. 호텔 경영. 1998년 5월 20일 의사

사랑하는 ○○엄마

○○엄마야 정말 정말 미안하구나

펜을 잡은건 ○○한테 부탁이 있어 몇자 적구나

내 부탁 꼭 들어주리라 믿는다

내 죽음에 대하여 누구한테도 알리지 말아라

○○○ 등 우리식구들만 참석시켜 장사를 지내라

절대 내 무덤을 만들지 말고 화장시켜 아산호에 뿌려주게 그리고 나 만나 고생만 했으니 꼭 좋은 사람만나 제2의 인생을 행복하게 잘 살아주라 마지막 가는 길에 진짜 부탁이다

부디 행복하게 잘살아라

○○ ○○륭한 사람으로 잘 키워줘요

이만 줄인다 ○○아빠가

◎ ○○엄마 삼일장 치르지말고 바로 화장시키게 ○○아빠

◎ 진심으로 미안하네 행복하게 잘살아라

○○형님 보세여

○○호텔을 무리하게 추진하다 이런 일이 발생 한데에 너무도 죄송합니다

진실을 밝혀야 내 마음이 편할것 같아 몇자 올립니다

○○엄마는 착한 여자지요 진심입니다

제가 돈이 딸리다 보니 본의 아니게 경마장을 다니게 되었습니다

○○엄마 나쁘게 생각말고 계약기간동안 ○○호텔을 할수있게 해줘요

부탁드립니다

○○엄마도 살고 우리애들도 살려주세요

죄송합니다

○○ 올림

좋아하는 ○○형

월요일날 형이 보고 싶어 갔어요

나에게 너무 잘해줘 너무 고마워요

형에게 가져간돈 ○○엄마가 해결 할거예요

○○형 사회생활에서 보람도 희망도 많어 열심히 살려고 했는데 이렇게 먼저 갑니다

부디 건강하게 오래오래 행복하세요

○○이가

용사장 보시게

용사장에게 부탁이있어 펜을 들었네

마지막 가는 길이라 내 부탁 들어주리라 믿고 몇자 적네

용사장 자네에게 빌려온 1억원은 두세달 참아주게 우리처남에게 돈이 나오면 ○○엄마가 꼭 해줄걸세

○○ 엄마는 꼭 ○○호텔을 해야 우리 ○○, ○○를 살려주는 거야 내 부탁 무리한 부탁이 아니니 꼭 들어주게

용사장 자네에게 미안하구나

○○이가

존경하는 박사장님

죄송합니다

저희들에게 베푼 은혜 어찌 잊겠습니까

이렇게 몇자 올리는 것은 다름 아닌 진실을 밝혀 두고자입니다

맨 처음 ○○호텔을 추진하는 과정에서 돈이 부족하다 보니 경마장을 다니게 되었습니다

이런 과정에서 ○○엄마는 어떻게든 살아볼려고 무척 노력 하더군요 마음이 착한 여자지요

제가 마지막으로 ○○엄마에게 사죄하는 길은 저말고 다른 삶을 살아야 한다는 것입니다

못난 남편 만나 고생만하고 지금까지 행복한 삶을 살지 못한 여자입니다

불쌍히 여겨 박사장님께서 딸을 하나 더 두었다고 생각하시어 ○○엄마를 잘 보살펴 주었으면 하는 바램에 감히 부탁드립니다

계속 ○○호텔을 할수있게 도와주시면 고개숙여 두고두고 은혜를 잊지 않겠습니다

사장님 ○○엄마가 좋은사람만나 잘 살수 있게끔 도와주세요 진심입니다

문○○ 올림

참고 문헌

강신준, 2003, 「IMF 경제 위기 이후 노동과정의 변화: 영남지역 금속산업의 사례와 함의」, 『산업노동연구』 제9권 2호, 한국산업노동학회.

경찰청, 1987~2005, 『범죄분석』.

경찰청, 1991, 「범죄수사규칙」, 경찰청훈령 제57호.

고효진 · 김대진 · 이홍표, 2000, 「청소년 자살 위험성 예측척도의 타당화 연구 1」, 『신경정신의학』 제39권 4호, 대한신경정신의학회.

곽경필 · 송창진 · 사공정규 · 이광헌, 2004, 「자살 위험요인의 평가와 예측」, 『동국의학』 제11권 1호, 동국대학교의학연구소.

금재호 · 조준모, 2001, 「외환위기 전후의 노동시장 불안정성에 대한 연구」, 『노동경제논집』 제24권 1호, 한국노동경제학회.

기든스, 1997, 『현대성과 자아정체성—후기 현대의 자아와 사회』, 권기돈 옮김, 새물결〔Anthony Giddens, 1991, *Modernity and Self-Identity. Self and Society in the Late Modern Age*, Cambridge: Polity〕.

기든스, 1998, 「탈전통사회에서 산다는 것」, 『성찰적 근대화』, 임현진 · 정일준 옮김, 한울〔Anthony Giddens, Ulrich Beck, Scott Lash, 1994, *Reflexive Modernization-Politics, Tradition and Aesthetics in the Modern Social Order*, Stanford University Press〕.

김경동 · 이온죽, 1986, 『사회조사연구방법: 사회연구의 논리와 기법』, 박영사.

김교헌, 2004, 「한국 청소년의 우울과 자살」, 『한국심리학회지: 사회문제』 제10권, 한국심리학회.

김기환·전명희, 2000, 「청소년 자살의 특성과 유형에 관한 연구」, 『한국아동복지학』 제9권, 아동복지학회.

김석준, 1999, 「IMF체제와 한국사회의 계급 재형성」, 『한국사회』 제2집, 고려대학교 한국사회연구소.

김선명, 1999, 「한국 IMF 경제 위기와 국가-사회관계」, 『현대사회와 행정』 제9집, 연세행정연구회.

김승용, 2004, 「한국 노인 자살률 변동과 사회구조적 요인에 관한 연구」, 『사회복지정책』 제19집, 한국사회복지정책학회.

김용원, 2003, 「경제 위기 이후 노동시장의 변화에 관한 연구」, 『경제경영연구』 제1권 3호, 대구대학교 경제경영연구소.

김인숙, 1999, 「IMF 이후 빈곤가족해체의 현황과 대안: 실직여성가장과 결식아동 가정을 중심으로」, 『사회복지리뷰』 제4집, 가톨릭대학교 사회복지연구소.

김정진, 1998, 「동반 자살에 대한 사회보장 차원에서의 정신보건정책 및 예방프로그램 도입 방안에 관한 연구」, 『정신보건과 사회사업』 제6집, 한국정신보건사회사업학회.

김정진, 2007, 「공모에 의한 동반 자살」, 『동반 자살의 문제점과 예방 대책』, 한국자살예방협회, 한국아동학대예방협회 세미나 자료집.

김종엽, 1996, 「에밀 뒤르켐의 현대성 비판에 대한 연구」, 서울대학교 사회학과 박사 학위논문.

김준영·임병인, 2001, 「IMF 충격의 불평등파급효과」, 『공공경제』 제6권 2호, 한국공공경제학회.

김향초, 1993, 「청소년자살의 심리사회적 요인분석 및 예방대책 연구」, 『청소년학연구』 1권 1호, 한국청소년학회.

김현주, 1996, 「수험생의 자살 및 가출 충동 관련요인: 성적, 자기평가, 부모의 지원」, 『가족과 문화』 제1집 1호, 한국가족학회.

김형수, 2000, 「노인과 자살」, 『노인복지연구』 제10권 1호, 한국노인복지학회.

김형수, 2002, 「미국 노인자살과 예방대책의 연구 및 시사점」, 『사회보장연구』 제18권 1호, 한국사회보장학회.

김형수, 2002, 「한국노인의 자살생각과 관련요인 연구」, 『한국노년학』 22권 1호, 한국노년학회.

남윤영, 2005, 「우리나라 자살의 경향과 특징」, 수원시자살예방센터, 2005년 자살예방상담학교 교육자료집.

뒤르케임, 1995, 『자살론』, 김충선 옮김, 청아〔E. Durkheim, 1950, translated by George Simpson & John A. Spauldin, *Suicide: A study in sociology*, London: McMillan〕.

뒤르케임, 1999, 『사회분업론』, 임희섭 옮김, 삼성출판사〔E. Durkheim, 1893, *De la division du travail social*, Librairie Feliz Alcan〕.

McCracken, 2005, 『장시간 면담』, 이명선 · 최정숙 · 박영숙 · 이경숙 · 오상은 · 김춘미 옮김, 군자출판사〔Grant McCracken, 1988, *The Long Interview*, Sage Publications〕.

머피, 2006, 『자살을 꿈꾸는 십대』, 이혜선, 육성필 옮김, 시그마프레스〔James M. Murphy, 1999, *Coping with Teen Suicide*, New York: Rosen Publishing Group〕.

모간, 2007, 『질적연구로서의 포커스 그룹』, 김성재 · 오상은 · 은영 · 손행미 · 이명선 옮김, 군자출판사〔David L. Morgan, 1997, *Focus Groups as Qualitative Research*, CA: Sage Publications〕.

문성원, 2003, 「자살 사이트의 생성 및 이용, 그리고 운영: 심리적 측면을 중심으로 한 사례 분석」, 『한국청소년개발원 연구보고서』, 한국청소년개발원.

박길성, 2003, 『한국사회의 재구조화: 강요된 조정, 갈등적 조율』, 고려대학교출판부.

박상학 · 김경환 · 김학렬 · 김상훈 · 표경식 · 조용래, 2000, 「한국에서 한 일간지 신문기사 검색을 통한 IMF 전과 후의 자살 양상 비교」, 『조선대학교 의대 논문집』 25권 1호, 조선대학교 부설 의학연구소.

박영신 · 김의철, 1999, 「IMF 시대가 한국인의 스트레스에 미친 영향: 토착심리학적 접근」, 『한국심리학회지: 건강』 제4권 1호, 한국심리학회.

박영신 · 김의철 · 탁수연, 2002, 「IMF 시대 이후 한국 학생과 성인의 성공에 대한 의식: 토착심리학적 분석」, 『한국심리학회지: 사회문제』 제8권 1호, 한국심리학회.

박천익, 2002, 「IMF 경제 위기 이후 한국의 빈곤구조와 빈곤정책」, 『공공경제』 제7권 2호, 한국재정.공공경제학회.

박형민, 2003, 『살인 범죄의 실태에 관한 연구 II』, 한국형사정책연구원.

박형민, 2004,『방화 범죄의 실태에 관한 연구』, 한국형사정책연구원.

박형민, 2007a,「범죄학 연구에서의 '질적 자료'의 활용과 전망」,『형사정책연구』제18권 3호(통권 제71호, 2007 가을호), 한국형사정책연구원.

박형민, 2007b,「한국의 자살실태와 대책」, 한국형사정책연구원.

박형민, 2008a,「자살 연구의 동향과 새로운 전망」,『범죄방지포럼』제22호, 한국범죄방지재단.

박형민, 2008b,「자살행위의 '성찰성'과 '소통 지향성'」, 서울대학교 사회학과 박사 학위논문.

배지연, 2004,「노인의 자살: 생태체계적 관점의 고찰」,『사회과학논문집』제22권 2호, 대전대학교 사회과학연구소.

버거, 1990,『종교와 사회』, 이양구 옮김, 종로서적〔Peter L. Berger, 1973, *The Social Reality of Religion*, Penguin University Books〕.

벡, 1998,「정치의 재창조: 성찰적 근대화 이론을 향하여」,『성찰적 근대화』, 임현진·정일준 옮김, 한울〔Ulrich Beck, 1994, "Die Erfindung des Politischen", in Anthony Giddens, Ulrich Beck, Scott Lash, *Reflexive Modernization-Politics, Tradition and Aesthetics in the Modern Social Order*, Stanford University Press〕.

보건복지부, 2004,『자살예방대책 5개년 계획』.

보건복지부, 2005,『자살예방 5개년 종합대책: 세부 추진계획』.

석재호·기백석·김경식·박유문, 1982,「자살기도자들에 관한 임상적 특징」,『신경정신의학』제21권 1호, 대한신경정신의학회.

손정락·이금단, 2000,「이야기심리치료가 중학생의 자살생각 감소에 미치는 영향」,『한국심리학회지: 임상』제19권 4호, 한국심리학회.

쉬, 2004,『자살을 애도하며』, 전현주 옮김, 세복〔Albert Y. Hsu, 2002, *Grieving a Suicide: A Loved One's Search for Comfort, Answers and Hope*, IL: InterVarsity Press〕.

쉴링, 2003,『몸의 사회학』, 임인숙 옮김, 나남〔Chris Shilling, 1993, *The Body and Social Theory*, Calif.: SAGE Publications〕.

스타인백·스타인백, 2003,『질적 연구의 이해와 실천』, 김병하 옮김, 한국학술정보〔Susan Stainback, William Stainback, 1998, *Understanding & Conducting Qualitative Research*, Reston, VA: Council for Exceptional Children; Dubuque, Iowa: Kendall/ Hunt Pub. Co.〕

신경림·조명옥·양진향, 2004,『질적 연구방법론』, 이화여자대학교출판부.

신광영, 2006, 「현대 한국의 사회변동: 고도산업화 시기에 대한 비판적 성찰」, 『경제와 사회』 통권 제69호, 한국산업사회학회.

신동준, 2004, 「살인과 자살의 문화적 사회구조적 원인: 머튼의 아노미이론 검증을 위한 국가간 비교 연구」, 『한국사회학』 제38집 제4호, 한국사회학회.

심영희, 2005, 「자살과 사회학적 배경」, 수원시자살예방센터, 2005 자살예방상담학교 교육자료집.

안동현, 2007, 「가족 내 동반 자살」, 동반 자살의 문제점과 예방 대책, 한국자살예방협회, 한국아동학대예방협회 세미나 자료집.

안석철 · 기평석 · 연병길, 1986, 「자살 기도자에 있어 유발요인, 위험도-구조가능도 접수와 생활의 스트레스에 관한 임상적 연구」, 『신경정신의학』 제25권 3호, 대한신경정신의학회.

양재진, 2005, 「빈곤과 소득격차의 고착화 방지를 위한 사회정책의 방향」, 『연세행정논총』 제28권, 연세대학교 행정대학원.

엘리스 · 뉴마, 2005, 『자살하고 싶을 때: 자살의 인지치료』, 육성필 · 이혜선 옮김, 학지사〔Thomas E. Ellis, Cory F. Newma, 1996, *Choosing to Live: How to Defeat Suicide Through Cognitive Therapy*, New Harbinger Publications〕.

엘리아스, 1996, 『죽어가는 자의 고독』, 김수정 옮김, 문학동네〔Nobert Elias, 1982, *Ueber die Einsamkeit der Sterbenden in unseren Tagen*, Suhrkamp: Auflage〕.

원석조, 2004, 『사회문제론』, 양서원.

유희정 · 황성훈 · 홍진표 · 김헌수 · 이철 · 한오수, 2000, 「IMF에 관련된 경제적 스트레스가 정신 건강에 미치는 영향」, 『신경정신의학』 제39권 1호, 대한신경정신의학회.

이가영 · 박태진 · 이영호 · 조문흠 · 이종환 · 최봉훈 · 김영철, 1999, 「지난 1년간 스트레스 및 증상, 대응반응, 건강행위의 변화」, 『가정의학회지』 제20권 6호, 대한가정의학회.

이종규, 2006, 『질적연구방법론』, 교육과학사.

이철우, 2003, 「한국의 사회복지정책과 경제성장: 사회복지제도의 긴요성과 그 효율성에 대하여」, 『평화연구』 제11권 4호, 고려대학교 평화연구소.

임영식 · 오세진, 1999, 「청소년 자살과 예방」, 『사회과학연구』 제12집, 중앙대학교 사회과학연구소.

재미슨, 2004, 『개인적이고 사회적이며 생물학적인 자살의 이해』, 이문희 옮김,

뿌리와이파리〔Kay Redfield Jamison, 1999, *Night Fall Fast: Understanding Suicide*, New York: Knopf〕.

전현중, 2001, 「IMF 관리 체제 이후의 한국경제: 평가와 과제」, 『지역사회』 2001년 2호(통권 제39호), 동서대학교 한국지역사회연구소.

정기선, 2000, 「경제 위기가 정신건강에 미치는 영향」, 『한국사회학』 제34집 2호, 한국사회학회.

정초시, 2006, 「IMF 경제 위기 이후 노동시장의 변화」, 『산업경영연구』 제29권 5호, 청주대학교 산업경영연구소.

제영묘, 2004, 「자살과 정신 장애」, 『생물치료정신의학』 제10권 1호, 대한생물치료정신의학회.

제임스·구브리움, 2005, 『적극면담』, 이명선·손행미·정운숙·이봉숙 옮김, 군자출판사〔Holstein, James A., Jaber F. Gubrium, 1995, *The Active Interview*, CA: Sage Publications〕.

조혜자·방희정, 1998, 「사회 경제적 변화가 가족에게 미치는 영향」, 『한국심리학회지: 여성』 제3권 1호, 한국심리학회.

최원기, 2004, 「청소년 자살의 사회구조적 원인 연구」, 『사회복지정책』 제18권, 한국사회복지정책학회.

최형익, 2001, 「IMF 외환위기 이후 발전국가 개혁논의와 한국의 민주주의: 비판적 고찰」, 『한국과 국제정치』, 제17권 2호, 경남대학교 극동문제연구소.

커크·밀러, 2007, 『질적연구에서의 신뢰도와 타당도』, 엄미란·김현숙·오진주·김동옥·이명선 옮김, 군자출판사〔Jerome Kirk, Marc L. Miller, 1987, *Reliability and Validity in Qualitative Research*, CA: Sage Publications〕.

퀴네트, 2006, 『돌이킬 수 없는 결정 자살』, 이혜선·육성필 옮김, 학지사〔Paul G. Quinnett, 1987, *Suicide: The Forever Decision*, New York: Continuum〕.

클란디닌·코넬리, 2006, 『내러티브 탐구』, 소경희·강현석·조덕주·박민정 옮김, 교육과학사〔D. Jean Clandinin, F. Michael Connelly, 2000, *Narrative Inquiry: Experience and Story in Qualitative Research*, Jossey-Bass〕.

탁수연·김의철·박영신, 2004, 「한국 학생과 성인의 미래성취에 대한 사회적 표상: IMF시대 이전과 이후의 비교를 중심으로」, 『아동교육』 제13권 2호, 한국아동교육학회.

터너, 1982, 『사회학 이론의 구조』, 김진균·김영범·지승종·한삼희·공제욱·이

상철 · 허석렬 · 이기홍 · 한영혜 · 장은 · 안준섭 · 정학섭 옮김, 한길사〔Jonathan H. Turner, 1978, *The Structure of Sociological Theory*, Santa Monica: Goodyear Publishing Company〕.

터너, 2002, 『몸과 사회』, 임인숙 옮김, 몸과마음〔Bryan S. Turner, 1996, *The Body & Society: Eexplorations in Social Theory*, 2nd ed〕.

터너 · 비글리 · 파워즈, 1997, 『사회학 이론의 형성』, 김문조 · 김원동 · 김혜영 · 박형신 · 안치만 · 유문무 · 이병렬 · 정헌주 · 조대엽 옮김, 일신사〔Jonathan H. Turner, Leonardo Beeghley, Charles H. Powers, 1995, *The Emergence of Sociological Theory*, Wadswatrth Publishing Co., A Division of International Thomson Publishing Inc〕.

통계청, 2003∼2007, 『사망 및 사망 원인 통계 결과』.

홍나미 · 정영순, 1999, 「청소년 자살생각 영향요인 분석」, 『한국사회복지학』 제37권, 한국사회복지학회.

Agbayewa, M. O., 1993, "Elderly suicide in British Columbia", *Canadian Journal of Public Health* 84: 231∼236.

Ajiki W., T. Fukunaga, K. Saijoh & K. Sumino, 1991, "Recent status of the medical examiner system in Japan", *Forensic Science International* 51: 35∼50.

Amran, A., 1993, "The Effect of occupational type of household on mortality in Japan. Hiroshima", *Journal of Medical Science* 42(1): 9∼20.

Atkinson, J., 1978, *Discovering suicide*, London: macmillan.

Baechler, J., 1979, *Suicides*, London: Blackwell.

Barraclough, B., 1987, *Suicide: Clinical and epidemiological studies*, London: Croom Helm.

Boxer, P. A., C. A. Burnett and N. G. Swanson, 1995, "Suicide and occupation: a review of the literature", *Journal of occupational and environmental medicine* 37(4): 442∼452.

Breault, K., 1986, "Suicide in america: A test of Durkheim's theory of religious and family integration", *American Journal of Sociology* 92(3): 628∼656.

Breed, Warren, 1963, "Occupational Mobility and Suicide", *American Sociological Review* 28: 179∼188.

Bucca, M., M. Ceppo, P. Peloco, 1994, "Social variables and suicide in the population of Genoa, Italy", *Comprehensive Psychiatry* 35: 64~69.

Burnely, I. H., 1994~1995, "Differential and spatial aspects of suicide mortality in NSW and Sydney, 1980 to 1991", *Australian Journal of Public Health* 18: 293~304.

Cavan, Ruth S., 1928, *Suicide*, Chicago: University of Chicago Press.

Chandrasena, R., V. Beddage & M. L. D. Fernando, 1991, "Suicide among immigrant psychiatric patients in Canada", *British Journal of Psychiatry* 159: 707~709.

Cherpited, C. J., 1996, "Regional differences in alcohol and fatal injury", *Journal of Studies on Alcohol* 57: 244~248.

Cloward, Richard, 1959, "Illegitimate Means, Anomie, and Deviant Behavior", *American Sociological Review* 24: 164~176.

Cohen, Albert K., 1955, *Delinquent Boys*, Glencoe, IL: Free Press.

Conwell, Y., M. Rotenberg, E. D. Cine, 1990, "Completed suicide at age 50 and over", *Journal of the American Geriatic Society* 38: 640~644.

Crombie, I. K., 1990, "Can change in the unemployment rates explain the recent changes in suicide rates in developed countries?", *International Journal of Epidemiology* 19: 412~416.

Davis, R. and J. Short, 1978, "Dimensions of Black suicide: A theory model", *Suicide and Life threatening Behavior* 8: 161~167.

Dodge, H. H., R. L. Austin, 1990, "Household structure and elderly Japanese female suicide rate", *Family Perspectives* 24(1): 83~97.

Douglas, Jack D., 1965, "The Sociological Study of Suicide: Suicidal Actions as Socially Meaningful Actions", Unpublished Rh. D. Dissertation, Princeton University.

Douglas, Jack D., 1967, *The social meanings of suicide*, Princeton: Princeton University Press.

Douglas, Jack D., 1968, "The Social Aspects of Suicide", in *The International Encyclopedia of the Social Sciences*, New York: Crowell-Collier, forthcoming.

Farber, M. L., 1968, *Theory of suicide*, New York: Funk and Wagnalls.

Faris, Robert E., 1955, *Social Disorganization*, New York: The Ronald Press Company.

Ferrada-Noli, M., 1996, "Social psychological versus socioeconomic hypotheses on the epidemiology of suicide", *Psychological Reports* 79: 707～710.

Ferrada-Noli, M., 1997, "A Cross-cultural breakdown of Swedish suicide", *Acta Psychiatrica Scandinavica* 96: 108～116.

Garfunkel, H., 1967, "Practical sociological reasoning. Some features in the work of the Los Angeles suicide prevention centre", In E. Shneidman, ed., *Essays in self destruction*, New York: Science House, Inc.

Geissler, L. J., C. A. Bormann, C. F. Kwiatkowski, G. N. Braucht, C. S. Reichardt, 1995, "Women, homelessness, and substance abuse", *Psychology of Women Quarterly* 19: 65～83.

Genz, A., 1993, "Suicide and Psychiatric disorders of elderly people in East Germany", In K. Bohme, R. Freytag, C. Wachtler & H. Wedler (eds.), *Suicidal Behavior*, Regensburg: S. Roderer, 222～225.

Gibbs, Jack P. and A. L. Porterfield, 1960, "Occupational Prestige and Social Mobility of Suicide in New Zealand", *The American Journal of Sociology* LXVI (September, 1960): 147～152.

Gibbs, Jack P. and Walter T. Martin, 1964, *Status Integration and Suicide*, Eugene, Oregon: University of Oregon Press.

Gibbs, Jack P., 1961, "Suicide", in R. K. Merton and R. A. Nisbet, Editors, *Contemporary Social Problems*, New York: Harcourt, Brace and World, Inc.

Girard, C., 1993, "Age, gender, and suicide", *American Sociological Review* 58: 553～574.

Goffman, Erving, 1963, *Stigma: Notes on the Management of Spoiled Identity*, Englewood Cliffs, NJ: Prentice-Hall.

Gold, Martin, 1958, "Suicide, Homicide, and the Socialization of Aggression", *The American Journal of Sociology*, LXIII: 651～661.

Goodman, R. A., L. Jenkins & J. A Mercy, 1994, "Workplace-related homicide among health care workers in the United States, 1980 through 1990", *Journal of the American Medical Association* 272: 1686.

Gottfredson, Denise C., Richard J. McNeil III, and Gary Gottfredson, 1991, "Social area influences on delinquency: a mltilevel analysis", *Journal of Research in Crime and Delinquency* 28: 197～226.

Gronholm, L., 1962, "The ecology of social disorganization in Helsinki", *Acta Sociologia* 5: 31～41.

Halbwachs, M., 1930, *Les Causes du Suicide*, Paris: Felix Alcan.

Hall, D. P., 1996, "Stress, studies, and military service during Operation Uphold Democracy", *Military Medicine* 161: 159～162.

Hammond, J. L., 1973, "Two sources of social error in ecological correlations", *American Sociological Review* 38: 764～777.

Hastings, Mark E., Lisa M. Northman, June P. Tangney, 2000, "Shame, Guilt, and Suicide, in Thomas Joiner", M. David Rudd (ed.), *Suicide Science: Expanding the Boundaries*, Kluwer Academic Publishers.

Hawton, K., & J. Fagg, 1990, "Deliberate self-poisoning and self-injury in older people", *International Journal of Geriatric Psychiatry* 5: 367～373.

Hendin, H., 1964, *Suicide and Scandinavia*, New York: Grune and Stratton.

Henry, Andrew F. and James F. Short, 1954, *Suicide and Homicide*, Glencoe: The Free Press.

Hirschi, Travis, 1969, *Causes of Delinquency*, Berkeley, CA: University of California Press.

Holmes, Ronald M., Stephen T. Holmes, 2005, *Suicide: Theory, Practice, and Investigation*, CA: Sage Publications.

Iversen, G. R., 1973, "Recovering individual data in the presence of group and individual effects", *American Journal of Sociology* 79: 420～434.

Jobes, D. and A. Josselson, 1987, "Improving the validity and reliability of medical-legal certification of suicide", *Suicide and Life Threatening Behavior* 17(4): 310～325.

Johansson, L. M., J. Sundquist, S. E. Johansson, B. Bergman, J. Qvist & B. Bergman, 1997a, "Suicide among foreign-born minorities and native Swedes", *Social Science and Medicine* 44: 181～187.

Johansson, L. M., J. Sundquist, S. E. Johansson, B. Bergman, J. Qvist & B. Bergman, 1997b, "The influence of ethnicity and social and demographic factors on Swedish suicide rates", *Social Psychiatry & Psychiatric Epidemiology* 32: 165~170.

Johansson, L. M., J. Sundquist, S. E. Johansson, B. Bergman, J. Qvist & B. Bergman, 1997c, "Suicide, ethnicity and psychiatric in-patient care", *Archives of Suicide Research* 3: 253~269.

Johansson, L. M., J. Sundquist, S. E. Johansson, B. Bergman, J. Qvist & B. Bergman, 1997d, "Ethnicity, social factors, illness and suicide", *Acta Psychiatrica Scandinavica* 95: 125~131.

Kachur, S. P., L. B. Potter, S. P. James & K. E. Powell, 1995, *Suicide in the United States 1980~1992*, Atlanta: CDC.

Kales, J. P., M. A. Barone & E. Bixler, 1995, "Mental Illness and substance abuse among sheltered homeless person in lower-density population areas", *Psychiatric Services* 46: 592~595.

Kreitman, N. B., 1990, "Social Class and age in relation to suicide and parasuicide in Scotland", In G. Ferrari, M. bellini & P. Crepet (eds.), *Suicidal behavior and risk factors*, Bologna: Monduzzi-Editore, 13~19.

Krietman, N., V. Carstairs & J. Duffry, 1991, "Association of age and social class with suicide among men in Great Britain", *Journal of Epidemiology & Community Health* 45: 195~202.

Kuhn, Thomas S., 1962, *The Structure of Scientific Revolutions*, Chicago: University of Chicago Press.

Kunz, P. R., 1987, "Religion and suicide", *Dialogue* 20: 115~117.

Langley, J. D., & S. E. Johnston, 1990, "Purposely self-inflicted injury resulting in death and hospitalization in New Zealand", *Community Health Studies* 14: 190~199.

Lester, D., 1979, "Social disorganization and completed suicide", *Social Psychiatry* 5: 175~176.

Lester, D., 1990a, "Capital punishment, gun control, and personal violence (suicide and homicide)", *Psychological Reports* 66: 122.

Lester, D. (ed.), 1990b, *Current concepts of suicide*, Philadelphia: The Charles Press.

Lester, D., 1992a, "Medical resources and suicide prevention", *Perceptual & Motor*

Skills 75: 1265.

Lester, D., 1992b, "Religiosity, suicide and homicide", *Psychological Reports* 71: 1282.

Lester, D., 1993a, "Violations of human rights and personal violence (suicide and homicide)", *Psychological Reports* 73: 1146.

Lester, D., 1993b, "Intelligence and suicide in France", *Psychological Reports* 73: 1226.

Lester, D., 1993c, "Material integration, suicide, and homicide", *Psychological Reports* 73: 1354.

Lester, D., 1993d, "Age distribution among suicides in nations of the world", *Perceptual & Motor Skills* 77: 1386.

Lester, D., 1994a, "Suicide rates before, during, and after the world wars", *European Psychiatry* 9: 262～264.

Lester, D., 1994b, "Suicide and unemployment", *Psychological Reports* 75: 602.

Lester, D., 1994c, "Are there unique features of suicide in adult of different ages and different developmental stages?", *Omega* 29: 337～248.

Lester, D., 1995a, "Intelligence and suicide in Ireland and the United Kingdom", *Psychological Reports* 77: 122.

Lester, D., 1995b, "Suicide and abortion", *Irish Journal of Psychological Medicine* 12: 119.

Lester, D., 1996, "American Indian suicide and homicide rates and unemployment", *Perceptual & Motor Skills* 83: 1170.

Lester, D., 1997a, "Anxiety, economic growth, and suicide and homicide", *Perceptual & Motor Skills* 85: 382.

Lester, D., 1997b, "Economic development, suicide, and homocide", *Perceptual & Motor Skills* 85: 458.

Lester, D., 1997c, "Welfare and suicide in 18 affuent capitalist democracies", *Perceptual & Motor Skills* 85: 642.

Lester, D., 2000, *Durkheim's Suicide: a century of research and debate*, Routledge.

Lester, D., B. Yang, 1992, "Fertility and suicide rates", *Journal of Biosocial Science* 24: 97～101

Li, G., 1995, "The interaction effect of bereavement and sex on the risk of suicide in the elderly", *Social Science and Medicine* 40: 825～828.

Maris, R. W., 1969, *Social forces in urban suicide*, Homewood, III: Dorsey.

Mastekaasa, A., 1993, "Marital status and subjective well-being", *Social Indicators Research* 29: 249～276.

Mastekaasa, A., 1995, "Age variations in the suicide rates and self-reported subjective well-being of married and never married person", *Journal of Community & Applied Social Psychology* 5(1): 21～39.

Matza, David, 1964, *Delinquency and Drift*, New York: Wiley.

McCulloch, J. W. et al., 1967, "The ecology of suicidal behaviour", *British Journal of Psychiatry* 113: 313～319.

Mead, George Herbert, 1938, *The Philosophy of the Act*, C. W. Morris et al. (ed.), Chicago: University of Chicago Press.

Menninger, Karl, 1938, *Man Against Himself*, New York: Harcourt, Brace and Company.

Merrill, J., J. Owens, 1990, "Age and attempted suicide", *Acta Psychiatrica Scandinavica* 82: 385～388.

Merton, Robert K., 1938, "Social structure and anomie", *American Sociological Review* 3: 672～682.

Merton, Robert K., 1957, *Social Theory and Social Structure*, Glencoe, IL: Free Press.

Mestrovic, S. and B. Glassner, 1983, "A Durkheimian hypothesis on stress", *Social Science and Medicine* 17: 315～327.

Miley, J. and M. Micklin, 1978, "Structural change and Durkheimian legacy: A macrosocial analysis of suicide rates", *American Journal of Sociology* 78(3): 657～673.

Miller, Walter B., 1958, "Lower Class as a Generating Milieu of Gang Delinquency", *Journal of Social Issues* 14: 5～19.

Moksony, F., 1995, "Victims of change or victims of backwardness? Suicide in rural Hungary", *Review of Sociology*, special issue: 105～114.

Morgan, H., 1979, *Death wishes*, London: Wiley.

Morris, Allison, 1987, *Women, Crime, and Criminal Justice*, New York: Basil Blackwell.

Murray, Charles A., 1976, *The Link Between Learning Disabilities and Juvenile Delinquency*, Washington, DC: U.S. Government Printing Office.

Newman, J., K. Whittemere and H. Newman, 1973, "Woman in the labor force and suicide", *Social problems* 21: 220～229.

Nye, F. Ivan, 1958, *Family Relationships and Delinquent Behavior*, New York: Wiley.

Olsson, M., & D. Wasserman, 1991, "The family", In T. C. Stiles (eds.), *Suicide attempts in Nordic countries*, Trondheim: Tapir Forlag, 121～129

Park, Robert E. K., Ernest W. Burgess and Roderick D. McKenzie, 1928, *The City*, Chicago: University of Chicago Press.

Pawson, R., 1988, *Measure for measure: A manifesto for empirical sociology*, Lodon: Routledge and Kegan Paul.

Platt, Anthony M., 1977, *The Child Savers, Second Edition Enlarged*, Chicago: University of Chicago Press.

Platt, S. D., 1985, "A subculture of parasuicide?", *Human Relations* 38: 257～297.

Platt, S., 1984, "Unemployment and suicidal behavior: A review of the literature", *Social Science and Medicine* 19: 93～115.

Platt, S., Micciolo R., M. Tansella, 1992, "Suicide and unemployment in Italy", *Social Science and Medicine* 34: 1191～1201.

Plaut, Eric A., Kevin anderson (ed.), 1999, *Marx on suicide*, IL: Northwestern University Press.

Powell, Elwin H., 1958, "Occupation, Status, and Suicide: Toward a Redefinition of Anomie", *American Sociological Review* 23: 131～139.

Pritchard, C., 1990, "Suicide, unemployment, and gender variations in the Western World 1964～1986", *Social Psychiatry & Psychiatric Epidemiology* 25: 73～80.

Pritchard, C., 1992, "Is there a link between suicide in young men and unemployment?", *British Journal of Psychiatry* 160: 750～756.

Quinney, Richard, 1964, "Crime in political perspective", *American Behavioral Scientist* 8: 19～22.

Quinney, Richard, 1970, *The Social Reality of Crime*, Boston: Little, Brown.

Quinney, Richard, 1991, "The way of peace: on crime, suffering, and service", in Harold E. Pepinsky and Richard Qunney (eds.), *Criminology as Peacemaking*, Bloomington, IN: Indiana University Press.

Reckless, Walter, 1961, "A new theory of delinquency and crime", *Federal Probation* 25: 42～46.

Reiss, Albert J., 1951, "Delinquency as the failure of personal and social controls", *American Sociological Review* 16: 196～207.

Rosenberg, H. M., C. Bunett, J. Maurer & R. Spiritas, 1993, "Mortality by occupation, industry, and cause of death", *Monthly Vital Statistics Reports* 42(4): Supplement 9/30.

Sacks, H., 1972, "An initial investigation of the usability of conversational data for doing sociology", In D. sudnow (ed.), *Studies in social interaction*, New York: The Free Press.

Sainsbury, P., 1955, *Suicide in London: An Ecological Study*, London: Chapman and Hall.

Sangiorgi, R., E. Destro, L. Finotti, A. Pinotti & S. Stella, 1990, "Suicidary behavior in Rovigo district from 1975 to 1984", In G. Ferrari, M. Bellini & P. Crepet (eds.), *Suicidal behavior and risk factors*, Bologna: Monduzzi-Editore, 243～248.

Saucier, P. R., 1993, "Education and suicide", *Psychological Reports* 73: 637～638.

Schmid, C. F. and D. van Arsdol, 1955, "Completed and Attempted Suicides: A Comparative Analysis", *American Sociological Review* 20: 273～283.

Schmid, C. F., 1928, *Suicide in Seattle, 1914 to 1925: an ecological and behavioristic study*, Seattle, WA: University of Washington Press.

Schneider, P. B., 1954, *La Tentative de Suicide*, Neuchatel: Delachaux et Niestle.

Shaw, Clifford and Henry D. McKay, 1942, *Juvenile Delinquency and Urban Areas*, Chicago: University of Chicago Press.

Sibthorpe, B., J. Drinkwater, K. Gardener & G. Bammer, 1995, "Drug use, binge drinking, and attempted suicide among homeless and potentially homeless youth", *Australian & New Zealand Journal of Psychiatry* 29: 248～256.

Snyder, M. L., 1990, "Japanese male suicide before and after retirement", *Psychology* 27(2): 47～52.

Stack, S., 1983, "The effect of religious commitment on suicide: A cross national analysis", *Journal of Health and Social Behavior* 24: 362～375.

Stack, S., 1990, "New micro-level data on the impact of divorce on suicide, 1950～1980", *Journal of marriage & the Family* 52: 119～127.

Stack, S., 1996a, "Suicide risk among dentists", *Deviant Behavior* 17: 107～117.

Stack, S., 1996b, "Gender and suicide risk among artists", *Suicide & Life-Threatening Behavior* 26: 374～379.

Stack, S., 1997, "Suicide among artist", *Journal of Social Psychology* 137: 129～130.

Stack, S., I. Wasserman, 1992, "The effect of religion on suicide ideology", *Journal for the Scientific Study of Religion* 31: 457～466.

Stack, S., I. Wasserman, 1993, "Material status, alcohol consumption, and suicide", *Journal of marriage & the Family* 55: 1018～1024.

Stack, S., J. Gundlach, 1992, "The effect of country music on suicide", *Social Forces* 71: 211～218.

Stack, S., J. Gundlach, 1995, "Country music and suicide", *Social Forces* 74: 331～335.

Stellman, S. D., 1996, "Proportional mortality ratios among Korean immigrants to New York City, 1986～1990", *Yonsei Medical Journal* 27(1): 31～37.

Straus, J. H and M. A. Straus, 1953, "Suicide, Homicide, and Social Structure in Ceylon", *The American Journal of Sociology* LVIII: 461～469.

Sutherland, Edwin H., 1924, *Criminology*, Philadelphia: J. B. Lippincott.

Sutherland, Edwin H., 1937, *The Professional Thief*, Chicago: University of Chicago Press.

Sutherland, Edwin H., 1939, *Principles of Criminology*, Third Edition, Philadelphia: J. B. Lippincott.

Taylor, S., 1982, *Durkheim and the study of suicide*, London: Macmillan.

Taylor, S., 1990, "Suicide, Durkheim, and Sociology", In D. Lester (ed.), *Current concepts of suicide*, Philadelphia: The Charles Press.

Taylor, S., C. Ashworth, 1987, "Durkheim and social realism", In G. Scambler (ed.), *Sociological theory and medical sociology*, London: Tavistock.

Trovato, F., 1991, "Sex, marital status and suicide in Canada", *Sociological Perspectives* 34: 427～445.

Tuckman, J. et al., 1959, "Emotional Content of Suicide Notes", *American Journal of Psychiatry* 116(1): 59～63.

Veenhoven, R., 1993, *Happiness in nations*, Rotterdam: Erasmus University.

Wasserman, D., A. Varnik & G. Eklund, 1994, "Male suicides and alcohol consumption in the former USSR", *Acta Psychiatrica Scandinavica* 89: 306～313.

Weber, Max, 1947, *The Theory of Social and Economic Organization*, New York: Free Press.

Weber, Max, 1964, *Basic Concepts in Sociology*, New York: The Capital Press.

Welz, R., 1979, *Selbstmordversuche in staedtischen Lebensumwelten. Eine epodemiologische und oekologische Untersuchung uber Ursachen und Haeufigkeit*, Weinheim, Basel: Beltz.

Wendling, A. and K. Polk, 1958, "Suicide and social areas", *Pacific Sociological Review* 1: 50～53.

Wenz, F. V., 1974, "Completed suicide, attempted suicide and urban social structure: a sociological and social psychological study of anomie, egoism and self-evaluation", Ph.D. Dissertation, wayne State University, Detroit, MI.

Wenz, F. V., 1977, "Ecological variation in self-injury behavior", *Suicide & Life-Threatening Behavior* 7: 92～99.

Willer, D. and J. Willer, 1973, *Systematic empiricism: A critique of a pseudo-science*, Englewood Cliffs NJ: Prentice Hall.

찾아보기

〈인명〉

〈사항〉